KB069345

몽골·부랴트
기원에 관하여

저자 B. R. 조리크투예프 I 번역 이우섭 I 감수 복기대

몽골·부랴트 기원에 관하여

저자 | B.R.조리크투예프
번역 | 이우섭
감수 | 복기대
펴낸이 | 최병식
펴낸날 | 2016년 11월 27일
펴낸곳 | 주류성출판사 www.juluesung.co.kr
서울특별시 서초구 강남대로 435 주류성빌딩 15층
TEL | 02-3481-1024(대표전화) · FAX | 02-3482-0656
e-mail | juluesung@daum.net
값 25,000원
잘못된 책은 교환해 드립니다.
ISBN 978-89-6246-309-5   93910

이 저서는 2012년 정부재원(교육부 학술연구지원사업비)으로
한국학중앙연구원 지원에 의하여 연구되었음(AKS-2010-AGC-2101)

몽골·부랴트
기원에 관하여

저자 B. R. 조리크투예프 I 번역 이우섭 I 감수 복기대

주류성

목 차

제 I 장   에르구네 쿤과 몽골 역사의 기원

이 책에 대하여

    이 책은 몽골과 부랴트 민족의 인종적 계통과 그와 관련한 몇 가지 중요한 문제에 대한 연구를 진행한 것이다. 이와 관련하여 필자는 차이나 동북 지역의 고대 유적들을 답사하였는데, 이 과정에서 에르구네 쿤 지역에서 수집한 고고학적인 유물들을 활용하여 몽골인들의 기원과 초기 역사를 확인할 수 있었다. 그 후 몽골제국 성립과정과 몽골제국 당시의 다양한 인종들 및 이와 밀접하게 관련된 몽골 사회의 정치적 연합 과정에 대한 분석을 진행하였다.

    부랴트 민족들과 관련해서는 부랴트 인종의 명칭이 발생한 초기 형태와 그 시기에 대한 연구를 진행하였으며, 부랴트 민족들의 중심거주 지역인 바이칼호 서쪽과 동쪽 지역의 인종학적 특징들을 밝혀보았다. 그리고 최근 러시아에서 진행한 부랴트 연구와 관련된 자료를 분석한 결과 부랴트 민족의 형성은 15~16세기에 이루어지기 시작하였으며, 1780년대에 완성된 것을 알 수 있었다.

저자 서문

  '몽골과 부랴트 민족사의 현안들'에 대한 이 책은 많은 연구자들의 관심을 불러일으키는 내용을 담고 있다. 필자는 단순히 두 민족의 역사에 대한 서술에만 그치지 않고, 지금까지 거의 연구되지 않았거나 혹은 한 번도 주요 현안으로 제대로 대두되지 않았던 연구 과제를 소개하고, 몽골과 부랴트 민족의 기원과 민족사 연구 등에 대한 해결책을 제시하고자 했다.

  이러한 현안들 중 하나로 이 책에 소개된 연구 내용은 학계에 제대로 밝혀지지 않은 몽골 초기 역사에 관한 것이다. 현존하는 모든 몽골 민족에 관한 역사 민족학 저서에는 몽골 국가가 성립된 시기를 12세기 말~13세기 초 무렵으로 보고 있다. 그리고 카불 칸이 지배했던, 세 개의 강(이하 삼강) 주변의 몽골 종족들과 연합을 이루었던 시기는 11세기 말~12세기로 볼 수 있다는 견해가 있다. 이 견해들은 1983년 소련에서 출판된 『몽골 인민 공화국의 역사』라는 저서를 통해 학자들의 지지를 받았으며, 2003년 몽골인들이 출판한 5권짜리 『몽골의 역사』에서 더욱 더 확고해졌다.

그러나 이러한 몽골사 연구의 문제점은 고대의 '에르구네 쿤'이 어디인가 하는 충분한 검토가 없어 전체 몽골사가 완전하게 연구되지 못했다는 것이다. 물론 그동안 몽골 고대사가 단 한 번도 연구되지 않았던 것은 아니다. 과거 200년 넘게 이 문제에 대한 연구는 조용한 가운데 꾸준히 지속적으로 진행되었다. 그런데 문제는 이렇게 진행된 연구들이 종합적이며 총체적인 형태가 아니라 대부분 단편적이었으므로 중요한 문제들에 대한 답을 얻어내지 못하였다는 것이다.

이러한 몇 가지 빈틈을 채우기 위해서는 여러 가지 연구가 필요하겠지만 그중에 먼저 연구 해야 할 것이 '에르구네 쿤'에 대한 것이라 생각한다. 그래서 필자는 이 문제를 체계적으로 연구하여 세계 학계에 알리고자 학술 조사단을 조직하여 차이나의 북동부 지역을 답사하였으며, 그 결과 몽골 민족 기원의 초기 단계와 에르구네 쿤의 영역에 대한 적합한 개념을 정립할 수 있는 방대한 양의 자료들을 수집하였다.

몽골 민족사 연구에 있어서 몽골 제국시기와 그 이전 시기 즉 몽골 민족 형성 과정 및 그 특징에 대한 연구가 만족스럽게 진행되었다고 말하기는 어렵다. 혹자의 견해에 의하면 오논 강, 케룰렌 강, 그리고 톨라 강(트료흐레치예), 이 세 강의 수원(水源)에 살았던 몽골 원주민들은 12세기 초에 형성된 카막 몽골 울루스(Qamuq Mongyol Ulus)의 근간을 이루었던 몽골 카막 부족과 동일할 것이라는 견해를 제시한다. 그러나 몽골 사회과학원에서는 그 당시 몽골 민족에게 정부 체제는 없었다고 보고 있다. 다만 몇몇 연구서에 '모든 몽골인의 국가'라는 분명하지 않은 의미를 가진 정치 연합체인 '카막 몽골 울루스'의 실존만 언급되고 있다.

현재까지 많은 학자들은, 1206년 이후 즉 칭기즈칸에 의해 건립된 국가라는 테두리 안에서 하나로 통합된 몽골 민족이 형성되었다는 의견만을 지지하였다. 이미 알려진 바와 같이 국가 형성 이전에 몽골 땅에는 민족 기원의 측면에서 보면 정말 다양한 사람들이 살았다. 이들은 여러 출신이 모인 몇몇의 거대한 종족 연합(삼강(三江) 몽골, 타타르, 나이만, 케레이트, 메르키트)로 나뉘어 있었지만, 넓은 의미의 민족으로 볼 수 있을 것이다. 그러나 이 민족들의 조합에 대해 현대 민족학적 관점에서 어떻게 볼 것인지 혹은 언어 문화적 관점에서 어떤 요소들이 우세하였는지를 고려한다면, 하나의 몽골 민족이 어떻게 그렇게 거대하고 다양한 혈통과 언어 사용자들을 통합할 수 있었는지에 대해 의구심이 드는 것은 당연한 것이다. 이 의구심은 단순한 민족 개념보다는 '다를됴키노-니룬스크' 집단을 기반으로 한 삼강 몽골인들과 그 밖의 다른 모든 몽골 민족들을 연합하는 보다 광범위한 민족 형성에 대한 이해로 풀어나갈 수 있을 것이다.

최근 부랴트 민족사에 관한 학술 저서들이 적지 않게 출판되었다. 그럼에도 불구하고 다수의 저서들은 본질적인 문제들을 해결하지 않은 채 출판되어 그 내용이 부랴트 민족사 연구 과정에서 충분히 유용할 만한 흥미로운 자료들을 제공하지 못했고, 현 학계를 뒤집을 만한 새로운 근거들도 찾아내지 못하였다.

이러한 새로 나온 책들의 내용은 새로운 학자들과 주변국들이 부랴트 역사를 매력적으로 보지 못하는 원인이 되었다. 뿐만 아니라 이런 분위기는 결국 부랴트 관련 연구가 큰 변화 없이 예전의 모순들을 그대로 답습하는 결과를 낳게 하였다.

기존의 견해는 13세기 부랴트인들이 민족을 구성하면서부터 몽골 민족과의 관계에서 적대적인 분위기를 조성하여 그들과 길고 긴 싸움을 시작하였고, 이 싸움은 지속적으로 이어져 17세기, 즉 러시아인들이 바이칼에 접근하던 시기에는 부랴트인들은 이미 그들의 특성을 잃고 내부의 모순으로 분열되어 격리되었으며, 러시아 사람들로부터 후에 차용된 유일한 자신들의 이름조차 **빼앗긴** 집단이라는 것으로 정리되었다. 부랴트에 대한 이러한 인식은 '부랴트'라는 이름을 가진 집단을 매력적으로 느끼게 할 명분을 없게 만들었던 것이다. 즉 '부랴트'라는 단어를 제외하고는 이 민족사를 펼쳐내는 과정에서 문헌학, 민속학, 유형학 등의 많은 자료들이 더 이상 필요 없는 것이라는 인식을 만들었다. 주어진 민족명의 올바른 어원 분석을 토대로 부랴트 민족 형성의 정확한 도식을 재건할 가능성이 충분히 있었음에도 불구하고 '부랴트'라는 명칭의 어원 연구가 간과되었기 때문에 완전히 엉뚱한 결론에 도달했다는 것이다(일례로 이 명칭이 고대 투르크 시대에 발생했다는 이론이 그런 경우이다). 이렇게 확실히 잘못된 결론들로 인해 무엇보다도 민족 기원과 민족사의 영역에서 부랴트사의 중요한 많은 문제들을 해결하는 데 긍정적인 분위기가 조성될 수 없었다.

앞서 말한 몇 가지 문제를 연구하자면 새로운 연구방법론이 도입되어야 할 것이다. 그 방법론은 다음과 같은 전제하에서 시작해야 할 것이다. 일반적으로 하나의 거대한 문제를 연구하기 위해서는 나름 충분히 독창적이고 중요한 의미를 가지고 있는 다수의 부분적이고 작은 문제들을 검토해야 할 필요가 있다. 왜냐하면 부분적이고 작은 문제들에 대한 해결 없이는 가장 근본적인 문제를 밝혀내는 것이 불가능하기 때문이다. 이런 방법에서 볼 때 에르구네 쿤에 대한 연구 과정에서는 상호 관련성 속에서 검토해야 할 다음과 같은 의문들을 제기할 수 있다.

  1. 동호(東胡)와 흉노(匈奴)의 민족 근거

  2. 투큐와 철리 민족의 기원과 서로의 관계

  3. 실위족의 거주 지역

  4. 보르테-치노와 호아이-마랄 명칭의 의미론

5. 에르구네 쿤의 '쿤(кун)'이라는 단어가 갖는 유형학적 의미

6. 에르구네 쿤에 대한 가설과 초기 몽골 지역에 대한 차이나 사료들의 타당성. 특히 강변 우측에 위치한 아르구니의 유형학적 연구와 몽골이라는 이름의 어원학적 규명

이 책의 II장과 III장의 제목으로 붙여진 나머지 기본적인 문제들의 연구 과정에서도 유사한 접근법이 유지되었다. 예를 들어 두 번째 장에서는 몽골 국가가 존재하는 기간 동안의 민족 기원 과정에 대한 연구가 진행되는데, 이 시기의 몽골인들은 어떤 형태로 민족 공동체를 구성했는지, 어떤 특징들을 가지는지에 대하여 많은 지면이 할애되었다. 마지막 장에서는 13세기 초 바이칼 지역에 대한 몽골의 침입 여부 문제를 분석하기 위하여 지금까지 한 번도 연구의 소재가 되지 않았던 『몽골비사』 속에 포함된 '부랴트'라는 단어에 대한 철저한 연구를 진행하였다. 이를 위해 다음과 같은 크고 복잡한 상관관계를 가지는 세 가지 주제를 순차적으로 펼쳐내야만 했다.

첫째, 1207년 조치가 이끌었던 대규모 정복 대상은 어느 지역의 민족이었나?

둘째, 연구 저서에서 많이 알려져 있는 호리 투마트족이 봉기하였을 때, 몽골인들에게 맞선자는 누구인가?

셋째, 야쿠트 민족을 구성하는 '호로'라는 거대한 민족공동체의 기원은 민족 명칭으로 볼 때 몽골과 관계가 있으며, 부분적으로는 현재 바이칼호 동쪽 지역에 살고 있는 부랴트 종족 그룹 중 하나인 호리족과도 관계가 있다고 본다. 그렇다면 이 호라족의 민족 기원은 어떤 민족 공동체인가?

하지만 이상의 해결과제에 앞서, 현재 당면한 '부랴트학' 연구는 다음의 문제 앞에서 다시 한 번 멈춰 설 수밖에 없다. 그것은 바로 부랴트 민족이

형성되었던 전체 바이칼 주변 지역과 바이칼 서부와 동부 지역의 의미를 나누기 위해서 이용되었던 민족 명칭을 정의하고 정리하는 것인데, 이는 반드시 먼저 규명이 필요한 부분이다. 이 문제는 이미 오래 전부터 회자되어 온 미해결 문제로, 기존의 역사와 민족학 관련 저서에는 서부와 동부, 두 지역으로 나누어서 부랴트 민족의 오래된 역사를 서술하고 있다. 이들 저서의 근간에는 언어와 삶의 형태, 농업 형태, 물질적 정신적인 문화, 그리고 자연지리학적인 거주 조건에 차이가 있는 이 두 그룹의 기원은 다르다는 의견이 전제로 놓여 있다. 즉 바이칼 호수는 자연스럽게 민족을 구분하는 경계선이 된 것이다. 바이칼호는 실제로 부랴트 족이 거주하는 지역을 반으로 가르며 북동부에서 남서부 지역에 걸쳐 흐른다. 바이칼의 서부 지역에 거주하는 이들과 동부 지역에 사는 이들의 특징들이 서로 구별되기 때문에 이 양쪽 지역의 개별성에 따라 부족의 이름을 명명하는 것은 자연스러운 일이다.

이 문제는 오늘날만의 문제가 아니다. 17세기에도 서쪽에서 동쪽으로 이동하며 미지의 땅을 답사하던 러시아인들은 바이칼 동부 지역의 영토를 '바이칼호 뒤에 위치한 땅'이라고 불렀다. 소비에트 시대에 이 명칭은 '바이칼호 뒤 지역'이라는 형태로 학술 저서에 기술되었다. 한편 당시에 바이칼 서쪽 지역은 '바이칼호 인접 지역'이라는 단어로 기술되었다. 물론 이 명칭의 사용에는 다음과 같은 의문이 발생한다. 바이칼호 뒤 지역, 즉 실제 바이칼호의 동부 지역을 의미하는 이 명칭이 '바이칼호 뒤에 위치한 땅'이라는 의미를 가진다면, 그 반대편 서쪽 지역에 위치한 곳은 '바이칼호 앞 지역', 즉 '바이칼호가 시작되기 전 지점에 위치한 영토'라고 부르는 것이 맞지 않을까? 그런데 '바이칼호 인접 지역'이라는 명칭이 바이칼 호수 서쪽 방면의 지역을 의미하는 것으로서 긍정적인 평가를 할 수 없을지라도, '바이칼호 뒤 지역'과 함께 '바이칼호 인접 지역'이라는 정의는 현대 역사 민족학 학술 자료에 전부 들어가 있으며 매우 활발하게 인용되고 있다.

'바이칼호 뒤 지역'이라는 명칭에 정확하게 말 그대로 그 지역을 의미하는 것이 반영되었다면, '바이칼호 인접 지역'이라는 단어에 사용되는 러시아어 접두사는 '바이칼호에 인접해 붙어 있는 영토'라는 의미를 주는 것이다. 또한 그것은 이 영토가 호수의 서쪽 측면에 위치한 것이 아니라는 것을 의미하는 것이다. 따라서 이는 '바이칼호 인접 지역이라는 명칭이 완전히 위치만을 반영한 것은 아니다'라는 것을 증명한다. 만약 러시아의 유럽지역 측면이 아니라 호수 자체로만 범위를 정한다면 보다 더 정확하게는 바이칼호 서쪽 영토는 '서부 바이칼호 인접 지역'이라 부르고, 호수의 동쪽 지역은 '동부 바이칼호 인접 지역'이라 부를 수 있을 것이다. 육지가 내부 저수지에 근접해 있음에 따라 호수 양쪽면의 모든 영토가 바이칼호이며, 한 쪽 측면에서가 아니라 모든 측면에서 '바이칼호 인접 지역'이라는 이름이 쓰일 수 있는 것이다. 이렇게 표시하는 것은 여러 시대에 제안되었던 '바이칼 시베리아'나 '바이칼 아시아'와는 달리 가장 정확한 지리학적 현실을 반영하고 있다.

다른 한편으로는 서부 바이칼호 인접 지역과 동부 바이칼호 인접 지역이라는 명칭을 적용하는 것은 곤란할 수도 있다. 왜냐하면 거대한 지리학적 구조 때문에 그 명칭들로부터 반드시 필요로 하는 '바이칼호 전방의'와 '바이칼호 후방의'라는 형용사 형태의 정의가 만들어 질 수 없기 때문이다. 따라서 실질적으로 적용하기 가장 편하게 '바이칼호 뒤 지역(바이칼호 동부 지역)', '바이칼호 앞 지역(바이칼호 서부 지역)', 그리고 '바이칼호 인접 지역'으로 불러야 한다.

이 명칭들은 이미 현재 전문 서적, 논문 등에서 이용되어 책에 대한 이해를 한결 쉽게 해주고 있다. 필자 또한 일반 러시아인뿐만 아니라 역사학자와 민속학자들이 모순을 피하기 위해서는 위의 명칭들에 의지해야 한다고 생각한다. 다만 이 책의 개별적인 부분에는 바이칼호 인접 지역이라는 명칭의 반복을 피하기 위해 '바이칼호 지방', '바이칼호 지역'이라는 명칭을 사용하였다.

끝으로 이 책의 출판을 도와주신 주식회사 '베트엘트랜스'의 부이사 A. A. 쉬쉬마레프, 부랴트 우랄 민족 공화국의 의원 I. E. 마트하노프, A. G. 즈이비노프, 울란-우데시 의원 I. V. 샤그다로바, 셀렝기 지역 교육국장 Z. Z. 바드마예프의 아낌없는 협조에 감사드린다.

감수자의 말

　감수자는 2010년경부터 교육부의 지원으로 한민족기원과 관련한 연구를 진행하였다. 당시는 차이나 동북공정의 영향으로 한국사를 다시 돌아보자는 분위기가 곳곳에서 일어나고 있었던 시기였다. 이런 분위기속에서 감수자 역시 한국 상고사 관련이라면 곳곳을 찾아다녔다. 귀동냥, 눈동냥을 하면서 한편으로는 전해져 오는 기록들, 전설, 그리고 고고학 관련 자료들 등등 할 수 있는 것들은 모두 모았으며, 그 중에서 가능성이 적은 것을 차례로 배제시키는 방법으로 형체를 세우기 시작하였다.

　문제는 늘 몽골지역과 시베리아 지역이었다. 왜냐하면 1990년 이후로 한민족이 시베리아에서 기원했다는 견해가 크게 퍼졌기 때문에 이를 비켜갈 수는 없었기 때문이다. 그래서 필자는 직접 4년 동안 여름철을 이용하여 직접 몽골에서 가서 현장 조사도 하였다.* 그러나 시베리아는 달랐다. 몽골만 해도 국내에 전공자들이 많이 있었기 때문에 도움을 받을 수 있었

＊ 참조. 복기대:《몽골 동부지역의 고대문화를 찾아서》, 주류성, 2016년.

지만 시베리아는 전공자들이 많지 않았기 때문에 어디서부터 일을 풀어나가야 할지를 몰랐다. 이런저런 고민을 하던 중 한국에서 주최하는 몽골학회에 참석을 하였다가 러시아 과학원의 B. R. 조리크투예프박사를 만났다. 그는 국적은 러시아지만 민족은 부랴트족이라 하였다. 몽골어도 능숙하였기에 통역을 통하여 이런저런 얘기를 나누었다. 그 과정에서 부랴트족의 기원 문제에 대해 내가 알고 있는 것과는 전혀 다른 얘기를 하였다.

통상적으로 부랴트족이 동남진하여 한민족이 되었다는 얘기를 많이 들었는데 그는 오히려 부랴트족은 현재 차이나 내몽골지역에 있었던 사람들이 올라가서 형성된 민족이라는 것이다. 내가 알고 있는 것과는 정반대의 견해였다. 그에게 그런 연구가 있느냐는 질문을 했더니 자기 책을 보여주었다. 그 책은 바로 얼마 전 한국내 몽골 연구의 최고 권위자 중 한 분인 박원길 박사로부터 소개 받은 책이었다. 그 책에 대한 설명을 자세히 들으며 국내에 알려야 할 필요성을 느낄 수 있었다. 무엇보다 부랴트 민족 문제에 대한 새로운 견해가 제기되었고, 또 다른 한편 우리 연구단의 연구주제와 맞았기 때문이었다. 한민족의 기원을 연구하는 과정에서 늘 제기되었던 것 중에 하나가 부랴트족이 한민족 형성에 큰 영향을 주었다는 것인데, 그와 반대되는 주장은 연구단의 큰 고민을 풀 수 있는 기회가 될 수 있었기 때문이다. 그래서 저자와 다시 연락을 하여 번역에 대한 전체적인 동의를 받게 되었다.

번역을 하는 과정은 실로 지난하였다. 먼저 전문가를 찾는 것이 가장 큰 문제 였는데, 러시아어가 능통한 역사 전공자를 쉽게 찾지 못하였다는 것이다. 여러 경로를 통하여 러시아어 전공자를 찾아 초벌 번역은 하였지만 어쩔 수 없이 다시 전공자들에게 감수를 의뢰했다. 그 과정에서 전체적으로 다시 손을 봐야한다는 의견이 나와 역사를 전공하고 러시아어에 능통한 모스크바대학교 대학원 박사과정의 이우섭 선생에게 다시 의뢰를 하였다. 번역이 끝난 후 원저자가 말한 것 중 지도나 혹은 부가적인 설명이 없이는 잘 이해가 되지 않는 것들은 감수자가 다시 보완을 하였다. 한국어 문법관련은 전문가에게 조언을 참조하여 정리를 하였고 꼭 넣어야 될 역주나 지도, 그림과 사진, 그리고 차이나내의 연구자료 들을 찾아 넣으면서 번역을 마쳤다.

이 작업을 하는 동안 많은 공부를 하였다. 먼저 몽골족의 기원 문제부터 시작하여 부랴트족과 코리 부랴트와 관련한 것들을 비롯한 많은 공부를 하였다. 이 과정에서 몽골에서 4년 동안 발굴도 하고 현장 조사도 하면서 초원문화의 특징을 조금이나마 이해했던 것이 큰 도움이 되었다. 그러면서 한편 아쉬웠던 것은 이 책의 저자가 조금만 더 만주지역 역사를 알았더라면 하는 생각이 들었다. 그가 몽골족의 기원을 흉노한테 패배하여 북쪽으로 올라간 동호(東胡)의 후예들이 몽골족이 되었다는 것을 기본으로 하여 논리를 전개한 점과 관련된다. 일면 충분히 그럴 수 있다. 그러나 다른 한편 생각해봐야 할 것도 있다. 그것은 기원전 2세기말부터 1세기 무렵까지 남만주지역의 역사판도에 대한 것이다.

기원전 108년의 남만주에서는 서한이 현재 차이나 요녕성 서부지역으로 세력을 넓히면서 많은 민족들의 연쇄적인 이동이 있었던 것으로 보인다. 그 중 하나가 예(濊)와 맥(貊)족인데 이들 역시 서한과의 전쟁에서 큰 피해를 입었고 그들 역시 어디론가 떠났던 흔적들이 남아 있다. 그리고 긴 시간이 흐른 후 「오환, 선비전」 또는 「예, 맥전」이라는 이름으로 차이나책에 기록이 되기 시작하였다. 이 기록들이 나타나면서도 몽골에 대한 기록들은 보이지 않는데, 12세기에 들어 등장한 그들은 말을 타고 사방을 휩쓸고 다니기 시작하였다. 흩어졌던 선대 몽골족들이 점차 모여 하나의 큰 세력으로 등장하자 아마도 차이나의 입장에서는 교역을 하는 과정에서 몽골족들에게 관심을 갖기 시작했으리라 여겨진다. 이 책의 저자가 이런 점들에 대한 고려가 있었다면 저자가 생각하는 그림들이 더 잘 그려지지 않았을까 하는 것이다.

한국 사람들과 몽골 사람들, 그리고 부랴트 사람들의 말은 적어도 어순, 즉 품사의 기본 배열이 같다고 한다. 주어, 목적어, 동사 순이라는 것이다. 이런 순서가 현대에 만들어진 것이 아닌 것은 누구나 다 안다. 그리고 이 말의 순서가 고려 후기에 이루어진 것이 아니라는 것 역시 누구나 다 안다. 그럼에도 불구하고 고려시대 원나라와 고려가 밀접한 관계에 있을 때 원나라의 영향을 받아서 그렇다는 주장을 하는 사람도 있다. 만약 고려시대에 그렇게 되었다면 두 지역에서 쓰는 단어도 비슷한 것이 많아야 한다. 그러나 그렇지는 않은 것 같다. 그렇다면 언젠가 이들은 한 집단에서 부벼대면서 살다가 어떤 일로 사방으로 흩어진 것이 아닐까. 저자의 글을 읽어보면 충분히 그럴 개연성이 높다. 그렇게 사방으로 흩어진 사람들은 1차적으로 그 지역의 자연환경에 맞게 언어가 바뀌었을 것이고, 2차적으로 주변 지역과 부딪히면서 새로운 언어들이 생겼을 것이다. 그렇다면 어순에는 큰 변화가 없다하더라도 단어의 발음이나 뜻은 많이 달려졌을 것이다.

감수자의 경험으로 사람이 살아가는 자연환경 중에 가장 무서운 것은 물이 부족한 것이다. 추운 것이나 더운 것은 어느 정도 극복이 가능하다. 그러나 물이 없는 것은 대책이 없다. 그리고 그 다음으로 중요한 것은 추위이다. 추위 속에서는 가장 기본적인 생활만이 가능하다. 물이 없고 추운지역은 더 말할 것이 없이 생존이 불가능하다. 물이 있고 추운 지방은 기본적인 생활은 된다. 우리가 가끔 방송에서 보는 시베리아나 알래스카의 환경이다. 그러나 이들은 큰 집단을 이루지 못한다. 그 이유는 일단 먹을 것이 매우 부족하고, 추위로 인한 각종 질병 등으로 인구가 많이 늘어나지 않기 때문이다. 이런 점을 감안할 때 저자가 말한 아르구네 쿤 지역은 춥지만 물은 있었던 곳이다. 그래서 여기서 어떤 규모든 집단이 만들어진 것이다. 그러나 추위로 인해 그 집단이 크지는 않았을 것이다.

물론 저자는 본디 시베리아의 추운 지역에서 사는 사람이라 현재 차이나 내몽고 북동지역의 추위 정도는 춥다는 느낌이 안들 지도 모른다. 그러나 저자가 말한 것처럼 동호들이 살던 지역은 연간 강수량이 300mm정도 되고 평균기온이 10도를 못 미치는 지역이다. 그렇기 때문에 물길을 잘 잡으면 충분히 집단을 이룰 수 있는 지역인 것이다. 그러나 북쪽으로 올라가면 상황은 아주 좋지 않다. 내몽고 적봉에서 북으로 올라가면 호룬패이 지역에 다다를 때까지 아득한 초원이다. 그러다가 호룬패이 지역에 이르면 크고 작은 강들이 나타나기 시작한다. 그것은 바로 대흥안령산맥에 부딪히는 구름에서 떨어지는 눈, 비 때문이다. 그 때문에 그 지역에서는 사람들의 집단 생존이 가능한 것이다. 때문에 그곳에서는 석기시대부터 유물들이 보이기 시작한다. 그러나 대형 집단 유적들은 아직 확인되지 않았다. 그릇을 만드는 기술이 많이 떨어진다. 물론 치렛거리나 보석류들도 많이 발견되지 않는다. 그런데 그들은 여러 번의 기회가 있음에도 불구하고 왜 남쪽으로 오지 않고, 더 척박한 북으로 올라갔을까. 저자의 말대로 돌궐한테 쫓겨서 더 척박한 곳으로 갔다는 것이 신뢰할 만한 것일까. 남쪽 혹은 동쪽으로 갔으면 더 좋았을 텐데 말이다. 물론 남쪽이나 동쪽으로 이동한 사람도 있었을 것이다. 그곳으로 이동한 사람들은 이미 박힌 돌 때문에 그들의 존재는 묻혀버렸겠지만. 그렇다면 서북으로 간 사람들은 왜 존재감이 드러날까?

감수자는 몽골 동부지역의 고대문화를 조사해본 적이 있다. 그 지역에서도 신석기시대, 청동기시대 유적들이 있었다. 그러나 매우 산발적이었고 그 지역에서 자생한 문화들은 아니었다. 대부분 자생한 문화들은 문화의 연결고리들이 나타난다. 그러나 그런 고리들이 발견되지 않는 것으로 보아 대부분이 이주해온 사람들로 봐야 하는 것이었다. 이주를 해온 사람들은 이주하기 전의 지역에서 기술들을 가져 온다. 그들이 가져온 기술들이 출발지에서는 보통 기술이지만 새로운 땅에 오면 매우 유용한 새로운 기술이 되는 것이다. 특히 금속을 다루는 기술들이나 사람의 병을 고치는 기술들은 더욱 그렇다(여기에는 종교도 포함된다). 대흥안령에서 살았던 사람들 중 서북으로 올라간 사람들은 아마도 삶의 환경이 좋은 사람들 같지는 않다. 그러나 그들이 도착한 곳에서는 충분히 인정을 받을 만한 힘의 원천은 있었던 것이리라. 그들은 새로운 기술로 신천지를 개발하고, 떠나오기 전 지역인 외부와 연결되면서 점점 더 강자로 일어선 것이 아닌가 한다.

이 책에서는 그동안 우리 학계 일각에서 제기되었던 한민족이 바이칼에서 기원했다는 견해에 맞서, 오히려 남만주지역에서 올라간 사람들이 오늘날 바이칼 문화권의 주류가 되었다는 학문적 연구결과를 확보할 수 있었다. 이런 견해를 보여준 저자에게 감사드린다. 앞으로 또 하나의 기회가 된다면 이 책의 저자와 같이 조금 더 깊이 들어가서 연구를 해보고 싶다.

원저자는 자기 글을 원문 그대로 번역할 것을 요구하였는데, 그 말을 충실히 지켰다. 그럼에도 불구하고 한국 사람들의 이해를 위해서 꼭 필요한 지역은 지도를 추가했고, 몇 안되지만 역사적 사실 관련은 '감수자 주석'으로 설명을 덧붙였다. 차이나내 최근의 연구 성과들도 감수자의 의견으로 부기하였다는 점을 일러둔다.

제 I 장
에르구네 쿤과
몽골 역사의 기원

1
에르구네 쿤의 위치에 대한 문제에 관한 두 개의 관점

전 세계 몽골학에서 학술적으로 큰 의미를 가지고 있고, 아울러 방대한 양을 차지하고 있는 키워드 중 하나는 '에르구네 쿤'에 관한 문제이다. 이 문제에 대하여 『집사(集史)』에는 고대 몽골이라 불렸던 이 종족이 다른 투르크족들과 불화가 생겼고, 전투와 전쟁으로 끝이 났다는 이야기가 있다. 그 후의 내용은 다음과 같다.

"……다른 종족들이 몽골인과의 싸움에서 승리하여 몽골인들을 몰살하였는데, 각각 한 명의 남자와 여자만 살아남았다. 공포에 떨던 이 둘은 산과 숲 언저리에 적들의 손이 닿지 않는 곳으로 도망을 갔는데, 이곳이 바로 에르구네 쿤이다. 두 사람의 이름은 누쿠즈와 키얀이었다. 그들은 자손 대대로 오랜 세월 동안 이곳에서 살았고, 대대손손 번창해 갔다. 세월이 흘러 이 민족이 번창하면서 차지하고 있던 땅이 좁아지기 시작하였다. 그들은 좁은 땅을 나와 더 넓은 유목지로 함께 옮겨 갔다. 그곳을 나온 사람들 중에 존경할 만한 족장

이 있었는데, 그의 이름은 보르테 치노였다. 그는 몇몇 종족의 우두머리 역할을 하였다. 그에게는 코아이 마랄이라는 첫 번째 부인으로부터 난 아들이 한명 있었다. 아들의 이름은 바타치 카아안이었고, 족장의 아들 중에 가장 총명하였다(라쉬드 앗 딘 1952a: 153~154; 1952ᵇ: 9)."

『집사』에 인용된 전설은 몇 가지 주목할 것들이 있는데, 무엇보다도 '에르구네 쿤'이라는 장소가 기록된 최초의 사료라는 점, 그리고 투르크 종족과의 전쟁에서 엄청난 타격을 입은 후 몽골의 조상들이 있었던 곳을 떠나야 했는데, 이들이 이곳에 도착하기 전부터 이미 몽골인이라 불렸다는 것이다. 라시드 앗 딘은 '투르크(터키인, 타타르인, 우즈베키스탄인, 바슈키르인, 키르기즈인 등의 총칭)'라는 말의 뜻은 민족의 특징이라기보다는 오히려 객관화된 사회적이고 세태적인 특징을 가지고 있으며, '유목민'이라는 단어를 사용할 경우 이 단어는 여러 종족들의 기원을 설명하는 데 적절하지 않다는 주장을 하였다(라시드 앗 딘 1952a: 92~93, 참조 1). 이 말은 매우 타당한 말이다. 그럼에도 불구하고 라시드 앗 딘은 몽골사를 중심으로 세계의 각 민족사에 관한 연구를 생각했었고, 이 고정관념은 이미 학술 자료에 굳건하게 확립되어 있었다. 그는 자신의 생각을 펼치면서 다음과 같이 말하였다.

"칭기즈칸 시대부터 현재에 이르기까지 몽골 민족이 거주하는 지역으로 구전되었던 모든 지역과 가장 이른 시기의 민족적 시초를 알리는 설명으로 이 저서를 작성한다. 이것은 공동의 목적이며, 우리에게 무엇보다 유용한 것이다. … 그럼에도 불구하고 다른 사람들은 이와 유사한 의견을 연대기 전서에 저술하지 않았으며 구조적 형태로도 인용하지 않았다(앞의 책: 51)."

비록 라시드 앗 딘이 시대적 전통을 따르면서 종종 몽골인들을 투르크족으로 불렀을지라도, 그는 많은 구체적인 부분에서 몽골인들과 투르크인들을 구분하였으며, 몽골 그룹은 몽골 그룹으로서, 투르크 그룹은 투르크 그룹으로서 개별적으로 각각의 종족의 기원에 대한 정보를 인용하고 있다. 이 구분된 접근법 덕분에 그는 투르크족에게는 절대로 적용시킬 수 없는 특별하고 중요하며, 동시에 아주 흥미로운 몽골 종족의 분류법을 만들어냈다. 이 분류는 많은 몽골 민족사 연구자들로부터 비판을 받았지만 그는 다른 자료들과 섞인 몽골 사료들을 분류해 내고 몽골인들에게 전해 내려오는 전설을 한 곳으로 모아 '전집'의 형태로 만들었다.

이 분류에 따르면 이전에 몽골인에 포함되지 않았으나 13세기에 몽골인으로 명명 되었던 종족이 존재하는데, 이 종족은 이미 최초의 몽골인들로 불렸던 '다를료킨인'들과 '니루나인'들이다. 라시드 앗 딘의 또 다른 중요한 지적은 에르구네 쿤에 대한 전설로, 내용상 이 지역에 몽골인들이 거주했던 시기를 '몽골인의 고대'로 분기하였다는 점에서 매우 가치가 있다.

만약 몽골인들의 역사 중 에르구네 쿤에 거주했던 시기를 정식으로 몽골인들로 명명했다면, 그 몽골인들을 에르구네 쿤 지역에서 강제로 쫓아낸 사람들은 바로 투르크족, 즉 터키족이었을 것이며, 이 투르크족은 많은 연구에 등장하는 고대 투르크족으로 불렸던 '투르키 투큐인'이었을 것이다. 왜냐하면 인종상 명칭으로 '투르크'라는 단어는 다른 터키어족의 연합을 의미하지 않고 그 자체만을 의미하기 때문이다. 그는 '몽골'과 '투르크'라는 단어를 사용하면서 『집사』에서 몽골인들의 종족 기원에 관한 복잡하고 중요한 의문들을 해명하는데, 해명하는 과정에서 그 의문들이 자신의 초기 역사 단계에서 투르크족 기원과의 상관관계 속에 위치하고 있다는 것을 보여 주고 있다.

『집사』는 지금까지 다른 어떠한 사료에서도 보이지 않았던 에르구네 쿤 지역에서 '몽골'이라는 이름이 발생했다는 것과, 그곳에서 구성된 몽골 인종 기원의 초기 단계에 대한 독특한 정보들을 포함하고 있는데, 이 점에서 기념비적이고 특별한 사료적 가치를 지니고 있다. 그래서 이 지역(에르구네 쿤)의 지리학적 위치에 대한 연구자들의 지속적인 관심을 가져왔다. 이 연구들은 18세기 상반기에 시작되었는데, Ya I. 슈미트는 이 지역을 쿠쿠(노라 근처의 군) 에르기 경계 지역과 동일시했고, G. F. 밀러와 N. Ya 비추린은 알타이 산맥 가운데 이 지역이 위치했다는 의견을 내놓았다. I. E. 피세르는 에르구네 쿤이 아르군 강 지역에 위치한다고 여겼으나, O. M. 코발렙스키와 P. I. 카파로프는 에르구네 쿤이라는 이름 속에 아르군 강 이름 자체가 들어가 있다고 생각했다. D. 반자로프는 에르구네라는 단어가 '강의 절벽', '강가'라는 뜻의 '에르기'라는 단어에서 발생했고 '강가 모양의, 가파른, 험한'의 의미를 지닌다고 주장하였다. '쿤'은 '좁고 험난한 길', '깊은 골짜기'라는 의미를 가진다. 즉 '에르구네-쿤'이라는 합성어는 '가파른 절벽이 있는 깊은 골짜기', '좁고 험난한 길', 즉 '사방이 가파른 산으로 둘러싸인 계곡'이라는 것을 의미하게 된다. D. 반자로프는 고대의 에르구네-쿤은 '거대한 벽'과 나란히 있는 남몽골을 따라 가는 산맥에 위치한다고 주장했다(D. 반자로프 1955: 178, 179, 319).

에르구네 쿤의 소재지를 연구하는 현대 학자들 사이에는 두 가지 의견이 존재한다. 첫째, 에르구네 쿤의 소재지가 몽골의 서부에 있을 것이라는 의견이다. 친다무닌과 Ch. 달라이는 몽골 민속학에서 종종 제기되었던 투바 남쪽에 위치한 탄누올라 산맥 지역이 에르구네 쿤이라고 여긴다(친다무닌 1986: 58~73; Ch. 달라이 1996: 6~7). 이와는 약간 다르게 S. S. 차그두로바와 P. B. 코노발로프는 에르구네 쿤의 소재지가 부랴트의 툰킨스크와 오킨스키 지역의 협곡이라고 주장한다. S. S. 차그두로바의 견해에 따르면 에르구네 쿤의 유형은 '에르후우-네훈'이 명칭일 수도 있다고 한다. '에르후우'는 이르쿠트 강의 명칭이고, '네훈'은 '네훈-다반'(구멍 고개)이라는 산고개의 이름이라는 것이다(차그두로바 1999: 93~128; 코노발로프 1999: 123~128, 131).

둘째, 에르구네 쿤의 소재지가 동부에 있을 것이라는 견해이다. 이 견해는 I. E. 피세르, O. M. 코발렙스키, P. I. 카파로프의 의견을 따라 에르구네 쿤의 소재지를 아르군 강 지역으로 한정한다. K. 페르레에는 에르구네 쿤이 투라 강과 만나는 지점인 하일라르 상류 지역에 위치한다고 주장했다. 이 하일라르라는 명칭은 '용해(溶解)'라는 뜻의 단어 '하일'에서 파생된 것이었다. 이 명칭이 생겼을 당시의 구전에 따르면 몽골인들이 산을 녹이고 에르구네 쿤 지역으로부터 나왔다고 한다(페르레에 1969: 99~100). 차이나 내몽골 출신 학자인 엘덴데이와 아르다잡은 '쿤'이라는 단어가 '산'을 의미하기 때문에 현재 후룬베이얼시 하이라얼구 동쪽 에레그-하드라는 산을 에르구네 쿤이라고 불렀다고 주장한다(엘덴데이, 아르다잡 1986: 86).

E. I. 키차노프와 알타노르길 또한 에르구네 쿤의 위치가 아르군의 동부에 위치했다고 보았다(키차노프 1980: 140; 알타노르길 1995: 41). 그 중에서 E. I. 키차노프는 이곳의 위치를 대흥안령 산맥 지역 및 아르군 강 지역과 동일시하고 있다. A. A. 세묘노프와 L. R. 크즐라소프는 아르군 계곡이 에르구네 쿤 지역이라고 생각했다(세묘노프 1952: 77, 참조 10; 크즐라소프 1975: 171). L. R. 크즐라소프는 13~14세기 몽골의 어업과 사냥 방식, 집의 형태 등을 볼 때 몽골인의 거주지가 아르군이었을 것이라고 주장한다.

L. 빌레그트는 에르구네라는 단어는 '회전, 전환'이라는 의미의 '에르구'라는 어근을 포함하고 있다는 의견을 내놓았다. 대흥안령 산맥 비탈을 흐

르다 급격하게 선회하여 북동쪽으로 흐르는 에르구네 강(아르군) 이름의 근간에 그 단어가 포함되어 있다는 것이다. 그는 '쿤'에 대해서 『몽골비사』와 『집사』에 포함되어 있는 이 단어의 유형들과 대조한 후 엘덴데이의 의견을 따라 이 단어가 '산', '산맥'이라는 의미로 사용되었다는 결론을 도출했다. 몽골인들 사이에서는 산을 명명할 때 근처 가까이에 위치한 강의 이름을 따라가는 것이 통상적이었기 때문에 에르구네 쿤이 현재 바이칼 후방의 가장자리 지역 남동쪽에 위치한 아르군 강 좌측에 위치한 아르군 산맥의 이름이었다는 것이다(빌레그트 19956: 85, 88).

두 견해를 비교해 보면 전자인 에르구네 쿤의 소재지가 몽골의 서부에 있을 것이라 여기는 학자들의 의견의 공통적인 취약점은 그들이 가리키는 영토에 에르구네라는 명칭은 없다는 것이다. 이 점에서 소재지가 동부에 있을 것이라고 주장하는 학자들의 의견이 더 타당할 것 같다는 것은 논쟁의 여지가 없을 것이다. 문제는 사료에는 에르구네의 유형 아래 같은 의미로 아르군 강이 암시되어 있다는 것이다. 『몽골비사』 144 단락의 내용에 보면, "칭기즈칸이 쿠이텐에서 케레이트 칸과 연합하여 그에게 적대적이었던 자무카 세력을 공격했을 때, 자무카를 전멸시키기 위하여 그는 자신의 힘을 나누어 썼다. 칭기즈칸 자신은 오논 강을 따라 아래로 퇴각하는 아우추 바아투라를 추격하였고, 케레이트 칸은 에르구네 강의 흐름을 따라가는 자무카를 쫓았다."고 한다. 이 내용을 바탕으로 볼 때 에르구네 강이 상대적으로 오논 강과 가까이 위치했음을 알 수 있다. 따라서 에르구네 강이 곧 아르군 강이라는 것으로 이해되는 중요한 자료인 것이다.

에르구네가 현재의 아르군 강이라는 것에 대해서는 『집사』에서 분명히 제시하고 있다. 라시드 앗 딘은 칭기즈칸의 친형제인 카사르의 유목 지역에 대해 말하면서 그곳은 에르구네와 쿨레-하우르, 그리고 킬라르의 경계

몽골족 기원지의 주요 수계

인 북동쪽의 몽골 내부에 위치한 곳이라고 기술했다(라시드 앗 딘 1952b:
52). 쿨레-하우르와 킬라르 명칭에서 훌룬 호수와 하일라르 강이 나온 것
이라는 것은 쉽게 추측된다.[1]

---

1) 이 지역에 대한 차이나학계의 연구는 어느 정도 축적이 되어 있다. 몇몇 논문을 소개해보면 다
   음과 같다.
   《史記》,〈匈奴列傳〉
   中國社會科學院考古研究所·呼倫貝爾民族博物館·海拉爾區文物管理所:《海拉爾謝爾塔拉
   墓地》, 科學出版社, 2006年.
   安志敏:〈海拉爾的中石器遺存－ 兼論細石器的起源和傳統－〉,《考古學報》, 1978年 3期.
   佟柱臣:〈試論中國北方和東北地區含有細石器的諸問題〉,《考古學報》, 1979年 第4期.
   趙越:〈論哈克文化〉,《內蒙古文物考古》, 2001年 1期.
   安志敏:〈關于內蒙古扎賚諾爾古墓群的族屬問題〉,《文物》, 1964年 5期.
   宿白:〈東北, 內蒙古地區的鮮卑遺迹－ 鮮卑遺迹輯錄之－－〉,《文物》, 1977年 5期.
   干志耿, 孫秀仁:〈關于鮮卑早期歷史及其考古遺存的幾個問題〉,《民族研究》, 1982年, 1期.
   米文平:〈鮮卑石室的發現與初步研究〉,《文物》, 1981年 第2期.
   米文平:〈鮮卑石室所關諸地理問題〉,《民族研究》, 1982年, 4期.
   潘玲:〈完工墓的文化性質和年代〉,《考古》, 2007年 第9期.
   林澐:《內蒙古地區鮮卑墓葬的發現與研究》, 科學出版社, 2004年.
   潘玲, 林澐:〈平洋墓葬的年代和文化性質〉,《邊疆考古研究(第一輯)》, 科學出版社, 2002年.
   張博泉:〈嘎仙洞刻石與對拓跋鮮卑史源的研究〉,《黑龍江民族研究》, 1993年 第1期.

에르구네라는 이름은 고대 문헌 속에서만 볼 수 있는 것은 아니다. 아르군 강이 흐르는 차이나 내몽골 자치구인 훌룬-부이르 아이막 주민들은 아르군 강을 현재 명칭에 상관없이 옛날 이름인 에르구네로 부르고 있다.

전승되는 사료를 살펴보면 중세시대에 물을 의미하는 단어 '에르구네'가 아르군 강의 이름이었다는 것을 증명하고 있다. 아시아의 다른 지역에서 이 유형의 단어가 남겨진 곳은 그 어디에도 없다. 다만 아르군 계곡이 어딘가에 있을 것이고, 동시에 강과 직접적으로 가까운 곳에 에르구네 쿤이 위치할 것으로 추정하고 있다. 기록 중에 종종 개별적으로 에르구네와 에르구네 쿤 이 두 단어가 기록되어 있다는 것은 이것이 우연이 아니라는 사실을 말하고 있는 것이다. 이와 관련하여 그 시대에 에르구네 쿤 소재지를 알거나 가본 몽골인들이 있었다는 라시드 앗 딘의 주장을 주목해야 할 것이다(라시드 앗 딘 1952a: 154). 이는 이미 13세기에는 에르구네 쿤이 비밀이 아니며 누구나 다 알고 있었다는 것을 말해 준다. 즉 당시 몽골 사람들에게는 에르구네 강의 위치와 그 주변에 에르구네-쿤의 소재지가 이미 잘 알려져 있었다는 것이다.

李志敏: 〈嘎仙洞的發現與拓跋魏發祥地問題〉, 《中國史硏究》, 2002年 第1期.

趙越: 〈拓跋鮮卑文化初探〉, 《內蒙古文物考古》, 1994年 第1期.

喬梁, 楊晶: 〈早期拓跋鮮卑遺存試析〉, 《內蒙古文物考古》, 2003年 第2期.

喬梁: 〈北朝墓葬硏究〉, 《紀念宿白先生八秩華誕論文輯》, 文物出版社, 2002年.

許永杰: 〈鮮卑遺存的考古學考察〉, 《北方文物》, 1993年, 第4期.

孫危, 魏堅: 〈內蒙古地區鮮卑墓葬的初步硏究〉, 《內蒙古地區鮮卑墓葬的發現與硏究》, 科學出版社, 2004年

2
늑대(보르테-치노)

– 그는 칭기즈칸의 현실의 선조였을까 아니면
신화 속 선조였을까? 누쿠스 이름의 기원 –

몽골인들이 에르구네 쿤으로 돌아왔던 시기와 관련하여 다양한 견해들이 있다. 그 모든 의견들은 계속해서 진행될 서술에서 여러 방면으로 연관될 것이다. 그러나 정확한 연구가 진행되기 위해서는 먼저 보르테 치노라는 이름을 검토하는 것이 필요하다. 이 원시 몽골 이름의 근간에는 그 이름 자체가 갖는 의미에 몽골인들의 고대 토템 관념이 들어 있다. 이것은 『몽골원류(에르데니 톱치)』의 내용을 보면 더 명확해진다. 어느 날 사냥을 하던 칭기즈칸은 "만약 추격 지역에서 사슴(후아–마랄)과 늑대(보르테–치노)가 나타나면 죽여서는 안 된다."라고 말한다.

늑대의 성스러움은 모든 몽골 민족의 신화 속에서 잘 드러나 있는데, 널리 퍼져 있는 신화들에는 늑대를 '천상의 개'로 표현하고 있다. 늑대 떼의 습격은 가축이 늘어나고 부유해질 것을 나타내는 좋은 징조로 여겼다. 그래서 늑대들이 가축을 해하더라도 불만을 표현하는 것은 금지되었다. 왜냐하면 이는 하늘에서 내려준 선물이며, 하늘로부터 풍요를 기다렸던 것에 대한 대답이기 때문이다. 마당으로 도망쳐 들어오거나 가축을 해치는 늑대를 죽이는 것을 금기했다는 것은 달리 말하자면 또한 가축의 큰 손실을 감내해야만 했다는 것이다. 사냥에서 늑대를 죽였을 때는 하늘이 분노를 표하기 전에 늑대의 피를 눈(겨울)과 땅(여름)에 뿌린다(갈다노바 1981: 58~59).

『몽골비사』가 쓰였던 13세기에 몽골인들의 계보에 대한 전설 속에 등장하는 보르테 치노라는 이름은 사료에서 그들의 조상으로 여겨지는 몽골인들과 칭기즈칸 시조의 이름으로 이해되었다. 이 부분에 대하여 몽골어로 된 『몽골비사』의 차이나어 번역본에 인용된 각주와 관련 자료에서 보르테 치노라는 이름은 그 당시 차이나어 명명으로 '호아이-마랄'로 쓰여 있었다.

이 이름의 구성 요소인 보르테는 '늑대'라는 뜻의 투르크어 '버리'의 차용어이고, 이에 따라 '보르테-치노'라는 단어는 '늑대-늑대'로 해석해야 한다는 의견이 존재한다. 그러나 여기에는 두 가지 해결해야 할 문제가 있다. 첫째, 만약 보르테가 늑대로 해석이 된다면 터키어로 늑대인 '버리' 외에 그 단어 안에 존재하는 접미사 '테'는 어떻게 설명할 것인가? 둘째, 만약 보르테-치노라는 명칭이 '늑대-늑대'를 의미한다면 꾸준히 함께 나타나는 '호아이-마랄'이라는 명칭은 '사슴-사슴'으로 번역되어야 하지 않는가? 그러나 이러한 해석은 투르크어에는 '마랄'의 뜻인 '큰 사슴'과 '순록'이라는 의미를 지닌 '호아이'라는 단어가 존재하지 않기 때문에 연구자들 사이에서 지지를 받지 못하고 있다. 따라서 '보르테'를 늑대라고 보는 학자들은 '보르테'가 '버리(늑대)'와 같은 것이라는 판단이 잘못된 것이라고 주장하는 다른 학자들의 의견을 받아들여야 하며 그들의 비판이 올바른 것임을 인정해야만 할 것이다(Rachewiltz 1997: 153).

보르테라는 말의 정의에 대하여 대부분의 학자들은 '푸른'으로 번역했으며, 다른 학자들은 '푸르스름한'이나 '회색의', '회색 또는 얼룩의', '회색 또는 회색빛 남색의', '갈색의'로 번역했다. 또한 몽골어 사전에는 '얼룩진', '점으로 덮인', '여러 가지 색깔이 얼룩진' 등으로 소개되어 있기도 하다 (골스툰스키 1894; 283; 코발레프스키 1846; 1260: 슈미트 1835: 124; 체벨 1966; 100).

I. 라헬빌츠는 12~13세기 단어가 항상 현대의 어형과 상관관계가 있다고 단정할 수 없다고 하였다. 단어들은 자주 의미의 변화를 겪으며, 그것들의 최초의 의미를 재건하는 것은 어렵다는 것이다. 몽골어와 부랴트어에는 '버리테/보르테'와 같은 어근인 '버르트거르/보르테게르'라는 단어가 있는데, 이 의미는 '불명료한', '뚜렷한 특징이 없는'이라는 의미를 포함하고 있다. 이러한 사실은 위의 견해가 옳다는 것을 증명한다. 이 단어의 존재는 '보르테'가 한마디로 묘사가 어렵고 서로 전이가 되는 다양한 뉘앙스를 가지는 색을 의미하는 것으로 가정할 수 있게 한다. 『몽골비사』를 인용한 차이나어 번역본 각주에서 '보르테'는 색을 의미하는 한자(漢字) '창(蒼)'으로 번역되는데, 이는 위 가설이 옳다는 것에 대한 근거인 것이다. 차이나어로 '창'은 남색, 감청색, 녹색을 포함할 뿐만 아니라 몇몇 정해진 경우에는 추가로 '회청색', '희끗한 색'이라는 의미를 가지는 등 넓은 스펙트럼의 색을 의미한다. I. 라헬빌츠는 『몽골비사』가 쓰인 시기의 역사 문화적 배경과 한자 '창'이 적용되어 사용되는 다양한 경우들을 연구한 후에 보르테라는 단어가 푸른색과 회색의 의미를 포함하고 있으며, 그로 인해서 이 단어를 '푸른빛을 띤 회색의'로 번역해야 한다는 결론을 내렸다(Rachewiltz 1997: 154).

필자는 부랴트인들과 차이나 내몽골 자치구인 '훌룬-부이르 아이막'의[2] 새로운 바르구트인들로부터 이와 비슷한 해석을 들었다. 그들은 늑대와 관련된 '창'이라는 한자가 '차가운 색'을 의미한다고 하였다. 이 차가운 색은 자연에서 가끔 관찰되곤 하는데, 예를 들어 땅 위에 덮여 있는 눈 위로 안개가 내려앉을 때 푸른빛을 띠며 회색의 음영을 드리운 불명료한 줄무늬가 발생한다. 이것이 바로 '보르테' 색이다. 이 세심한 관찰을 통해 필자는 보르테의 가장 정확한 해석은 '푸르스름한 빛을 띠며 약간의 회색을 드리운'이라고 생각한다.

기록 속에서 칭기즈칸의 토템 조상으로서 보르테-치노라고 불린 늑대는 치노족의 토템이었다. 몽골 칸은 보르즈드긴족 출신이었는데, 이 보르즈드긴족들은 치노족에서 나왔음을 잊어서는 안 된다. 그래서 칭기즈칸은 늑대를 경배하면서 에르구네 쿤에 위치했던 누쿠스의 에르구네 쿤에 대한 전설에서 밝혀졌던 치노족으로부터 스스로를 분리하지 않았다. 그 전설에서는 에르구네 쿤으로 도망쳤던 사람들 중 한 명을 '누쿠스'라고 불렀다. 그러나 라시드 앗 딘은 이 이름을 정확히 하면서 그것이 치노족의 이름이라고 하였다. 그는 『집사』가 집필된 시기에도 치노족이 존재했다며 타이주트의 '차라케-링굼'의 아들들인 '겐두-치노'와 '울룩친-치노'로부터 나와 형성되었던 치노스족의 역사를 예로 들고 있다. 라시드 앗 딘은 이 종족이 누쿠스라고 다르게 불렸다고 주장한다. 그는, "'치노스'는 '치노'라는 단어에서 나온 복수 형태이다. 치노스 부족은 또 누쿠즈라 불리기도 한다."라고 썼다(라시드 앗 딘 1952ℓ: 25).

그는 고대 몽골인들 중에 누쿠스라는 이름을 가진 다른 치노족이 있었다는 아주 본질적이고 중요한 해석을 한다. 이는 '이 부족은 고대 누쿠스인들

---

2) '아이막'이라는 행정단위는 몽골공화국에서 사용하는 것으로 한국의 '도'에 해당한다. 현재 차이나에 아이막이라는 행정단위는 없다. 필자가 말하는 지역은 현재 차이나의 행정단위로 보면 내몽고 자치구 후룬베이언 어원커족 자치기(內蒙古 自治區 呼倫貝爾 愕溫克族自治旗)를 말하는 것으로 보인다.

과는 다른 부족으로 이름을 제외하고 어떠한 공통점도 관계도 없다'는 것을 보여준다(앞의 책: 25). 라시드 앗 딘은 고대 누쿠스인들, 즉 치노인들이 에르구네 쿤에서 거주했다고 지적했다. "고유 몽골인에 속하는 다를료킨 종족 또한 누쿠스인들이라 불린다. 이 종족은 에르구네 쿤 출신으로 쇠로 된 산을 70개의 단야(鍛冶)로 용해시켰다(라시드 앗 딘 1952a: 184)." 인용된 것을 보면 차라케-링굼의 아들들로부터 나와 누쿠스인이라 불리면서 치노족과 같이 에르구네 쿤에 위치해 있었던 치노족 또한 누쿠스인으로 불렸다는 것을 도출해 낼 수 있다. 어째서 서로 먼 시간 속에 존재하였고 출신이 다른 이 두 치노 종족이 누쿠스라는 같은 이름을 가지고 있었는지는 설명하기 어렵다. 어떤 구체적인 경우 등에 있어서 치노라고 전해 내려오는 종족의 이름을 금기시하는 필수조건이 있었던 것으로 보인다. 아마도 누쿠스라는 단어는 '-스'라는 복수 접미사의 도움으로 형성된 몽골 단어 '노호이(개)'라는 가정과 일치한다고도 볼 수 있을 것이다(수흐바아타르 1996: 71). 위에서 언급했던 것처럼 몽골 민족들은 늑대를 비유적으로 표현하여 '텡게린 노호이(천상의 개)'라 불렀다.

훗날 칭기즈칸의 토템 선조를 의인화하여 '보르테-치노'라는 이름이 출현했던 것처럼 누쿠스라는 종족의 이름이 몽골인들의 실제로 존재한 조상의 이름으로 이해되는 의미의 전환이 이루어졌던 것이다. 이러한 현상을 설명하기 위해 필자는 이전에 언급되었던 것에 다음과 같이 덧붙인다.

첫째, 각 민족의 민족 발생 기원과 관련된 전설은 심리적인 관념과 집단적 개념들로 인해 간과된 각 민족의 유전적인 시초와 역사적인 과거에 관한 중요한 정보를 가지고 있다. 이로 인해 그 전설들은 민족의 기원적 자각과 밀접한 관계를 가지며 민족의 발생과 관련된 깊은 특징을 포함하고 있다. 이는 여러 변형들이 근거가 되어 설명될 수 있다. 그러나 민족 발생의 기원과 관련된 전설은 민족 출처에 대한 기억을 간직하면서 그 어떠한 것도 단단하게 만들어 놓지 않았다.

둘째, 그 전설은 사회를 지배하고 있는 이데올로기로 인해 변화가 강요되기도 했다. 강력한 이데올로기적 요소들 중 하나는 민족 발생의 기원과 관련된 전설에 가장 큰 영향을 미친 조상 숭배 현상이다. 진화의 가장 마지막 단계로 종족 집단의 통일된 관념을 종족의 조상으로 토템화하여 신화적 형상으로 표현하는 것이 아니라 씨족 및 종족의 선도자들을 숭배하는 것으로 표현했다. 실제 살았던 조상들의 이름과 함께 나란히 그 선도자들의 이름이 씨족과 종족의 명칭이 되었다. 이런 현상은 다양한 민족들로부터 많은 예를 찾아볼 수 있는데, 그 중 가장 두드러진 특징을 보이는 것이 '부랴티아 전설'이다. 이 전설은 황소가 누워 있는 구덩이에서 발견된 소년 불라가트와 바이칼 호수에서 나온 소년 에히리트에 대한 전설인데, 후에 그들의 후손들은 같은 이름의 불라가트족과 에히리트족을 형성하였다는 것이다. 그러나 실제로는 반대의 사정이 있었다.

셋째, 부랴티아 종족들인 불라가트족과 에히리트족의 명칭은 조상 숭배의 이데올로기 지배 속에서 불라가트와 에히리트가 실제 조상의 이름으로 받아들여졌다. 그렇지만 이 종족의 역사 속에 그러한 사람들은 존재하지 않았다. 따라서 밝혀진 합리적인 정황에 따르면 에르구네 쿤에 대한 전설 속의 누쿠스는 매우 전형적이고 민족 발생적인 예로써 조상 숭배라는 틀 안에서 '용해'된 후 몽골 조상들 중 한 사람의 이름으로 의미가 전환된 것이 명백해 보인다.

유사한 현상으로 위에서 본 것과 같이 '치노(늑대)'라는 단어를 근간에 두고 보르테–치노라는 이름이 형성되었다. 이와 마찬가지로 누쿠스도 동일한 출처와 의미를 가지면서 또한 칭기즈칸의 신화적 선조의 이름이 되었다고 이야기할 수 있을 것이다. 그렇다면 누쿠스와 보르테-치노는 『집사』에서 어떻게 완전히 다른 인물들의 이름이 되었을까? 이 질문에 답을 찾는 것은 어렵지 않다고 본다. 『집사』 제1권 전체에서 보르테-치노는 보통 사람으로서 단 한 번 언급되는데 반하여, 에르구네 쿤에서 발생한 모든 종족의 기원인 누쿠스에 대해서는 반복적으로 언급하고 있는 것을 그 근거로 볼 필요가 있다. 이 사실은 실제 모든 에르구네 쿤 출신 종족들의 신화적 조상이었던 보르테-치노라는 형상에 정당성을 부여하기 위하여 누쿠스는 그의 가까운 조상으로서 민족적 상상으로 특별히 '고안된' 것이라는 것을 말해 주는 것이다. 이 예는 『집사』가 저술된 시기의 몽골인들에게 토템 선조를 인격화하는 과정이 이전 시대와 비교하여 좀 더 진보해 나갔다는 것을 증명하고 있다.

3
에르구네 쿤에서 몽골인이
약 400년 동안 거주했다는 가설의 오류

에르구네 쿤에서 몽골인이 철수했던 시기와 그곳에서 거주했던 기간에 대해 현존하는 가설들 중에서 가장 사실에 가까운 것은 L. 빌레그트의 가설일 것이다. 많은 학자들이 에르구네 쿤에서 칭기즈칸의 첫 번째 선조인 보르테-치노가 탄생한 시기를 758년으로 보고 있기 때문에, 그는 몽골인들이 400~450년 기간 동안 그곳에서 거주했던 것으로 확신하면서 그들이 에르구네 쿤으로 피난해 온 시기를 308년 또는 358년이라고 주장하고 있다(빌레그트 1993: 108).

L. 빌레그트는 에르구네 쿤에서 보르테-치노가 4세기 동안 거주했다고 언급하면서 라시드 앗 딘과 역사학자 아부리가지(1603~1663)의 를 인용하고 있다. 그러나 라시드 앗 딘은 그렇게 쓰지 않았다. 빌레그트가 인용한 『집사』 전집의 내용을 제시해 본다.

"몽골인이라 불린 민족(즉 다를료킨 몽골족)은 다음과 같이 알려져 있다. 그들의 시초는 에르구네 쿤으로 떠났던 두 사람으로부터 시작되었다. 그 종족은 그렇게 탄생하여 종족 수가 많이 증가하였다. 몽골이라는 단어가 그들 종족의 이름이 되었고 이 이름은 몽골인들과 닮은 현재 다른 민족들에게도 그대로 옮겨져 불리게 되었다. 이 종족은 신의 도움으로 약 400년 동안 많은 곁가지가 뻗어 나가 그 수에 있어서는 다른 민족들을 앞질렀다. 그들의 막강함 때문에 이 지역의 다른 종족들 역시 그들의 이름하에 유명해졌으며 지금의 투르크족의 대부분이 몽골인이라 불린다(라시드 앗 딘 1952a: 77)."

여기서 우리는 무엇을 볼 수 있는가? 인용된 부분에서는 라시드 앗 딘이 몽골 종족이라고 부른 몽골인의 '다를료킨 그룹'에 대하여 이야기하고 있다. 칭기즈칸이 나오기 전 400년 동안 에르구네 쿤에서 누쿠스와 키얀으로부터 나온 몽골 종족이 번창하면서 그 수가 많아졌고, 종족의 이름이 다른 민족들에게로 옮겨졌다는 것이다. 여기서는 에르구네 쿤에서 거주했던 근 400년 동안에 대한 어떠한 이야기도 언급되어 있지 않다. 라시드 앗 딘은 칭기즈칸 종족이 몽골 종족을 의미하고 있다는 것을 확인하면서 '각 종족은 자신들 스스로를 통해 구전되어 내려온 것들에서 자신들을 알아간다'고 하였다. 왜냐하면 그들에게는 과거와 지나간 세기에 대한, 그리고 그 과거에 대한 진실을 이해하기 위한 어떠한 정보도, 어떠한 연대 기록도 없기 때문이다. 위의 가장 근본적인 진실은 칭기즈칸 선조의 국가와 국권을 드러나게 하며 칭기즈칸 종족과 그의 친 종족들을 거슬러 올라간 도분-바얀과 알란-코아의 가지를 나누어 구별할 수 있게 한다. 그리고 비록 정확히 명명된 날짜는 없을지라도 대략 400년 가까이로 보는 것은 한족의 보물함에 있었던 그들의 연대기 부분의 내용과 옛 현인들의 체험으로부터 이야기되어 온 내용이 다음과 같이 알려져 있기 때문이다.

"그들은 아바스의 칼리프 첫 번째 시기와 우리들 시대 전까지인 사마니드의 통치 시기 주권자들이었다. 언급한 틈새 기간 동안 이 종족으로부터 나온 종족들은 그만큼 추산해 넣을 수는 없었으며, 그들에 대한 언급을 연대 기록에 기입하는 것은 불가능하다(라시드 앗 딘 1953b: 8~9)."

아부리가지는 그의 『타타르족의 족보사』 전집에서 실제로 에르구네 쿤에서 몽골인들이 400년 넘게 거주했다고 언급하고 있다.

"이르가나는 고대 무굴어로 계곡을 의미하며 '쿤'은 단단한 봉우리(꼭대기)를 의미한다. … 카얀, 나고스, 그리고 그들의 후손들은 그 장소에서 400년이 넘게 살았다(아부리가지: 106)."

아부리가지는 자신의 저서를 집필할 때 여러 저자들의 저서 18권을 이용하였다. 주목할 만한 점은 그가 여러 저서 중에 단지 라시드 앗 딘의 『집사』만 명시하였는데, 이는 그가 집필 과정에서 가장 근간으로 삼은 것이 『집사』라는 것을 방증한다. 아부리가지는 '내 저서의 가장 근간이 되는 한 권과 나머지 17권에서 나는 내 저서의 가장 중요한 내용을 가져왔다'고 강조하고 있다(앞의 책: 111). 아부리가지가 에르구네 쿤에 대한 전설을 서술한 부분에는 『집사』의 저자에 대한 몇 가지 전기적인 정보들과 이 저서가 홀라구이드스크 울루스의 가찬-칸의 명령에 의해 작성되었다는 것, 그리고 몽골 풍속 및 역사에 능통한 풀라트 차빅상(풀라드-친산)이라는 학자가 함께 했다는 사실도 알 수 있는데, 이는 매우 중요한 대목이다.

이 모든 것은 의심할 여지없이 다음과 같은 사실을 말해 주고 있다. 아부리가지는 자신의 전집을 저술하는 과정에서 가장 첫 번째로 『집사』를 근거로 하였으며, 에르구네 쿤에 대한 전설은 라시드 앗 딘으로부터 통째로 차용했다는 것이다. 아부리가지의 에르구네 쿤에 대한 전설의 텍스트는 그가 자신의 이야기를 좀 더 실감나게 하기 위해 내용을 첨가한 부분들을 감안하지 않는다면 라시드 앗 딘의 에르구네 쿤에 대한 이야기를 모두 반복한 것으로 볼 수 있을 정도이다. 두 사람의 저서에서 가장 큰 차이는 『집사』에서는 언급되지 않았던, 에르구네 쿤에서 몽골인들이 400년 동안 거주했다는 내용이 『타타르족의 족보사』에는 포함되어 있다는 것이다. 아부리가지가 자신의 전집에 추가한 내용을 보면 에르구네 쿤에 대한 전설이 왜곡되지 않고 전해지고 있다는 것을 말하고 있는 것이다. 책의 내용처럼 아부리가지는 역사학자로서 개인적인 명예를 생각했고, 바로 그의 현실에서 현재의 역사를 쓰고자 했던 것으로 자신의 의견을 반영한 것이다. 이는 그가 언급한 다음 내용에서 알 수 있다.

"나는 여러 저자들이 쓴 훌륭한 책 18권을 가지고 있다. 그러나 내가 보기에 그 책들의 많은 부분들은 수정해야만 하고 그 밖의 많은 부분에 추가할 것들이 많다. 이를 위해 나는 수정할 역사에 대하여 고려할 필요가 있다고 판단했다. 왜냐하면 우리나라에는 훌륭한 저자들이 아주 많이 부족해서 그들의 부단한 노력에도 불구하고 단 한 명의 칸도 찾아내지 못했다. 이에 나는 이 일을 착수해야 한다(앞의 책: 15~16)."

그 결과 에르구네 쿤에 대해 이야기하고 있는 『타타르족의 족보사』는 완전한 가치가 있는 사료로 검토할 수 없게 되었다. 이 책과 대립되는 『집사』는 서술된 자료들을 접하지 못했을 때 쓰인 것이다. 그 자료들 중 가장 권위 있는 것은 칸의 보물함에 보관되어 있던, 칭기즈칸 후손들인 황금족의 공식적인 역사인 『알탄-뎁테르』와 '숭배할 만한 인물들이 들려주는 믿을 만한' 이야기들이다. 그러나 『집사』는 이전과 마찬가지로 초기 몽골사인 에르구네 쿤 시기의 재건과 연구를 위해서는 가장 희망적이고 유일한 사료이다. 그래서 만약 에르구네 쿤에서 몽골인들이 거주한 기간에 대한 연구가 없고, 보르테-치노가 현실적인 인물이 아니라 칭기즈칸의 토템 선조를 의인화한 것이라면, L. 빌레그트의 '몽골인들이 이 지역으로 308년 또는 358년에 피난해 왔다'는 주장은 근거를 잃게 되는 것이다.

4

에르구네 쿤에 대한 전설
– 초기 몽골사에서 실제 사건의 반영 –

몽골학자 G. 수하바아타르는 그의 저서에서 에르구네 쿤에 대한 전설은 『위서(魏書)』에 포함되어 있는 선비족의 전설을 재구성한 것이라는 의견을 진술했다.

첫째, 수흐바아타르는 자신의 주장이 옳다는 것을 해명하기 위하여 차이나 사료에 있는 전설에 관한 텍스트를 인용한다. V. A. 탁신은 그것을 이렇게 해석했다.

"전설의 선조 황제(黃帝)로부터 67대인 선비의 지도자 마오에서 4대 째가 되는 선비족의 지도자 투인은 큰 호수가 있는 남쪽으로 이주했다(학자들에 따르면 북서쪽 만주로부터 이주했다고 봄). 해가 있는 날이 적고 늪지대인 토양 때문에 그는 계속해서 남쪽으로 이주할 것을 계획하였으나 중간에 죽음을 맞이했다. 그 후로 적지 않은 시간이 흘렀고, 치펜이라는 사람이 등장하면서 투인 이전의 생각과 계획을 이어 받아 실현하게 되었다. 그는 '아홉 가지의 어려움과 여덟 가지의 방해'를 극복하고 높은 산 위에 자리하게 되었다. 처음에는 선조들의 유언을 이행하는 것을 거부하고 싶었다. 그러나 그곳에 모습은 말을 닮았지만 소 울음소리를 내는 특별한 짐승들이 나타났다. 몇 년 후 치펜은 산에서 내려와 흉노의 옛 땅에 살게 되었다(탁신1984: 42, 43)."

G. 수하바아타르에 의해 서술된 이 전설 속에는 『위서』의 본문에 없는 자세함이 갑자기 나타나 있다. 나는 그의 번역본 단편을 글자 그대로 가져 왔다. 수하바아타르는 다음과 같이 서술하고 있다.

"마오 이후 다섯 번째 세대에 그들의 선조들은 큰 호수가 있는 어둡고 습한 곳으로 이주했다. 투인과 린(샨 후아디)의 통치 시기에 그곳은 수도로 터를 잡기에는 비좁았기 때문에 그들은 옛 흉노 영역인 남쪽으로 이동해야 할 필요가 있었다. 주앙과 양의 도움으로 산을 무너뜨린 후에 이동했다(수하바아타르 1996: 72)."

선비족에 대한 전설을 기록한 한자 '주앙'과 '양'은 한 가지 의미, 즉 '심사숙고하다, 깊이 생각하다, 사색하다'라는 의미만을 가지고 있다. 치펜은 어떻게 행동하여 실행할 것인지 구체적인 준비는 하지 않은 채 단지 선비족의 길에 나타난 산을 어떻게 극복할까 하는 생각만 했다. 그때 그 한자의 여러 뜻 중에 '파다, 밀다, 구멍을 뚫다'라는 의미를 수하바아타르가 적용했는데, 이것은 내용면에서 이 전설과 어떠한 관계도 가지지 않는 것이다. 『위서』의 내용에 대해 수하바아타르는 비록 그의 다른 저서들 속에는 치펜이 산을 굴착했다는 언급이 없었을지라도 위와 같이 가정해야 한다는 것을 알고, 괄호 안의 '비좁음'과 '산'이라는 단어를 우연치 않게 포함하였다. 『위서』에는 그러한 정보가 없기 때문에 선비족 선조들의 이주에 관한 전설과 에르구네 쿤에 대한 몽골 전설 및 민속학적 작품을 같은 맥락으로 봄에 따라 상대적으로 수하바아타르의 결론은 모든 근거를 잃게 되었다.

에르구네 쿤에 대한 전설은 후에 일어난 선비족의 이주라는 실제 사건을 반영한 것이기에 그것들은 그 어떠한 관계도 가지지 않는다. 이는 처음에 『집사』에서 에르구네 쿤이 몽골인들이 출몰했다는 장소라는 것으로 증명된다. 선비족의 전설 속에는 이러한 유형학적인 것이 없다.

두 번째, 만약 선비족의 선조들이 흉노로부터 도망쳤던 은신처를 에르구네 쿤에서 찾았다면 그리고 그들이 그곳에 거주했다면, 그들의 이름은 선비족이 아니라 『위서』와 그 밖의 다른 사료 속에서 확실하게 규정되어 있는 몽골족이 되었어야 할 것이다. 그러나 사료들 속에는 그러한 이름이 없다. 다만 높은 산을 극복하고(비범한 동물 또는 산이 용해되었다는 등의 어떠한 힘의 도움으로) 비좁은 곳을 떠났다는 모티브는 선비족들과 몽골족들뿐만 아니라 고대 투르크족들에게도 존재했었다. 비슷한 소재가 예벤크 민족의 민속 전설에서도 나타난다. 예벤크족의 고대 관념에 따라 그들의 영역은 세 부분으로 나누어 볼 수 있는데, 수직으로는 차례로 윗부분, 중간부분, 아랫부분으로 배치된다. 그들의 세상은 짐승조차 닿지 못하는, 접근하기 어려운 암석이 많은 산맥의 형태로 경계선이 나뉜다. 그렇지만 이들은 모두 선비족, 몽골족, 고대 투르크인의 선조인 치펜, 보르테-치노, 예벤크족의 서사 속 장군인 아쉬나의 영향력 아래 있었다(바를라모바 2004: 23).

위에서 언급된 민족들에게서 보이는 비슷한 구성의 전설 내용은 의심할 여지없는 증거가 된다. 즉 험한 산 사이에서 잃어버린 최초의 고국으로부터 떠나온 것에 대한 이야기이다. 이것은 종족이 형성되는 과정에 반드시 극복해야 할 어려움들을 나타내기 위한 목적으로, 같은 역사적 시기에 다른 민족의 기원을 적용한 진부한 민속 전설인 것이다. 그래서 언급한 모든 내용은 에르구네 쿤에 대한 전설 속에서 선비족이 아닌 몽골이라는 명칭이 상기되면서 몽골인에 대한 이야기가 있음을 볼 때, 각 시대마다 그들의 필요에 따라 독창적으로 만들어낸 역사적 작품으로 볼 수 있는 것들이다. 만약 몽골인이 있기 전 중세 중앙아시아의 인종 기원을 그 어떤 누구도 몽골족이 아니라고 주장하는 것이 논쟁할 여지없이 받아들여진다면, 역사의 장에 유연(柔然)에 이어 출현한 현재 몽골인의 선조들이 에르구네 쿤에 있었다는 것이 더욱 명백해지는 것이다.

이 결론은 기원후 천년 후반기 초에 현대 몽골인의 선조들이 에르구네 쿤에서 떠났고, 후에 그곳에서 거주했다는 것을 의미한다. 『집사』에서 인용한 초반 기록에는 중앙아시아에서 성립된, 세계 질서를 모두 뒤집어엎을 만한 진실로 획기적인 사건이 기록되어 있다. 민족의 교체를 알리는 이 사건으로 몽골족인 유연국(柔然國)은 대혼란을 겪었고 중앙아시아는 고대 투르크족의 활동 무대가 되었다. 이 드라마틱한 결말은 민족들 사이에서 몽골인들이 중앙아시아 역사에서 중요한 표지로 기억되게 하였으며, 에르구네 쿤에 대한 '전설'이라는 형태로 라시드 앗 딘의 전집 속에 포함되었다. 여기에는 몽골인들의 역사가 에르구네 쿤 시기에 현재 몽골족 기원의 근간으로 보는 다를료킨족에서 성립되기 시작했다는 의미가 있다. 이 다를료킨족의 핵심은 치노족(『집사』 속에서는 누쿠스족)과 그로부터 나와 형성된 새로운 종족들에 있었는데 그들 중 가장 자주 언급되는 종족은 우랸하트와 훈기라트이었다.

이와 함께 다시 한 번 강조되어야 하는 것이 에르구네 쿤에서 몽골이라는 이름이 발생했다는 점이다. 이 이름의 어원은 에르구네 쿤으로 몽골인들의 선조들이 떠난 지역과 날짜 기록을 확인하고 있으며, 주어진 다른 사료들과 함께 이 장소가 아르군의 어느 지역에 위치하고 있는지를 알려주고 있다. 몽골이라는 이름의 역사와 에르구네 쿤의 모든 문제를 보다 깊이 이해하기 위해서는 이 민족 기원의 출처에 대한 근본적인 가설들을 검토해야만 한다.

5
몽골 명칭의 기원에 대한 가설들

    인종 기원의 공통된 이름으로 '몽골'이라는 단어가 최초로 언급된 것은 차이나 사료이다. 『구당서(舊唐書)』에 이 단어는 '메누 실위'의 형태로 기록되어 있고, 『신당서(新唐書)』에는 '멘바 부'의 형태로 기록되어 있다. 이 두 자료 속에 '메누'와 '멘바'는 종족들 사이에서 '실위'로 일컬어진다(멘-다베이-루 1975: 89, 참조 1).

    P. 펠리오와 P. 라츠넵스키의 견해에 따르면 『신당서』에 '멘바'로 쓰인 것은 '메누'라는 명칭을 옮기는 과정에서 철자 실수를 한 것이다(Pelliot 1928: 126; Ratchnevsky 1966: 228, 참조 5).

    모든 민족 기원에 있어서 명칭을 정확하게 해독하는 과정은 충분한 가치가 있고, 명칭은 가끔 민족 기원의 형성에 있어서 다양한 출처를 연구하기 위한 유일한 사료가 되기 때문에 '몽골'이라는 명칭의 어원은 항상 학자들을 매료시켰다. Y. I. 슈미트는 최초의 명칭들 중 하나에 관심을 가졌다. 그는 사난 세체누를 지지하면서 몽골이라는 이름은 칭기즈칸이 몽골인들에게 준 것이고, '몽('고집이 센', '뻔뻔한'이라는 의미)'이라는 어원에서 만들어진 것으로 추측했다. 이슬람 역사학자들은 그 명칭의 근간에는 '뭉('약한', '슬픈'이라는 의미)'이라는 어원이 자리잡고 있다고 생각했다(반자로프 1955: 169).

D. 반자로프는 Y. I. 슈미트의 의견과 달리 다음과 같이 썼다. "단어 '몽' 또는 '뭉'은 몽골인들 자신의 언어 특성에 따라 의미하는 바가 있을지라도 그 이름이 이러한 어근으로부터 나온 것은 아닐 것이다." 어떤 억측도 없이 단어 그 자체로 '몬-골' 하고 늘려 나열하면 '몬 강'이라는 것이다. 즉 이들 단어의 의미는 바로 그 민족이 살았던 강으로부터 이 이름이 나왔다는 것을 가리킨다. 그럼에도 불구하고 지도에는 몬 강이 나와 있지 않다. 하지만 몽골 남쪽, 황하강 북부 오르도스 맞은편에 모나산이 위치하고 있는데, D. 반자로프는 이 산 근처에 강이 흘렀고, 현재도 몽골이라고 불리고 있다고 추측했다. 그는 모나산 근처에 몽골인들이 거주한 것을 확인한 사실이 있다고 주장했다.

"거란인이 모호(현재 만주 지역)[3] 민족 국가를 무너뜨릴 때, 이 민족의 어느 부분은 남쪽 음산(이 산맥에 모나칸이 위치해 있음) 쪽으로 이주했고 여기를 '타-타'라고 불렀다. 즉 그들은 최초로 '타타르'라는 이름으로 차이나인들에게 알려진 것이다. 몽골인들은 타타르족의 일부분을 형성하며 당연히 그들과 함께 남쪽, 즉 바로 모나칸 산이 위치하고 있던 곳에서 유목을 했다(앞의 책: 169, 170, 172)."

G. E. 그룸-그르지마일로와 훗날 G. N. 루만체프는 D. 반자로프 가설에

---

3) 이 기록을 볼 때 '모호'는 발해를 말하고 있는 것으로 보인다.

대한 의구심을 표현했다. G. E. 그룸-그르지마일로는 멩구족, 즉 몽골족은 투르크족의 치하에 있으면서 훌룬 호수와 아르군강 동쪽에 이르는 영역을 차지하고 있었다고 여겼다. 이 상황을 그는 "모나산 정상에서 흐르는 '몬-골 강'으로부터 나온 몽골이라는 이름의 어원에 대한 반자로프의 가설을 반박하는 것으로 음산산맥의 모나산 정상의 계곡은 9세기에 타타르족의 일시적인 방목장으로 쓰였다(이것은 어떤 것으로도 확인되지는 않는다)"고 하였다(그룸-그르지마일로 1926: 382).

G. N. 루만체프는 몽골인들이 투르크족에 복종했다는 사실과 훌룬 호수와 아르군 강이 있는 동쪽이 그들의 거주지라는 그룸-그르지마일로의 지적이 올바르다고 판단했다. 모나산에 대하여 루만체프는 그 산이 실제로 존재하고 음산산맥에 위치하고 있다고 지적했다. 그러나 반자로프가 말한 그 산의 명칭은 정확하지 않은 것이었다. 그것은 '모나'가 아니라 '무네-울라', 즉 몽골처럼 단어의 후두음의 배열이 아니라 구개음에 속한 단어인 것이다. 따라서 그 단어는 몽골이라는 이름과 공통의 출처를 가질 수 없는 것이다(반자로프 1955: 306, 참조 274; 307, 참조 280).

필자의 생각으로는 1849년 반자로프의 『동양 역사학자들의 도서관』 제1권 속에 수록된 「'몽골'이라는 이름의 출처에 대하여」라는 논문을 분석해야 한다. 그러나 반자로프는 이 논문이 세상에 발간되기 전 자신의 아카데믹 동료인 A. A. 시프네르에게 1849년 1월 4일 쓴 편지에서 '몽골'이라는 명칭에 대한 자신의 가설에 실수가 있음을 인정했다. 그렇지만 논문을 고치거나 인쇄된 부분을 삭제하기에는 이미 늦었던 것으로 보인다. 다음은 반자로프가 자신의 편지에 쓴 일부분이다.

친애하는 친구에게.

나의 편지에 자네가 빠른 답변을 해 놀랐네. 자네는 그것들을 기발한 재치로 청정한 물로 옮겨 놓았더군. 이제 나는 그들이 누군지 어떤 사람들인지 아주 잘 알게 되었어. 그들은 처음부터 나를 속이고 있지 않았으며 그들이 조국으로 대가를 지불하고 있었다는 것은 그 어떤 것으로도 설득하지 못해. 나는 이러한 조건에 당신에게 백여덟 번 고맙다는 것일세. 자네 덕분에 알게 된 교활한 '몽'에 대한 정보에 (이제 나는 그들이 나의 단순함을 이용하려 했던 것을 명백히 알 수 있네) 추가로 다음과 같은 사실을 자네에게 알려줄 것을 허락해주게. 지금 내가 확인한 바로 몽골 불교 서적들 속에는 가끔 그들이 가자미가 아니라 라센에게서에 상기되었던 티벳인 달라이에서 번역된 것이라는 내용이 언급되곤 한다네(앞의 책: 230~231).

D. 반자로프는 몽골이라는 명칭이 '몽'과 '골'이라는 두 부분으로 이루어졌을 것이라는 가설을 세웠는데, 이 가설은 후대 학자들을 잘못된 방향으로 이끌게 된다. C. 하스도르쥬는 몽골 종족들이 칭기즈칸에 의해 몽골 울루스 국가를 세우기 전 아주 잘게 나뉘어져 살았고, 헨테와 오논 강 상류에 거주했던 '몽' 종족도 그 수에 포함되어 있다고 서술했다. 이 종족이 시작된 곳은 오르도스였고, 그들은 '몽' 산 근처에서 유목을 했으며 이로 인해 그 종족의 명칭이 '몽'족으로 불리기 시작했다. 칭기즈칸이 자신이 세운 국가에 몽골이라는 이름을 지었다는 견해도 존재한다. 그러나 실제로 그는 단지 카불 칸 통치 시기에 처음 나왔던 몽골이라는 이름을 복구한 것일 뿐이었다. 초반에 카불은 몽족 중 하나의 칸이었다. 그러나 시간이 흐르면서 이 종족은 다른 종족들 사이에서 중심의 위치를 차지하면서 자신들을 중심으로 다른 부족들을 연합하고 중요한 종족을 '몽'이라는 의미로 '몽골'이라고

부르기 시작하였다. 몽골 종족은 몽골 국가 연합에서 결정적인 역할을 했다(하스도르쥬 1959: 14~19).

체젠몽흐는 몽골이라는 단어 속의 '골'이라는 구성 요소를 다르게 해석하였다. 그는 몽골이라는 명칭이 단어 '몽'과 '골'로 구성되어 있다고 보았다. '골'은 단어 '호르'에서 기원하고 있는데, 이 '호르'라는 단어는 천 년 전에 존재한 두 종족과 알타이어를 말하는 종족들의 거대한 그룹의 명칭이었다. 이 단어는 '위구르, 다구르, 유구르'라는 명칭 속에 보존되어 있다. 단어 '호르'와 유사어로 '후'라는 명칭이 사용되었다. '후'라 불렸던 종족에는 쉬후, 샹후, 유에후, 동호 등이 있었다. 후 종족들 사이에서 가장 거대한 종족이 흉노족이었다. 많은 고대 사료들 속에 단어 '후'와 흉노는 유사 명칭으로 언급되어 있다. 그래서 몽골이라는 명칭의 의미는 '흉노족에 속한 몽 종족'이라는 것이다(체젠몽흐2002: 349~359).

남쥘체베엔은 몽골이라는 이름은 단어 '멍'(мөн, 진실의)과 '골'(гол, 중심)로 구성되어 있고 그것이 합쳐져서 종족 명칭이 되었다고 주장했다. 이른바 '진실된 중심'으로서 그 종족을 중심으로 몽골 민족이 통합되고 강화되었다고 주장하였다(달라이 1996: 34).

리둔팡의 의견에 따르면 당나라 때 멍 실위족은 왕츠쟝헤 강, 즉 아무르 강을 따라 거주했다. 그 시대의 차이나 방언 속에 '왕'은 '만'으로 읽혔고, '츠쟝'은 'ㅋ' 또는 'ㄱ'로 읽혔다. '망크' 또는 몽골 단어로 '멍크'는 '영원한'이라는 뜻이다. 그리고 몽골어 단어 '헤'는 '골' 즉, '강'으로 번역되었기 때문에, 멩우족은 몽골 명칭으로 '멍흐 골(Мөнх гол)'이라는 강을 따라 거주했다고 볼 수 있다. 이 명칭이 몽골의 기원이 되었으며, 이 단어의 의미는 '영원한 강'이다(리둔팡 2003: 1).

C. 하스도르쥬와 체젠몽흐는 몽골이라는 명칭을 '몽'과 '골'로 나누면서

D. 반자로프의 실수를 반복했다. '몽'의 유형어가 존재하지 않았기 때문에 몽골인들에게 '몽'이라는 인종 기원적 명칭에 따른 종족이 결코 없었으며, '호르'라는 단어와 그 단어를 연결하는 시도에 대해서는 언급하지 않은 채 '골'이라는 단어의 어원을 찾는 것은 무의미하기 때문이다. 1890년에 V.P. 바실레프는 티베트인들이 몽골인들을 '호르'로 불렀다고 언급하고 있다(바실레프: 1890: 375~379). 후에 그의 의견을 G.N. 루만체프가 지지했다. 루만체프는 어근 '호르(후르)'가 있는 명칭의 기원 형태는 몽골에 출처를 가지고 있다고 쓰고 있다(루만체프 1962a: 121~128).

현재 이 견해는 러시아인뿐만 아니라 전 세계 몽골학자들 사이에 넓게 퍼져 있다. 그럼에도 불구하고 2007년 티베트에서 필자가 실시한 연구에서는 다음과 같은 사실이 밝혀졌다. 티베트인들에게 단어 '호르'는 모든 유목 및 목축민들을 그들의 종족 소속과는 상관없이 공통으로 부르는 명칭이라는 것이다. 실제 티베트에서는 티베트 농민들조차 티베트 목축민들을 '호르인'이라고 부르고 있다. 몽골 티베트인들은 오래전 과거와 마찬가지로 지금도 '속'이라고 명명되고 있다(PMA 11: 투브뎬, 주에 고).

이 사실은 몽골 기원이 스스로 독창적으로 발생했으며 호르라는 단어와는 어떠한 관계도 가지지 않는다는 것을 증명하고 있다. 남쭐체베엔과 리둔팡의 가설에 있어서는 인위적인 것 또한 함께 한다는 것이다. 리둔팡이 그가 취했던 당나라 시기의 차이나의 일상 언어에서 '뱌찬헤강'이 '멍골'로 발음되었다는 것을 인용한 사료를 밝히지 않은 것은 자료가 없기 때문일 것이므로 우연한 일은 아니다. 하지만 단지 이 한 가지 이유 때문에 이 가설이 진지한 관계를 가지지 못하는 것은 아니다. 리둔팡은 다음의 내용을 간과했다. 첫째, 몽골인들은 거대한 아시아의 강들 중 하나인 아무르 강을 '골'이라고 부르지 않고 '머렌'이라고 부르고 있다. 둘째, 고대부터 아무르 강 연안 지역이 민족의 출처에 따라 구분된다면 몽골족이 아니라 퉁구스–만주족과 고아시아족의 거주지였다는 것이다. 이러한 오류들로 인해 리둔 팡의 몽골 명칭에 대한 가설이 만족스럽게 여겨지지 않는 것이다.

N. 페를레에는 몽골과 투루크족 사이에 2000년 동안 전쟁이 일어났다는 것에 대한 라시드 앗 딘의 정보를 근거로 하여 몽골이라는 이름이 기원전 700년인 청동기 시대에 이미 존재한 것으로 여겼다. 총체적 전멸로부터 살아남은 몇몇 가족들은 에르구네 쿤이라는 장소에 은신했다. 그로부터 많은 시간이 흐른 후인 13~17세기에 몽골인들은 '뭉–아아 우즈센(мунг-аа ү зсэн)', 즉 고통을 겪은 이들로서 자신들의 선조들을 상기했다. 즉 몽골이라는 이름은 '뭉'이라는 이 단어로부터 시작된 것으로 보았다. 그래서 N. 페를레에는 '몽골'이라는 명칭이 널리 퍼져 있는 '몬강'의 명칭에서 나왔다는 견해가 어떠한 근거도 가지고 있지 않다고 쓰고 있다. 동시에 그는 몽골 지역 여러 곳에 '몬'과 '몽골'이라는 유형의 명칭들이 있다고 지적했다. 이 '몬'과 '몽골'은 이미 몽골 민족성을 형성하고 다른 종족들 사이에서 특별한 위치를 차지한 개별적 그룹들이 그곳에서 거주하고 있을 당시에 발생한 지역의 명칭이라는 것이다. 이 그룹들이 가지고 있었던 '몽골'이라는 이름은 유형적 성질로써 그들이 거주했던 곳(공간)에서 굳어진 것이다(페를레에 1969: 91~96).

필자의 생각으로는 N. 페를레에는 에르구네 쿤에 대한 라시드 앗 딘의 이야기 중 숫자 및 연도 수의 디테일을 정당하지 않게 절대화하고 있다고 본다. 13세기 말 사실적인 상세함을 견지하며 최초로 편찬된 『집사』에 2000년 전 전설이 들어가 있다는 것을 상상하는 것은 불가능하다. 라시드 앗 딘의 시대보다 훨씬 오래 전에 존재했던 몽골인들의 선조들이 에르구네 쿤으로 피해 떠났던 시기에 대한 모든 언급들을 완전하게 믿을 수 없다는 것은 알려져 있다. 더구나 B.C. 700년에 대해 이야기하면서 다음과 같은 질문을 이해하려고 노력하는 것은 이해가 되지 않는다.

어떤 몽골인들과 투르크인들이 청동기 시대, 즉 두 인종 기원의 존재 여부에 대하여 가설로 말하기조차 불가능한 시대에 서로를 적대시할 수 있었을까? 현재 투르크의 기원은 기원후 460년 이후이고, 알타이 지역의 투르크 종족 연합의 최초 명칭이었다는 것으로 이해된다. 이는 6세기 후반 첫 번째 돌궐 왕조 형성 후에 널리 퍼지게 되었다(클랴슈토르느이, 술타노프 2000: 75, 77).

'몽골' 명칭이 기원후 7세기에 서술된 사료 속에서 최초로 언급되었다는 N. 페를레에의 의견은 사실에 가깝다. 이보다 더 이전 시기에 몽골인들이 중앙아시아에서 활약하지 않았기 때문에 몽골이라는 명칭이 사용되지 않은 것이다. 기원후 천년 후반 초기에 몽골어의 인종 기원이 존재했다. 이들은 역사적 사건에 눈에 띄게 참여하지는 않았지만 연대기적 기념비에 적지 않게 그들의 이름이 등장하였다. 만약 몽골과 투르크 민족 기원의 발생 시기에 대해 위와 같이 고려하고 있는 N. 페를레에의 가설을 중앙아시아 지역의 민족 기원의 역사라는 프리즘을 통해 살펴본다면, 한마디로 그 가설은 우리를 '몽골' 명칭의 출처 문제를 해결하는 데서 더 멀어지게 만들어 놓을 것이다.

D. 반자로프 이후 얼마 지나지 않아서 V. P. 바실레프는 몽골인들의 두 개의 소유물에 대한 평범치 않은 가설을 제기했다. 그는 주로 『금사(金史)』에 근거하여 여진족으로부터 북동쪽인 아무르 강 하구에 만주 부족인 멘구(멘우)족이 살았는데, 이 종족은 '몽골'이라는 이름으로 유명해졌고, 여진족 북서쪽에 살았던 민족과는 완전히 다르다고 주장했다. '멘구'라는 명칭의 시초는 만주어인 '무케'('물' 또는 '강'과 같은 어원인 '망구')라는 단어에서

찾아야 한다. 더 이전에 '멘구'라는 명칭은 차이나인들에게 '모헤'로 왜곡되어 알려졌다. '모헤'는 나중에 최초의 형태인 '멘구'로 바뀐 후 모든 만주인들의 공동 명칭에서 사라졌다. 칭기즈칸의 타타르 정부는 만주 지역의 패권을 놓고 금나라와 기나긴 전쟁을 지속했는데, 전쟁이 길어지면서 여진족 배신자들이 나타나기 시작했고, 금나라는 칭기즈칸의 군대를 금나라 사람들을 위협하는 '멘구'라는 이름으로 불렀다. 즉 몽골은 칭기즈칸에 의해 만들어진 이름인 것이었다(바실레프 1859: 81, 134, 159~161).

V.P. 바실레프의 가설은 학계에 많은 의혹을 제기하였다. 무엇보다도 몽골이라는 명칭을 해석하는 데 있어서 많은 사람들을 놀라게 하였는데, 그 해석은 다음과 같다. 몽골인들은 초반에 몽골인들로 불리지 않았을 것이고, 이 명칭은 아무르 강 하류 지역에 살았던 만주인들, 즉 멘구족으로 명명되었던 것에서 칭기즈칸이 차용하여 은밀하게 썼다는 것이다.

이에 대하여 I.N. 베레진은 일반적인 상황임을 표현하면서 다음과 같이 지적했다. "이슬람과 차이나 소식통을 대조하면 우리에게 긍정적인 다음과 같은 결과를 가져온다. 차이나학자들의 핵심은 멘구족인 몽골인들이 아무르 강 하구에 산 만주족이 아니라 켈루렌으로부터 북서쪽에 살았던 이들이라는 것이며, 이는 차이나 연대기 중 하나에 나와 있다. 바실레프 교수는 그것을 지지했다(『집사』 1868: 186).”

20세기 초 G.E. 그룸-그르지마일로는 멘구족에 대한 바실레프의 가설을 다시 새롭게 잘못된 것이라고 언급했다. 그가 강조한 바로는 이 이론은 『퉁쟌간무』라는 사료를 완전히 반박하는데, 이 사료는 거꾸로 1147년 여진인들이 켈루렌의 북동쪽에 있는 땅이 아니라 북쪽에 가까운 땅을 27개의 성과 함께 실위 멘구에게 양보해야만 했다고 기록된 『다진고지』 본문을 근거로 하고 있다(그룸-그르지마일로 1926: 383).

M. V. 바로비예프는 1970년에 여진족과의 관계에 따른 멘구족의 거주 위치에 대한 문제에 정확한 근거를 제시했다. 그는 북동쪽에 거주했던 종족들과 여진족이 왕래한 것에 대한 서면 증거가 없다는 것을 지적하였다. 다만 1186년에 동부 야만족 11개 종족들이 공물을 가져다주었다는 것이 유일한 기록이라 하였다. 이러한 문제의 이해를 위해 학자들은 중요한 해석을 내놓았다.

회교 사료의 저자들은 멘구족의 거주 방향을 북동쪽으로 가리키는데, 여진족의 조국인 금나라를 위협한 것은 북동쪽에서가 아니라 몽골인들이 거주했던 북서쪽에서 시작됐다고 M. V. 바로비예프는 인정하였다. 이것은 이들의 방향에 대해서만 언급할 경우에 해당되는 것이다. 몽골인들의 습격으로부터 자신을 지키기 위하여 여진족은 국가의 북서쪽 경계 지역에 강력한 방어 시스템을 만들었는데, 이는 초소와 보루, 성벽으로 구성되어 있었다. 성벽의 길이는 1500~1700km가량 뻗어 있었다. 대략 간헤 강에서 시작하여 메르겐 강이 만나는 지점에서부터 현재의 펜체냐 산의 북부 지점에 이르는 곳이었다. 몽골인들에게 이 견고하게 배열된 방어 시스템은 분명 장애물이었다. 그것을 뚫지 못해 칭기즈칸은 금나라를 습격할 때 그곳을 돌아 남쪽에서부터 공격할 것을 선택했었다(바로비예프 1975: 209~210).

V. E. 메드베데프는 혁명 전, 그리고 그 후에 출판된 저서들을 비평적으로 살펴본 후 역시 아무르 강 하류 지역에 멘구족이 거주했다는 것에 어떠한 근거도 없다는 결론을 도출해 냈다. 서술된 자료와 구전으로 전해오는 정보를 대조해 보고 멘구와 몽골이라는 명칭이 동일하다고 보는 관점이 유일하게 올바르다고 하였다(메드베데프 1984: 162~165).

몽골인의 두 번째 그룹이 여진의 북동쪽 어딘가에 존재한다는 근거 없는 의견이 있었다. 이 두 번째 집단의 명칭이 아마도 칭기즈칸이 자신의 국가에 의미를 부여하기 위해 가져온 것이 분명하다고 제기한 주장은 설득력이 떨어지는 것이었다. 그럼에도 불구하고 1987년과 2002년에 E. V. 샤브쿠노프와 P. O. 르이킨은 논문을 통해 이 오래된 문제를 다시 한 번 제기하였다. P. O. 르이킨의 논문(르이킨 2002: 48~84)을 분석할 필요는 없다. 왜냐하면 그럴 경우 위에서 언급된 모든 것을 반복할 뿐이기 때문이다. E. V. 샤브쿠노프는 그의 논문에서 몽골이라는 이름이 칭기즈칸에 의해 차용된 것이라는 것에 대해 쓰지는 않았으나, 그 모든 가설은 남송(南宋) 학자인 이신추안의 전집에 근거하였다. 몽골 기원이 차용된 것이라는 의견을 옹호하는 사람들은 보통 이 책을 인용한다. 그의 의견에 따르면, 이 명칭의 어원을 해석한 것은 D. 반자로프의 의견에 가장 가깝다. 그럼에도 불구하고 E. V. 샤브쿠노프는 남몽골의 몽-골강 위치에 대한 반자로프의 가설을 부정하였다. 그는 현재는 많이 변한 모습이겠지만 그러한 명칭을 가지고 다른 장소에서 찾아야만 한다고 주장했다. 이것은 여진족이 북동쪽에 존재하고, 주민들이 상어가죽으로 된 갑옷을 만들었다는 또 하나의 몽골 국가에 대한 이야기가 언급된 이신추안의 보고에서 나온 것으로 보인다고 샤브쿠노프는 확신했다.

송나라 사료 속의 기록을 근거로 E. V. 샤브쿠노프는 메누족은 바닷가 또는 그 근처에 거주했다고 추정했다. 그는 메누족이 여진족의 북동쪽에 위치해 있었으므로 그들의 거주 장소는 아무르 강의 하류와 부분적으로는 중류 유역일 가능성이 높다고 하였다. 그는 9세기에서 12세기 아무르 강 하류와 중부 지역에 널리 퍼져 있었던 파크롭스크 문화가 메누족과 관련된다고 생각했다. 현재 아무르 강, 우수리 강, 그리고 쑹화 강 하류는 퉁구스계 만주족에게 '맘구', '맘그무', '망구', '망가'라는 공통의 명칭으로 알려져 있다. 이 명칭 속에 가장 자주 반복되는 음성 'm'이 들어간 어근 '망가'는 '강

하고 험난한 물'로 번역되는데 강의 성격인 물이 차서 넘치는 것, 강하고 극복하기 어려운 물의 흐름이라는 의미로 위 단어에 충분히 부합된다. B. 칼그렌의 가정에 의하면 한자로 표기된 '메누'와 그 단어의 파생 형태인 '멘구'는 '문근고트', '만근고트', '몽고'로 읽힌다. 샤브쿠노프는 만약 어미 −t, −r, −l로 끝나는 외국어 단어를 발음대로 옮겨 적는 특징에 주목한다면, 다음과 같은 사실이 명백하다고 하였다. '메누'와 '멘구'의 기원을 한자로 표기하는 과정에 고대 몽골 단어인 '몽골'과 '망그골'이 숨겨져 있는데, 거기에 '망' 음절은 '강한', '어려운'이라는 의미의 '몽'으로 쓰일 수 있고 '골' 음절은 '강'을 의미한다. '망골'은 통째로 번역하면 '강하고 고집 센 강'이 될 수 있다. 12세기 후반에 멘구족은 여진족 사람들과 연합하여 나선 그들의 친족격인 타타르족의 침략을 견뎌냈다. 그 결과 멘구족은 타타르인들에 의해 아무르 상류 지역, 즉 동몽골과 바이칼 동쪽 지역을 빼앗겼고, 여진족의 활동 무대인 아무르 강 하류와 중부 지역에 고대 퉁구스 만주족들이 거주하기 시작했다(샤브쿠노프 1987: 166~169).

E. V.샤브쿠노프의 가설을 비판적으로 검토하기에 앞서 이신추안의 텍스트에서 그의 가설 구조에 방법론적 근거로 작용했던 문장에 대해 말할 필요가 있다. '당나라 체제 하에 있을 때, 그것을 메누 종족으로 불렀다'는 문장의 내용을 깊이 생각해보면, 아무르 강 하류에는 어떠한 메누족도 존재하지 않았다는 의미를 가진다. E. V.샤브쿠노프의 텍스트는 다음과 같다.

"이미 어떤 몽골 국가가 존재했었다. 그 국가는 여진족의 북동쪽에 위치했다. 당나라 체제 하에 있을 때, 그것을 멘구족으로 불렀다. 이 사람들은 … 상어 가죽으로 갑옷을 만들었다. 이 갑옷은 화살을 방어할 수 있었다(멘다 베이루 1975: 51)."

이 문구에서 '그것을'이라는 단어는 마치 여진족의 북동쪽에 위치했던 몽골인들의 '국가'를 암시한 것으로 보인다. 이 문장은 '당나라 시기에 곧 그 '국가'를 메누족으로 불렀다'라고 이해해야 한다. 중세 사료에는 당나라 시대에 단 하나의 인종 형태인 메누족만이 존재했다고 알려졌기에, 그 후 시기에 단 하나의 공동체인 메누 종족만 있었다고 이해된 것이다. 이에 다음과 같이 가정을 해볼 수 있을 것이다. 당나라 시기 또는 그 후의 시대에 메누족은 두 개로 나누어졌는데, 그 둘 중 한 무리가 아무르 강 하류 지역으로 이주했다. E. V. 샤브쿠노프는 이들을 최초로 이 지역에 거주한 진짜 몽골인(몽골)들로 본다. 그러나 이 사건이 알려진 사실이라고 해도, 이신추안의 저서에는 단지 그들뿐만 아니라, '당나라 시기 또는 그 후 시기에 양쪽 몽골 국가 둘 다를 메누족이라 불렀다'는 언급이 있다. 그러나 사료들 속에 이러한 기록은 없다. 게다가 만약 실제로 메누족이 두 무리로 나눠졌다고 가정한다면, 왜 북서쪽에 머문 집단이 몽골이라는 이름을 차용했어야 했는지, 그 집단은 이미 이 이름을 가지고 있었는데, 이 부분이 이해가 가지 않는다는 것이다. 한편으로 문제를 해결하기 위하여 『구당서』와 『신당서』에서 지적하고 있는 메누족의 거주지가 이신추안의 보고와 일치하지 않는 중요한 사실을 특별히 고려한다면, 이신추안을 포함한 송나라 사가들이 이 멘구족의 거주 지역(여진족부터 북동쪽에 있는)을 정의하는 과정에서 만주가 아니라 차이나 평야부터 규정해야만 했다는 M. V. 바로비예프의 견해를 인정해야만 한다.

E. V. 샤브쿠노프가 메누 종족과 관련지어 보는 '파크롭스크 문화'는 아무르 강 유역, 연해주 지역과 북만주를 포함하여 시오테-알린 산맥 사이의 지역과 소흥안령 산맥에 퍼져 있었다(바실레프 2006: 360). A. P. 오클라드니코프와 V. E. 메드베데프는 아무르의 여진족인들이 파크롭스크 문화 사람

들이었다고 주장했다(오클라드니코프, 메드베데프 1974: 118~128). 차이나 학계에서는 이 문화를 여진족인들에 속하는 우고족의 문화로 인식하고 있다(네스테로프 1998: 96).

파크롭스크 문화 전문가인 U. M. 바실레프는 초반에 여진족의 시초가 아니라 중앙아시아 소그드인의 시초를 가졌던 우고 종족들이(이 종족들의 구성원으로 몽골어족인 실위인들이 포함되어 있다) 파크롭스크 문화를 창시했다는 것에 동의했다(샤브쿠노프, 바실레프 1989: 16).

E. V. 샤브쿠노프는 공동 집필자인 바실레프보다 훨씬 더 깊이 탐색하였는데, 그의 논문에서 그는 아무르 강 일대의 파크롭스크 문화의 사용자는 특별히 '몽골–실위'인이었다고 확언했다(앞의 책: 17).

후에 바실레프는 샤브쿠노프에 의해 연구된 자료들을 세심하게 분석한 후 자신의 관점을 재정비했고, 파크롭스크 문화는 그 시초를 모헤 문화에서 가져온 것으로 결론을 냈다. 파크롭스크와 모헤 두 문화는 발전 과정에서 유일한 문화 종합체를 구성했다(바실레프 2006: 347). 이로써 바실레프는 비록 아무르 강가에 살았던 종족들이 여진족이라고 정의할 수 없다고 확신했을지라도 사실상 A. P. 오클라드니코프와 V. E. 메드베데프, 그리고 파크롭스크 문화가 모헤의 후손인 여진족의 소유라는 차이나 학자들의 결론을 보증하는 셈이 되었다(앞의 책: 347). U. M. 바실레프의 의견에 따르면 모헤 문화는 연해주와 차이나 랴오닝 지방 등 북동쪽 지역에 널리 퍼져있던 폴체 문화(앞의 책: 6, 360)에서 발전해 나왔다. 현재 차이나 고고학자들은 초기 철기 시대의 이 문화가 기원전 3세기에서 기원후 3세기에 걸친 시간에 존재했고, 문화의 사용자는 읍루 민족이었다고 보고 있다. M. B. 바로비예프가 서술한 바로는 읍루족의 민족 소속에 대해서는 학자들 사이에 의심이 존재하지 않는다고 했다. 그들은 퉁구스의 기원을 가지고 있는 수쉐

네이족의 후손들이었다(바로비예프 1994: 28, 105, 107). 정리하면, 아무르 강 하류 지역과 아무르 강 인접의 차이나 북동 지역들은 고대부터 시작하여 두니족들이 거주했던 지역이었다. 이 종족은 초기 퉁구스와 고대 아시아 인종 그룹으로 구성되어 있다. 따라서 아무르 강 하류에 있었던 그 어떤 몽골인들에 대하여 그들이 마치 파크롭스키 문화를 소유했던 것처럼 말해서는 안 될 것이다.

  B. 칼그렌이 제기한 '메누'와 '멘구'의 기원을 한자로 표기한 것에 대해 살펴보면, E. V. 샤브쿠노프는 그것들을 정확하게 읽지 못하였다. 그러나 만약에 이 명칭들이 '문근고트', '만근고트', '몽고'로 읽혀졌다면, 그것들을 두 부분으로 나누고 '강'이라는 의미를 가진 몽골어의 '골'과 비슷한 단어를 만들려는 목적으로 끝 철자 –t를 –l로 교체한 것은 아무르 강 하구에 몽골인들이 거주했다고 보는 가설을 증명하기 위함이었음이 명백해진다. E. V. 샤브쿠노프에 의해 도출된 단어 결합인 '강하고 험한 강'을 '망골'이라는 말의 정확한 해석으로 본다면, 인종을 지칭하는 명칭이 될 수 없을 것이다. 왜냐하면 인종 기원 명칭은 구체적인 인종상의 공통된 의미를 객관화한 것이어야 하기 때문이다. '강'이라는 단어를 이야기할 때, 함부로 인종 기원의 뉘앙스를 띤 추가적인 의미론 쪽에 무게를 실어 말해서는 안 될 것이다.

  엘덴데이와 아르다잡은 '영원한 하늘의 불(мθнка 텡게르и гал)'이라는 표현 속에서 몽골이라는 명칭의 어원을 찾으려고 시도했다. 그들의 의견에 따르면 이 표현은 몽골 샤먼들이 사용했던 것으로 보인다. 시간이 흐르면서 이 표현 속에서 '카 텡게리'라는 부분이 떨어져 나왔다. 그 결과 남겨진 형태소들과 모음조화 현상이 일어난 것이 결합해서 단어 '몽골'이 생겨났다는 것이다. 이 단어는 '멍흐레흐(мθнхрθх)'이며, '영원한 것이 되다'라는 의미를 갖는다(엘덴데이, 아르다잡 1986: 80~81).

이 가설을 분석하는 것은 매우 어렵다. 학자들은 무슨 일이 있어도 몽골이라는 명칭에서 '영원한 것이 되다'라는 의미를 얹으려고 노력했다. 비록 다른 민족들이나 몽골인 스스로도 그런 의미를 가진 이름을 스스로에게 줄 수 없다는 것이 분명할지라도 그런 인상을 지울 수 없다. 필자는 모든 언어상의 세밀한 부분까지 건드릴 수 없지만, 단지 언어 규범의 관점에서 볼 때 제시된 발음과 어휘의 무의미한 변이 및 어근과 문체의 재구성을 통해 몽골이라는 단어로 변형한 것은 불가능한 것이다.

또 다른 많은 학자들은 몽골이라는 명칭이 유연의 선조들 중 한 명인 '목골려(木骨閭)'에서 나왔다고 생각했다. 코마이 요시아키의 의견에 따르면 처음에 목골려는 현인 개인의 이름이었으나 후에 몽골이라는 형태로 종족 전체의 이름이 되었다는 것이다. 만약 이러했다면 몽골이라는 기원은 당나라 시대 훨씬 이전에 발생했다고 생각하는 것이다(탁신 1984: 399).

후지타 토요하치는 다음과 같은 견해를 제기하였다. "만약 순수 몽골인들과 관련 있는 유연의 선조가 목골려라는 명칭을 가지고 있었다면 부족명 멘구와 메누가 목골려의 왜곡된 형태는 아닌지 생각해 볼 필요가 있다(앞의 책: 399)."

G. 수하바아타르와 A. 오치르는 위와 유사한 견해를 지지했다(수하바아타르 1996: 72~74; 오치르 2003a: 192~198). 다만 A. 오치르는 G. 수하바아타르가 주장한 내용을 반복했기 때문에 마지막 저서에서 멈춰야만 했다. G. 수하바아타르는 『위서』를 인용하면서 침략을 일삼던 기마병이 포획한 노예의 이름이 목골려였다고 쓰고 있다. 노예의 머리카락은 눈썹과 나란하였고 그는 자신의 종족과 이름을 기억하지 못했기 때문에 주인이 그에게 '뿔이 없는, 뿔을 잃은'을 뜻하는 목골려라는 별칭을 주었다. '목골려'는 몽골 단어 '무하르'와 같은 어원인데 중세시대에 권력과 특권을 잃은 사람들

을 그렇게 불렀다. 이 목골려의 후손들이 후에 명칭이 몽골이 되는 목골려 종족을 이루었다고 G. 수하바아타르는 결론짓고 있다.

다른 학자들은 목골려라는 이름에 대해 다른 해석을 내놓았다. N. Y. 비추린은 붙잡힌 노예에 대한 전설을 다음과 같이 번역했다.

"연연(蠕蠕, 유연의 다른 명칭)은 유균류이로 불렸다. … 기마병대가 한 명의 포로를 붙잡았다. 머리카락이 눈썹과 나란한 그는 자신의 이름, 신분을 기억하지 못했다. 그를 소유한 자는 목골려라는 이름을 가졌고 목골려는 '대머리의'를 의미한다. 목골려와 유균류이는 발음에 같은 소리가 난다. 왜 그의 후손들은 첫 번째 것을 자신의 이름으로 받아들였을까(비추린 1950a: 184)."

B. C. 타케인의 『위서』 번역본에는 목골려에 대한 전설을 다음과 같이 기술하고 있다.

"동호의 후손 연연은 욱구려(郁久閭)라는 성을 가지고 있었다. … 과거에 약탈을 하는 위나라의 기마병이 눈썹라인만큼 머리카락이 자란 노예를 포획했다. 그는 자신의 성과 이름을 기억하지 못하였고 그의 주인은 그에게 '머리가 벗겨진 대머리인'의 의미를 가진 목골려라는 별칭을 주었다. 목골려와 욱구려는 소리상 비슷해서 후에 노예의 아들들과 손자들이 자신들의 성을 욱구려로 했다(탁신 1984; 267)."

B. C. 탁신은 요사키와 토요하치의 가설을 분석하면서 다음과 같이 지적했다.

"우리의 관점으로는 목골려를 '무구이'와 '류이' 두 개의 음절로 읽히는 대로 쓰는 것이 보다 정당하다고 여겨진다. 마지막 문자는 칼그렌의 개편에 따라 중세시대에 liwo라 읽었다. 토다예바가 지적한 바로는 단어 '나쁜', '어리석은'은 몽골어로는 -мэ, 몽골어인 민혜 지방어 마우로 몽골어 사전에는 '- mъ, maъ'로, 포프의 책에는 '-maun'으로, '필사본 고대 몽골어 사전'에는 ' -maɣ u'로, 몽골어에는 '-maɣu'로, 두샹어로는 '-мaɣ'로 전달되었다. '류이(liwo)' 는 '머리카락'이라는 의미의 몽골어 'rrwa'와 소리가 비슷하다. 그런 식으로 '나쁜, 몹쓸 머리카락'이라는 의미의 'maɣurrwa'를 소리 나는 대로 쓰면 '목골려' 또는 '무구 리보'가 된다. '벗겨진 머리'와 '몹쓸 머리카락'이라는 의미 사이에 관계가 있으므로, 발음뿐만 아니라 의미상으로도 밀접하다는 결론이 난다(앞의 책: 399)."

유연 역사에 대한 전문 연구에 공헌을 한 칸드수렌 역시 G. 수하바아타르와는 다르고 N. Y. 비추린과 B. C. 탁신에 가까운 목골려 이름에 대한 해석을 내놓았다. 그녀는 효문제(220~277)황제[4] 통치 말에 노예 한 명을 포로로 붙잡아 왔다고 썼다. 그 노예는 머리 정수리 부분은 깎여 있었고, 머리카락은 눈썹 위까지 덮여 있었다. 그래서 북쪽 위나라에서는 그를 목골려라고 부르기 시작했는데 『위서』에 따르면 그 단어의 의미가 '대머리'라고 한다. 단어 '무하르'와 '무갈'은 차이나어로 같이 쓰이는데, 왜냐하면 단어의 끝에 'ㄹ' 소리가 한자로 쓰게 되면 '류이' 또는 '리'로 옮겨지기 때문이다. 붙잡힌 노예의 특징이 대머리였기 때문에 그의 이름은 목골려라 불렸고, 목골려가 변형된 몽골어 단어는 '무굴라이'이며, 이는 '면도한 머리'라는 의미를 가진다. 목골려의 후손들은 성을 '유규류이'로 받아들였다. 이유

---

4) 북위 효문제(孝文帝)를 말함.

는 유연의 차이나 사료들 속에서 대부분의 경우에 유규류이족으로 불려지기 때문이었다(칸드수렌 1994: 6~7).

N.Y. 비추린, B.C. 탁신, 그리고 C. 칸드수렌이 제시한 목골려 이름에 대한 해석은 보다 정확한 사료들에 근거하고 있고, 그래서 보다 더 바람직하다. 수하바아타르가 확신한 것처럼 만약 유연 사회에서 '뿔이 없는'이란 별칭을 얻었다면 사회적 신분의 증표인 것인데, 실제로 머리가 벗겨진 노예가 '뿔이 없는'이란 별칭을 얻는 것은 거의 불가능하다는 것이다. 포로가 된 노예는 그러한 의미가 있는 별칭을 받을 수 없었기 때문에 그는 어떠한 작은 권력도 가지지 못했다. 그래서 목골려라는 단어 자체에서 몽골이라는 부족명이 기원했다는 가설은 근거가 없는 것이다. 게다가 탁신과 칸드수렌이 차이나 사료 속에 쓴 바로는 목골려의 후손들에 근거한 종족의 이름은 '유이이쥴류이'이지 목골려가 아니라는 것이다. 그러나 만약에 이 종족이 목골려로 불렸고, 그 이름이 나중에 몽골로 변형되었다면 몽골이라는 이름을 가진 이 종족은 분명 13세기 전까지 존재했어야 하며, 문서상 사료 속에 들어가 있어야 한다. 그럼에도 불구하고 현재 실제로 모두 다 잘 알려진 이 시기의 몽골 종족 그룹들의 목록에는 존재하지 않는다. G. 수하바아타르, A. 오치르, 그리고 일본 학자들에 의해 제시된 목골려라는 이름으로부터 몽골 이름이 기원했다는 설은 하나의 신빙성 있는 사실로 증명되지 않기 때문에 전반적으로 다시 검증해 보아야 한다.

이 모든 것은 그들뿐만 아니라 앞서 검토한 가설들의 필자들이 부족명 몽골의 올바른 최초의 형태를 찾을 수 없었거나 노력하지 않기 때문에 벌어진 일이다. 또한 그들은 이 이름과 당왕조의 민족 집단인 실위(室韋)에서 그에 적합한 몽골 인종 기원에 대해 정확하게 증명된 자료들을 고려하지 않기 때문이기도 하다. 단순히 거기서 중세 시대의 몽골어족의 발전

라인이 후에 서로 교체되었던 종족들의 사슬임을 밝혀내야만 했었다. 동호에 이어 선비, 오환, 유연, 그리고 그 후에 지금 몽골인으로 불리는 새로운 민족이 출현했다. 이 종족들이야말로 모든 몽골어 종족들의 선조들이라고 확실하게 말할 수 있을 것이다. 그리고 탁신이 옳다는 것은 의심할 여지가 없는데, 그는 요시아키와 토요하치의 부족명 몽골의 기원에 대한 가설을 분석하고 종합하여 다음과 같이 강조했다.

   "'몽골'이라는 명칭이 최초로 회자된 곳은 차이나 사료들 중에 945년 『구당서』이다. 만약에 일본 학자들의 의견이 증명된다면, 몽골인들의 역사는 7세기 이전에 시작되었어야 한다. 그래서 목골려와 몽골이 발음상 가깝다는 데에 근거한 이 매혹적인 관점은 신뢰를 주지 못한다(탁신 1984: 399)."

6
실위 종족들의
거주지에 대하여

　차이나 사서인 『수서』, 『구당서』, 『신당서』에 따르면 실위 집단은 거란 인과 한 집안이었다(앞의 책: 136, 137, 139). 그러나 실위는 자신들이 선비 와 관련이 있다고 생각했다. 그들의 이런 생각은 선비족 관련 기록과 일치 하며, 이 논리가 현재 러시아와 차이나의 사료에 남아 있는 것은 우연한 일 이 아니다. 기원전 209년에 흉노의 지도자 묵특선우는 동부 이웃인 동호를 공격하였고, 그들을 도주하게 하였다는 근거가 되는 것이다. 그 후 계속해 서 남아 있는 다른 일족들도 북쪽으로 향했는데, 그들은 얼마 후에 새로운 거주지의 이름에 따라 '선비'로 알려지기 시작했다. 그들 중 북쪽에 살고 있 던 선비족들은 만주 북서 영토와 동부 바이칼 남동쪽의 크지 않은 영역을 차지하고 있었다. 아무르 강 상류 아르군의 고고학 조사 과정 중 러시아 영 토에서 선비족들의 무덤들을 최초로 발견하게 되었다. 이 무덤들은 새로운 문화권을 기록하는 경계가 되었고, '조르골스크 문화'로 불려지게 되었다 (동부 바이칼지역의 역사 2001: 17~18).

선비족 공동체의 중심지는 만주 북서쪽이었다. 이는 1980년 차이나 고고학자들이 대흥안령산맥(大興安嶺山脈) 가샨이라는 곳에서 최초 선비족들이 살았던 거대한 암석 동굴을 발견하였고, 동굴 벽에 새겨진 문구가 선비족과 관련되어 있었던 점을 근거로 하고 있다. 그 문구는 네 번째 양의 해(443년) 7월 25일에 먼 남쪽에서 가산까지 토브스끼 황제의 신하 세 명이 선비족 선조들을 보호하는 한-호르무스테신을 숭배하기 위한 제물로 가축을 가져왔다는 내용이다. 이 동굴이 위치했던 대흥안령산맥의 북쪽 절반은 고대에 '선비산'이라고 불렸다는 견해가 있다. 그래서 이 지역 이름으로 인해 부족명 선비가 발생했다는 것이다(챠오 유에 2000: 7~10; 미 벤핀 2000: 59~60).

선비족의 많은 사람들은 예전 흉노족 땅이었던 남쪽으로 이주했는데, 이 이주는 투이이네 통치 시기에 시작해서 기원 1세기에 완전히 마무리되었다. 그리고 이동을 하지 않고 북쪽에 남겨진 선비족들은 그때부터 분류상 실위로 들어가게 되는데, 이런 관계로 실위는 선비족의 후기에 불리던 이름이라는 견해도 있다(투바 역사 2001: 342 참조 17; 미 벤핀 2000: 59~60). 기원 1세기 무렵 그들의 활동 지역은 매우 작았지만 기원후 천년 후반기에 들어 실위의 거주 지역이 상당히 커져서, 러시아 동부 바이칼 지역에 관련 유적들이 대거 남아 있다.[5] 거대한 무덤과 폐허된 도시 유적은 모두 이노고다, 오논, 아르군의 것으로 판명되었으며, 유적 중 일부는 기원 6~10세기에 이르는 '부르후투이스크 문화'에 속한 것으로 알려졌다. 부르후투이스크 문화에는 초기 선비족의 문화 요소가 있긴 하지만 시간이 흐르면서 아무르 유역, 몽골, 서부 바이칼 지역인 퉁구스어족, 투르크어족들과 많은 교

---

5) 참조: 정석배:〈몽골-바이칼지역의 청동기시대 묘제〉,《동북아시아 묘제문화연구》, 주류성, 2016년.

류가 있었던 흔적들이 남아 있는데, 이런 현상은 지리적으로 가까웠기 때문에 있을 수 있는 현상들이다(오클라드니코프 1960: 16~30; 코브이체프 1984: 17~22; 코브이체프, 야렘추크 2003: 60~61).

최근에 극동과 노보시비르스크 고고학자들이 제이스코-부레인스크 지역을 새로운 '미하일롭스키 문화'로 분류하면서 실위인들의 거주 영토를 중앙 아무르까지 확장시켰다. 이 과정은 실위인들이 동쪽으로 소흥안령(小興安嶺)까지 이르렀고, 소흥안령 동쪽은 모헤족이 있었기 때문에 소흥안령 산맥은 실위와 모헤족을 나누는 자연 경계로 인식되기 시작하였다. 물론 그 산맥이 종족들 간에 이동하는 길로 넘지 못할 장애가 되지 않았지만 말이다(네스트로프 1998: 103, 104).

차이나학자들도 이와 비슷한 의견인데, 그들 역시 실위족의 거주지가 소흥안령산맥까지 갔다고 생각한다. 그들의 의견에 따르면 당나라 때 베이족의 지역 위치는 동쪽으로는 소흥안령산맥, 북서쪽으로는 야블로노프 산맥, 남쪽으로는 타오르헤 강, 북쪽으로는 현재 얌-알린 산맥까지로 보고 있다(첸 인데 1994: 127~128).

만약에 실위족이 동부 바이칼 뒤쪽 지역과 아무르 강 상류에 거주했다면, 여기 어딘가에 메누 실위가 살았을 것이다. 구체적으로 이 지역 어디에 거주했을까? 그리고 부족 이름인 '메누' 즉 '몽골'은 무슨 의미인 것일까? 『구당서』에 따르면 메누 실위가 반짠헤 강 남쪽에 살았다고 하는데 사료에는 다음과 같이 기록하고 있다.

"반짠헤 강은 '쥬이룬보 호수'에서 흘러나온다. 강은 실위 땅 끝을 따라 동쪽으로 흐른다. 계속해서 동쪽으로 남부 실위의 영토 부분을 관통하며 흐르고, 이어서 동쪽으로 흘러 북부 메누 실위와 남부 나저(羅罝) 실위를 관통하여 흐른다. 그리고 동쪽에서 나혜 강과 후황혜 강과 만난다(구당서 1959: 199, c.5356)."

여기서 인용된 반짠혜는 지금의 아르군 강과 아무르 강이고, 쥬이룬보 호수는 훌룬 호수이며, 나혜는 송화강이고 후황혜는 목단강이다.

차이나 사회과학원 학자들에 의해 만들어진 당 왕조 시기의 역사 지도에 는 메누족의 거주 영토가 아무르 강 상류 지역 남쪽 강기슭을 따라 이어진 좁은 띠의 형태로 보인다(춘고 1982: 32~33). 지도를 만든 이들은 당나라 시대 차이나인들이 아무르 강뿐 아니라 아르군 강 역시 반짠혜 강으로 불 렀다는 사실을 간과했다고 생각된다. 『구당서』에 따르면 이 두 강이 공통의 명칭을 가졌기 때문에 어느 강의 우측 강변에 메누족이 살았는지 한 번에 잘 이해되지 않는다고 했다. 그러나 『집사』에서 에르구네 쿤의 유형을 언급 하기를 '에르구네 이것은 현재의 아르군 강이고, 아르군 강 우측에 메누족 이 거주하였으며 따라서 그곳이 에르구네 쿤의 장소로 위치했다'고 하였다.

7

에르구네 쿤의 장소와
몽골 부족명의 의미를 확인하기 위한
국제 조사단의 연구결과

2004년에서 2006년에 걸쳐 필자는 러시아과학아카데미 시베리아 학부의 불교학, 티베트학, 몽골학 연구소, 몽골의 역사 학술 아카데미 연구소, 훌룬부이르 민족박물관과 연합하여 하일라르 계곡과 아르군 강 동쪽 기슭을 따라 어마어마한 규모의 고고학 및 민족학 조사를 진행하였다. 조사의 주요 목표는 지역 영토를 조사하고, 그곳에 존재하는 고고학적 관련 자료들을 수집하여 그곳이 『집사』에 묘사된 에르구네 쿤과 관련되는지에 대한 정리를 하는 것이었다. 학술조사단이 훌룬부이르에서 아르군 강의 시작을 어디로 잡아야 할 것인가 하는 것은 이 조사에 큰 영향을 미치는 것이었다. 그 결과 아르군과 하일라르, 서로 다른 이 두 개의 강은 갑자기 유명해지기 시작했다. 비록 현대 지리학 지도에서 종종 그들이 하나로 묘사되어 있지만 말이다.

아르군은 훌룬 호수로부터 흘러나오며, 짧고 좁은 지류로 호수와 연결된다. 하일라르는 대흥안령산맥의 산 속에서 시작되어 훌룬 호수 근처에서 아르군 강 우안으로 흘러 들어와 연결된다. 이 문제를 밝혀낸 것은 에르구네 쿤 문제를 올바르게 평가하는 데 큰 의미가 있다. 하일라르와 아르군 강이 서로 다른 강이라는 것은(라시드 앗 딘이 언급한 부분에서 이 두 개의 강은 따로 개별적으로 명명되고 있다) 이미 언급된 내용이며, 에르구네 쿤이라는 땅 이름은 아르군 강 분지에 아예 없었다는 것이 명백해졌다. 따라서 에르구네 쿤을 아르군 강 상류에서 찾아야만 한다고 생각했던 N. 페를레에, 엘덴데이, 아르다잡이 등의 판단은 잘못되었음이 분명해졌다. 그러나 이 학자들의 가설이 오래 전에 출판되었고, 학술 자료에 충분히 잘 알려졌기 때문에 조사단은 하일라르를 따라 그 상류 지역으로 올라가야 했으며 그들의 의견을 확인할 필요가 있다고 생각했다. 그 결과 조사단의 의혹은 확인되었다. 라시드 앗 딘이 기록했던 것과 전혀 일치하지 않는 이 장소는 고고학 관련 자료들이 없었고, 하일라르 상류에 사람들이 살지 않았다는 것을 말하고 있다. 이런 결과가 나오자 조사의 관심은 아르군 계곡(분지)에 집중되었다.

훌룬부이르의 영역에 있었던 유물의 특징에 따르면 이곳이 지리적으로 서로 다른 두 지역으로 구성되어 있다는 것을 말해 둘 필요가 있다. 훌룬 호수와 부이르에서 에르구네 산까지 이어지는 남서부 평야 지대, 그리고 에르구네 산에서 아무르까지 이르는 북동부 산악 지대, 무성한 타이가로 덮인 채 아르군 하류를 전부 차지하고 있는 훌룬부이르의 산악 지대는 예전에 모두 실위로 불렸다. 그런데 지금까지 에르구네 산 북부를 실위의 거주 기점으로 생각하여 보존하여 왔다. 강줄기는 실위를 통과하여 여러 강들이 합쳐져 아르군으로 흘러 들어가는데, 이 강들 가운데 가장 큰 것은 대흥안령산맥에서 흘러나오는 칠류혜 강이다. 이 강은 아르군과 합쳐지기 전 10~12km에 걸쳐 흐르는데, 칠류혜 강 하구 서쪽 산, 그리고 이어지던 침엽

수림이 끝나면서 크지는 않지만 평탄한 초원 공간이 시작된다. 이 초원 지역은 크지 않은 나무들로 덮여진 공간이다. 한 쪽 가장자리는 풀밭이 칠류헤 강 하류에 근접하고 있고, 다른 가장자리는 아르군 강에 달라붙어 있다. 러시아 쪽에서 바라보았을 때는 강 뒤편에 이러한 열려진 공간이 없고 바로 강 가장자리로부터 산과 무성한 침엽수림이 시작된다. 이 장소의 공통적인 외관은 외부 세계와 단절된 듯한 자연 환경이 조성되어 있는데 놀랍게도 『집사』 속의 에르구네 쿤에 대한 묘사와 흡사하다.

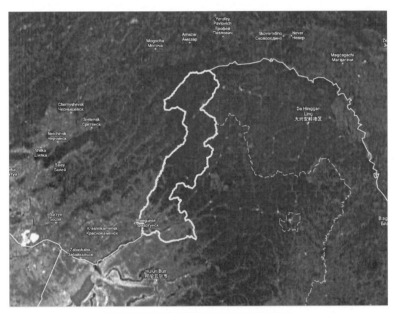

어르구나 지역(대흥안령 동록이 중심이다)

1991년 차이나 고고학자들에 의해 두 곳의 중세시대 도시와 거주 흔적이 확인되었다.

첫 번째 유적은 칠류헤 강 하류에서 약간 더 아래쪽으로 아르군 강가의 높은 대지에 위치하고 있었다. 그곳에 이르기 위해서는 아르군을 따라 오직 물길로만 갈 수 있다. 차이나 국경 수비대의 도움에 힘입어 이곳에 대한 조사가 성공적으로 이루어졌다. 조사단은 국경수비대원들의 작은 배로 그 지역에 들어갈 수 있었고, 배에서 내려 대지의 거대한 경사를 따라 위로 올라갔다. 도시는 평평한 대지의 윗부분에 위치하고 있었고, 대지의 한 쪽 경사면은 아르군 쪽을 두르고 있었으며, 다른 한 쪽은 아르군으로 흘러 들어가는 크지는 않지만 급류가 흐르는 강 위에 가파른 벽으로 매달려 있었다. 대지의 다른 경사들은 덜 험했는데 당시 주민들은 이곳에 두 개의 방어 장벽을 설치했었다. 현재 남겨진 장벽들은 길이가 30~95m이고, 높이가 0.5m, 넓이가 1.5m에 이른다. 장벽 뒤에는 둥근 형태의 주택용 웅덩이가 눈에 띄는데, 지름은 5m, 깊이는 0.8m이다. 이 도시에서는 약 50명 이상의 주민들이 살았던 흔적이 확인되었다.

두 번째 유적은 첫 번째 도시보다 훨씬 더 깊어 다가가기 어려운 칠류헤 강 하구의 대지에 위치했다. 그곳 역시 처음에 아르군 물길을 따라갔고, 후에 칠류헤 강을 따라 위로 조금 더 올라갔다. 두 개의 바위 절벽 사이에 난 좁은 통로를 따라 강 옆 대지에 다다를 수 있었다. 대지의 다른 경사면들은 높고 가파른 절벽을 이루고 있었다. 이곳은 지형상 단지 하나의 방어 장벽

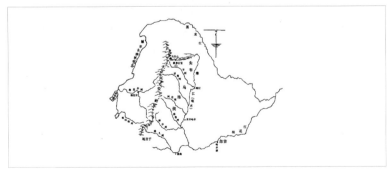

호룬패이 북부지역 수계

으로 도시를 지킬 수 있다. 장벽 너머에는 유적의 높은 곳에 몇몇의 평행선을 형성한 약 50명 이상의 사람들이 살았던 흔적이 눈에 띈다. 그 크기는 아르군 강가 대지 위에 있던 도시의 것과 같았다. 도시의 가장 중심에 있던 웅덩이는 크기가 훨씬 컸는데 지름이 10m이다. 이 장소에 두 도시 거주자들의 지도부가 위치했던 것이 분명해 보인다.

사람들이 살았던 유적은 높지 않지만 험한 산 정상의 두 곳에 위치하고 있다. 산기슭의 동쪽 가파른 경사면에 아르군으로 흘러 들어가는 크지 않은 아바헤 강이 흘러 지나간다. 더 완만한 북쪽 경사면을 따라 유유히 강으로 흘러 내려온다. 산에는 역시 세 곳씩 네 줄로 배치된 둥근 모양의 움집 거주지들의 흔적이 명백하게 보인다. 움집의 지름은 3m이고 깊이는 0.7m이다. 그것들 중 하나에는 1991년 차이나 고고학자들에 의해 이루어진 시굴 흔적이 남아 있다. 깊이와 넓이가 크지 않은 곳에서 질그릇 조각, 목탄, 크지 않은 짐승의 뼈가 발견되었다.

이 두 대지에서는 모든 주변의 장소가 잘 보였다. 만약 대지 위의 도시가 사람들의 지속적인 거주 장소였다면, 아바헤 근처의 거주지는 도시들 사이에 위치하며 그 두 도시를 하나의 공동체로 연결하면서 규칙적으로 정찰병을 교체하는 감시 초소의 역할도 했을 것이다. 그런데 아래 평야 지대에는 기본적으로 사람이 사는 데 필요한 어업이나 사냥 등 도시 거주자들의 삶을 증명할 만한 고고학적 유물들이 존재하지 않았다. 접근이 어려운 대지에 도시가 위치하고 있었다는 것은 그곳 사람들이 토착민들이 아니라 타지에서 온 사람이라는 것을 말해 준다.

집단의 중요한 지점은 칠류헤 강의 하구에 위치하고 있으며, 명백히 그곳에 지도부가 자리 잡고 있었을 것이다. 이 가정은 다음의 사실들은 근거로 한다. 첫째, 앞서 언급한 것과 같이 이 도시의 중심에 모든 고적에서 가장 큰 웅덩이가 보존되어 있어, 지도부가 이곳에 자리 잡고 있었다고 추측해야 한다. 둘째, 칠류헤 강 하구에 있는 대지는 접근성이 매우 떨어지는데, 이는 아르군에 위치하고 있는 대지보다 방어가 수월하다고 볼 수 있다. 그래서 지도부를 위해서는 이보다 더 좋은 장소는 찾을 수 없었을 것이다. 이 대지위의 도시에서는 대표자들이 거주했는데, 차이나 고고학자들이 시굴한 세 지점에서 완전히 같은 유물들이 발견되었다(질그릇 및 골각기).

호룬패이 지역 출토 고대 질그릇

이 유물들은 하일라르 산 서쪽 홀룬부이르의 평야 지대에 위치한 바룬우주르라는 곳에서 발견된 무덤유물과(질그릇 조각, 활 등)과 같다. 질그릇 장식은 거란의 것과 비슷한데 그 중 하나는 선비족의 것으로 보인다. 그러나

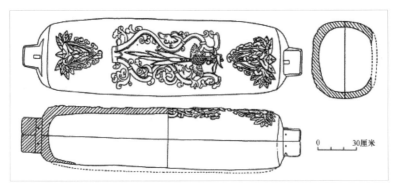

통나무관 내몽고 오한기 지역출토(후룬패이 지역의 일부에서 확인됨)

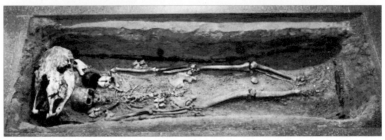

호룬패이 지역에서 발견된 고대무덤(위: 굽은장, 아래 곧은장)

호룬패이 지역에서 발견된 쇠화살촉

통나무 속을 파내고 그 속에 매장하는 방법(남은 흔적 역시 바룬우주르에서 발견되었음)은 거란과 선비족의 무덤과 많은 차이가 난다.

발견된 유물은 전체적으로 수나라 때부터 청나라에 이르기까지 주변 민족들의 것과는 유사하지 않다. 나아가 바룬우주르에 있는 매장형태가 차이나 전문가들에 의해 기원후 7세기로 규정되는 초기 몽골인들(메누 실위)의 것과 같은 유형으로 정의됨에 따라, 아르군 오른편 강가에 있는 도시들과 거주지 또한 초기 몽골인들에 의해 남겨진 것이라는 가설을 공정하게 끌어낼 수 있게 되었다(자오 유에 2003: 58~62). 이것은 그들이 위치한 곳, 그 장소가 바로 에르구네 쿤이라는 것과 그곳에서 몽골인들의 역사가 시작되었다는 것을 의미한다.

라시드 앗 딘은 에르구네 쿤의 지명을 설명하면서 단어 '쿤'은 '산의 경사면'을, '에르구네'는 '험한'을 의미한다고 지적했다(라시드 앗 딘 1952a: 153). 이 의견을 받아들이면서 필자가 『집사』에서 현대의 지명 자료들과 『몽골비사』에 의해 증명된 에르구네는 아르군 강이라고 지적한 부분을 상기하기를 바란다. 이 해석을 합해 보면 라시드 앗 딘은 '쿤'이라는 구성 요소에서 '험한'이라는 의미를 끌어내어, '험한 산의 경사면'으로 이해했다고 주장할 수 있을 것이다. 나의 가정은 라시드 앗 딘에 의해 상기되었던 '나흐쿤'과 '죠르칼쿤'이라는 명칭, 그리고 그 속에 '쿤'이라는 험한 의미의 산이라는 내용을 통해 모두 확인되었다(라시드 앗 딘 1952a: 138; 1952б: 129,

148). 이 단어 '쿤'은 『몽골비사』에서도 명백하게 규명되어 있다(코진 1941: 117, 196, 237). 이 두 사료 속에는 칭기즈칸이 나이만인들을 봉쇄했던 '나후쿤 산'의 설명이 있는데, 몽골의 이런 산들이 옛날에는 '쿤'이란 단어로 불렸다는 것을 분명하게 알 수 있었다.

"타얀 칸의 부대가 밤에 격파 당했기 때문에 칭기즈칸의 부대가 그의 부대를 쫓았고 극심한 공포로부터 도망치는 자들은 험난한 산으로 들어갔다. 밤에 나이만인 부대의 많은 사람들이 험한 산과 오르기 어려운 경사면('나쿠쿤'이라는 명칭의 의미)에서 아래로 미끄러지고 굴러 떨어져 죽었다(라시드 앗 딘 1952b: 148)."

나후쿤 산의 유사한 특징은 『몽골비사』에서 인용되었다.

"그때 칭기즈칸은 늦은 저녁이었기 때문에 병력으로 나후쿤 산을 포위했다. 그 사이 나이만인들은 밤 동안에 도망가려 생각했으나, 나후쿤 산의 높은 곳에서 미끄러지고 굴러 떨어지면서 그들은 서로를 누르고 죽음에 이를 정도로 부딪치기 시작했다. 머리카락이 날아다녔고 뼈가 마치 마른 나뭇가지처럼 부서지며 금이 갔다(코진 1941: 196)."

도시와 정착지가 위치했던 아르군 강가의 양 대지와 산은 이토록 험한 경사들이 있는 높은 장소들이었다. 이런 높은 곳을 중세 몽골어에서 '쿤'이라고 불렀다고 확신함에 따라, 이 '쿤'이라는 단어는 어르구네강 이라는 명칭과 함께 쓰이면서 『집사』에 들어가는 하나의 고유한 지명인 '에르구네쿤'이라는 말이 만들어졌다. 그래서 아르군 우측 강가에 위치한 이곳은 실제로 차이나 당나라 시대에 투르크 족의 공격으로부터 목숨을 구한 몽골인들의 선조들이 살았던 바로 '에르구네 쿤'으로 볼 수 있을 것이다.

다음으로 필자는 새로운 종족명인 '몽골'에 주목하여 그것의 어원을 분석하고자 한다. 여러 주장 중에서 퉁구스-만주어 단어 중 '강한', '탄력이 있는', '견고한'의 의미를 갖는 '망무/만웅구/망가'(мангму, маннгу, мангта)(비교 사전 1975: 525~526, 529~530)에서 '몽골'이라는 명칭의 출처를 찾은 것이 합리적이라 생각한다.

이 주장을 가장 먼저 한 사람은 V. P. 바실레프인데, 후에 E. V. 샤브쿠노프에 의해 지지되었다. 비교적 최근에 L. 빌레그트의 논문이 나왔는데, 그는 거기에 E. V. 샤브쿠노프의 의견을 계속해서 발전시키면서 몽골이라는 명칭은 퉁구스 단어 '망'과 '무'에서 발생했을 수 있으며, 그 단어들은 묶어서 보면 '강하고 무거운 물의 주민들'이라는 의미를 준다고 가정하였다. 하부와 중부 아무르뿐만 아니라 아르군 역시 '망구' 또는 '몽구'라는 단어로 명명될 수 있었다. L. 빌레그트는 자신의 가설을 위해 직접적이고 구체적인 논거를 대지는 못하였지만 그의 모든 고찰 방향은 다음 내용을 향해 있다.

"만약 몽골이라는 이름이 '에르구네 쿤의 협곡 또는 그곳으로부터 나오는 출구'에서 발생했고, 그가 생각한 것처럼 아르군 좌측면과 치타 지역 남동쪽에 위치하는 아르군 산맥을 에르구네 쿤으로 불렀다면 아르군 강을 '망구' 또는 '몽구'라고 불렀을 수 있을 것이다(빌레그트 1997: 28~34)."

L. 빌레그트와 달리 V. P. 바실레프와 E. V. 샤브쿠노프는 단어 '망구/망가'가 단지 하부 아무르에만 해당되는 명칭으로서 몽골이라는 종족명이 거기서 최초로 발생했다는 확신은 잘못이라고 생각했다. 실제적인 자료 연구를

통해 밝혀진 바로는 퉁구스-만주 민족들이 아무르 전체를 이 명칭으로 불렀다는 것이다(비교 사전 1975: 525~526). 게다가 아르군 우측 강변 수영장에 이 명칭이 존재한다. 계속 언급하지만 아르군으로 흘러 들어가는 칠류혜 강은 차이나인들에 의해 이름이 바뀌기 전까지는 망구로 불렸다. 이는 퉁구스 단어인데, '빠른 강'이라는 차이나어 차용어 칠류혜 강과 같은 의미를 가진다.

아르군 우측면에 있는 망구강의 존재는 거기서 몽골인들이 거주했다는 명백한 증거로 평가될 수 있다. 망구 하구에 몽골 민족을 구성했던 지도자가 살았기 때문에 이 강의 명칭이 '몽골'이라는 이름의 근간에 위치하게 되었다. 이 종족명의 최초 형태가 언급된 것을 확실하게 증명하고 있다. 종족명 어원의 연구에서 그것의 이전 형태를 찾는 것은 매우 중요하다. 즉 정확한 최초의 형태없이는 이름의 진실한 내용을 규명하기 어렵기 때문에 반드시 그 형태를 언급해야 한다. 단어의 최초 형태를 재건하는 과정에서는 반드시 언어의 원칙, 규정, 법칙을 엄격히 준수하며 의미를 연구해야 하고, 미세한 언어 감각과 비범한 기술을 가져야 한다. 만약 부족명의 최초 형태가 그것이 발생한 시기의 가장 초기 자료에 기록되었다면, 이것이야말로 가장 이상적인 경우일 것이다. 몽골 학자들에게 이 점은 매우 운이 좋았다. 그들은 『몽골비사』를 가지고 있기 때문인데, 이 사료는 오늘날 우리에게 전해오는 가장 초기의 몽골의 역사와 문화를 담은 아주 우수한 사료이면서, 동시에 가장 중요한 것은 바로 몽골인들에 의해 기록되었다는 것이다. 중세 몽골 문화와 삶의 다양한 측면에 대한 독특하고, 그래서 값을 매길 수 없는 자료가 모아져 있는 이 저서는 몽골이라는 이름의 내용을 해독하는 데 우리에게 많은 도움을 준다.

『연대기』의 몽골어 텍스트에는 그 명칭이 '망골(mangγol)'이라는 형태로 전해졌다(판크라토프 1962). 이는 몽골이라는 명칭의 최초 형태가 13세기에 아직 보존되고 있었다는 것을 말하고 있다. 알려진 모든 부족명의 변이형들(멘와, 망구, 모알 외 기타 등등)은 '망골'이라는 최초 형태가 변형되어 사용된 결과에서 나타났거나 최초 형태에서 파생되거나 특별하게 검토하는 과정에서 삭제되면서 나타난 것이었다. 모음 '오'가 '우'와 '오'의 중간음인 단어 '망골'은 두 부분으로 구성되어 있다. 망구강과 상관관계를 가지는 '망고'라는 어근과 사람들 집단의 총합을 의미하는 복수 어미 '−ㄹ' 이다. 이 두 부분을 합치면 '빠른 강 망구에 사는 사람들' 또는 '망구강에서 사는 사람들'을 의미한다. 그러므로 다른 형태로 망골을 해석하는 것은 불가능하다.

'망골'이라는 말의 초기 의미는 주변의 거주지로부터 몽골 선조들이 따온 별명이었다. 시간이 흐르면서 형성된 새로운 부족명의 자의식은 그것이 차이나 연대기 작자들에 의해 '메누'로 기록된 자기 자신을 호칭하는 이름으로 굳어졌던 것에 기인하였다. 망골이라는 명칭은 13세기 후에 그들의 내부적인 발전의 결과, 그리고 최종적이고 잘 알려진 현재의 형태, 즉 몽골 민족의 공식 명칭이 된 몽골을 받아들이는 쪽으로 흘러갔다. 부족명 몽골은 물론 약간 다른 소리가 남았음에도 불구하고, 그 단어의 최초 형태인 '망골'의 의미('망구 강에 사는 사람들')를 가진다.

이는 위에 제시된 몽골이라는 명칭을 설명하는 가설들 중 가장 만족스러운 것이다. 몽골학의 오래된 많은 어려운 문제 중 하나가 순수 용어 연구의 틀 밖으로 나오면서 해결되었다고 할 수 있을 것이다. 부족명 몽골의 내용을 밝혀내는 것은 그것의 어원을 펼쳐내는 것뿐만 아니라 몽골인들의 초기 역사의 장막을 걷어 올리는 것을 의미한다. 현재 많이 연구된 모든 자료에 따르면 투르크족들의 연합이 유연을 파괴한 후에 치노족과 동일시되는 유연인들 중 어느 한 부분은 긴 시간이 흐른 후 자신의 국경 너머 아르군의 우측 강변에 위치했었다. 이들은 실위 종족들 사이에 정착한 개별적으로 나누어진 종족으로 볼 수 있을 것이다. 접근하기 어려운 장소인 에르구네 쿤에 살면서 치노인들과 그들로부터 나온 다른 종족들은 아르군으로 흘러 들어오는 망구강 하구에 위치한 자신들의 지도 본부가 자신들의 이웃들로부터 불리운 망골(후에 몽골로 변형되는)이라는 이름을 받아들였는데, 이는 현대 몽골 민족의 탄생을 의미했다. 눈에 띄는 이 사건은 샤얀–알타이 자료에서 D. G. 사비노프에 의해 규명된 '인종의 전통은 널리 퍼지고 순환한다'는 특징에 대한 합법성으로 확인된다(사비노프 1995: 114~116). 이는 몽골인들 중에 중앙아시아의 인종 지도에서 유연 인종이 소멸되는 과정에서 거기에 존재했던 모든 사람들이 다 없어지지 않았다는 것을 의미한다. 그들은 몇몇 숨겨진 상황 후에 유연 이후의 역사 속에서 그들의 인종적 후손들인 몽골인들 속에서 되살아났다.

8
고대 몽골어 '키얀'과 '키야트'의 어원
– 몽골 민족의 발생 –

에르구네 쿤에 대한 전설과 관계된 말 '키얀'과 '키야트'의 어원 분석은 망구 강(칠류혜 강)과 아룬니 강이 합류하는 지점에 에르구네 쿤의 위치가 존재한다는 가설에 힘을 실어 준다. L. 빌레그트는 몽골 이름의 출처를 연구하면서 다음과 같은 결론을 내렸다.

"몽골인들 사이에서 구전으로 내려오는 역사적 이야기들은 '망구' 또는 '몽구'의 의미를 '키얀'과 '키야트'라는 시조의 이름 및 에르구네 쿤 종족의 중요한 가치의 명칭과 직접적으로 연결하게 한다. … '키얀'이라는 말은 그(키얀)의 후손들이 준 별칭이었다. … 그런 식으로 몽골어 앞에는 퉁구스 만주어 차용어인 '키얀'이 있다(빌레그트 1997: 33)."

L. 빌레그트는 먼저 다음 세 가지를 전제하였다. 첫째, '키얀'이라는 이름은 몽골인들의 선조 이름으로, 그 후손들의 공통의 별칭이 되었다. 둘째,

에르구네 쿤에서 살았던 이들이 키야트족의 시초이다. 셋째, 키얀 이름의 번역에서 아무르와 아르군의 퉁구스 만주어 명칭으로 이용되었던 말 '망구·몽구'가 발생하였다.

그렇다면 '키얀'과 '키야트'를 어떻게 해석해야 할까? 우선 에르구네 쿤에 대한 전설 속에 포함되어 있는 부족명인 '누쿠스'라는 이름에서 유추해 본 결과, '키얀'과 그 단어에서 파생되어 나온 단어 '키야트' 또한 부족의 명칭인 것으로 여겨진다. 그럼에도 불구하고 그것들을 분석해 보면 완전히 다른 결과물이 나온다. 드물게 접촉하는 부족이 거주했던 곳의 명칭을 번역한 실제 예와, 역시 아주 드물게 실제 삶에서 사용된 자신의 이름에서 따온 것을 번역한 두 가지 경우의 단어를 확인해 보자. 『집사』에 기록된, 아주 오래 전에 사라진 몽골어 '키얀'이란 단어는 몽골인들의 선조들과 그들의 통솔자들의 근간이 되었던 사람들이 거주했던 망구 강을 번역한 것이라는 명백한 뉘앙스를 띠고 있다. 라시드 앗 딘은,

"몽골어로 '키얀'은 산에서 아래로 흘러 내려가는 사납고 빠르며 강한 '커다란 급류'를 의미한다(라시드 앗 딘 1952a: 154)고 하였다."

이 해석을 바탕으로 몽골인들은 산에서 빠르고 강한 물살이 흘러내리는 강을 '키얀'이란 말로 불렀다고 본다. 이 말의 의미는 퉁구스의 망구라는 강과 그것을 차이나인들이 부르는 또 다른 명칭인 칠류헤 강의 의미와 동일하다. 이 사실을 근거로 하여 우리는 '키얀'이라는 단어가 퉁구스 명칭인 아르군의 서쪽 지류로 흘러 들어가는 망구강의 몽골어 차용어라는 결론에 도달할 수 있다. 이렇게 볼 때 키야트족이라는 이름이 발생하게 된 배경이 '키얀'이라는 이름을 가진 사람이 에르구네 쿤에 숨어들어가 사람들을 통

치한 데 기인했다고 하는 것은 믿을 수가 없다. 이는 '키얃'이라는 말을 번역하면 퉁구스 만주어로 된 강의 이름인 '망구'라는 의견에 절대 동의하기 때문이다. 작은 집단의 몽골인들이 이주한 사실로 아르군의 지류이자 더 나아가서 고대부터 퉁구스 만주 민족들과 고대 아시아 민족들이 많이 거주했던 아무르 강 유역의 명칭이 되기는 쉽지 않다. 아마도 거기에는 더 큰 세력이 있을 수 있었다.

또 다른 유추는 계속해서 확인되는데, 복수 접미사 '-ㄹ'의 도움으로 '망구'라는 명칭에서 '망골'이 온 것과 같은 형식으로 몽골어 복수 접미사 '-ㄷ(-ㅌ)'의 도움으로 '키얃'이라는 단어로부터 '키야트'라는 형태가 만들어졌다는 것을 확인할 수 있었다. 이에 대하여 라시드 앗 딘은 다음과 같이 지적했다. "키야트는 키얃에서 나온 복수 형태이다(앞의 책: 154)." 복수 접미사와 결합한 단어 '키야트'는 '빠른 산의 강 키얃에 살고 있는 사람들'이라는 의미인데, 이는 '망골'이라는 별칭의 확대된 의미로서 아주 잘 맞아떨어진다.

여기서 또 다른 중요한 결론이 따라 나온다. 만약 단어 망골이 자신을 칭하는 명칭이 되기 전에 별칭이었다면, 이 단어의 어원적 번역인 키야트 또한 부족의 명칭이 아니라 주변에 사는 종족들과 분리하기 위한 목적으로 에르구네 쿤 종족 스스로가 붙인 별칭은 아니었는지 살펴볼 필요가 있다. '키야트'가 '망골'과 다른 점은 그 단어가 부족명으로 계속해서 발전하지 않았다는 데 있다. 『집사』에서 보면, '키야트'라는 말은 에르구네 쿤에 대한 전설에서부터 가까운 선조 칭기즈칸에 대한 구전 이야기에 이르기까지 모든 경우에서 별칭으로 더 많이 사용되고 있다(라시드 앗 딘 1952a: 152, 155; 1952б: 32).

또 다른 측면에서 만약 단어 키야트가 별칭의 단계를 거치면서 부족명이 되었다면, 그 단어는 반드시 에르구네 쿤의 기원과 직접적으로 연관된 18개의 다를료킨 종족들 명단에서 언급됐어야 할 것이다(라시드 앗 딘, 1952a: 78). 그러나 그러한 이름은 없다.

L. 빌레그트의 관점을 G. 수하바아타르가 지지했다. 그는 13세기 몽골인들에게 키야트 형태로 보존되었던 부족명 키얀이 흉노족의 지도자격인 호연의 명칭이었다고 생각했다(수하바아타르 1980: 75). 그럼에도 불구하고 그에 의해 제시되었던 증거들은 믿을 만하지 못했다. 왜냐하면 노인–울의 훈족 무덤에서 나온 부엉이 모양의 샤먼 모자 장식과 『몽골비사』 64 단락에서 인용된 에구세이와 만나는 과정에 나타난 하얀 매에 대한 「훈기라트」의 데이세첸 이야기, 13세기 키야트족에 관한 이야기 등에 대해서 말하고 있지 않기 때문이다.

에구세이는 보르즈드긴족 소속이지 키야트족이 아니다. 이 점에 대해서는 에구세이의 직접적인 선조인 보돈차르가 보르즈드긴 세대에 쓰인 『몽골비사』의 42단락에 나타나고 있다. 이 사료에서 말하는 것은 에구세이가 살았을 때 보르즈드긴 종족은, G. 수하바아타르가 언급했던 것처럼, 단순히 키야트가 아니라 키야트–보르즈드긴이라고 불렸다는 것이다. 이에 대하여 필자는 호연족의 부족명을 정하는 과정에서 중앙아시아 최초의 투르크 공동체를 흉노와 같은 의미로 증언하고 있는 차이나 사료들을 고려했어야 한다는 것을 지적한 바 있다(조리투에프 2005: 70~73).

흉노족 이후에 호연족은 동부 투르크족에게 크게 패하였다. 예전 수원성(綏遠省)[6] 지역에 호연구를 만들었는데, 이 명칭이 만들어지는 과정은 투르크족의 구성원으로 흉노족도 참여하고 있었다는 흔적들의 증거를 찾아 붙인 것이다(말랴브킨 1981: 81~82). 그러므로 다양한 인종 기원과 상관이

---

6) 현재 내몽골 오로드스 지역을 말한다.

있는 호연과 키얀이라는 단어들 사이에 있는 발생적 관계에 대하여 언급하지 않아도 될 것이다.

『몽골비사』에서 키야트는 '민족', '사람들', '종족'의 의미를 가지고 있는 '이르겐'이라는 단어와 함께 사용되고 있다. C.A. 코진은 합성어 '키야트 이르겐'을 '키야트 종족'으로 번역했다(코진 1941: 63).

내 관점에서 보면 키야트가 부족명이 아니기 때문에 이르겐은 '종족'의 의미로 그 단어와 함께 사용될 수는 없다. 인종과 부족을 분류해 보자면 '인종'은 사회적 형성으로, '종족'은 정치적 명칭으로 넘어가는 것이기에 부족명은 인종적이고 동시에 사회적인 공동체이다. '이르겐'은 사회적, 정치적으로 형성된 것이 아닌 단어 키야트의 내용에 모순된다. 따라서 '키야트 이르겐'에서 '이르겐'은 두 번째 의미인 '사람들'에 합당하다. 이르겐이라는 단어의 의미가 '종족'이 아니라 '사람들'이라는 것은 『몽골비사』의 차이나어 번역본 각주로도 증명되고 있다. 이는 『몽골비사』의 63단락에서 데이세첸의 의미는 이 사람들의 종족 집단인 현재 인종적 소속에 대한 지적을 하지 않은 채, '키야트'라는 공통의 별명을 가지고 있었던 사람들의 집단 대표자로서 에구세이를 주목했다는 것을 의미한다. 키야트(키얀)라는 말은 『몽골비사』에 두 번 기록되었는데, 63과 67 단락이다. 만약에 이 단어가 부족명이었다면 이보다 더 자주 이용되었어야 하고 아마도 이 사료에서 다른 어떤 부족명보다 더 많이 언급되었어야 했을 것이다.

키야트라는 말이 부족 명칭이 아니었다는 것은 그 말이 존재하는 과정에서 큰 단절이 있었다는 사실을 증명하고 있다. 종족 기원의 존재에 반드시 필요한 전제와 조건인 부족명과 함께 했다면 이런 현상은 있을 수 없다. 왜냐하면 이 단어의 소멸은 부족이 자신의 명칭을 상실함을 의미하기 때문이다. 우선 인종 공동체 정의에 속한 감정을 표현하고, 실제 존재하고 있는 인종들의 관계를 반영한(전서 1995: 114, 151) 부족 명칭의 상실은 인종 기원의 누락과 죽음을 의미한다. 그 장소에서 발생한 새로운 인종 기원은 다른 명칭을 갖는다. 이미 언급된 것처럼 키야트라는 말이 부족명이었다는 것은 절대로 인정할 수 없다.

키야트라는 말이 에르구네 쿤에서 별칭으로 발생한 후 오랜 시간 동안 활발하게 이용되면서 이 말은 하불 칸(카불-칸)의 출연과 함께 다시 사용되기 시작한 것으로 보인다. 이 별칭이 다시 사용되게 된 이유는 분명하다. 그 이유는 칭기즈칸의 가까운 선조 카불과 혈연으로 연결된 몽골인들 중 지배층에 속하는 니룬족에 대한 정당성 확보 때문이었다. 『집사』는 키야트라는 공통의 별칭을 이 집단에 부여하였으며, 이는 이 집단의 종족 명칭에 각각 추가된 것이라고 하였다(라시드 앗 딘, 1952a: 79).

기록에 남아 있는 단어 키야트가 새로운 조건들 속에서 몽골 니룬의 한 부분의 일반화된 이름이 된 후, 별칭으로 남게 되었다는 것을 가리키고 있다. 단지 그 단어의 내용이 바뀌었으나 에르구네 쿤에서는 그것이 퉁구스 만주어 단어인 '망구·망가'와 밀접하게 관련되어 있다. '망구'는 위에서 인용되었던 '강한', '탄성 있는', '견고한'이라는 근본적인 의미에 '두려움 없는', '견고한', '영웅', '장군'이라는 추가적 의미까지 가졌다는 것을 말할 필요가 있다(비교사전 1975: 529~530). 이것을 믿기는 어렵지만, 몽골인들은 이 단어의 모든 의미를 기억했다. 긴 시간이 지나면서 에르구네 쿤 이후에 새로운 '키야트-니룬' 집단을 형성하는 과정에서 그들은 단어 망구의 부차적 의미를 번역하고 단어 키야트를 채우는 방법으로 그 그룹에 들어가는 종족들에게 '키야트-보르즈드긴', '키야트-유르킨', '키야트-찬쉬우트', '키야트-야사르'라는 이름을 주었고, 이 이름들은 '두려움 없이, 견고한 장군의 보르즈드긴족', '두려움 없는, 견고한 장군의 유르킨족' 등등으로 해석되었다. 그 후 여섯 번째 혈통의 후손인 '카불-칸'이라 불리는 알란고아는 여섯 아들을 낳았다. 그들은 사람들의 존경심을 받는 위대한 장군이며 왕이었기 때문에, 키야트는 다시 그들의 별칭이 되었다. 그때 몇몇의 아이들(카불-칸)과 그의 친족들은 키야트로 불렸다. 이러한 사실들은 라시드 앗 딘에 의해 밝혀졌다(라시드 앗 딘 1952a: 155).

그 시대에 예전 황금 한국(노가이, 카자흐, 우즈벡 등)의 영토에 살았던 개별 민족은 물론, 몽골에 거주했던 소규모 종족들의 개별적인 구성 목록에도 키야트와 니룬, 몽골은 여전히 상기되고 있다. 다양한 민족들의 인종사 연구에서 기본적으로 분포하는 경계선 너머에 거주하는 많지 않은 종족들의 후손으로 여겨지는 이들에게서 새로운 인종의 동일성이 형성되었다. 다른 종족 연합에 밀려 흩어진 소규모 그룹의 대표자들은 자기 종족의 이름을 따르기보다는 보다 상위 분류 단계의 공통의 명칭(종족들의 연합이나 부족 또는 전체 민족의 명칭)에 따라 자신의 인종 소속을 지정했다. 이 명칭들은 이전에 이미 구성원 안으로 들어가 있었다. 시간이 흐르면서 이 공통의 명칭은 그들 종족의 이름으로서 사람들의 자의식 속에 견고하게 굳어졌다. 단지 이러한 합법성으로만 부랴티야의 바이칼 뒤쪽(바이칼 동부 쪽)에 현존하는 소규모 종족들인 불라가트와 에히리트, 몽골인들 사이의 호리족, 차이나 차하르인들과 중앙아시아의 우즈벡인들 사이의 부라트족, 노가이인들 사이의 칼므이크족 등등을 설명할 수 있다. 비록 실제로 불라가트, 에히리트, 호리 종족들과 부랴트(이 민족은 초반 형성 단계에서 부라트로 불렸음)와 칼므이크 민족이 있으나 그러한 명칭으로 민족들의 세분화가 이뤄진 적은 한 번도 없다. 키야트, 니룬, 몽골이라는 명칭이 있는 상황은 투명하게 반영된 경우이다. 만약 몽골 밖에 있는 야사르족의 많지 않은 대표자들이 자신을 키야트, 니룬 혹은 모든 몽골 민족들과 동일화했다고 가정해 보면,

일정 시간이 지나 몽골 반대로 돌아가는 과정에서 그들은 자신을 이 세 개의 명칭들 중 하나와 관련된 종족에 합했을 것이다. 이는 자신의 종족이 야사르에 소속되었던 것이 완전히 기억 속에서 지워졌기 때문일 것이다. 이러한 현상은 모든 몽골 민족과 두 개의 거대한 그룹의 공통 이름인 키야트, 니룬, 몽골 형태를 보통 종족들의 명칭 너머로 받아들이는 많은 연구자들을 헤매게 만든다. 이 잘못된 결론을 이끄는 것에 근거하여 그들은 흡사 몽골 민족 형성의 초기를 차지하는 것 같은 키야트, 니룬, 몽골 민족들의 최초 존재에 대한 테제를 전제한다.

키얀, 키야트라는 이름에 대하여 언급한 모든 것을 추가하고 에르구네 쿤으로 돌아가면서 필자는 만약 그것들이 망구 강(칠류헤 강)의 명칭과 망골이라는 별칭의 몽골식 변형이라면, 그때 몽골인들의 선조들은 실제로 망구강 하구와 그곳의 다소 오른편인 아르군 강 쪽에 살았을 것이라고 지적할 수 있겠다. 이 장소는 에르구네 쿤으로 불렸다. 위에서 언급했던 것처럼, 키야트라는 이름은 에르구네 쿤 종족들이 주변 거주인들 사이에 자기 자신을 분류하는 목적으로 '내부에서' 사용한 것이었다. 이 단어의 출현은 훗날 공통을 이루는 종족들의 연합을 조성했다. 이러한 발전 과정과 동시에 몽골어 사전의 근본 기반에서 누락되고, 단어 '키얀'(사나운 산의 급류)의 명의상 이름과 키야트라는 별칭의 근간을 분류하는 와중에 몽골인들의 선조들 중 한 명의 이름으로 의미 변화가 일어났다. 그렇게 전설의 누쿠스와 나란히 전설의 키얀이 나타났고, 에르구네 쿤의 전설에 따른 이 둘은 일가들의 죽음으로부터 도망친 이들을 그쪽으로 데리고 갔다. 그럼에도 불구하고 이 지역 거주자들 이외의 사람들은 시간이 지남에 따라, 인종 기원 발전의 척도에 따라 그들 고유의 이름을 주변 종족들로 받았던 별칭 '망골'로 부르게 되었다. 이로써 다시 한 번 더 부족명을 만드는 과정에서 정해졌던 합법성은, 무엇인가 잘 알려진 모든 부족의 명칭들 사이에서 자기 자신을 부르는 명칭을 만들지 않았던 것, 다수를 구성하지 않았다는 것과 부족명들의 근본적인 부분은 어느 한 측면에서 받아들여졌다는 것을 증명하고 있다(니코노프 1970: 13).

13세기 이후 '몽골'로 발음되기 시작했던 이름 '망골'을 받아들이면서 에르구네 쿤에 거주하면서 세분화되었던 치노족과 다른 종족들은 점차 자신이 이전 유연의 출신임을 잊어버리기 시작했고, 자신을 새로운 부족의 공동체로 인식하기 시작했다. 그들은 질적으로 새로운 강력한 인종이라는 자기인식을 형성하는 것으로 귀결되었다. 그렇게 아르군 강 우측 강가에서 현대 몽골 민족이 형성되기 시작하였다. 이는 스스로의 역사적 의미에 따라 에르구네 쿤 시기가 모든 몽골사에서 지배적인 위치를 차지하고 있었기 때문이었다.

위에 서술된 자료를 검토하면 누쿠스라는 이름에 부분적으로 에르구네 쿤에서 최초로 치노라는 하나의 종족이 있었다는 것에는 의심의 여지가 없다. 이 점에 대해서 라시드 앗 딘은 그 중요성을 여러 번 지적하고 있다. 예를 들어 그의 저서 어떤 부분에서 그는 '모든 몽골인 종족들은 언젠가 에르구네 쿤으로 떠났던 이 두 인물의 종족으로부터 발생하였다'고 강조하고 있다(라시드 앗 딘 1952a: 155). 그래서 라시드 앗 딘은 그의 저서에서 누쿠스라 불린 치노족을 '현재 몽골인 민족으로부터 발생하고 에르구네 쿤에 있었던' 18개의 다를료킨 종족들로부터 뻗어 나온 지류들의 우두머리에 세우고 있다(앞의 책: 78).

9
에르구네 쿤으로부터 프레드 바이칼로의 이동

– 호아이-마랄, 실제인가 신화인가? –

치노족과 다른 종족들, 그리고 이곳의 부족 소속이 된 몽골족들이 에르구네 쿤에 머물면서 '그 수가 늘어나' 그곳을 '빽빽하게' 만들었을 때, 그들은 '그 비좁은 곳으로부터 초원의 광활한 공간으로' 나왔으며(앞의 책: 154), 이 평원은 당연히 몽골을 암시하고 있다. 비록 라시드 앗 딘이 에르구네 쿤의 종족들은 '모두 함께 유목을 했었다'고 쓰고 있을지라도, 이는 한 순간이 아니었을 것이고 충분히 시간적으로 오랜 과정이었을 것으로 여겨진다. 그 과정이 집중적이었던 것은 아르군 강과 그 가까이 있는 주변 지역들의 정치적인 상황(주변 민족들과 실위 종족들의 전쟁, 동돌궐 왕조의 쇠퇴, 금나라의 융성 등)에 달려 있었다고 생각된다. 분명 초기 몽골인들이 에르구네 쿤에서 나간 것은 7세기 말경으로 보인다. 이에 대해서는 서부 하이랄의 바얀 우즈르 고분이 증명하고 있다. 마지막 몽골인 그룹들에 대해 살펴보면, 그들은 차오 유에가 생각했던 것처럼 11세기 말까지 오랫동안 에르구네 쿤에 자리 잡고 있었다. 왜냐하면 종족을 나누는 방법에 따라 방사형으로 거주지가 구획되는 기능을 가진 오랜 두 도시의 연대 상한선은 910+75년 전으로 기록되었기 때문이다(차오 유에 2003: 62). 금나라 초기에 강성해진 여진족이 최종적으로 몽골인들을 헨테이 쪽으로 내몰았다(앞의 책: 61~62). 이 의견에 E. I. 키차노프는 에르구네 쿤으로부터 현재 할하 영역으로 몽골인들이 도착한 것은 10세기 후반 또는 11세기 초 쯤으로 볼 수 있다고 하였다(키차노프 1980: 136~144).

이런 사실들이 바얀우주르라는 장소에서 발견된 무덤의 소유주였던, 에르구네 쿤에서 이주해 나온 최초의 몽골인들을 치노족이 선도했다고 가정할 수 있게 한다. 에구세이 첫 번째 단락에 의하면 텡기스를 지나 건너간 칭기즈칸의 선조 보르테-치노와 그의 부인인 호아이-마랄은 오논 강의 시원에 도착했고 부르칸-할둔에 정착했다. 이 정보에 근거하여 무엇보다 간단하게 다음과 같이 이야기할 수 있을 것이다. 텡기스(고대 투르크어로 '바다')는 주변 거주지 사람들로부터 가끔 '달라이-노르'(몽골어로 글자 그대로 하면 '바다' 또는 '호수')로 명명되었던 훌룬 호수이고, 훌룬으로부터 케루렌 계곡을 따라 치노인들이 오논 강 상류 지역으로 곧바로 나아갔다. 그러나 다양한 사료들 속에서 훌룬은 자신의 이름으로 변하지 않았다고 언급되었고, 그것은 여기저기에서 바다가 아니라 호수로 불렸다. 그래서 먼저 최종적인 결론을 내기에 앞서 『몽골비사』에서 어떤 저수지가 텡기스로 불렸는지에 대한 의문을 풀어내야 한다.

P. I. 카파로프는 '텡기스'라는 명칭을 차이나의 북동쪽에 있는 달라이(훌룬) 호수로 이해했다(고대 몽골이야기 1866: II). A. 아마르도 텡기스라는 단어에 대해 같은 의견임을 암시했다. 그는 보르테-치노가 텡기스 강을 지나 서쪽에서 오논의 시초인 부르칸-할둔 산에 도착했다고 추측했다(아마르 1984: 90). B. 린첸도 이 의견을 지지했다. 그는 텡기스는 홉스골 아이막으

로 흘러가는 하천을 건너기 위한 험한 산속의 강이라고 지적했다(구밀레프 1970: 97). P.B. 코노발로프는 반대로 보르테-치노가 남쪽에서 몽골리아로 갔다고 생각했다. 이 경우에 텐기스는 차이나인들이 카니하이('마른 바다')로 불렀던 고비사막과 다르지 않다고 보았다(코노발로프 1999: 77). 차이나 사료에 따르면 카니하이는 '건조한', 즉 '모래 바다'로 번역되는 점을 지적해야만 하고, 그래서 외견상 고비로 보인다.

인용된 의견들은 연구자들이 텐기스의 위치를 보르테-치노가 움직인 방향에 따른 자신들의 생각에 따라 정의한 것으로 보인다. 당연히 그러한 접근법은 성공적이지만 한 가지 의미 있는 문제를 해결하지 못한다. 논의들은 다음과 같은 방법으로 구성된다. 만약 보르테-치노가 서쪽에서 몽골리아로 왔다면 텐기스는 서쪽에 있었을 것이고, 이는 텐기스 강이었을 것이다. 만약 남쪽에서 왔다면 그 경우 텐기스는 남쪽에 위치했을 것이고, 이는 고비사막이었을 것이다. 만약 동쪽에서 왔다면 훌룬(달라이-노르) 호수가 텐기스로 불렸을 것이다. 아마르와 린첸은 가까운 거리에서 후기 몽골 연대기들에 대해서 언급하지 않으면서, 연대기적 관계에서 초기 연대기와 멀리 떨어져 있는 보르테-치노와 관계한 사건을 고려하지 않았다. 보통 그러한 경우에 "시간이 외형을 남긴 채 날카로운 각을 지운다"라고 이야기한다. 그래서 13세기경, 이전 시대의 사건들에 대한 이야기를 집어넣은 에구세이가 나왔을 때 보르테-치노에 대한 전설로부터 실제로 강을 건너기 위해 심각하게 어려운 것이 아닌 텐기스 강으로 보이는 이 작은 지리학적 객체에 대한 언급들이 이러저러하게 떨어져 나왔어야 했을 것이다.

저자의 의견으로는 텐기스를 탐색하는 과정에서 단어 텐기스가 고대 투르크어로 직역한 의미인 '바다'로서 '커다란 물 공간'이라는 해석에 근거해야 한다고 본다. 이러한 상황을 고려하면 P.I. 카파로프의 의견을 이해할 수 있을 것이다. 그는 홀룬 호수가 간혹 '달라이-노르'로 명명되었기 때문에 언젠가 텐기스로 불렸을 수 있을 것이라고 추측했다. 홀룬의 뜻은 '고대 마른 바다의 흔적'이라는(보르짐스키 1915: 7) 가정이 있었으나, 이 가설을 위해 학술적으로 근거가 되는 증거들은 인용되지 못했다. 현재 호수의 크기는 대략 1100km²이고, 최대 길이가 60km에 달하고, 폭은 20km이다. 1926년 후에 케룰렌 강으로 물의 높이를 많이 끌어 올린 결과 현재의 면적을 얻었다. 역시 케룰렌을 따라 갑작스럽게 물이 들어와 1906년에 호수의 크기는 더 늘어나 있었다. 1907년에는 호수의 길이가 31km이고 넓이는 16km였다(바라노프 1907: 51). 20세기 이전 그리고 그 보다 더 먼 시대에는 호수의 크기가 더 작았을 것으로 보인다. 이와 관련하여 『위서』에 기록된 전설 단편을 상기해 본다. 전설에서 말하기를, 투인과 선두에 있던 선비인들의 선조들은 만주 북서쪽으로부터 예전 흉노의 땅이었던 남쪽으로 이주했을 때, 높은 산을 넘지 못한 채 오랜 시간 동안 1000km²보다 큰 거대한 호수 근처에서 지체했었다(위서 1974: 2). 이는 현대의 단위로 바꿔 보면 250km² 보다 조금 더 큰 것으로 보인다.

현재의 홀룬 호수가 이 저수지였다는 의견이 존재한다. 이 의견이 가장 합당함에 따라 다음과 같은 결론을 도출할 수 있을 것이다. 고대에 홀룬 호수는 실제 크기가 지금보다 더 컸으며, 나중에 고갈된 결과 오늘날의 크기까지 작아졌다. 그리고 바다였다는 전제는 사실 무근이지만 반대로 작지는 않았다는 것을 알 수 있다.

이 경우 달라이라는 이름보다 더 초기에 투르크의 동일체로 보이는 텐기스라는 이름으로 홀룬 호수가 알려졌는지에 대한 의문에 긍정적인 답변을 얻기는 불가능할 것이다. 언급된 내용은 『몽골비사』(53)와 호수를 현재 이름인 홀룬으로 가리키고 있는 『집사』가 증명하고 있다(라시드 앗 딘 19526:

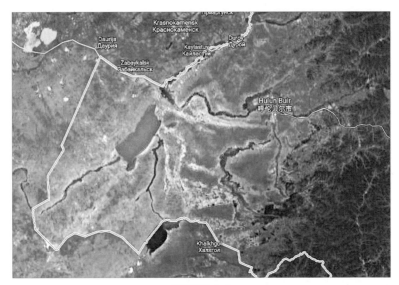
호룬패이 호수

52). 당나라 실록에서 호수는 '츄이루니보'로 불렸다. 한자 '60(湖)'는 '호수'로 번역되고 단어 '츄이룬'은 연구자들의 의견에 따르면 '훌룬'이라는 이름이다(탁신 1984: 15; 두가르쟈브 1995: 126~127). 거기에 아무런 의미를 가지고 있지 않다는 데 관심을 두고 싶은데, 실제로 정말 근본적인 순간에 보통 의미를 두지 않기 때문이다. 에구세이에서 보르테-치노가 텐기스를 지나 건너 오논 강의 초입에 도착했다('Tenggis getulju ireba')고 이야기하고 있다. 만약에 보르테-치노가 가는 길에 훌룬 호수가 위치했었다면 그는 그 호수의 측면을 단순히 지나쳤을 것이고 계속해서 자신의 길을 갔었을 것이다. 게다가 반대쪽으로 가야하는 경우를 제외하고 아르군에서 몽골로 갈 수 있는 모든 길을 따라 위치하고 있는 크지 않은 호수를 건너가는 것은 필요 없는 행동이었을 것이다. 그래서 만약에 보르테-치노가 에르구네 쿤을 나오면서 훌룬을 지나 건너지 않았고, 그와 나란히 옆으로 지나갔다면 『몽

골비사』의 초반 단락에 있는 텐기스의 이름은 호수를 의미하는 것이 아니라 보다 더 거대한 저수지를 의미했을 것이다.

현재 대부분의 몽골학 학자들은 텐기스는 아시아 대륙의 내부에 위치한 바다인 바이칼 호수로 이해하고 있다(샤스티나 1973: 304, 각주 4; Rachewiltz 1971: 153). 이 가정은 사료로 증명됨으로써 가장 진실에 가깝다. 13세기의 중반에 다양한 민족들이 그들에게 잘 알려진 거대한 지리학적 대상들을 자신들의 이름으로 불렀다는 것, 그럼에도 불구하고 최초의 이름 속에 놓인 근본적인 의미를 잘 보존했다는 것은 잘 알려져 있다. 바이칼 호수는 없어지지 않았다. 투르크인들은 그것을 텐기스('바다', 이 명칭이 『몽골비사』에 들어가 있다)라 명명했고, 수나라 시대에 차이나인들은 베이하이('북쪽 바다'), 당나라 시대에는 샤오하이('작은 바다'), 퉁구스인들은 라무('바다'), 호수 근처에 살았던 철리족 시초인 투르크인은 바이칼('바다')이라 불렀다. 이 점에서 바이칼이 투르크 명칭이라는 것은 거의 모든 학자들의 의견이 일치한다. 그러나 이 단어의 의미에 대해서는 몇 가지 불일치하는 의견들이 존재한다. 종종 '풍부한 호수'라고 해석되는 것이다(멜헤에프 19696: 114). 나의 깊은 확신에 따르자면 '바이칼'이라는 명칭의 근간에는 야쿠트어가 남아 있고, 모든 다른 사람들이 지지했던 '바다'라는 의미를 가지는 투르크 단어 '바이갈'이 놓여 있다(페카르스키 1909: 340). 후에 '바이갈'(러시아어로는 '바이칼'로 씀)이라는 명칭은 단어 형태와 최초의 의미 변화 없이 호수 근처에 나타난 몽골인들에게 받아들여졌다. 그래서 현대 부랴트인과 바이칼 근접 지역에 오래 살았던 러시아인들이 바이칼 호수라 부르지 않고, 고대 전통의 확고한 이름으로 설명되는 바다라는 경외감으로 이야기하는 것도 놀랄 만한 일은 아니다. "나는 앙가라 강 하구에 위치한 성 니콜라이 수도원을 등지고 서쪽 강가에서 동쪽으로 판자(평평한 작은 배)를 타고 바이칼을 건너면서 호수에 도착했고 많은 사람들은 엄청난 더위를 경고하며 나에게 청하기를, 이 흉포한 바다로 나갈 때 내가 그것을 호수라 칭하지 않고 바다라 칭하기를 원했다. 바이칼로 향하는 데 이미 숙달된 그들은 그것을 호수, 즉 고여 있는 물이라 불렀던 많은 사람들이 사나운 폭풍우에 희생양이 되었고 죽음의 위험에 빠졌다고 설명했다(이데스 브란드 1967: 140~141)." 인용된 모든 자료는 13세기의 중반에 중앙아시아 지역에서 텐기스는 무엇보다 바이칼 호수로 불렸을 수 있다는 것을 보여 주고 있다.

중세 시대 후반에 대부분의 민족들이 이 호수를 바이칼로 부르기 시작했을 때, 몽골인들의 역사 전집 속에서 텐기스 형태 또한 바이칼로 바뀌었다(발단자포프 1970: 137; 푸바예프 1974: 190; 튼그리 가자르-운 1912: 2~3). 예를 들어 메르겐 게넨의 '알탄 톱치' 연대기에서, 마하사마디 칸 이후, 만드쥬슈리의 재탄생한 이들 중 한 명인 하늘의 아들 보르테-치노는 관리들의 혼란으로부터 티베트로 도망친 후 베드의 땅에 도착했다고 알리고 있다. 그곳 바이칼 강가에 위치한 부르하 할둔 산에서 고바족 출신 마랄-하툰을 만났고, 그녀는 집의 소유자가 되었다(발단자포프 1970: 137).

이와 같이 17~18세기의 몽골 사료들은(나는 공통으로 받아들이는 학술 용어를 지지하면서, 그것들의 가장 최근의 것을 칭하는 것이다) 복잡하고 어려운 문제에 대한 해결을 가볍게 해 주었다. 당연히 이전 것을 재건하는 방법은 무엇보다도 먼저 기본적인 사료들, 즉 연구된 문제와 관련된 세기의 사료들을 인용하는 것을 전제로 한다. 그러나 발생한 문제에 대한 만족스러운 답을 얻기 위해 고려된 자료들이 불충분하여 어려운 점이 자주 발생한다. 그때 저자의 관점에서 보면 후에 나온 사료들의 적용이 가능하나, 사료들 속에 포함하고 있는 정보가 연구된 사건 또는 현상으로 거슬러 올라가는 조건 속에서 이후에 나온 다른 사료들(민속학, 민족학, 언어학 사료들)로 증명하는 것은 매우 중요하다. 만약 후기 사료들이 이러한 상황에 부합되지 않는다면, 그것들의 이용은 적법하지 않은 것이다.

만약 『몽골비사』에서 텡기스라는 이름을 바이칼 호수로 암시했다면, 이는 치노족과 우두머리에 있는 몽골인들이 에르구네 쿤을 나오면서 얼마간의 시간을 훌룬-부이르의 평야 지대(바얀-우주르라는 장소)에서 지낸 후, 바이칼의 서쪽 강가에 도착했음을 의미한다. 그러나 무엇 때문에, 무엇을 위해서 그들은 오논 강 시초에 가기에 앞서 그렇게 크게 돌아서 길을 갈 필요가 있었을까? 나는 다음과 같이 가정해본다. 몽골 인종 기원의 구성에서 가장 우월한 이 그룹은 언젠가 몽골인 선조들을 죽이고 그들을 아르군으로 도망가게 했던, 그들의 가까운 이웃이었던 돌궐 왕조의 창시자들로부터 자신들을 안전하게 지키려는 목적을 가지고 바이칼 너머로 떠날 필요가 있었다는 것이다. 카가나트의 북동 국경은 완전히 아르군 계곡과 근접해 있었다. 카가나트의 북쪽 국경은 거기에 근접한 땅으로 고대 투르크인들의 통제 지대 밖에 위치한 바이칼 남부 쪽을 지나가고 있었다. 이것은 호수의 양쪽 측면을 따라 거주했던 철리족들의 투큐 연합과의 관계가 극도로 긴장된 상태였고, 국방의 대치 상태가 매우 날카롭게 받아들여졌음을 의미한다. 그래서 몽골인들이 동돌궐 왕조의 영향으로부터 자유로운 바이칼의 서쪽 측면으로 이주한 것이 인종의 자기 방어 관점에서 아주 올바르고 시기적절한 행보였다는 것이다. 바이칼 근처에 자신들의 먼 선조들이 거주했다는 것에 대한 기억을 칭기즈칸이 말한 것은 남아있는데 이 말들의 단어들 속에 등장하는 '바르구진-토쿰'(그것의 위치에 대해서는 유사하게 결론 부분에서 말하고 있다)은 몽골인들에게 신성한 의미를 가지는 삼강의 오논 및 케룰렌과 비교하고 있다.

"바르구진-토쿰과 오논과 케룰렌에서 태어난 각각의 소년은 지도와 배움 없이 용감하고 과감하며 자연에 통달한 사람이 될 것이다. 그리고 그곳에서 태어난 각각의 소녀는 보기 좋은 치장이나 머리장식과 연지 없이도 아름다운 얼굴을 가질 것이며, 무척 노련하고 기민하며 덕망 있을 것이다(라시드 앗 딘 1952c: 264)."

몽골인들이 에르구네 쿤으로부터 서부 바이칼 지역으로 이동한 것에 대한 나의 가정은 『집사』에서 제시한 내용들과 일치한다. 거기에는 앙가라 계곡에 하나의 몽골족인 우수투-망군족이 살고 있음이 지적되어 있다(라시드 앗 딘 1952a: 102). 공통의 명칭은 '물 망군'이라 번역되나 그 명칭은 부족 그룹의 의미이기 때문에 그것을 '물의 망군인들'로 번역해야 한다고 가정해야 한다. 그런 식으로 『집사』에 있는 '망군'이란 단어의 독특함은 서부 바이칼 지역과 관계있는 이 사료 속에 포함된 '불라가친'과 '카레무친'이 유사하게 단수 형태로 사용된 데에 있다. 만약에 그것이 임의의 다른 인종이 세분화된 것의 명칭으로 복수 형태로 쓰인 것이라면, '망굴'이라는 형태, 즉 '망골'이라는 형태를 가졌을 것이다. 그래서 망구이 부족명이 망골의 변형이라는 것과 우수투-망군이라는 명칭의 사용자가 에르구네 쿤 부족과 공통되는 한 부분이라는 것을 증명하는 모든 근거들이 존재하는 것이다. 위에서 강조했던 것처럼, 몽골인들의 선조들은 아르군에 살면서 살아가기 위한 기본적인 것들을 어업과 사냥으로 얻었기 때문에, 주변에 거주하는 종족들은 그들을 망골뿐 아니라, '물의 망골인들'이라는 의미의 우수투-망골로 불렀다. 이 명칭은 13세기 전까지 몽골인들에게 보존되어 왔다. 후에 우수투-망골인들이 에르구네 쿤을 버리고 바이칼 근처로 이동한 후 최종적으로 삼강에서 거주했을 때, 몽골 사회 속에서 지배적 위치를 차지하여 대

몽골인 칭호를 받은 보르즈드긴인들과 선두에 있었던 니룬 종족들이 그들 내부에서 독립하였다. 그렇게 몽골인들 사이에서는 서로의 관계가 동등하지 않은 그룹들이 만들어졌는데, 그들의 나라에 있었던 서유럽 여행자들도 그 점을 눈치 채지 않을 수 없었다. 부분적으로 1246년에 몽골을 방문했었던 프랑스 수도사 카르피니는, 그들이 4개 민족들로 구성되어 있으며, '이에카 몽골, 즉 대 몽골인들'과 '수-몽골, 즉 물의 몽골인', 두 민족들은 스스로를 '그들의 나라를 지나 흐르는 타타르라 불리는 강으로부터 얻은 이름인 타타르인들'이라고 명명했다고 기록했다(카르피니, 루브룩 1911: 16). 이와 유사한 정보가 1253년 루이 윌리엄 9세 루브루크 왕 이후에 방문한 또 한 명의 프랑스 수도사에 의해서도 기록되었다(앞의 책: 134).

앙가라 근처에 있었던 우수투-망군인들의 정확한 거주 지역은 현존하는 사료들로는 규명되지 않는다. 그러나 그 이름은 알려져 있다. 『집사』에 의하면 앙가라는 몇 개의 이름을 가지고 있는 지역으로(그 중 하나는 망구이다) 매우 값진 정보를 포함하고 있다(라시드 앗 딘 1952a: 102). 구성요소 망군(부족명으로는 우수투-망군)과 망구 지역의 명칭인 이 단어는 같은 어근을 가지고 있음에 따라 지역명인 망구가 부족명인 우수투-망군에서 파생되어 나온 단어임에 의심할 여지가 없다. 다시 말해, 자신의 부족명에 따라 우수투-망군인들은 에르구네 쿤으로부터 도착한 후 살기 시작했던 앙가라 지역의 명칭을 주었다는 것이다.

얼마의 시간이 흐른 후, 우수투-망군인들의 한 그룹이 '텐기스 바다를 헤엄친 후' 그 바다의 동쪽 측면으로 건너갔고, 그곳의 바르구진 계곡과 동부 바이칼의 서쪽에 접하는 지역에 정착했다. 에구세이의 첫 번째 단락에서 이 사건을 묘사하는 과정에 보르테-치노와 그의 부인인 호아이-마랄이 언급된다. 만약에 보르테-치노를 치노족을 의인화한 명칭으로 이해하고 단락에 있는 글자 그대로 읽는다면, 치노족이 바이칼의 서쪽 강가로부터 동부 바이칼에 도착했다는 가정이 전부 올바르고 충분히 적절한 것이라 할 수 있다. 이를 인정하면서 이 단락에서 모든 몽골인들의 초기 역사와 연관된 보르테-치노라는 이름이 족보를 시작하는 칭기즈칸의 신화적 최초 선조의 이름으로써 상기되었던 것을 잊을 필요까지는 없다. 계보의 처음에 있는 최초의 선조가 하나임에 따라, 부족명을 포함하여 어떤 것이든 호아이-마랄을 제외하고 다른 이름을 사용하는 것은 '장르의 법칙'에 따라 불가능하다. 이 중요한 뉘앙스를 관심 있게 받아들이면서 몽골 종족들의 그룹이 이전에 호수의 서쪽 측면, 실제로는 동부 바이칼 쪽으로 도착했다는 것과 또한 『몽골비사』의 첫 번째 단락에서 사료의 구조상 특별한 위치로 고려된 종족은 그 종족들 중 단 하나 치노족이라는 것을 전제할 수 있을 것이다.

동부 바이칼에 몽골인들이 거주했다는 것은 몽골 연대기뿐만 아니라 바르구진 부랴트와 호리 부랴트의 연대기에서도 볼 수 있다(ЦВРК 1: 1~1об; 후비 투인 1935: 4; 윰스-운 1935: 55). G. N. 루만체프는 바르구진 연대기 속에서 보르테-치노에 대해 이야기하고 있는 몇 군데를 언급하면서 다음과 같이 썼다.

"이 저서(연대기)를 위하여 티베트 문학의 영향 아래 창조된 몽골의 계통학적 전설인 '바르구진화'가 특징지어 지고, 그 근간에서 바르구진 영토의 몽골에서의 사건에 대해 이야기하고 있는 전설과 역사적 사실을 볼 수 있다(루만체프 1956: 21~23)."

실제로 17~18세기 몽골 실록들은 이전의 것들과 차이가 있다. 그 실록들에는 몽골 칸들의 출처를 인도와 티베트 황제로부터 인위적으로 가져오고 있다. 이런 계통학적 날조는 부랴트 연대기에서 반복되는데, 이는 연대기의 작가들이 자신의 작품을 위한 자료를 몽골 역사 전집에서 종종 차용해 왔기 때문이다. 몽골인들의 연대기 속에 그들의 초기 역사에 대한 몇 가지 문제들이 왜곡되게 해석된 것은 몽골의 일반적인 사고에 불교가 거대한 영향을 끼쳤기 때문이다. 그 결과 연대기 작가들은 자신의 민족적인 시각으로 고대뿐만 아니라, 불교인들의 관점에서 거룩한 몽골 칸들의 출처에 대해 근거를 부여하도록 노력했다. 이는 언급된 사강 세첸, 메르겐-게겐 등의 저서들 속에서 잘 볼 수 있는데, 몽골인들의 선조 보르테-치노가 티베트 황제의 아들로 칭해져 있다. 그러나 이 저서들의 수정 작업은, 만약 단지 보르테-치노의 인도 티벳 출처에 대한 것을 말한다면, 이것으로 끝이다. 나머지 모든 내용은, 그것의 깊은 본질에 다가간다면, 불교의 영향 아래 있지 않았던 『몽골비사』에서 알려진 바와 전반적으로 다르지 않다.

　그래서 만약 몽골 연대기들 스스로가 보르테-치노가 텐기스 근처, 즉 바이칼 근처에 있었다면 바이칼과 관련된 몽골의 역사적 사건들을 인위적으로 옮겨 버린 부랴트 연대기 작가들에 대한 비난은 알맞지 않다. 그럼에도 비난을 제기한다면 몽골 연대기 작가들을 향한 것이어야 할 것이다. 그러나 그들은 순진하게 바이칼과 오논의 명칭을 구분하여 생각하지 않았고, 보르테-치노가 오논 강 상류 지역에 도착한 것에 대해 쓰는 대신에, 무지에 의해 바이칼에 도착한 것으로 나타내고 있었다. 부랴트 연대기 속에서 바르구진의 산 바르칸이 언젠가 부르칸-할둔으로 불렸었다는 정보는 G. N. 루만체프가 의문시했던 것처럼 거기서부터 불신을 불러일으켰다는 것을 말해야 한다. 그러나 여기서 다시 바이칼 강가의 바르한-할둔의 존재 발견에 대해서 최초로 쓴 사람들은 부랴트 연대기 작가들이 아니라 몽골인들이었다는 것을 정확하게 할 필요가 있다. 2001년 여름에 '중앙아시아 유목 문명의 변형'이라는 국제적인 조사단의 조사가 있었다. 그때 나는 몇 몇 단체 회원들과 함께 몽골의 헨테이 아이막에서 국적은 할하스인이며 몽골 정보통으로 유명한 노인인 쟘바로부터 고대 몽골에서 몇 개의 산을 '부르칸-할둔'이라는 이름으로 불렀다는 흥미로운 정보를 들었다. 그 산들 중 하나가 바이칼 근처에 위치해 있고, 이것이 바르구진의 산 바르칸이라는 것이다(ПМА 7: 쟘바). 만약에 이 정보가 옳다면(우리는 이 정보를 믿지 않을 수 없다. 왜냐하면 나 자신도 믿을 만한 부랴트 노인 전문가들로부터 바르칸 산이 고대에는 부르한-갈단으로 불렸다는 말을 여러 번 들었기 때문이다), 이전에 '바르한-할둔'으로 불렸던 몇 개의 산 중에 하나가 바이칼 근처 바르구진에 위치했다고 몽골 각지에 알려졌을 것이다. G. N. 루만체프는 바르한-할둔에 대한 부랴트 연대기들의 정보에 대해 회의적이었지만 이것을 가능하다고 이해했고, 연대기를 분석하면서 다음과 같은 주석을 단 것은 우연이 아니다.

　"몽골 계통학의 전설인 '바르구진화'는 매우 탁월하고, 그것이 부랴트 연대기 창시자가 개인적으로 창조한 결과인지 아닌지, 또는 그러한 전설의 유형이 바르구진 부랴트인들 사이에 존재했는지는 말하기 어렵다. 우리는 이 문제의 해결을 위해서 위와 같은 내용을 아직 가지고 올 수는 없을 것이다(루만체프 1956: 22)."

　여기에 G. N. 루만체프의 학술적 직관의 단계가 적정선으로 나타났다. 아주 오래전부터 호리인과 바르구진 부랴트인들에게 보르테-치노와 호아이-마랄에 대한 구전들이 존재하고 있다. 그 전설의 가치는 그것들이 이 이름들과 바이칼 근처 바르구진 계곡과 긴밀하게 연결되어 주어진 서술 사료들을 증명하고 있다. 전설들이 잘 보존되었던 것은 산맥과 나란히 있어 외부 세계로부터 고립된 바르구진 분지의 한 부분에 있는 동부 바이칼 서쪽 지역과, 많은 세대를 거쳐서도 오랫동안 보존되고 구전이 끊이지 않을 수밖에 없었던 바이칼 호수 등의 특유한 지리학적 특징들 때문인 것으로 설명될 수 있겠다.

보르테-치노에 대한 부랴트 전설의 최초 발견자는 D. 반자로프로 볼 수 있다. 그는 논문에서 바르구진 초원에서 칭기즈칸의 선조들이 살았을 수 있다고 가정하였다. 유감스럽게도 이 저서는 수기로 남겨져 있었는데 영원히 지워져 버렸고, 바이칼 근처의 칭기즈칸 선조에 대한 이야기가 보르테-치노에 대한 전설을 서술한 것부터 시작되었다고 단지 추측만 할 뿐이다.

1960년대 초에 K. M. 게라시모바는 바르구진에서 진행된 들판 탐사 작업에서 보르테-쇼노가 바르구진의 산 바르칸에 거주했다는 것에 대한 전설들을 채록했었다(게라시모바 1969: 138). 나는 이와 유사한 전설들을 쓰게 된 적이 있었다. 그것들 중 대부분의 내용은 오래전에 보르테-쇼노라는 누군가가 어려움을 피해 바르구진에 도착했다는 것으로 귀결되고 있었다. 바르구진에서 그는 후아-마랄과 결혼하고 바르칸 산의 경사면인 템테헤라는 넓은 돌출부에서 살았다. 거기에 보르테-쇼노의 스토이비쉐(유목민의 가옥)의 흔적이 보존되어 있다(ПМА 2: 바타예바, 산지예바).

몇몇 전설 속에는 후아-마랄이 바르칸 산의 에쥔 부인으로 등장하여, 이 이름을 바이칼에 연결시키는 근거를 확고하게 한다. 그 지역에 오래 산 사람들이 다음과 같이 이야기한다.

"바르칸에 타이라간이 통과하는 과정에서 샤먼들은 자신들의 주문 속에 처음에 이 산의 주인인 바르칸 운데르 바르가잔 살신 호이모르(Үндэр Баргажан Шалышин Хоймор)를 부르고, 그 다음은 그의 하탄(부인)인 후아-마랄을, 그리고 그 후에 용사들을 불렀다(ПМА 1: 부다에프)."

개별적인 정보자들의 정보에 따르자면 바르칸 산의 에쥔(여주인)을 에레엔테이 이이비이라 부르는데, 글자 그대로의 의미는 '알록달록한 반점이 있는 할머니'이다(ПМА 1: 치렌노프). 에레엔테이 이이비이라는 이름은 터부시되었던 이름 호아이-마랄일 것이다. 왜냐하면 단어 '이비'는 투바 토드쥔인들의 언어에서 사슴을 칭하는 공통의 명칭이기 때문이다(바인슈테인 1972: 91). 이 단어는 이븐-무칸나 사전에서 역시 '사슴, 유럽산 사슴'으로 번역된다(쉐르박 1961: 134). 이러한 내용을 고려할 때 신학적 명칭 에레엔테이 이이비이('알록달록한 또는 반점이 있는 사슴')의 의미는 몇 가지 사슴 종류들의 특징에 부합된다. 사실 호아이-마랄이라는 이름이 특별히 인용된 분석은 단어 '호아이'가 다른 의미를 가지고 있으나 바르칸 산의 여주인의 이름 속에 사슴이라는 단어가 있음은 주목할 만하다.

보르테-치노와 호아이-마랄에 대한 구전은 단지 부랴트에서만 보존되어 왔다. 몽골에서는 그 전설들이 어디에도 기록되어 있지 않다는 것을 나는 잘 알고 있다. 이 사실은 보르테-치노와 호아이-마랄이 언급되는 사건들이 몽골 경계 밖에서 일어났다는 것에 대해 서술한 사료들이 뒷받침하고 있다. 그 사실은 또한 만약 이 전설들이 바이칼 근처에 활발하게 존재했었다면, 이 호수는 예전에 텐기스로 불렸을 것이라는 점을 증명한다.

사료들에 관심을 가지는 과정에서 바이칼 근처에 호아이-마랄이라는 이름의 여인과 보르테-치노가 만나고 결혼하는 의미가 집요하게 이야기되고 있다는 사실에 주목하게 된다. 보르테-치노라는 이름의 어원 분석에서 밝혀진 것처럼 이 이름은 치노 몽골인들의 토템 선조인 '늑대'를 암시하고 있다. 그 이름과 함께 언급되는 호아이-마랄이라는 이름을 그런 식으로 분석해 본다면, 그 이름의 근간에는 투르크족의 토템인 '사슴'이 놓여 있다. 수많은 민속학 · 인종학 자료들은 시베리아에서 토템 동물로 사슴 또는 순록에 대한 관념이 오래지 않은 과거 속에, 특히 사얀-알타이 민족들에게 왕성하게 발전되어 왔다는 것을 증명하고 있다. 투바 샤먼들은 조상들의 영혼에게 하는 주문 속에서 암컷 사슴을 의미하는 영혼을 '나의 할머니에게'라고 하며 부른다(라들로프 1907: 163). 투바의 탄두인 지역 거주자들의 정보에 따르면 엘레게스 강의 시원인 높은 산에 이전엔 하얀 사슴이 살았다고 한다. 그 지역 거주자들은 그 사슴을 투바인들의 선조이자 자연을 관장하는 모든 풍요의 근본으로 여겼다. 그래서 이 사슴을 사냥하는 것을 단호하게 금지시켰다.

쇼르인들의 샤먼의 영혼(조력자들 사이에서 tag bura)으로서 산 사슴은 특별하다. 그것은 주문 속에 묘사되며 기도를 드리는 동안에 샤먼이 타고 가는 동물(접신의 매개 동물)이다. 샤먼은 이 영혼을 신 월겐으로부터 받았고, 그것을 단지 기도드리는 순간에만 부르며, 깊은 타이가 속에 숨겨둔 채로 유지했었다. 이런 샤먼은 자주 자신의 경쟁자의 tag bura를 사살하려고 노력했다. 죽은 tag bura을 소유하고 있는 샤먼은 죽음을 피할 수 없다고 여겼기 때문이다. 이러한 예는 쇼르산에 살고 있는 샤먼의 삶이 토템과 밀접한 관계가 있다는 것을 보여 준다(포타포프 1935: 140).

알타이 텔레우트인에게 있어서 아담 부룰은 그들의 당의 영혼의 신전에서 중요한 위치를 차지하고 있으며, 인간의 선조로 여겨진다. "나의 아버지 부룰이여!" '부룰'이라는 이름의 근간에는 '사슴'을 의미하는 단어 '부우르'가 포함되어 있다(앞의 책: 139). 투발라르인들과 텔렝기트인들의 사냥꾼들에게는 순록을 직접적으로 발음하는 것도 금지되었다. 투발라르인들은 죽은 사슴의 콩팥으로 만든 공동의 식사를 신의 섭리로 여기고 날 것으로 먹었다. 텔렝기트인들은 죽은 사슴을 먹지 않았고 알타이 주인이 다른 동물들에게 줄 것이라는 희망으로 죽은 사슴의 눈을 타이가로 던졌다. 마술의 영향으로 순록과 사슴들이 늘어나기를 기원하면서, 텔렝기트인들은 보리와 귀리로 이 동물의 형상을 조각했고 알타이가 그들을 살려낼 것이라는 믿음으로 타이가에 그것들을 나열해 두었다(앞의 책: 149).

연구자들은 최초에 사슴이 인도, 이란의 스키타이인들의 토템이었다는 의견에 기울어져 있다(아르타모노프 1971: 33). 스키타이인들의 일부는 자신을 '사카'라고 불렀는데, 그것은 'sag', 즉 '사슴'과 비슷하다. '삭'인 자신들의 명칭 역시 이 단어에서 나온 것이다(아바예프 1949: 37; 보야리예바 1972: 50; 그라코프 1971: 86; 츠레노바 1967: 139~140). 이 예들은 사카가 토템 동물인 사슴의 이름이었다는 것을 지적하고 있다.

'스키타이의 사슴'이 퍼져 있었던 중심은 중앙아시아였다. 그곳에서 사얀-알타이 고지로 나왔던 사카족들은 점차적으로 자신의 고대 토템을 전달한 후 그곳의 고대 투르크 거주자들과 동화하였다. 사얀-알타이에 있는 사슴을 숭배했던 투르크인들의 조국은 '소'라고 불렸다. N. A. 아리스토프는 다음과 같이 썼다.

"소의 활동 지역은 흉노로부터 북쪽에 있었고 … 그 소유지는 반드시 알타이 북쪽 측면에 위치해 있었어야 한다. … 전설의 투르크인들의 선조는 알타이로부터 북쪽에 거주했던 소족(牛族)들에서 나왔다(아리스토프 1896: 279)."

이 가설은 후에 다른 학자들에 의해 지지되었다. U. A. 주예프와 D. E. 에르메예프는 차이나에 '삭'으로 전달된 '소'는 인도이란어의 사카('사슴')에서 나온 것이라고 생각했다(주에프 1970: 77; 에르메예프 1970: 140). 포타포프의 의견에 따르면 사얀-알타이에 위치한 '소' 나라의 명칭은 오늘날까지 쿠만지인들에게 세옥(소)라는 이름으로 보존되어 왔다(포타포프 1953: 160).

사슴 숭배는 사얀-알타이에서부터 바이칼 지역으로 퍼져 나갔다. 바이칼 지역의 거주민들은 고대부터 사얀-알타이 종족들과 인종 기원 및 인종 문화적으로 밀접한 관계를 가지고 있었다(조리투예프 1993: 12). 서부 바이칼 지역의 부랴트인들과 동부바이칼의 남서쪽 지역으로 이주했던 부랴트인들이 사슴을 '사가아'라고 명명한 사실이 위의 내용을 증명한다. 단어 '사가아'는 알타이어의 '싀긔'와 같은데, 이는 인도이란어의 '사카(사슴)'에서 기원하고 있다.

실위의 기본을 이룬 대부분의 사람들의 출신은 선비족과 관련이 있는데, 이 실위의 거주 영토는 야블로노프와 소흥안령산맥들 사이에 위치해 있었다는 내용은 필자가 지적한 바 있다. 실위인들은 그들 자체가 중앙아시아에서 북몽골어 종족이었다. 오늘날 중세의 중앙아시아 민족들의 인종 소속과 거주지를 정의하는 데 있어서 가장 믿을 만한 사료로 남아 있는 차이나 실록들에 따르면, 소 힌간의 동쪽과 야블로노프 산맥의 서쪽에 몽골어 종족의 그룹은 이미 없었다. 물론 양 방향으로 그들의 몇몇 대표자들이 숨어 들어 올 수는 있지만, 그들이 낯선 거주자들 사이에 녹아들면서 새로운 장소에서 인종적 상황을 만드는 변화에 눈에 띄는 영향을 끼칠 수는 없었을 것이라고 이해된다.

바이칼 지역에 대해서 보면, 호수의 양쪽 측면과 남쪽 지역인 중앙아시아부터 만주에 이르기는 거대한 영토에 기원후 1000년 후반 투르크어족 그룹인 철리가 살았었다. 이 그룹에 대해서 차이나 사료들은 그들의 일부가 투르크인들이었다는 지적을 하고 있다. 이를 근거로 철리가 최초에 인종 구성상 투르크인들 사이에 몽골 인종 그룹을 포함하고 있었다는 내용의 서적들이 때때로 보인다. 하지만 이는 내가 보기에 정확하지 않은 사료에 근거한 것이다. 당연히 몽골이 강력해지고 새로운 영토를 자신의 것으로 만들어감에 따라 몇몇 철리 종족들은 몽골화 과정에 처해져서, 몽골 민족의 구성원으로 들어갔다. 바이칼 근처에 살았던 철리인들의 일부는 이것을 피하지 않았다. 그러나 에르구네 쿤의 몽골인들이 도착했을 때 호수에는 몽골어 거주인들이 없었다는 내용의 실존 자료가 있기 때문에, 보르테-치노와 호아이-마랄에 대한 전설은 본질적으로 바이칼 지역으로의 몽골인들의 첫 번째 침투를 가정할 수 있게 한다. 몽골 인종의 지대가 먼 곳으로부터 지속적으로 확대되었던 관계로 에르구네 쿤으로부터 도착한 몽골 종족들, 치노족인들을 지휘했던 그들이 이 지역을 몽골화의 시초를 둔 곳이라고 말하는 것 또한 과장된 것은 없을 것이다. 그러나 이것은 이 책의 범위 밖으로 나가 버리는 거대하고 독창적인 학술적 문제를 제안하는 개별적인 이야기 테마이다.

투르크 언어를 쓰는 철리족은 예전 몽골인들이 살았던 바이칼 주변에 거주했었다. 이에 대하여 지리적 명칭 연구는 다음과 같이 이야기하고 있다.

"지리학적 명칭들은 세 층으로 나누어지며 구성된 시간에 따라 다음 순서로 나열된다. 1)퉁구스의 2)투르크의 3)몽골의(멜헤에프 1969б: 37; 슐루노바 1990: 57~59; 발다에프 1961: 177). 몽골보다 선행된 투르크의 지리학적 명칭의 층은 가장 거대한 호수, 강, 산(이는 바이칼, 홀(현대에는 구신노예 호수), 코코젤, 앙가라 등)의 명칭으로 제안된다(니코노프 1966; 멜헤에프 1969a; 미하일로프 1976; 돈둑코프 1990; 고골레프 1993; 술루노바, 쟘사라노바 2003)."

철리 가운데 푸구족에게는 분명한 사슴 토템이 존재했다. 이 종족의 명칭은 이 동물을 의미하고 있다. 푸구족은 바이칼의 남쪽에 살았고 후에 서쪽으로 이주했으나 지금은 키르기즈인들의 구성원으로 들어간다(아브람존 1971: 283). 직접적으로 바이칼 근처에 살았던 철리의 주민과 그 그룹인 사얀−알타이 민족들과 유사한 몇몇은 성스러운 선조인 순록을 천상의 동물이라 불렀다. 레나 강 중류에 도착하기 전 바이칼 서쪽 강가에서 오랫동안 거주했던 초기 야쿠트 민족들에게서도 부분적으로 이와 같은 특징이 나타났다. 천상의 사슴에 대한 타나라 타발라라 신화들은 야쿠트의 민속학에도 보존되어 왔다(고골레프 1993: 19~20). 부랴트족화 되어가는 동안에 바이칼 근처에 남았던 투르크어 주민들의 일부분은 부랴트 민족의 인종 구조 안에 더 보태졌다. 그 구성 안에서 고대 인종적 관념과 관련하여 자신의 출처를 사슴과 연관시켰고, 사슴이 '부우말 안(천상의 동물)'이라고 생각했던 세부 종족들이 들어갔다(갈다노바 1987: 39). 그래서 올혼스크 부랴트인들은 언젠가 서부 바이칼 지역에 존재했던 투르크의 전통을 따라 부가−노욘(글자 그대로 번역하면 '소(牛) 귀족')을 모든 땅의 주인으로 여겼고(항갈로프 1958: 445), 쿠진스크 계곡의 부랴트인들은 앙가라 강의 영혼(주인)을 서쪽의 '부가−사가−노욘'이라고 생각했다(앞의 책: 305, 311, 383). 이 지역에는 두 개의 기본 인종 공동체가 있었는데, 이들은 부랴트 종족인 불라가트와 에히리트였다. 그들에게는 "만약 100마리의 매를 죽이면 말을 잃을 것이고, 만약 사슴 또는 순록을 죽이면 가까운 사람을 잃을 것이다."라는 미신이 있었는데, 이 미신은 바이칼 서쪽 측면이 토템 동물로 사슴을 숭배하였다는 중요한 증거가 된다.

인용된 자료를 근거로 논리적으로 다음과 같이 가정해 볼 수 있다. 바이칼에 있던 투르크 주민들의 일부분은 자신들의 토템을 몽골인들과 다른 민족들에게 공통의 이름이었던 '사슴'으로 알고 있었다. 이 경우 내가 여러 논문들 중 한 곳에 썼던 것처럼 '사슴'이라는 이름은 '치노'와 유사한 관계로 인종의 명칭으로 사용할 수 있었을 것이다. 그럼에도 불구하고 이 명칭은 기원후 1000년 후반에 중앙아시아 인종의 학술 어휘에는 존재하지 않았다는 것을 잊어버리면 안 된다(조리투예프 2002: 97~98).

시간이 지나면서 바이칼 근처에서의 사슴 숭배는 몽골인들에게서 보이는 늑대 숭배로 바뀌게 된다. 동물 숭배의 마지막 단계에서 사슴과 그것의 의인화에 대한 관념이 양분화되었다. 단어 '코아이'가 사슴에 추가되고, 호아이-마랄(Qoai-Maral)이라는 이름이 나왔다. 이를 많은 연구자들이 실제로 살아있는 여성, 즉 보르테-치노의 부인의 이름으로 잘못 이해하고 있는 것이다.

C.A. 코진이 번역한 『몽골비사』의 러시아어본에는 보르테-치노의 부인의 이름이 고아-마랄로 되어 있다(코진 1941: 1). 이 고아-마랄이라는 이름은 러시아어로 된 모든 학술 자료에 기록되었고, 보통 '아름다운 사슴'으로 번역된다. 후기 몽골 연대기들 속에서 보르테-치노의 부인 이름에 있는 첫 번째 단어는 '고아' 또는 '구아'로 읽힌다. 비록 후기 연대기들 중 사강 세체나의 '에르데이인 톱치'와 '샤라 투드지'에는 그 단어를 구별할 생각도 없이 쓰였고, 그것을 '호아' 또는 '후아'로 읽을 수 있을지라도 말이다. 그럼에도 불구하고 『몽골비사』의 몽골어 내용에 주목하면, 보르테-치노의 부인 이름이 호아이-마랄이라고 쓰여 있는 것이 보인다(판크라토프 1962: 13, 1). 『집사』에서는 이 이름이 코아이-마랄로 전달되었다(라시드 앗 딘 1952б: 9). 이것은 보르테-치노의 부인을 호아이-마랄로 불렀다는 데에

어떠한 의심도 있을 수 없다는 의미이다. 단어 '호아이'는 『몽골비사』의 차이나어 각주 번역에 한자 '창(蒼)'과 '바이(白)'로 쓰여 있는데, 내몽골 학자들이 나에게 해석해 준 바로는 '겨울 풀의 색(θвлийн θвсний θнгθ)'이라는 의미도 있다고 한다. 이는 몽골어 단어 '호아이' 역시 '보르테'처럼, 정어(定語)라는 것을 의미한다. 겨울 풀은 보통 흰빛을 띠는 노르스름한 색인데, 이에 따라 현대 몽골어에는 없는 단어 '호아이'가 시간이 흐르면서 이 색을 의미하였고 몽골 민족들의 언어에 현재 넓게 퍼져 있는 '후아(우하이)'라는 형태를 받아들인 것이 분명하다.

이제 『몽골비사』의 첫 번째 단락은 의미를 모두 다 수정한 것을 고려하여 다음과 같이 이해해야 한다. "가장 높은 하늘의 명에 따라 태어난 푸른 빛을 띤 회색 늑대는 칭기즈칸의 선조였다. 흰 빛을 띤 노르스름한 색의 사슴은 그의 부인이었다. 그들은 텐기스 강을 건너서 도착했다. 바르한-할둔 근처 오논 강이 시작되는 곳에 정착했고, 그들의 후손은 바타-치칸이었다."

보르테-치노와 호아이-마랄에 대한 전설은 그 자체로 깊은 역사적 의미를 가진다. 한 측면으로는 에르구네 쿤의 몽골인들의 다를료킨 종족들, 다른 측면으로는 바이칼 근처의 투르크-철리의 인종을 의인화된 늑대와 사슴 사이의 부부 결합이라는 비유적이고 농축된 형태로 중세 몽골인들이 자신들의 인종 기원에 대한 관념을 서술한 것이다. 깊고 중요한 내용으로 채워진 이 점은 연구자들에게 더 생각할 가치를 가진다.

10
몽골인들의 오논 도착
- 몽골 역사에서 에르구네 쿤 시대의 마감 -

에르구네 쿤에 대한 전설들에 보르테-치노와 호아이-마랄이 관계가 있다는 것은 위에서 확인되었다. 이런 몽골의 전설들은 그들의 땅에 있지 않고, 그들의 땅 밖에서 편찬된 『집사』와 『몽골비사』에 포함되었다. 이런 현실은 연대기 작가들이 에르구네 쿤에 몽골인들이 거주했던 시기와 바이칼 근처에 몽골인들이 있었던 시기를 호아이-마랄과 관련시키는 것은 문제가 있음을 알려준다.

바이칼에 몽골인들(라시드 앗 딘에 의하면 우수트-망군인들)이 도착했던 시기에 대한 직접적인 기록은 없다. 그러나 고고학적 자료에서 최초 몽골인들이 에르구네 쿤으로부터 나온 시기를 7세기 말로 추정하는 것을 고려해보면 앙가라에 우수투-망군인들이 출현한 때를 어림잡아 8세기 초로 볼수 있을 것이다. 뿐만 아니라 몽골인들이 바이칼로부터 오논 상류로 이주한 시기에 대해서도 정확한 언급은 없다. 이런 상황에서 L. R. 크즐라소프는 몽골사람들이 아르군이라는 자신들의 발상지에서 몽골로 도착한 시기를 10세기 초라고 가정하고 있다. 왜냐하면 이 시기에 시작된 거란의 침략이 투르크어 종족들을 도망가게 했고, 이에 따라 몽골인들은 자유로운 스텝 초원 지대로 이동하게 되었다는 것이다(크즐라소프 1975: 170~177).

E. I. 키차노프도 이와 비슷한 관점을 지지하고 있다. 그는 거란인들과 실위 사이의 전쟁이 몽골인들을 자신들의 발상지에서 쑹화 강 하류와 소흥안령 사이로 떠나게 하였고, 현대의 할하라는 곳에서 투르크들을 물려쳤다고 가정했다. 몽골인들의 여정 중 중간에 오랫동안 머물렀던 장소가 바로 에르구네 쿤이었던 것이다. 그곳을 떠나 몽골인들이 몽골로 도착한 시기는 E. I. 키차노프가 생각하고 내가 위에서 지적한 바와 같이 10세기 후반 또는 11세기 초일 것이다.

나는 몽골인들이 에르구네 쿤으로부터 나온 시기가 한순간이 아니라 긴 시간의 과정에서 이루어진 것으로 보았다. 그래서 오논에 최초 몽골인들이 출현한 시기는 에르구네 쿤에서 출발하여 그곳으로 도착한 시기이다. 이 오논 강에 처음으로 몽골인들이 도착한 시기에 관해서는 다른 사료들이 존재하지 않으므로 『집사』와 『몽골비사』에서 인용되는 몽골족의 계보로 추적해야 한다. 물론 이 책들에서 제시된 여러 인물들 중 신화 속의 인물들을 삭제한 후, 몽골 칸들의 세대 수를 확인하는 방법을 활용해야 한다. 위의 책들에는 일반적으로 보르테-치노, 바타-치칸을 이어 칭기즈칸 계통이 시작되는 것으로 알려져 있으나 보르테-치노가 신화적 인물이기 때문에 실제 칭기즈칸의 첫 번째 선조는 『몽골비사』에서 알려진 바대로 보르테-치노와 호아이-마랄이 오논에 도착한 후 태어난 바타-치칸으로 보아야 한다.

L. 빌레그트는 중세 몽골 사람들의 생존 연대를 분석한 결과, 몽골인들의 한 세대의 삶의 기간은 20년이었던 것으로 계산했다(빌레그트 1995a: 101). 부가적으로 말한다면 세계의 많은 민족들(부랴트족을 포함하여)의 한 세대

는 20년이었다(알렉세에프 1985: 188; 미트로슈키나 1987: 30~32). 연구자
들은 L. 빌레그트의 의견에 동의할 수 있도록 칭기즈칸의 선조들의 태어난
시기를 찾기 위한 방법을 모색하였다. 이 과정에서 『몽골비사』에 기록되어
있는 칭기즈칸의 계통을 보면 보르테-치노를 제외하고 또 다른 한 사람이
있는데, 그는 보르지기다이-메르겐으로, 이 역시 논쟁할 거리가 없는 신화
적 인물이다(그에 대해서는 다음 장에서 상세히 다룰 것이다). 따라서 『몽골
비사』에 의하면 칭기즈칸은 바타-치칸의 두 번째 세대의 후손이다. 『집사』
18권의 첫 번째 사료에 따르면 바타-치칸은 762년에 태어났고, 두 번째
사료에는 822년에 태어났다고 되어있다. 같은 책에서 같은 사람이 태어난
해가 60년의 차이가 난다. 만약 20년을 한 세대로 본다면 3세대의 차이가
나는 것으로 도무지 이해가 되지 않는다. 그러나 지금 그 세대가 왜 차이가
났는지 논의하는 것은 의미가 없다. 왜냐하면 나머지 이름들을 볼 때, 그것
들 중 어느 이름이 세대의 기준이 되는지를 알 수 없기 때문이다. 그것은 L.
빌레그트가 지적했던 것처럼, 형사취수제 관습으로 인해 그들 사이에 어떤
식으로 이름이 나타났는지를 정하는 것은 불가능하기 때문이다. 나의 관점
으로는 비록 아주 비슷하게 계산될지라도, 바타-치칸이 태어난 해를 계산
하기 위해서는 단 한 가지 방법밖에 없다고 본다. 그것은 칭기즈칸의 계통
에 있어서 두 가능성을 감안하여 762년과 822년의 중간 시기, 즉 792년을
지지하는 것이다.

바타-치칸의 태어난 시기를 정하는 것이 왜 중요하냐 하면, 8~9세기
무렵에 치노족이 바이칼로부터 오논 수원으로 이주했었던 시기와 맞물려
서 이들이 몽골 민족을 형성하는 핵심으로 등장하여 에르겐네 쿤에서 이주
해 온 고유 몽골과 뗄 수 없는 관계를 가지기 시작하였던 초기 시기가 되기
때문이다. 이들은 서로 비슷한 시기에 도착했는데, 치노족들이 오논에 도

착한 것은 745년 동돌궐 왕조의 쇠락 때문에 몽골에서의 일반적인 정치적 상황의 변화가 있었고, 에르구네 쿤 지역도 동돌궐의 영향을 받아 이동해 왔다. 즉 먼저 에르구네 쿤에서 이동해온 세력에 그 뒤에 치노족이 이동해 와서 서로가 합해진 것이다. 이로써 몽골인들의 중세사는 에르구네 쿤 시기가 마무리되고 치노족과 합해지는 새로운 시대가 되는 것이다.

앙가라에 남아 있던 우수투–망군인들은 13세기 말까지 그곳에 위치하고 있었는데, 이는 『집사』에 기록되어 있다. 그러나 17세기 초 러시아인들이 도착했을 당시에 우수투–망군이라는 인종 그룹은 바이칼 서쪽에는 없었다. 13세기 이후에 상대적으로 수가 많지 않았던 우수투–망군의 공동체가 개별적인 인종의 단위로 몰락했을 가능성은 충분히 있다. 그들은 서부 바이칼족들의 구성으로 들어갔을 가능성이 높다. 17세기에 새로운 통합된 민족들이 나타나는데 이때 흡수되면서 없어진 것이 아닌가 한다.

제 II 장

12~14세기
몽골의 사회와
몽골 거대민족의 탄생

1
다를료킨과 니룬 그룹의 몽골인들 구성
– 보르즈드긴 종족의 형성 –

에르구네 쿤 종족들의 오랜 운명은 몽골의 고유한 역사와 끊임없이 연관되었다. 이 종족의 수가 증가한 것은 대략 10세기 중반 경으로, 이때 다를료킨 그룹으로 이루어진 몽골인들이 완전히 형성되었다. 이 그룹은 여러 민족으로 구성되었는데, 누쿠스, 우랸카트, 쿤기라트, 이키라스, 올쿠누트, 쿠랄라스, 엘드지긴, 쿤쿠라유트, 오르타우트, 콘코탄 등이 있었다(라시드 앗 딘: 1952a: 78). 그들은 모두 몽골이라는 하나의 이름을 가졌으며 공통의 선조는 보르테–치노였다.

여기서 10세기 중반이라는 특정한 시기 설정은 칭기즈칸의 계보 분석 결과에서 나온 것이다. 몽골인, 즉 다를료킨 그룹은 두 부분으로 이루어져 있다. 다를료킨 그룹 구성에 근간이 되는 것은 치노족 출신의 칭기즈칸의 선조들이다. 이 계보의 꼭대기는 10세기 중반 이후의 치노족과 그 이후에 뻗어 나간 종족으로 형성된 니룬 종족과 민족들이 위치한다. 이 종족들 중 선두 자리를 차지하고 있는 것이 보르즈드긴 종족이었다. 칭기즈칸이 이 종족에 속했다. 니룬인들은 다를료킨인들로부터 그들의 고대 이름인 몽골을 물려받았다.

『집사』에 따르면 보르즈드긴 종족은 알란고아–보돈차르의 아들 중 한 명으로부터 시작되었다. 『집사』에는 '순수한 칭기즈칸의 종족은 그로부터 기원한다.'고 되어 있다(라시드 앗 딘 19526: 14). C.A. 코진이 에구세이를 번역하는 과정에서 이 생각을 가져왔다. '보돈차르는 보르치긴 가계의 시조였다(코진 1941: 42).' 그러나 몽골어 원본에는 그렇게 쓰여 있지 않다. 'Bodoncar Borjigin oboqtan boluba'(앞의 책: 206)라는 문장에서 보다시피 이 문장에는 단어 'ebuge'(선조, 창시자)라는 단어가 없다.

예를 들어 40, 41번째 단락에는 'ebuge'(선조, 창시자)라는 단어를 사용하여 '차다라 다이, 바아리 다이, 조우레 다이는 차다란, 바아린, 조우레드 종족들의 선조였다고 기록하였다('Jadarano ebuge tere boluba', 'Baarino ebuge tere boluda', 'Jaoured-un ebuge tere boluda')(앞의 책: 206~207). U.에르데네바트는 이 사실에 주목했다. D.곤고르는 여러 단계에 걸쳐 보르즈드긴 종족의 창시자 보돈차르에 대한(Гонгор 1978: 6) 잘못된 내용을 계속 사용하여 그 내용이 고정되는 데 큰 역할을 하였다. 이에 대하여 U.에르데네바트는 곤고르의 저서들을 정당하게 비평한 후, 이 민족 그룹의 시초에 대한 의문을 풀기 위해서 시도했던 접근법들을 다시 살펴볼 것을 제안했다. 그의 의견에 따르면 보르즈드긴인들의 선조는 보돈차르가 아니라 칭기즈칸보다 먼 선조인 보지기다이–메르겐으로 봐야 한다는 것이다. 보돈차르에 대해서 U.에르데네바트는 'Bodoncar Borjigin oboqtan boluba'라는 문장 중에 '에벤'(의미는 'Mr'. 혹은 '군주 또는 왕')을 넣어 보돈차르가 보지기다이–메르겐의 후손이고 모든 보르즈드긴족의 통솔자였다는 견해를 제시하였다(에르데네바트 1997: 25).

U.에르데네바트의 해석은 L. 빌레그트에 의해 받아들여졌다. L. 빌레그트는 몽골학자들이 단어 'oboqtan'에 있는 접미사 '-tan'을 주목하지 않았던 것을 지적한 후 다음과 같이 결론지었다. "접미사 -tan, -ten, -ton은 몽골어에서 어근의 소유격에 해당하는데, 예를 들어 '모리톤'은 '말 탄 사람(기사)' 또는 '말을 소유한 자'라는 의미이며, '에레르텐'은 '뿔이 난' 또는 '뿔을 가지고 있는 자'라는 의미를 가진다." 만약에 검토된 문장을 글자 그대로 번역한다면 대략 이럴 것이다.: "보돈차르는 보르즈드긴의 오보크였다." 또는 좀 더 분명하게 하자면 "보돈차르는 보르즈드긴의 오보크의 소유자(우두머리)였다(빌레그트 1999: 115)."

그런데 접미사 -tan은 몽골어에서 두 가지 다른 의미를 가진다. 첫째, 어근의 집합 즉 다수의 의미를 갖는다. 예를 들어 '나가사탄'은 '외삼촌들'이라는 의미이다. 둘째, 단어의 기본적인 의미를 가지고 있는 사람들이나 동물들의 범주를 의미한다. 예를 들어 '우란말가이탄'은 '붉은 모자를 쓴 이들'이라는 의미를 갖는다(산제에프 1953: 133~134; 바드마예바 1987: 98~99).

L. 빌레그트에 의해 인용된 예들은 접미사 -tan의 두 번째 의미와 일치하며 그것은 집합 다수의 의미를 가진다. 그래서 만약에 접미사 -tan의 첫 번째 의미를 적용하면 주어진 컨텍스트 상에서 분해되지 않는 인종 그룹의 집합명사인 합성어 'Borjigin oboqtan'의 의미는 '보르즈드긴 종족의 일원' 또는 단순하게 '보르즈드긴인'이다. 이 경우에 'Bodoncar Borjigin oboqtan boluba' 문장은 "보돈차르는 보르즈드긴 종족 일원 중 한 명이었다"로 이해되어야 한다. 동시에 U.에르데네바트가 가정한 것처럼 이 종족의 통솔자일 수 있다는 믿음을 전혀 부정할 수 없다. 나는 'Bodoncar Borjigin oboqtan boluba' 문장은 보돈차르를 보르즈드긴의 출신이 아닌 바야다이 마알리흐

의 아들로 여겼던 그의 형들이 조심스레 험담한 것에 대한 답변으로 보아야 한다고 생각한다. 내가 인용한 문장을 분석한 해석은 보돈차르가 아버지 없이 세상에 태어났음에도 불구하고 그는 충분히 자격 있는 보르즈드긴의 일원으로서 종족의 구성에 포함되었다는 것을 알게 해 준다.

'Bodoncar Borjigin oboqtan boluba' 문장의 이러한 의미는 보르즈드긴족이 실제로 보든차르 전에 발생했다는 것을 암시한다. 이는 『몽골비사』의 내용과 완전히 일치하는데, 세 번째 단락에 칭기즈칸의 13번째 선조로 '보르지기다이–메르겐'이라는 사람이 언급되어 있다. 그 이름에서 접미사 '–다이(–타이)'는 몽골어에서 임의의 민족을 형성하는 남성 인물의 소속을 표시하는 것이었다. 이 점에 대하여 라시드 앗 딘은 다음과 같이 지적하고 있다.

> "이 종족 출신의 사람에겐 이런 관습이 존재했는데, 만일 사람이 태어났는데 그가 남자라면 그를 투투클리타이라고 부른다. … 알리치–타타르 출신인 사람은 알리치타이, 쿠이–타타르족 출신이면 쿠이타이라고 부른다(라시드 앗 딘 1952a: 103)."

따라서 인용된 문구의 '보르지기다이–메르겐'이라는 이름의 의미는 '보르즈드긴인 메르겐' 또는 '보르즈드긴 종족의 메르겐'으로 이해된다.

보르지기다이–메르겐의 부인 이름인 '몽골친–고아'도 비슷한 방식으로 해석할 수 있다. 여성들의 이름을 형성하는 법칙에 대해 라시드 앗 딘은 다음과 같이 썼다.

> "이 종족 출신의 모든 사람에게 해당하는 관습이 있다. 사람이 태어났는데

여성이면 투투쿨리친이라고 부른다. 알리치-타타르 종족 출신이면 알친이라 부른다. 쿠인-타타르족이면 쿠이친, 테라트 종족 출신이면…테라우친이라고 부른다(앞의 책: 103)."

인용된 예에서 보이는 접미사 '-친(-진)'은 여성 계급에 있어서 종족명으로부터 나온 이름이기 때문에 '몽골친-고아' 이름의 의미는 '몽골 종족의 아름다운 여자'이다.

보르지기다이-메르겐으로 다시 돌아가서, 나는 과거에 몽골인들이 '명사수'를 '메르겐'이라고 했을 뿐만 아니라 보르즈드긴 종족은 '종족' 또는 '민족집합체'의 통솔자를 '메르겐'으로 부른다는 것을 주목하였다(블라디미르쵸프 1934: 74; 루만체프 1962a: 149~150; 칙덴담바예프 1972: 188~192). 한 예를 보면 V. B. 칙덴담바예프는 들면 부랴트 코리족의 시조인 '코리도이-메르겐'의 이름을 분석하여 이 이름의 의미는 코리인의 통솔자에 속하는 '직위' 명칭이라고 해석하였다. 이 경우에 코리도이-메르겐은 비록 어디에서도 자신들의 고유한 이름이 불리지는 않았지만 코리족의 사람이었다는 것은 알 수 있다. 구체적인 시대를 알 수는 없지만 일정 기간 동안 코리족의 우두머리는 '코리도이-메르겐'으로 불렸고, 이 '지위'는 한 사람이 아니고 누대에 걸쳐 계승되었다. '코리도이'라는 이름이 코리족의 명칭을 의인화한 것임에 따라 그들 민족의 신화는 그 이름에 주목하여 코리 부랴트인의 신화적 시조를 '호리도이-메르겐'으로 창조되었다.

V. B. 칙덴담바예프의 '코리도이-메르겐'의 이름 해석 방법은 '보르지기다이-메르겐'에도 그대로 적용시킬 수 있다. 최초에 보르즈드긴 명칭은 '에수게이-바가투르'의 후손에 적용하여 사용되기 시작했고, '보르지기다이-메르겐' 이름은 보르즈드긴 종족의 역사성을 강조할 목적으로 칭기즈

칸의 계보에서 가져와 넣었다는 가설이 제기되었다(르이킨 2002: 65). 그럼에도 불구하고 모든 사료들에 따르면 보르즈드긴 종족은 에수게이가 살았던 때에 발생한 것이 아니라 훨씬 전에 발생한 것으로 보인다. 라시드 앗 딘에 따르면 에수게이가 살아 있는 동안에 종족의 명칭은 단순히 보르즈드긴이었던 것이 아니라 '키야트-보르즈드긴'이었다고 한다(라시드 앗 딘 1952a: 155). 비록 내 생각에는 그 명칭이 카불 칸 통치 시대에 두 구성 부분의 형태로 받아들여졌던 것으로 여겨지지만 말이다. 즉 그 당시 몽골인들 사이에는 카불과 혈연으로 관련되어 있던 니룬 종족들의 최상위층이 다소 잊혀진 키야트('두려움 없는', '영웅의'의 의미)라는 별칭을 받았다. 이때 '키야트'는 니룬인들의 최상위층에 속하는 구성원들에게 각각 세분화된 명칭에 덧 붙여졌다. 그래서 키야트-유르킨, 키야트-찬시우트, 키야트-야사르 종족들이 발생했다. 따라서 이때의 보르즈드긴도 '키야트-보르즈드긴'으로 가정해야만 한다.

필자는 앞서 칭기즈칸의 계보는 두 부분으로 이루어졌다고 하였다. 하나는 치노족 출신의 그의 선조들이고 다른 하나는 보르즈드긴족 출신의 그의 선조들이다. 신화적 인물인 보르지기다이-메르겐(그의 부인도 신화적 인물인 '몽골친-고아'이다.)부터 시작되는 계보의 윗부분처럼 아래 부분에도 칭기즈칸의 진짜 선조가 아닌 토템의 인물 보르테-치노가 있다. 내가 기억하기로는 보르테-치노의 부인 호아이-마랄도 토템의 형상을 가진다.

이런 모습들은 칭기즈칸의 조상인 양쪽 부분이 모두 신화적 시조들에서 시작된다는 것을 말하는데 이런 현상들은 서로의 관계가 독립적이라는 것을 말하고 있다. 칭기즈칸의 조상 중 하나인 치노족이 한 번이 아닌 여러 번 분열하여 그 결과로 새로운 종족 보르즈드긴이 형성되었을 때 그 계통은 독립적인 것이 되는 것이다. 현행 전통에 따라 보르즈드긴의 계통에 있어서 종족의 시조로서 보르지기다이-메르겐이 최초의 인물로 세워지고, 그 이후에 순서대로 모든 다른 인물들이 세워지는데 그들이 칭기즈칸의 실제 선조들이다. 그래서 칭기즈칸의 계보에서 보르지기다이-메르겐의 이름을 인위적으로 가져오는 것에 대하여 보르즈드긴 종족 역사의 유구성을 고의적으로 강조하였다고 보는 것은 합리적이지 않다. 우리는 보르지기다이-메르겐 전에 보르즈드긴 종족이 역사에 나타나지 않기 때문에 보르지기다이-메르겐 이 종족 공동체의 역사를 고려해야 한다. 나는 '나의 이름이 시조 덕분에 보르지기다이가 보르즈드긴 종족과 모든 몽골 민족의 먼 과거를 보존하고 있다'는 P. 펠리오와 L. 암비의 의견과 동의한다(Pelliot, Hambis 1951: 118).

12세기 말~13세기 초에 칭기즈칸이 융성하게 된 후 그가 세운 에케 몽골 울루스의 공식적인 이데올로기와 관련하여 칭기즈칸은 자신의 권력을 합법화하고 보르즈드긴 종족의 초자연적인 천상의 출처에 대한 근거가 필요했다. 이를 위해 몽골 공동체에 보르즈드긴인의 모든 계보를 제시할 필요가 있었다. 따라서 치노족의 계보와 보르즈드긴족의 계보를 기계적으로 연결해야만 했다. 이러한 융합의 결과 계보를 둘로 나누었는데, '다를료킨 종족'과 니룬 종족을 하나로 하고, 또 다른 하나는 '치노족'라인에 속하는 보르즈드긴 라인으로 나눌수 있다. 이렇게 나누어진 칭기즈칸 선조들의 계보가 어느 시기에 와서 통합되며 나타나는 인물이 보르지기다이-메르겐이다. 그를 계보에 그를 포함시키지 않을 수 없었던 것은, 13세기에 몽골인들에게 그가 실제로 살아 있는 인물로서 세분화된 보르즈드긴 인종의 창시자로 받아들여졌기 때문이다. 『몽골비사』에 따르면 이 계보에서 칭기즈칸 이전을 모두 합치면 22세대가 된다. 이 계보에서 우리가 정확하게 알고 있는 실존이 아닌 몽골인들의 신화적 시조인 보르테-치노와 보르지기다이-

메르겐을 뺀다면 모두 20세대가 남는다. 칭기즈칸의 계보에 대한 연구 과정에서 세대의 계승 관계를 분석하는 이러한 연구방향은 몽골의 중세 역사 연구를 위한 값진 사료가 된다고 생각한다. 나머지 남겨진 세대들은 실제 살아 있었던 사람들의 이름들을 상징화함에 따라 치노족과 보르즈드긴족의 계보 연합은 칭기즈칸 시대의 보르즈드긴인들이 보르지기다이-메르겐 전에 가까운 선조들로, 그리고 보르테-치노 전의 먼 선조들도 포함하면서 자신들의 계보에 대한 정확한 관념을 가지고 있었다는 것을 증명하고 있다. 이 사실은 칭기즈칸의 계보가 단지 보돈차르에서 시작되는 실제적인 성격을 가지고 있으며, 동시에 도분-메르겐 이전의 모든 이름들은 신화적 기반을 가지고 있다는 견해를 반박하는 효과과 있다(수하바아타르 1971: 82~86; 미하일로프 1983: 89; 니마예프 1993: 150).

칭기즈칸은 자신의 권력에 대한 법적 근거를 위하여 다른 방법을 사용하였다. 새로운 역사의 조건들 속에서 보르테-치노와의 예전 관계가 부족했기 때문에 새로운 신화를 만들 필요가 있었다. 그러므로 그 신화와 관련하여 보르즈드긴족 출신의 칭기즈칸보다 더 가깝고, 보다 더 잘 기억되고 있는 선조가 천상 출신으로 기입된 것이다. 현실 정치에서 지배세력의 우월한 힘을 바탕으로 그들의 조상은 공공연하게 보돈차르가 하늘과 직접 연관되는 과정에서 기적의 형상으로 탄생한 알란-고아에 대한 신화의 형태로 나타나게 되었다. 『집사』에서도 이야기하고 있는데, 그는 보르즈드긴 종족의 최초 시조로 기록되었고, 수많은 세월이 흐른 후 몽골인들의 정치적인 삶에서 역사를 바꿀 순간이 왔을 때, 앞의 역사는 칭기즈칸을 선택했다. 칭기즈칸은 '하늘과 땅의 합의를 보았고', 천상의 출처를 가진 보돈차르의 후손인 테무진이 세상의 유일한 합법적인 통치자가 될 '황제의 황제'로 옹립된 것이다. 이런 시대의 흐름으로 칭기즈칸은 신의 은총을 입은 군주가 된 것이다. 그는 하늘을 이용했는데, 그의 권력은 하늘로부터 온 것이라 하였다. 민족과 나라를 통치하는 자신의 법에 대한 권능은 인간적인 승인과 사람들의 동의가 필요하지 않았다. 게다가 영원한 하늘의 명령에 따른 군주로서 칭기즈칸은 그 자체가 권력에 있어서 법이었다. 몽골 칸이 국경없이 땅을 통치하는 것은 하늘을 대신하여 통치하는 것이라는 이데아는 모든 민족 위에 몽골인들의 역할이 전반적으로 통치하는 친기시드인이며 칭기즈칸의 권력이 하늘에 의해 비준되었다는 확고함을 선포하는 에케 몽골 울루스 국가 이데올로기의 근간에 놓여 있었다(클랴슈토르느이, 술타노프 2000: 178).

앞선 연구결과에 따르면 알란-고아가 보르즈드긴 종족의 시조라는 확신은 자주 접할 수 있다. 뿐만 아니라 이 점에 동의하지 않을 수는 없다. 왜냐하면 실제로 모계 중심 친족과 부계 중심으로 발전된 종족의 시대인 10세기 중반에 의견들이 오고갔기 때문이다. 이때 에케 몽골 울루스 국가의 이데올로기 강령을 창조하기 위하여 칭기즈칸의 사상가들에게는 단지 신화적 외견이 필요했고, 이 신화적 외견은 칭기즈칸의 권력에 대한 권리, 정당함을 갖추어야만 했다는 것을 반드시 고려해야 한다. 그리고 그 외견은 알란-고아의 순결한 수태에 대한 신화의 형태로 발전되었다. 신화의 경계선 너머에 남겨진 모든 나머지 것들, 부분적으로 그녀의 아들인 보돈차르의 친족은 족장-종족의 관계 및 종교와 충분히 상응하여 자리매김되었다. 만약에 알란-고아가 보르즈드긴 종족의 시초에 있다면 우리는 모계에 따라 종족이 정해지는 원칙에 따라 모계 친족과 관련된 상황을 접했을 것이다. 이 경우에 보돈차르는 그의 어머니 알란-고아가 속해 있는 호릴라르 종족에 들어갔을 것이다. 그러나 그는 과부에게서 태어난 아이들은 그녀의 죽은 남편의 종족에 포함되는 몽골 관습과 오래 전에 몽골 공동체를 완전

하게 지배했던 부계 중심 친족 구조에 따라 알란-고아의 죽은 남편 도분-
메르겐의 출신 종족인 보르즈드긴 종족으로 남았다.

니룬인들이 최종적으로 그룹화하고, 몽골에서 보르즈드긴 종족을 정치
적으로 지배하는 것은 카불 칸과 그의 아들들의 이름과 연관되어 있다. 12
세기 초 니룬인들의 구성으로는 카타킨, 살드지우트, 타이지우트, 하르타
칸, 치노, 누야킨, 우루트, 망구트, 두르반, 바린, 바르울라스, 하다르킨, 쥬
리야트, 부다트, 두쿠라트, 이이수트, 수칸, 킨기야트, 유르킨, 찬시우트, 야
사르, 보르즈드긴 종족들이 여기에 속한다(라시드 앗 딘 1952a: 78~79). 니
룬인들의 형성과 다를료킨-니룬 공통체에서 오늘날 몽골 민족의 근간의
탄생된 것이다. 이 근간에 대하여 앞선 연구에서는 삼강(오논, 케룰렌, 톨라
강의 시작)의 종족들과 민족들의 연합으로 더 잘 알려져 있다. 이 연합은 인
종 그룹들의 친족들로부터 이루어져 있다. 그들을 굳게 뭉치게 한 근간은
직접적 또는 간접적으로 거주인들의 문화, 생활양식, 언어, 세계관에서 공
통의 특징을 형성하는 데 현저한 영향을 끼쳤던 보르테-치노와 보돈차르
선조들에 대한 숭배였던 것이다.

2
하막 몽골 표현에 대하여
- 카불-칸에 의해 창조된 정책의 특징 -

앞선 연구들은 12세기 초에 하막 몽골 울루스 국가를 창조한 하막 몽골 종족이 삼강의 기본적인 종족이라는 것을 증명한다(MHP(Mongolian People's Republic)의 역사 1983: 124, 130). 거기에는 몽골인들에게 단 하나의 부족명 '몽골'이 존재했다는 것과, 그 부족명은 차이나 당나라 왕조 시대에 에르구네(아르군) 강의 오른쪽 강가에 있는 '에르구네 쿤'이라는 장소에서 발생하여, 초반에는 다를료킨 종족들, 그 후에는 니룬 종족들의 공통의 이름이 되었다는 것을 다시 한 번 상기하기를 바란다. 그래서 하막 몽골이라 불렸던 종족의 존재에 대해 말하면 안 되는 것이다. 에구세이의 52 단락에서는 다음과 같이 말하고 있다(C. A. 코진의 번역과 전서):

"카불-칸이 모든 몽골을 주재했다. 그는 일곱 명의 아이들이 있었는데, 카불-칸의 말에 따르면 그 이후에 세군-빌게이의 아들 암바가이-칸이 몽골을 주재하기 시작했다. 카불-칸이 일곱 명의 아들이 있었음에도 불구하고 말이다

(코진 1941: 84, 208)."

57 단락은 이렇게 쓰여 있다(C. A. 코진의 번역과 전서).

"보내온 소식에 의하면 암바가이-칸이 하다안과 히툴라의 이름을 불렀기 때문에, 오논강의 경계 호르호나흐-주부르에 모였던 몽골-타이치우트인들은 히툴라를 칸으로 세웠다(앞의 책: 85, 209)."

칭키스칸 고향의 소나무

'하막 몽골'과 '하막 몽골-타이치우트'라는 표현은 『몽골비사』에서 인용된 이 두 군데에서만 언급되고 있다. 물론 다른 사료에도 이런 표현이 없다. 『몽골비사』의 연구자들과 번역자들은 단어 '하막'을 고유한 이름 '몽골'에 붙지만 하나의 확고한 합성어를 구성하지 않는 명목상의 이름이라고 여겼다. 12세기의 단어 '하막'이라는 말은 현대 몽골어의 '전부, 모두'의 의미를 가지고 있었다. 즉 그 단어는 '모든 구성에서', '남김없이'의 의미로 명사에 영혼을 불어 넣는 성질로 사용되었던 대명사이다. 단어 '하막'의 이러한 의미를 고려하면 문장 중의 "카불-하간은 모든 몽골을 주재했다."는 "카불-하간이 몽골인들 모든 구성원을 남김없이 주재했다."로 다르게 번역될 수도 있었을 것이다. 57 단락에 있는 문장은 의미가 다음과 같이 왜곡될 수도 있다.

> "보내온 소식에 의하면 암바가이-칸이 하다안과 히툴라의 이름을 불렀기 때문에, 오논 강 경계 호로호나흐-주부르에 모인 몽골-타이치우트인들 모든 구성원은 남김없이 히툴라를 칸으로 세웠다."

C.A. 코진과 P. 펠리오는 '하막 몽골-타이치우트'라는 표현을 '모든 몽골-타이치우트인들'로 이해했다. E. 헤니슈와 I. 드 라헤빌츠는 '몽골인들과 타이치우트인들'로, 즉 각각 독립적인 두 민족 그룹으로 이해했다(문쿠예프 1977: 380). 전자의 관점이 무조건 올바르다. 왜냐하면 타이치우트인들(다른 사료 속에서는 타이지우트인들)이 니룬 종족들의 무리에 들어가면서 몽골인들로 불렸기 때문이다. N.C. 문쿠예프가 지적했던 것처럼, '부족명 몽골은 수많은 종족들의 공통 이름이었다'. 이 명제를 발전시키면서 그는 '부족명 몽골-베수트, 몽골-발루라스 등이 몽골-타이치우트의 명칭이 있었던 것처럼 충분히 존재할 수 있었다.'고 말할 충분한 정당성을 가졌다(앞의 책: 381). N.C. 문쿠예프의 견해는 『몽골비사』의 본문으로 증명된다. 57 단락에서 처음 몽골-타이치우트에 대하여 언급하고 그 이후로 이 표현은 몽골이라는 단어로 바뀐다. 즉 52 단락은 처음에 카불-칸이 몽골인들을 주재했고, 그의 죽음 후에 타이치우트인 암바가이-하간이 주재했음을

보여 준다. 만약에 타이치우트인들이 몽골인이 아니었더라면, 암바가이는 삼강 종족 연합의 통솔자로 선택되지 않았을 것이다.

히툴라 칸 이후에 삼강 몽골인들의 연합은 테무진이 통솔했다고 알려져 있다. 『몽골비사』의 123~125 단락에는 테무진이 칸 왕좌에 즉위하는 것이 충분히 상세하게 묘사되어 있으나 하막 몽골이라는 명칭은 단 한 번도 언급되지 않은 사실이 주목된다. 그 대신에 126 단락에서 케레이트의 투릴-칸(토오오릴 칸)이 사신들로부터 테무진이 칸으로 추대된 일에 대하여 알고 난 후, 다음과 같이 말하는 부분이 있다. '어떻게 몽골인들이(하막 몽골인들이 아니다!) 칸 없이 존재할 수 있겠는가?' 하막 몽골이라는 합성어가 부족명으로 존재하지 않았다는 가정은 이 사실로 증명된다. 14세기의 후반에 『몽골비사』의 번역가들은 하막 몽골과 하막 몽골-타이치우트 표현의 번역 과정에서 단어 '하막'을 번역 각주에서 학술용어 '푸'('전체의, 보편적'의 의미)로 해석하고, 연관된 번역에서 '준'('다수의, 수많은'의 의미)으로 하였다. 이것은 차이나 번역가들이 '하막'을 명목상의 이름으로 여겼다는 것을 말해 준다. 이 경우 고유의 이름들을 취급해야만 할 때에는 그들은 각주에서 그것들에 특별한 표시인 '디-민-('지리학적 명칭'), 준-민-('종족의 명칭')' 등등을 부가했고, 관련된 번역에서는 이 이름들을 전서로 남겼다(문쿠예프 1970: 11).

이런 분석들을 보면 12세기 몽골에서 민족의 이름으로 존재한 '하막 몽골'이라는 확고한 표현은 없었다는 것을 알 수 있다. 『몽골비사』의 52, 57 단락에서 우리는 삼강의 종족과 민족들의 공통 명칭인 부족명 몽골을 검토하고 있는데, 그것은 하막이라는 단어와 함께 쓴 경우처럼, 어떤 임의의 다른 단어와도 함께 사용될 수 있었다. 예를 들어 부사드 몽골('다른 몽골인들'), 자림 몽골('몇몇의 몽골인들') 등등이 여기에 속한다. 만약에 합성어 하막 몽골이 부족명이었다면 『몽골비사』에서 그것이 더 자주 사용되어 이 사료에서 이용된 다른 부족 명칭들보다 더 많이 사용되었어야 할 것이다.

위에 언급된 모든 것을 볼 때 만약에 몽골인들에게 하막 몽골 종족이 없었다면, 하막 몽골 울루스라는 국가도 없었을 것이다. 이런 근본적인 견해는 N. C. 문쿠예프에 의해 제기되었고(문쿠예프 1977: 380) 타당성이 있다. 왜냐하면 하막 몽골 울루스라는 표현은 동부 바이칼 가장자리의 남동쪽 히르힌의 고대 도시의 폐허 속에서 발견된 칭기스의 돌로 불리는 비문에서 유일하게 언급된 것이다. 작가들은 그 표현을 가져와 하막 몽골 울루스 국가에 대한 가설들을 세웠고, 12세기 초에 삼강에 존재한 국가의 외견을 창조한 후 『몽골비사』에 포함하고 있는 합성어 하막 몽골에 그것을 얹었다. 그러나 칭기스의 돌은 13세기 중반에 기록된 것으로, 칭기즈칸도 카불도 삼강 전부와도 아무런 관계를 가지고 있지 않다. 이 돌은 칭기스의 이름만 빌린 것이었다. 왜냐하면 그 비문에 그의 손자인 에순케의 이름이 새겨져 있었기 때문이다. 이미 알려진 것처럼 에순케는 하사르의 아들이었고, 그의 영지는 '에르구네와 쿨레-나우르와 킬라르의 경계선 북동쪽 몽골 안쪽에' 위치하고 있었다(라시드 앗 딘 19526: 52). 에르구네와 킬라르는 아르군 강과 하일라르 강이고, 쿨레-나우르는 훌룬 호수이다.

칭기스의 돌에 있는 비문은 중의 하나를 D. 반자로프가 판독했다.

1) 칭기스-칸
2) 사르타굴 이르겐 타우리주 바구주 하묵 몽골 울루순
3) 아라트-이 부가-수치가이 후리크산-두르
4) 이순케 혼고도르-운 구르반 쟈군 구친 타분 알탁
5) 투르 온둘라가

그의 판독에 따르면 비문은 다음과 같이 해석된다.

"칭기스-칸이 히빈인들을 습격한 후 돌아와서 세대를 막론하고 모든 몽골인들이 부가-수츠가이에 모였을 때, 이순케는 혼고도르 무사 335명을 할당 받았다(반자로프 1955: 199~200)."

후에 I. A. 클류킨이 비문을 새로이 판독했다(텍스트는 G. N. 루만체프가 전서해 놓은 것을 가져왔다).

1. Ciŋgis-xan-o
2. Sartaɣ_ьl erke daɣьliju baɣьju xamuɣ moŋyol ulus-un
3. noyon-i boɣtoɣuciɣ_{гг}(?) xoriɣsan-dur
4. Yisьŋke ontudur-un ɣurban jaɣьn ɣucin tabun aldas
5. tur ontudulaɣa

I. A. 클류킨은 비문의 내용을 다음과 같이 해석했다.

"칭기스-칸이 사르타굴인들의 권력을 장악하고 돌아오면서 몽골 민족 노욘인들 모두를 사격 콘테스트에 세웠을 때, 양팔을 쭉 뻗은 길이(한 발) 단위로 335발 거리에서 활을 쏘았다(앞의 책: 335)."

칭기스의 돌에 있는 비문의 이 두 번역에서 보듯 D. 반자로프와 И.К. 클류킨은 단어 '하막'을 명목상의 이름으로 여겼고 그 단어를 고유의 이름인 부족명 몽골에서 분리시켰다. 그리고 내용에 근거하여 단어 '울루스'에 '국가'의 의미를 주지 않았다. 비록 내가 말했던 것처럼 비문 자체는 12세기 초와 어떤 관계도 가지고 있지 않지만, 그 비문은 삼강(세 개의 강)에 하막 몽골 종족과 하막 몽골 울루스 국가가 없었다는 것을 증명한다.

외국의 정치학에서 전통적인 국가의 정의는 두 그룹으로 세분화된다. 사회적 층리 현상의 특징에 의한 것과 통치 구조 또는 권력의 특징에 의한 것이 그것이다. 전자의 계층 분리 현상에 근거한 정의들은 사회 전반의 안정된 계급들과 국가 사이의 상관관계를 강조한다. 이러한 정의 속에서 국가는 통치 계급과 동일시되거나 또는 잉여산물을 자신의 것으로 하기 위한 도구의 성질로써 이용되고 통치 계급의 감독 하에 있는 것으로 검토된다. 비록 이러한 정의들이 보통 마르크스주의와 관계하고 있을지라도, 오늘날 계급층의 분리는 초기(고대 농업) 국가의 보편적인 상관관계로 검토된다.

두 번째 정의는 이미 연구된 결과에 의하면, 계급 제도와 중앙 집권, 그리고 영토의 독립성과 권력의 독점이 받아들여질 때 통치 자체의 구조에 집중되어 있다. 겔네르는 "국가는 기관들, 또는 특히 질서 유지와 관련되어 있는 연구소들의 총체이다. 국가는 특성화된 질서 유지의 기관들, 특히 경찰서, 법정이 일반적인 삶의 나머지 영역들로부터 분리되었을 때 존재한다. 그것이 바로 국가이다"라고 하였다(베르넨트 2000: 237).

러시아 학계의 많은 학자들의 의견에 따르면 정치적 기관의 형식들이 국가의 중요한 특징을 만든다고 한다. 1) 국민으로부터 분리된 특성화되고 유효한 강압과 압력의 수단을 배치하는 공권력의 존재, 2) 크기에 따라 지속적이고 규정되어 있는 과세 시스템, 3) 친족관계의 원칙에 따르는 것이 아닌 관할 지역에 따른 거주자들의 분배이다(전서 1986: 42).

내가 몇 가지 국가의 정의를 논한 것은 그냥 한 것이 아니다. 만약 하막 몽골 울루스 국가가 존재했었다면, 필사 된 기념 사료들 속에 12세기 초에 몽골인들에게 존재한 국가형태에 대한 의문을 밝혀줄 특징들이 부분적으로나마 남아있었어야 할 것이다. 그러나 이러한 특징들은 삼강 몽골인들에게 없었으며 사료를 통해 밝혀지지 못하고 있다. 카불-칸에 의해 만들어진 정책들에 대한 것은 사료들 속에 그리 많지 않고, 그것들은 모두 라시드 앗 딘의 저서 속에 포함되어 있다. 삼강 몽골인들의 연합은 국방과 행정 구조에서 3단계 특징을 가지고 있었다. 중앙과 두 개의 날개, 즉 오른쪽과 왼쪽이 있는데, 연합의 우두머리는 칸(하간)이었다. 그의 중요한 임무에 대해서는 사료의 페이지마다 기술되어 있는데, 그 임무는 조직을 편성하는 것과 이웃 국가들과의 성공적인 군사 협정관련이다. 라시드 앗 딘은 이렇게 쓰고 있다.

"타타르인들이 그의 형제 우카이-바르카크와 그의 아버지의 사촌 형제인 함바카이-카안을 포획하기 위하여 … 그들을 알탄-칸에게 보냈고, 그는 그들을 죽였다. … 쿠툴라-카안은 히타이로 원정 보냈던 군대를 이끌었다(라시드 앗 딘 1952ⓑ: 42)."

칸의 임무에는 다른 민족들과 외교관계를 정립하는 것도 포함됐다. 『집사』에는 이에 대한 직접적인 기록은 없으나, 다음과 같은 간접적인 증거가 보인다.:

"카불-칸이 알탄-칸을 위대하고 훌륭한 인간으로서 존경의 마음으로 알현함에 따라 그들은 가까워졌고 두 나라 사이의 우정과 연결을 위해 넓은 길을 다지길 바라며 그를 자신에게 초대하기 위해 사신들을 보냈다(앞의 책: 35)."

칸의 권력은 구성된 질서에 따라 세대에서 세대로 전달되었다. 권력 전달의 구조에 있어서 유언이 중요한 역할을 했다. 자신의 전권을 중시했던 칸의 유언에 따라 보르즈드긴 종족을 다스렸던 대표자뿐만 아니라 다른 사람도 지도자가 될 수 있었다. 만약에 보르테-치노, 보돈차르와 인종적으로 관계가 있었던 계통이나 하이두-칸에 있어 보르즈드긴인들과 공통의 가까운 선조가 있다면, 다른 가까운 계통의 민족 그룹에 있는 사람 또한 지도자가 될 수 있었다. 보르즈드긴 종족에 속했던 카불이 죽은 후 그의 유언에 따라 카불의 아버지 툼비나이-세첸의 사촌 형제인 타이주트인 함바카이가 칸이 되었고, 함바카이가 죽은 후에 보르즈드긴과 다시 중요한 연합이 되었던 카불의 아들들 중 한 명인 히툴라가 칸이 되었다. 히툴라에게 권력이 승계되는 몇몇의 자세한 상황들은 『몽골비사』의 53과 57 단락에 나타나 있다. 함바카이가 아이리우드-부이루우드 종족 출신의 타타르인들에게 자신의 딸을 시집보냈을 때, 그는 츄인족의 타타르인들에게 붙잡혀 그를 사형에 처했던 키다트의 알탄-칸에게 보내졌다. 처형 직전에 함바카이는 카불의 아들들인 히툴라와 카단-타이쉬에게 그의 죽음에 대해 알탄-칸에게 복수하게 하기 위하여 메시지를 전할 수 있었다. 함바카이는 마지막 유언에서 단지 히툴라와 카단-타이쉬의 이름만 불렀다. 그리고 몽골인들의 칸으로 히툴라가 선택되기 위해서는 이것으로 충분했다.

왕위 계승 후보자는 쿠릴타이 종족 연합 협의회에서 확신을 얻어야 했다. 가까운 친척들과 이전에 칸의 전우들로 이뤄졌던 쿠릴타이 협의회는 새 지도자 선거의 절차를 완료하기 전까지는 바뀌지 않았다. 보르즈드긴족인 히툴라가 타이주트 종족의 일원들로 인해 왕위 계승에 추대되었다는 사실은 이러한 상황을 조건화하였다. 이에 대한 내용은 『몽골비사』 57단락에 잘 나타나 있다. 라시드 앗 딘은 이에 대하여, 사실 히툴라의 이름을 부르지 않았다고 하여 다음과 같이 쓰고 있다.

> "타타르 종족들이 … 함바카이-카안을 붙잡은 후 그를 알탄-칸에게 끌고 가
> 서 그를 죽였다. 얼마의 시간이 흐른 후, 함바카이-카안을 대신해 왕위에 누군
> 가를 세우기 위해 그의 친척들과 타이주트 종족들의 족장과 아들들이 모였다
> (앞의 책: 44~45)."

쿠릴타이는 전체 모든 연합의 이해관계를 침범하는 외부와 내부의 정치
적 문제를 해결하기 위하여 칸에 의해서 소집되었다. 우두머리의 부재, 예
를 들어 그가 죽으면 쿠릴타이는 종족들과 민족들의 중요한 지도자들을 소
집하기도 했다. 그때 자연스럽게 쿠릴타이 일정에 하나의 문제가 포함되었
다. 죽은 칸과 전리품 획득을 위한 피의 복수를 목적으로 전투 행위를 시작
하는 기간들을 일치시키는 것. 함바카이-카안의 죽음에 대한 소식이 그들
에게 전해졌을 때를 『집사』는 이렇게 전한다. "카단-타이쉬, 투다이, 에구
세이-바하두르는 종족들과 수많은 몽골 자치구와 함께 함바카이-카안의
피에 대한 복수와 대가를 치르기 위한 원정을 나가기 위하여 협의회를 열
었다. 그들은 히툴라-카안을 칸의 지위로 데려온 후, 모든 군대가 그에게
충성하게 하고는 히타이로 갔다. 그들은 알탄-칸의 군대를 격파했으며 수
많은 히타이인들을 죽이고 약탈을 행하였다. 그런 후에 포획한 수많은 전
리품들을 군사들과 나눈 후 돌아왔다(앞의 책: 43)."
　연합의 중앙과 좌우 날개의 지도자들 및 종족과 친족들의 우두머리들은
칸에게 복종했다. 중앙과 날개의 지도자들은 동시에 세분화된 주요한 인종
의 통솔자들이기도 했다. 그렇게 종족 연합의 우두머리로 뽑히기 전에 오
른쪽 날개의 지도자였던 히툴라는 보르즈드긴 종족의 수장이었고, 중앙의

지도자 카단-타이쉬는 타이주트 종족의 수장이었다. 왼쪽 날개의 지도자 아릭-치노에 대한 상세한 설명은 사료 속에 존재하지 않는다(앞의 책: 39, 40, 43).

종족 수장의 의무는 계승되었다. 타이지우트의 카단은 메르키트인들에 맞서는 원정에 나서기 전에 다음과 같이 설명했다.

> "나의 아버지 함바카이-카안이 나를 당신들의 수장으로 세워 통치자로 만들었다는 것은 모두 다 아는 사실이다. 그래서 내가 말을 타고 저 나라에 대항하여 원정을 나갈 때, 당신들은 뒤에 남아서도 나를 거슬러서는 안 될 것이다. 당신들이 나를 거스르는 것은 나, 카단-타이쉬를 해롭게 하는 것이고 내가 입은 그 해로움은 타이지우트 종족 모두에게 해를 줄 것이다(앞의 책: 40)."

삼강 연합 구성원으로 들어가는 종족과 민족들 내부의 삶은 중앙과 독립적인 관계에 있었기 때문에 이들 세분화된 종족들의 수장의 정치에 대해서 칸은 간섭하지 않았다. 칸이 종족의 자치제를 축소할 수는 없었는데, 이는 그의 권력이 전체적으로 의미 있는 것이 아니었기 때문이다. 문제는 개별적으로 세분화된 종족의 수장들은 칸의 승낙없이 전체 지역의 문제들, 예를 들어 전쟁 선포와 친선관계 협정 같은 문제들을 해결하기도 하였다. 남아 있는 기록은 다음과 같은 정보를 준다.

> "카단-타이쉬(함바카이의 아들)는 메르키트 종족의 투드르-빌게-치긴에게 다음의 메시지와 함께 사신을 보냈다. 서로 간에 연맹을 맺읍시다. 그리고 함께 높고 광범위한 구릉을 발로 밟고, 함께 나라의 큰 길들을 지나가며, 서로 서로 연합합시다!(앞의 책: 37)."

그러나 연맹은 이루어지지 않았다. 게다가 타이지우트인들은 자신들과 친선 연맹을 맺기를 원하지 않는 대가로 메르키트인들의 우두머리를 죽였다. 3년이 흐른 후, 죽은 투드르-빌게-치긴의 아들 톡타이로부터 사신이 타이지우트인들에게 도착했을 때, 카단-타이쉬는 메르키트인들과의 전쟁과 관련한 결정을 하기 위하여 종족의 쿠릴타이를 소집했다(앞의 책: 38, 39).

12세기 초 사회 정치적인 면에서 삼강 몽골 연합은 무엇이었을까? N. C. 문쿠예프는 이 문제를 다루면서 다음과 같이 가정했다. 이 시대에 몽골인들은 "칸의 근본적인 역할이 전쟁 기간 동안 다양한 종족의 집합체들을 공통의 군사적 힘으로 하나의 지휘를 하기 위한 것이었으므로 민주적인 군사 조직으로 특징되는 발전 단계"에 위치했었다(문쿠예프 1977: 384).

얼마전 러시아의 연구결과에서는 군사적 민주주의 단계가 정치기원의 근본적인 기초로 검토되었다. 이 연구들은 지난 세기의 80년대보다 생산적인 관점이 제기했는데, 군사 민주주의가 정치기원의 '군사적' 길로 불리는 최초 형태(원시 역사 1988: 233; Венгеров 외 다른 이들. 1984: 90)라는 것이다. 현재 많은 학자들은 군사 민주주의와 비교하여 보다 더 널리 퍼져 있는 사회정치적인 기관의 형식은 지도자(chief)가 통합하는 것이라는 주장을 한다. 비록 많은 저서들이 '군사적 민주주의'와 '추장(chiefdom)'이 비슷한 개념으로 여겨지는 경향을 보인다는 말을 하고 있지만 말이다. 이에 대해서는 군사적 민주주의가 수평적으로 조직된 정치 구조라는 점에 주목할 필요가 있다. 거기에는 세 개의 평등한 권리의 통치 기간이 함께 존재한다. 국민회의(또는 무사들의 회의), 주석 대표회, 그리고 지도자가 그것이다. 추장은 국민들의 직접적인 통치와는 거리가 멀다. 지도자가 통합하는 형식(영어의 chiefdom로부터 나옴)은 수평적이지 못하고 계급적으로 조직된 통치 형식이다. 따라서 지도자가 통할하는 형식은 더 복잡한 통치와 권력의 구조이다 (크라딘 1995a: 19).

연구자들에 의해 지도자가 통치하는 구조의 근본적인 규범들은 다음과 같이 나누어진다.

1) 지도자 통치의 피라미드형 구조 또는 원추형 구조

2) 계급적으로 조직된 통치 시스템. 그 안에 있는 국민은 권력과 멀리 떨어져 있다.

3) 계보를 잇는 사회적인 구별, 계보를 잇는 불평등, 귀족제도 계급의 존재

4) 중앙집권 통치, 최고 지도자의 소속, 의식의 절차 및 외부 왕래와 특별한 관계로 제한된 기능들

5) 지도자 통치 구조가 무너지는 것을 예방하기 위한 효과적인 방법들과 강제의 합법적인 공공 기구의 부재

6) 경제에서 중요한 역할, 즉 잉여산물의 수직적 재분배

7) 전쟁의 잦은 빈도. 왜냐하면 전쟁은 어쨌든 간에 지도자 통치 구조의 근간에 놓여 있다(바실레프 1980: 172~186; 크라딘 1992: 147~159; 코로타예프 2000: 272; 카르네이로 2000: 89; 스펜서 2000: 139~140; 하자노프 2002: 280).

이러한 지도자 통치 구조의 규범들과 함께 삼강 몽골인들과 관련된 다음과 같은 사실들이 있다.

1) 종족과 민족들이 평등한 권리를 가지는 상황과 계승되는 권력이 분명하게 연구된 순서, 동시에 큰 위신과 세분화된 보르즈드긴과 타이지우트 종족의 특권

2) 종족 연합의 삶에서 전쟁의 중요한 역할

3) 최고 통치자(칸)의 존재, 그리고 나누어진 파트(중앙, 두 개의 날개, 그

리고 개별적인 종족들)의 통솔자들의 그에 대한 복종

4) 쿠릴타이 연합의 일에 단지 귀족적 우월인자들만 참여, 나머지 주민
과 우월인자들의 분리 및 우월인자들의 폐쇄된 사회 계급으로의 전환

5) 개인적인 권위에 중요한 형식으로 유지되는 칸의 제한된 권력

이러한 것들은 삼강 종족, 민족들의 연합이 지도자 통치 시스템이라는 결론을 도출하게 한다.

현존하는 정치유형학에 따르면 카불에 의해 창조된 지도자의 통치구조는 내 생각으로 볼 때 맞지 않는 구조였다. 왜냐하면 당시의 정치 구조는 개별적인 종족들과 거대한 민족들을 정책 구성에 들어가게 하는 단순한 지도자 통치 구조로 이루어진 것이었다. 단순한 지도자 통치 구조는 고유의 종족들 또는 민족들의 지도자가 계승되는 중요한 단계에서 자신들의 쿠릴타이를 가지는 자율적인 종족들로 세분화된 것이었다. 그러나 단순하게 세분된 하부 지도자들은 칸, 즉 최고의 지도자에게 복종했다.

3
언제 최초로 테무진은 칭기즈칸 작위를 받았는가?

– 몽골의 민족들에게 있는
민족 공통성 형태로서의 동족성 –

히툴라–칸이 죽고 오랜 기간 동안 몽골인들에게 공동의 지도자가 없었는데 그것은 이 역할을 할 후보자가 없었던 것이 그 이유였다. 그들에게는 확실한 리더가 필요했는데, 이때 나타난 사람이 테무진이었다. 그는 젊었음에도 불구하고 전쟁을 승리로 이끌었고, 공정하고 관대한 처신으로 많은 주민들로부터 권위를 인정받게 되었다. 『집사』와 『원사(元史)』 속에는 테무진이 몽골인들의 칸으로 추앙되는 구체적인 날짜가 기록되어 있다. 라시드 앗 딘은 다음과 같이 쓰고 있다.

"칭기즈칸의 칸 즉위와 황제화는 그가 옹-칸을 정복하고 난 후에 확정되었고 칸의 직위가 확보되었다. 칸으로의 추앙은 한 달간 계속되었고 돼지해인 카카의 해에 있었다(1203년 2월 15일~3월 15일). 이 해에 테무진이 옹-칸을 죽였고(페르시아의 역사학자가 정확히 했다) 테무진에게 칭기즈라는 이름을 수여했다. ··· 이전의 이름은 그의 아버지가 그를 불렀던 테무진이었다(라시드 앗 딘 19526: 134~135, 251, 252)."

테무진이 칸이 되고 최초로 칭기즈 작위를 받았던 때는 라시드 앗 딘에 의해 제기된 1203년인데, 이는 『원사』에도 반복적으로 기록되고 있다. 『원 사』에는 다음과 같이 언급되고 있다.

"돼지의 해(1203년 2월 14일부터 1204년 2월 2일까지)에 강력한 힘으로 위협하고 있던 나이만인들 오보크의 우두머리 타얀-칸은 흰 타타르인들의 오보크 군주 알라후슈와 협정하기 위해 사신을 보내 다음과 같이 이야기 했다. 나는 동쪽 방면의 누군가가(테무진으로 여겨짐) 자신을 군주로 선포했다는 것을 알고 있다. 하늘에 태양이 두 개일 수 없으니 과연 국민들은 두 군주를 가질 수 있겠는가? 당신은 나의 오른쪽 날개 역할을 해줄 수 있을 것이다. 나는 그(칭기즈칸)를 제거하기 위해 활과 시위를 준비하고 있다(흐라파체프스키 2004: 449, 453)."

동시에 라시드 앗 딘은 사료 속에 테무진이 칸 직위에 오른 시기를 다른 연대로 보고 있는 것도 이해시켜 주었다. 그는 "몽골 연대기 속에서 그를 황제화 했던 시초로 그가 나이만인들의 군주 타얀-칸을 죽이고 칭기즈칸의 명칭을 수여받았던 그 해로 본다(라시드 앗 딘 19526: 252)." 타얀-칸이 1204년 쥐의 해에 칭기즈칸과의 전투에서 쓰러졌다는 것은 모든 사료에서 일치하고 있다(코진 1941: 196; 라시드 앗 딘 19526: 252; 흐라파체프스키 2004: 454). 라시드 앗 딘은 '몽골 연대기들'에서 우리가 접하지 못했던 실록인, 그러나 그의 저서에서 종종 언급되었던 '알탄 뎁테르'가 암시했던 것을 제외하지 않았다. 라시드 앗 딘의 정보를 근거로 우리는 다음과 같이 가정해 볼 수 있었을 것이다. 비록 페르시아 역사가의 확신에 찬 결론과 『원사』는 1203년이라고 더 많이 이야기를 하고 있지만, 테무진은 1203년이나 1204년에 삼강 몽골 연합의 칸이 되었다. 그럼에도 불구하고 『몽골비사』는 제시된 사료들과는 모순된 내용을 담고 있다. N. C. 문쿠예프는 몇몇 연대기를 고찰하면서 '1201년에 친족 종족들의 귀족 계급의 대표자들이 자무하에 의해 창조된 카오리치야의 측면을 위험하게 여긴 관계로 테무진을 칸으로 세웠다'는 내용을 확인하였다(문쿠예프 1977: 383). 그러나 그는 『몽골비사』에 알려진 대로, 테무진이 1201년에 이미 칭기즈칸이라 불렸다는 명백한 사실에 주목하지 않았다. 『몽골비사』에 따르면, 1201년 전에 테무진은 칸이 되었던 것으로 판명이 난다. 그러면 구체적으로 어떤 해인 것인가? 유감스럽게도 이 질문에 대한 답은 사료가 주지 못하고 있다. 『몽골비사』의 116~118, 그리고 123 단락에 보면 단지 테무진을 칭기즈칸으로 명명한 것은 '한 해와 다른 해의 반 년'이 지난 후에, 그와 자무하가 호르호나흐-추바르라는 곳에서 세 번 자신들의 의형제 관계를 확고히 한 후에 이루어졌다고 한다. 그러나 연대기는 이 호르호나흐-추바르에서의 에피소드에 대한 정확한 연대에 대해서는 침묵하고 있다.

대부분의 연구자들은 테무진이 최초로 칭기즈칸 작위를 받았던 해는 1189년 또는 극단적인 경우에 1190년이라는 의견을 지지한다(북드 나이람다흐 1966: 206; 산닥 1977: 28; MHP(몽골 인민 공화국)의 역사 1983: 131; 달라이 1996: 64). 사강 세첸은 사료들을 추적하는데 성공하여 자신의 전집 『에르데니인 톱치』에서 처음으로 이 연대를 제안했다. 그는 테무진은 1189년 황금암탉의 해에(사강 세첸 121) 스물여덟 살의 나이로 칭기즈칸으로 알려졌다고 쓰고 있다. 그러나 사강 세첸은 어떠한 사료에서 이 사건의 연대를 가져왔는지 밝히지 않았다. 이런 이유로 『에르데니인 톱치』 사료와 테무진이 칭기즈칸 작위를 받은 연대에 대한 사강 세첸의 제안은 확신할 수 없는 상황이다. 따라서 나는 이런 상황을 고려해서 테무진이 삼강 몽골 연합의 지도자 자리에 오른 연대에 대한 의문은 열어두고 계속적인 연구를 해야 한다고 생각한다.

왕위를 차지했던 테무진이 선조들의 시대처럼 지도자 통치 구조를 가졌다는 것에 대해서는 N.N.크라딘이 잘 보여줬다. 테무진 통치 하에 몽골인들의 사회적 정치적 구조는 분열되기기 쉬운 종족 시스템에서 강력한 군사 계급 제도로의 본질적인 변화를 요구받았다. 이런 시점에서 테무진이 친위대를 창설한 것은 큰 의미가 있다. 시간이 흐르면서 친위부대원은 수천 명의 거대한 군대로 성장했고, 이는 칭기즈칸에게 칸 체제 아래의 조직들을 통제하는데 충분한 힘이 되어 주었다.

군대의 성공은 칭기즈칸 형상의 성스러움과 그의 카리스마, 그리고 주민들에게 끼치는 영향과 권위를 더 확대시켰다. 관계망은 재분배되었고, 가장 위에 칸, 그 다음에 친위대 일원들, 그리고 마지막으로 유목민들로 엮어졌다. 칸은 그들과 관련된 의무들을 수행했다. 적들로부터의 방어, 습격 조직, 포획물품의 재분배, 내부 분쟁들의 해결 등등 이에 대한 대가로 국민들은 믿음의 맹세를 했고, 칸이 조직한 모든 행사에 반드시 참여했으며 자신들의 획득물을 그와 나누고 부과된 공물을 상납할 것을 약속했다. 칸 체제의 사회 구조는 다음 그룹들을 포함하고 있다. 칸과 그의 직계 혈통, 친위대원들, 일반 유목민들, 독립적인 사람들(집안 노예들과 외부 종족의 포로들). 유목민들을 통치하기 위하여 테무진은 26명으로 구성된 특별 기구를 만들었다(크라딘 19956: 188~198).

자료를 비교해 보면 칭기즈칸에 의해 부흥한 국가는 카불-칸이 만들었던 지도자 통치 구조와 크게 다르지 않음 보여주고 있다. 중요한 차이들 중의 하나는 국가로 발전해 가는 초기에 지도자 통치 구조가 있었음을 증명하는 특별한 통치기구가 출현했다는 것이다. 결과적으로 나이만, 케레이트, 메르키트, 타타르 종족 연합들 역시 지도자 통치 구조를 가지고 있었다. 나이만인들의 유목 지역은 알타이 산맥과 행가이 산맥 사이에 퍼져 몽골 황제들의 첫 번째 수도가 있었던 오르혼 강의 카라코룸에까지 이르렀다(라시드 앗 딘 1952a: 136~137). 많은 연구자들이 나이만인들을 투르크인들과 연관시키는데, 세 개의 큰 종족, 즉 우바스-메르키트, 하아트-메르키트, 우두이트-메르키트로 이루어진 메르키트인은 오르혼 강 하류와 셀렝가 중류 지방에 살았다. 우두이트-메르키트인은 네 개의 혈통(종족), 즉 우이쿠르, 무단, 투다클린, 지윤으로 구성되었던 것으로 알려져 있다(코진 1941: 105; 라시드 앗 딘 1952a: 114; 몽골 울슨 2003: 68, 69). 타타르인의 거주 영토는 훌룬 호수와 부이르 호수 지역에 걸쳐 있었다. 그들은 여섯 개의 종족, 즉 타타르-툭툭쿨리우트, 타타르-알치, 타타르-차간, 타타르-쿠인, 타타르-테라트, 타타르-바르쿠이 종족으로 연합되어 있었다.

라시드 앗 딘의 말에 따르면 타타르-툭툭쿨리우트인이 모든 타타르 종족들 중 가장 존경받는 종족이었다(라시드 앗 딘 1952a: 103). 연구자들 사이에서 널리 퍼져있던 의견에 따르면 투르크 출신이었다는 케레이트인들 또한 6개의 종족(케레이트, 지르킨, 콘카이트, 사카이트, 투마우트, 알바트)으로 되어 있다. 그들은 톨라 강가, 오르혼 중류, 그리고 옹긴 강 저수지 쪽에 걸쳐 몽골 중부에 살았다. 그들은 북쪽으로는 메르키트인, 서쪽으로는 나이만인, 동쪽으로는 몽골인, 그리고 남쪽으로는 탕구트 및 여기에 종속되어 있는 투유이훈(토곤인)과 국경을 접하고 있었다(라시드 앗 딘 1952a: 126~129; 산닥 1977: 24; 몽골 울슨 2003: 66; 말랴크빈 1974: 324; 빅토로바 1980: 170).

앞선 연구에서는 종종 케레이트인과 나이만인이 국가 단계까지 이르렀다는 잘못된 견해를 볼 수 있었다(산닥 1977: 25; 몽고인민공화국 연사 1983: 130; 빅토로바 1980: 172). 이 점에서 다음과 같이 쓴 B. Ya 블라디미르쵸프의 의견은 완전히 옳다.

"케레이트의 악명 높은 '반-칸'은 절대 '황제'(국가의 통치자)였던 적이 없었다. 그를 이 계급으로 끌어올리고, 그가 한 번도 가지고 있지 않았던 힘과 강력함을 부언하면서, 우리는 이름과 작위, 즉 반-칸과 관련된 전통적 연상들의 매력 하에 있다. 하지만 사료들의 분석에 집중한다면 완전히 다른 그림이 나오며, 반-칸은 황국의 군주, 즉 통치자가 아니라는 것을 알 수 있다. 젊은 시절의 히툴, 칭기즈나 자무하와 다른 이들처럼 그 시대의 보통 몽골 칸인 것이다. 무엇보다도 사료들의 한결 같은 증거에 따르면 반-칸은 케레이트 종족의 유일한 통솔자는 아니었다. … 모든 사료들에 따르면 그는 이에수게이, 칭기즈, 자무하와 동등함을 유지했다. 그는 실제로 거의 그들과 같았고 아마도 동방의 이웃들보다 조금 더 우월했을 것이다. 소유물이 많았고 작위는 차이나인들로부터 받았다. 반-칸은 칭기즈칸의 관계에선 영주의 권리로 우두머리를 주장할 수 없었다. … 이 모든 것은 이전에 이해되지 않는 사실을 설명하며 반-칸은 어떤 형태로든 칭기즈칸의 격상을 허용하고 살펴볼 수 있다. 이보다 더 높은 단계의 반-칸에 대한 언급은 아마도 이 시대의 다른 '군주' 나이만의 타얀-칸과 관계된 것이다(블라디미르쵸프 1934: 81~82)."

N. C. 문쿠예프는 나이만, 케레이트, 메르키트, 타타르인은 연합 종족들이고, 그들에게 국가는 없었다는 B. Ya 블라디미르쵸프의 의견과는 약간 달랐다. 그러나 그는 '나이만인 종족이 아마도 몇 가지 의미에서 소멸되었다'

고 생각했다. 이를 설명하면서 그는 다음과 같이 썼다.

"『원사』에 있는 위구르의 타-타-툰-아의 약력에 보면 그는 나이만의 타얀-
칸의 측근에서 황금 직인을 관리하였는데, 정확히는 '돈과 빵', 즉 세금을 관리
했던 것이 분명하다. 1204년 나이만인들의 파멸 후에 붙잡힌 타-타-툰-아는
그때까지 직인이 무엇인지 모르고 있던 칭기즈칸의 질문에 '돈과 빵을 발행하
고 받는 과정과 모든 그러한 일에 있어서 사람들을 정하는데 그것을 이용하
였다'고 답했다. 그래서 위구르의 문헌이 퍼져 있었던 나이만인에게 그 시대
에 이미 국가단계의 몇 가지 특징들(공권력의 원시적인 기구, 소집, 칸 주변의
내용을 포함하는 수단 등등)을 이루었다고 가정할 수 있을 것이다(문쿠에프
1977: 379, 403)."

지도자 통치 시스템의 개념은 친족 계열의 종족 그룹들, 또는 공동 종족
성과 일치했다고 여겨진다. 이러한 친족 계열의 종족들은 이웃에 살고 같
은 언어의 방언을 썼으며 법과 도덕의 기준, 즉 공통 문화의 특징을 가졌다.
거기에 종교적인 신전 내의 신들과 제례의식의 특징들, 그리고 물질적, 정
신적 문화의 다른 형식들 또한 공통적으로 가지고 있었다(전서 1995: 99,
122). 몽골 지도자 통치구조에 대한 자료가 이런 언급을 확증하고 있다. 사
실 사료 속에 공동 종족으로서의 언어와 문화에 대한 정보는 그리 많지 않
다. 하지만 언어와 문화에는 지도자 통치 시스템에 부합하는 이름이자 개
별적 종족들의 이름과 교차되는 공통의 이름들(몽골, 나이만, 타타르, 케레
이트, 메르키트)이 동시에 존재하는데 그것은 많은 것을 의미하고 있다. 부
분적으로 그것은 각 도처에 있는 몽골의 조건들 속에서 공동 종족성이 민
족의 근접함, 그 구성에 들어가는 종족들의 호흡이 긴 경제와 문화의 상호

관계에 기반을 둔 하나의 자의식을 가지고 있는 완전한 유기체였다는 것이 매우 중요한 증거이다.

　세계의 모든 역사에서 지도자 통치구조의 보편성과 비보편성에 대한 의문을 상세하게 연구하는 것은 지도자의 통치능력을 비교해 보고자 하는 것이다. 나는 몽골 민족들에게 권력 조직의 형식으로 지도자 통치구조가 발생한 것은 그들에게 있어서 정치 논리상 반드시 필요했던 변화라고 생각한다. 더 나아가 N. N. 체복사로프와 C. A. 아르튜노프가 언급했던 내용인 공동 종족성은 후기 원시 시대 사회의 근본적인 민족 단위였다는 것을 지지하면서 한 가지를 덧붙이고자 한다(체복사로프 1967: 101; 아르튜노프, 체복사로프 1972: 23). 만약 몽골에서 지도자 통치구조가 민족의 정치적인 발전에 반드시 필요한 단계였다면, 그것에 부응하는 공동 종족성은 이 지역에서 선조 계급 사회의 근본적인 형태였다는 것이다.

4
몽골 국가의 형성
− 나라의 몽골화와 연합의 과정들 −

    12세기말 13세기초의 몽골 역사는 드넓은 초원의 헤게모니를 잡기 위한 싸움으로 가득 채워져 있었다. 에구세이(연대기)의 작가들의 기억에 따르면, '모든 민족들이 불화 상태였다'. 각 지역의 우두머리들은 그들의 권력을 좀 더 강화하기 위하여, 그들의 부족내부, 그리고 주변 지역에까지 피를 흘리는 투쟁을 하였다. 왜냐하면 이 투쟁에서 승리한 자는 그 아래 많은 종족들을 둘 수 있었기 때문이다. 칭기즈칸 역시 이 전쟁에 참여하고 있었다. 그는 처음에 거대한 전쟁을 하기 위해 충분한 인적, 물적 자원들을 가지고 시작하지는 않았다. 그러나 그는 사령관으로서 엄청난 재능과 빛나는 전략과 전술로 자신의 적들을 차례대로 괴멸시켰다. 그 첫 승리는 타타르인들과의 전쟁이었는데 이 전쟁에서 칭기즈칸은 지도자로 우뚝 서는 승리를 가져왔다. 타타르인들은 같은 투쟁에 참여하였지만 칭기즈칸을 만나 비극적으로 종말을 맞이한 것이다.

    이 전쟁에 대한 라시드 앗 딘의 기록에 따르면 칭기즈칸은 모든 성인 남자와 청소년들을 죽인 후, 그들을 '자신의 칼을 위한 먹이감'으로 만들었다. 칭기즈칸은 케레이트인들은 더 잔혹하게 취급하였는데, 많은 사람들을 죽이고 그 나머지 일부를 자신의 가까운 지인들과 무사들에게 나누어 주었다. 그리고 1204~1205년에 나이만인들과 메르키트인들을 최종적으로 격파하였는데, 그들의 일부도 역시 포획물처럼 칭기즈칸 측 사람들에게 나눠 가지게 했다. 이 전쟁에서 살아 남은 일부는 서쪽의 카라거란인과 킵차크로 도망쳤지만 훗날 몽골인에게 잡혀 거의 전부 죽음을 맞이하였다.

주변 지역을 정리한 칭기즈칸에게는 마지막으로 그의 동료였던 자무하와의 마지막 결전이 남아있었다. 칭기즈칸은 어린시절 몽골 고대 관습에 따라 자무하와 의형제 관계를 맺었다. 그들은 둘 다 몽골인들을 연합하기 위해 힘썼으나 이 문제를 해결하는 길에 있어서 방향이 달랐다. 자무하는 다양한 유목 연합들을 포함하여 전통적인 형식의 사회와 정치적 구조를 유지하기를 원했다. 대부분의 고유 몽골 민족이 오랜 기간 동안 자무하를 따랐던 것은 우연이 아니었다. 그러나 칭기즈칸은 그것들을 무자비하게 박살내었다. 즉 칭기즈칸은 전통적인 사회관계로 연결된 것이 아닌, 개인적인 능력으로 사회를 결속시켰고, 그 결속에서 배신은 절대로 용납하지 않았다. 이런 과정들은 칭기즈칸의 집단 내에 많은 층차를 두게 되었지만 각 지역에서 올라오는 새로운 실력자들이 참여하는 새로운 사회가 구성되고 있었다. 이런 과정에서 구 몽골 귀족, 특히 높은 계층에 있는 많은 사람들이 칭기즈칸에 의해 길고긴 피 흘리는 전쟁을 통해 사라졌다는 것을 잊어서는 안 된다. 본질적으로 이 전쟁의 시작에 칭기즈칸의 측근들과 몽골인 연합을 위해 전쟁 기간 동안 앞장섰던 인물들, 그리고 옛 유목 족장 출신의 일부분으로 이루어진 새로운 귀족 계급이 발생했었다. 이 상황은 몽골 종족(민족)들을 단단하게 묶는 방향으로 가는 칭기즈칸의 개혁을 현실화하기 쉽게 만들었다(하자노프 2002: 375).

1201년에 자무하는 자신의 주변에서 그를 '구르-칸'으로 인정했던 10개가 넘는 종족과 민족들을 모았다. 자무하는 '술탄과 황제의 군주'라는 의미를 갖는 이 작위를 받아들인 후(라시드 앗 딘 19526: 120) 칸 작위를 가지고 있었던 칭기즈칸에게 열린 마음으로 몽골을 자신의 권력 하에 두겠다는 의도를 알렸다. 그러나 끝없는 불화에 지친 주민들은 지도력이 뛰어난 칭기즈칸을 따랐는데, 그것은 오직 그에게서만 초원지역에 평화와 안정을 가져다 줄 것으로 보았기 때문이었다. 이런 분위기가 점점 고조되면서 많은 사람들이 자무하로부터 이탈하였다. 그것은 아무리 우두머리의 결정이 중요하다하더라도 그 부족을 이루고 있는 많은 사람들의 마음을 무시할 수 없었기 때문이다. 결국 자무하는 자신을 추종하던 사람들에 의해 잡혀 칭키스칸 앞으로 끌려가서 처형을 당하였다. 이 사건은 1205년에 일어났다.

칭기즈칸이 드넓은 초원을 제패한 수 년 간의 잔인한 전쟁의 결말은 많은 요소들로 정의되는데, 아마도 칭기즈칸 개인의 우월한 지도력이 통일된 초원을 만들었을 것이다. 그에게 초원의 질서의 정립과 상호간의 약탈을 그만 두게 하기를 원했던 일반 유목민들과 초원 귀족들의 희망을 어떤 바야우트 출신 현인은 잘 표현했는데, 그의 말을 『집사』에서 인용해 본다.

"키야트-유르킨 종족 출신 세체-베키는 통치를 지향했으나 이것은 그의 일이 아니었다. 사람들을 서로서로 지속적으로 부딪치게 했던 자무케-세체누는 자신의 계획을 실행하기 위하여 다양한 종족들에게 위선적인 방법들을 이용했으나 이것 또한 성공하지 못했다. 조치-바라 즉, 칭기즈칸의 형제 조치-카사르 또한 그러한 지향을 가지고 있었다. 그는 자신의 힘과 예술로 화살을 쌓아 올렸으나 그 역시 성공하지 못했다. 권력 지향적이고 잘 알려진 힘과 위엄을 가진 메르키트 종족 출신의 알락-우두르 또한 아무것도 얻은 것이 없었다. 테무진, 즉 칭기즈칸만이 지배하고 통치하기 위해 필요한 능력과 외향을 가지고 있었고, 그는 통치 상황에 도달했다."

결국 라시드 앗 딘은 노인의 말에 코멘트를 달았다. '그가 말했던 것과 같은 일이 일어났다. 칭기즈칸은 군주가 되고 자신의 형제를 제외한 모든 종족들을 죽였다(앞의 책: 119).'

자무하의 처형과 함께 몽골에는 다시 대 동란의 시기가 왔다. 그때 칭기즈칸의 말을 빌리자면, '모두 서로를 약탈했고', '온 세상에 험담이 퍼져 있었다'. 칭기즈칸은 이런 상황을 하나하나 정리하면서 그의 영역을 넓혀나갔다. 이러한 시대의 흐름은 몽골의 왕위 계승을 위한 칸들의 싸움만은 아니었다. 몽골에게 패배한 타타르, 메르키트, 케레이트, 나이만인에게 민족의 발전은 중단되었다. 12~13세기 정복을 통한 민족 교체기에 유라시아 넓은 공간에 존재한 민족들은 칭기즈칸의 정복과 통일 정책으로 민족단계에서 다시 부족, 혹은 종족단계로 격하되었다.

몽골인들은 승리와 함께 연합하는 과정에서 활발한 발전과 동시에 '몽골화'를 이루었다. 각 지역의 주민들은 경제와 문화의 공통을 이루기 시작했고, 언어도 점점 몽골어로 통일되었다. 전체 몽골을 형성하고 유지하는 공식적인 모임으로 유목민 대표와 칸 종족의 대표자들이 함께 모여 쿠릴타이를 형성했고, 1206년 봄에 칭기즈칸은 다시 한 번 칸으로 선포되어 전 몽골의 최고 통치자로 옹립되었다. 이 해는 대 몽골 국가(Yeke Mongyl Ulus)라 불리기 시작했던 최초의 통일국가가 탄생된 해였다.

칭기즈칸은 중앙아시아 오랜 전통을 따라서 국가의 체제를 중앙을 중심으로하여, 왼편, 오른편으로 나누고 그 선봉에는 템니키들을 세웠다. 전체 몽골은 95개의 군의 행정 단위로 구분하였다.[7] 이들은 노욘[8] 1000명과 선봉에 1000명의 기마병들을 모범적으로 내놓아야 했다. 1000명은 100명씩 나뉘었다. 템니키들과 천인대, 그리고 백인대의 의무는 상속되었다. 천인대의 기본 군단은 칭기즈칸 측근과 권력 전쟁에서 그를 도왔던 이들로 구성되어 있었다. 천인대에 속하는 모든 사람들은 자신의 거주 장소가 고정되어 있었다. 한 노욘을 버리고 다른 곳으로 옮기는 것은 금지되었는데 이를 어기면 처형당했다. 이런 통계를 기본으로 하여 몇몇 연구자들이 고찰한 바에 의하면 13세기 초에 몽골 국가의 인구는 100만 명 정도로 추산된다.

통일된 몽골은 지배체제가 안정되어갔고, 각 분야에서 점진적으로 효율적인 관리가 이루어지기 시작하였다. 칸의 명령과 지시들을 입안하는 그룹, 기록하는 서기, 그리고 몽골다운 광대한 영역을 다스리기 위한 통역들이 참여하는 독특한 비서국이 조직되었다. 행정담당과 문서는 몽골어로 처리했다. 이를 위해 몽골어 기본 문자는 위구르 문자가 사용되었다. 『몽골비사』와 『원사』의 기록에 따르면 칸의 직인을 관리하는 자인 나이만국 타-타-툰-아이라는 위구르 관리가 몽골인들에게 문자를 사용하는 것을 가르쳤다. 칭기즈칸은 그에게 자신의 젊은 가족 구성원들과 젊은 누케르인들 및 귀족들에게 읽고 쓸 수 있도록 가르치라고 명령했다. 공식적인 몽골 문자의 창조와 수용은 1204년에 일어났다. 그것은 초원에서 분리되어 있는 각 종족들을 통합하여 관리하는데 엄청난 의미를 가지고 있었다.

천인대와 백인대의 '아들과 젊은 형제들'로 구성된 근위대가 각 방면에서 큰 역할을 하였다. 그들은 칸의 정부에서 근무하였는데 그것은 그의 가

---

7) 천호제를 말하는 것으로 보인다.
8) 몽골의 전통적인 귀족을 말한다.

족들을 칸에게 볼모로 잡아 놓는 효과도 있었다. 근위대 중에서 일부는 케쉭텐인들 중앙관리로 등용되기도 하였다.

템니키, 천인대, 백인대, 십인들은 국가 통치에 따른 다양한 기능들을 수행했다. 부분적으로 천인은 자신이 소속되어 있는 주민들을 관리하고 목장을 나눠 유목민들을 지도했으며 포로로 잡힌 수공업자들과 농업자들을 관리하였다. 또한 칸에게 세금을 걷어 주고 군마의 상태와 무기와 갑옷들을 제작하는 것을 관리하였고, 공무와 전쟁에 나갈 군대를 조직하고 군대를 직접 지휘하였다. 천인의 장 또는 백인의 장은 우편 업무의 일도 맡게 되었을뿐만 아니라 그 지역에서 재판관으로서의 역할도 가능했을 것으로 본다.

칭기즈칸 친족들은 후비(1500에서 10000 유르트에 이르는 영지)를 받았다. 모든 친척들에게는 그들을 관찰하기 위한 귀족들을 붙여 놓았다. 후비는 몇몇의 공로가 있는 누케르들에게만 수여되었다. 영지에 대한 권리는 칸의 명령으로만 확보되었고, 특히 공로가 있는 사람들은 칸을 위한 부역, 납세의 의무로부터 면책 특권을 부여 받았다. 칸에 대한 납세 및 부역의 의무는 평상시에는 가축, 마유의 공급이 중요한 책임이었고, 군에 관련한 명령이 내려진 기간 동안은 반드시 무기, 말, 갑옷을 가지고 군 복무를 해야 하는 것이었다. 모든 국내의 행정 경계선에는 차이나에서 운영하던 역참을 운영하였다. 역시 차이나에서 운영하던 방식으로, 권력 서열과 특별 전권 관리인들의 신분 표식과 관리등급은 금과 은으로 만든 표식을 달도록 하였다(동방의 역사 2000: 373~375).

국가 구조는 질적으로 새로운 연합 과정의 발전을 동반했다. 칭기즈칸은 권력이 점점 높아지면서 국민들을 '칭기즈칸이라는 하나의 권력 밑으로' 끌고 오기 쉽지 않을 정도의 거대한 영토의 소유자가 되었다. 블라디미르 쵸프는 '일반적으로 칭기즈칸은 자신에게 어떠한 새로운 것을 개설하지 않았다'고 썼다(블라디미르쵸프 1934: 96). 몽골 통치자의 업적은 다 평가되지 않았으며, 그에 의해 만들어진 국가는 이전에 있었던 정치 구조와는 달랐다. 또한 이 국가는 몽골족을 기반으로 하였다. 칭기즈칸에 의해 정비된 군대 정치조직은 새로운 것이었는데 그 시스템은 각자 흩어져 있던 유목민들의 조직을 무너뜨렸고, 각 민족들은 혼합시켰고, 전통적인 유목 민족들의 형태에서 극단적으로 나타났던 분리주의 현상의 위협을 제거해 버렸다(하자노프 2002: 374~376).

칭기즈칸의 국가는 몽골의 나머지 인종들의 연합인 삼강 몽골인들의 통치구조를 기반으로 발생했다. 국가는 영토 및 정치적 관계에서 주민들을 구성했고 경제적, 사회적, 그리고 그밖에 것들에 대한 이익의 공동성을 만들어냈으며, 그것은 국가가 결속하는 데 최고의 단계를 유지시켰다. 사회 공공의 일 또는 군사 목적으로 많은 사람들을 모으며, 국가 행정의 소통을 위한 모든 방법들을 찾았고, 역참을 통한 정보의 전달, 그리고 특히 문맹이었던 다수의 주민들에게 문자를 보급하여 정보 기능을 수행하게 하였던 것은 몽골사회를 통합시키는데 엄청난 역할을 하게 하였다(아르튜노프, 체복사로프 1972: 27). 만약 칭기즈칸의 모든 계획이 중앙집권화를 이루기 위한 것이 목적이었다면 국가 내부에서 강력한 중앙 집권 체제가 작동했을 것이고 이는 사회, 경제, 문화, 언어의 통일을 이룬 민족으로 만들었다고 볼 수 있는 것이다.

여러 인종으로 구성된 국가로서 모든 국민들을 포용하면서 그 전체 유형을 정의하기 위해 민족이라는 용어를 받아들였다. 이 민족이라는 용어는 러시아 인종학에서는 두 가지 기본 의미로 사용되는데, 첫째는 정치 철학적이고 둘째는 '인종의, 인종상의' 의미로 쓰인다. 첫째, 정치 철학적 의미에서 민족은 특별하게 역사적으로 구성된 다민족의 정치, 경제, 그리고 문화이념의 공통을 표시하기 위하여 사용된다. 둘째, 인종의 의미로는 인종상 공통되는 형태들을 역사적으로 구성해 놓은 모든 것을 표시하기 위하여 사용된다(전서 1995: 68). 몽골 국가는 자신들의 경계에서 문화와 출신에 있어서 다양한 인종들이 연합했기 때문에 민족이라는 용어의 첫 번째 의미에 근거하지만, 그 용어 안에 놓여 있는 두 번째 의미의 개념에 부합하는 모든 몽골 공동체에 '거대민족'으로서의 자격을 부여할 수 있을 것이다.

5
몽골 거대민족과 그 기본 특징들
– 거대민족 전체의 도덕적 이데올로기와
문화 형성에 칭기즈칸이 끼친 영향 –

L. N. 구밀레프는 처음으로 '거대 민족'이라는 용어를 학문에 도입했다. 그의 의견에 따르면 거대 민족 시스템은 몇몇의 민족들로 이루어져 있다. 이 시스템의 동일성은 때로 다양한 민족들을 규합하는 공통의 멘털리티 속에서 구현된다. 그래서 슈퍼 민족은 종교 이데올로기와 문화의 총체 그 자체이고, 그것은 거대민족 내부에서 경제·정치 이데올로기의 교류를 제안한다. 하나의 지역에서 발생한 민족 그룹들은 슈퍼 민족의 핵심이다. 다른 기원의 민족들은 이미 구성된 슈퍼 민족의 먼 범위 안에 포함될 수 있었다(예를 들어 러시아 슈퍼 민족의 구성에 단독으로 발생한 시베리아 민족이 들어갔다)(구밀레프 2004: 550~551). 다음의 연구자들은 보다 간결하고 정확하게 정렬된, 그렇지만 구밀레프가 제안한 정의의 본질은 건드리지 않은 공식을 제시했다(사도힌 2002: 143; 타바도프 2009: 504~505).

러시아의 민족심리학에서 가장 새로운 문화교류의 연구 결과를 확인해보면 학계에서는 이제 막 민족들의 멘털리티 문제가 연구되기 시작하고 있는 것을 볼 수 있다(스테파넨코 2003: 138). 이 연구들은 '멘털리티'의 개념을 고수하려 하는 것이 아니라 사회적인 그룹 구성원들의 행동을 조절하는 상호관계 관념과 이러한 시스템을 규명하기 위해 전반적으로 받아들이는 접근법들이다. 나는 바로 그 개념과 동시에 Z. 듀비가 명백하게 제안한 멘털리티의 정의를 지지한다. 그의 의견에 따르면, 멘털리티는 '인간의 세계에 대한 관념들의 기반에 놓여 있으므로 인간의 행동을 정하는 관념과 형상들의 시스템이다(Дюби 1991: 52).' 이러한 멘털리티의 개념 아래에서 그 내용은 '인간사회의 개념'이라는 한 단어로 표현이 가능하다, 그것은 집단 무의식의 영역과 밀접한 관계가 있고 인간의 의식과 행동의 다양한 형식에 깊게 자리하고 있으나(역사가 U. 라울프의 말에 의한 것임) 사고, 감정, 그리고 행동으로 나타나고 있다(『멘털리티의 역사』 1996: 39). 오늘날 연구자들 중에는 멘털리티의 개별적인 특징들을 모아놓은 것을 통해 그것을 규명하려는 시도에 대하여 다른 견해를 제기하기도 한다. 그 다른 방법, 즉 보다 생산적인 접근법들이 있다는 것이다. 그 접근법들은 임의의 민족의 정신세계에 대한 형태와 구조를 정의하는 관념과 형상들의 시스템을 포함하는 멘털리티의 기본 구조(중심 영역)를 분리하는 것과 관련된다(루리에 1998: 139).

내 관점으로 볼때는 13세기에 몽골 멘털리티의 중심 영역은 몽골 영토를 지배하고 있었던 전통 종교인 '샤먼'과 '몽골'이라는 이름으로 구성되고 있다. 앞서 언급했던 것처럼 지도자로서 칭기즈칸이 처음 권력을 잡은 다음 진행한 몽골화의 과정은 국가의 집중적인 발전을 가져왔다. 몽골이라는 거대민족의 핵이 많은 주민들 중에 우월한 위치에 있었던 삼강 몽골 연합이었다는 것은 이미 알고 있는 것이다.

그들은 서로에 동화된 새로운 민족이라는 정의에 포함되기 위해 노력함과 동시에 몽골족으로 새롭게 포함될 다른 민족들을 기다렸다(빅토로바 1980: 174, 175). 그들은 점차적으로 국가뿐만 아니라 민족으로 분리되지 않게 그들이 지배하는 곳곳에 몽골인들의 명칭에 따라 몽골어로 이름짓기 시작하였다. 새로운 곳을 정벌하더라도 그곳에 거주했던 민족들은 출신과는 상관없이 몽골인들로 명명되었다. '몽골'이란 이름은 몽골국민들에게 최고의 가치를 지닌 것이었다. 왜냐하면 라시드 앗 딘이 쓴 것처럼 그 당시 모든 민족들은 그 이름이 최고의 명예로서 붙여지는 것이라고 느꼈기 때문이다(루 2006: 155).

> "현재 칭기즈칸과 그의 종족의 평안을 위하여, 그들은 모든 몽골인들의 핵심이었기 때문에 각각 정해진 이름과 특별한 별칭을 가지고 있었던 잘라이르, 타타르, 오이라트, 케레이트, 나이만, 탄구트인들, 그리고 기타 종족들과 유사한 다양한 투르크 종족들은 고대에는 이 이름으로 불리지 않았다고 할지라도 자찬의 이유로 자신을 몽골인이라고 불렀다. 그들의 현재 후손들은 그런 식으로 이미 오래전부터 몽골인들의 이름과 상관이 있어서 명명되었다고 생각하였으나 사실 그렇지 않다. 왜냐하면 고대에 몽골인들은 투르크 초원민족들의 총체 중 한 민족이었기 때문이다(라시드 앗 딘 1952a: 103)."

거대한 다민족 국가의 국민들이 몽골이라는 이름을 받아들인 것은 그들에게 공통된 민족의 자의식이 형성되었다는 증거였다. 앞선 연구결과들에서 본 바와 같이, 몽골 국민의 일부분이 자신을 몽골인으로 부르기 시작한 것은 이 이름이 직접적으로 퍼진 결과가 아니라 그 이름이 국가의 공식적인 이름이 되었기 때문이었는데, 아마도 1206년에 처음으로 몽골이라 부르기 시작한 것 같다. 비록 이신추안의 고증에서는 에케 몽골 울루스라는 명칭을

1211년이라 하였지만 말이다. 그는 "몽골인들이 금나라를 침입했을 때, 그들은 자신을 대몽골인들의 국가라고 호칭하였다. 그래서 국경의 관리들은 그들을 몽골이라고 불렀다(멘-다 베이-루: 123, 각주 92)"라고 썼다. 다민족의 명칭인 몽골의 출현 이후에 몽골인들이라 불리기 시작했던 그룹의 일원과 그 시대에는 칭기즈칸에 반대하였던 자무하 그룹의 일원이었던 오이라트인들도 몽골이라는 이름을 썼는데 그 연유는 이렇다. 자무하가 죽고난 후 칭기즈칸 군의 공격으로 오이라트인들은 자신의 고향인 에니세이 상류 지역에 숨어 있었으나, 1207년 몽골 북서 지역과 에니세이 계곡을 향한 기습 공격을 받은 후 그들은 몽골인들에게 무릎을 꿇었다. 몽골인들에게 복종한 후 오이라트인들은 자신의 이름에 몽골 이름을 추가했다. 즉 몽골-오이라트인들로 자신을 불렀다는 것을 염두해 두어야 할 것이다. 이렇게 몽골에 합병이 되면 몽골이라는 이름을 붙여서 동일성을 표시하였다.

『집사』에서 보면 13세기 말에는 몽골의 영토에 있는 모든 민족 그룹들은 자신을 다름 아닌 몽골인으로 불렀다. 이는 그 시대에 거대민족인 몽골의 구성이 오래전에 완료되었음을 시사한다.

몽골이라는 통일된 민족의식은 몽골사람들의 행동이나 사고의 탄탄한 출발점이 되었는데, 이는 모든 사람들로 하여금 출신과는 상관없이 자신의 민족뿐만 아니라 모든 몽골인 국가의 소속이라는 자의식을 가지게 했다. 민족 자결권의 기본 토대에서 이 민족 사람들의 관점을 보면 다른 민족과 어떠한 공통점도 가지고 있지 않은 최고의 민족 특징들을 가지고 있는 자기 민족의 형상이 놓여 있다. 민족 자결권에는 공통의 기원, 조국의 언어, 조국의 땅과 관련된 역사적 사건들 속에 공통으로 참여하는 민족 공동체 일원들의 역사적 운명과 출신의 공통점에 대한 관념이 중심 위치를 차지하고 있다. 몽골의 거대민족 공동체의 구성원에 들어가는 민족들에게 상황은 그러했다. 그들에게는 언젠가부터 에스기이 투우르가탄 울스('펠트로 만든 벽에 사는 몽골인 민족'⁹⁾)라는 의미가 고착되어 있었다. 그들은 자신의 공동체와 관련하여 이 표현을 가끔 사용하였다. 몽골인들은 자신들을 재능 있는 민족이라고 여겼다. 그들은 독특한 기마 문화를 만들었으며 풍부한 언어와 역사의 찬란한 사건을 가지고 있는 민족이라고 여겼다. 13세기 하나의 몽골 민족에 소속되어 있었다는 의식은 아직까지 모든 현대 몽골 민족들의 대표자들에게 아픈 마음의 감정을 불러일으킨다. 전체 몽골 세계의 운명에 몰입하는 감정, 몽골어와 역사 등등을 사랑하는 감정과 심적 상태가 집합된 근간에는 자신의 민족뿐만 아니라 모든 다른 몽골인 민족들의 수요를 고수하고 방어하려는 것으로 표현되는 심리 상태와 행동의 형태가 놓여 있었다.

앞서 언급했던 17세기 할하의 만주인들의 부흥운동은 13~14세기에 만들어진 대몽골 국가 부흥의 이데아를 근간으로 하는 '판몽골 운동'이라 볼 수 있는 것이다. 세월이 지난 후에 이 운동은 민족 자결권과 몽골 민족들의 부흥(정치적이고 인종 문화적인 부흥), 독창적인 국가 형성을 위한 운동으로 이해되기 시작했다. 이 운동은 모든 몽골 세계의 사람들의 뜻을 반영했고, 민족들 사이에서 민족적이고 역사적이며 언어적인 관계들을 굳건하게 보존하게끔 조성했다. 러시아에서 판몽골 운동은 20세기 초에 가장 큰 발전을 이루었다. 이 시기에 몽골 통일의 부흥에 대한 사상은 부랴트 민주주의 계몽주의자들 사이에서 폭넓은 지지를 얻었다. 정치적 흐름으로써 판몽골주의는 최종적으로 1937~1938년 소비에트 연방 시절에 사라졌다. 이때 '대테러' 움직임으로 판몽골주의 옹호자들이 2000명 넘게 체포되었다(그들 사이에 1033명의 불교 사제들이 포함되었다). 그들 중 수십 명은 총살에 처해지고 나머지는 감옥이나 수용소로 보내졌다. 그렇지만 20세기 말에 판

---

9) 짐승의 털로 짠 천으로 만든 몽골의 전통 가옥인 게르를 말하고 있는 것임.

몽골주의 사상은 다시 한 번 몽골 세계를 위한 통합 요소들 중 하나로써 현실성을 얻었다(역사 백과 사전 2009: 577).

몽골 멘털리티의 또 다른 중심축은 강력한 정신의 힘이면서 모든 몽골 사회 계층들을 관통하고 있는 샤머니즘이었다. 샤머니즘의 판테온의 중요한 자리는 최고신인 '영원한 푸른 하늘(Xθx Mθнx Tэнгэр)'이었다. '그들은 첫 번째 달의 첫 번째 날에 반드시 하늘에 절을 한다. 여름의 시작인 축일(즉 춘분)에도 똑같이 한다. 차이나 달력으로 다섯 번째 달의 다섯 번째 날 휴일을 역시 '두아니-우'라고 불렀다.' 이것은 사료에 기록되어 있다(멘-다 베이-루 1975: 75).

하늘은 최고의 영혼이 의인화된 것이었다. 하늘은 몽골인들에게는 삶의 창조자이자 운명의 수행자이고 세계 통치자의 형상으로 제시된 것이었다. 하늘은 삶을 선사하는 남성으로 여겨졌다. 왜냐하면 아버지로 불렸기 때문이다. 최고 하늘의 명령에 따라 칭기즈칸의 첫 번째 선조 보르테-치노가 태어났다. 그래서 칭기즈칸 역시 하늘의 출신이라고 여겼다. 그는 민족을 다스리는 권력을 포함한 모든 행동들이 하늘에 의해 미리 정해져 있었다고 믿었다. 이 가장 강력한 자극이 되는 동기는 칭기즈칸으로 하여금 자신의 국가를 다스리는 근본으로 외적 확장을 추진하도록 만들었다.

하늘은 한 가지 더 중요한 기능인 징벌의 기능을 가지고 있었다. 하늘은 인간의 모든 행동들과 생각들을 보고 있으며, 인간은 하늘의 법의 심판을 피할 수 없다고 생각했다. 샤먼의 관념에 따르면 하늘(텡게르)은 동시에 다른 최고의 신들이 살고 있는 특별한 세계였다. 그 최고의 신들은 삶의 다양한 영역, 즉 경제, 군사, 가족의 일상 등등에서 사람들을 보호했다. 가장 강력한 신은 호무스타와 다이친-텡게르(군인의 신), 다자야가치-텡게르(행운의 신), 키사간-텡게르(승리의 신) 등등이 있었다(미하일로프 1980: 219:

222).

샤먼의 판테온에 '영원한 푸른 하늘'이라는 신 다음의 두 번째 신이 있었는데, 그녀는 땅의 여신인 '에투겐'이었다. 여성으로 의인화한 땅은 '어머니(에투겐)'로 불렸다. 사람들은 에투겐을 선한 신으로 여겨 그녀의 이름을 '황금의'라는 형용구와 함께 불렀다. 부랴트인들과 모든 몽골인들에게 에투겐은 사람들에게 풍요와 다산을 내려주는 땅속에 살고 있는 할머니의 형상으로 생각되었다(앞의 책: 225). 중요한 운명을 결정하는 순간을 포함하여 몽골인들의 삶에 있어 아주 많은 것들이 하늘과 땅에 달려 있었다. 테무진의 전우 호르치는 테무진에게 칸의 계승을 예언하면서 그에게 내리는 계시에 대해 알렸다. 거기에는 중요한 인물인 황소가 있었으며 그는 울부짖으며 다음과 같이 선도했다. '하늘과 땅은 합의했고 테무진을 황국의 황제로 명명했다(코진 1941: 121).'

몽골인들에게 땅의 신격화는 두 가지 형태로 표현되었다. 일반적인 땅을 숭배하는 것과 개별적인 지역들을 숭배하는 방식이었다. 각각의 민족 또는 군 행정 단위는 자신의 유목 영토를 가지고 있었으므로 종족과 민족, 그리고 영토의 보호자격인 영혼들이 존재했다. 그들을 위해 제물을 바치는 특별한 의식을 수행했다. 그 의식의 이름은 타일가였다. 몽골 샤먼들은 언급한 신들과 영혼들 사이에는 선과 악으로 세분화된 매우 많은 다른 영혼들이 거주하는 세계가 있을 것이라고 생각했다. 그들 중에는 특히 불, 바다, 문지방의 영혼들이 존경받았다. 칭기즈칸의 몽골 법전 '위대한 야사'에는 이 영혼들을 모욕하는 것을 금지하고 이를 어기면 죽음에 이른다는 조항을 포함하고 있었다. 이를 위해 아궁이의 불을 뛰어넘거나 불에 물을 쏟는 것, 날카로운 물건으로 불을 건드리는 것, 불속에 지저분한 것이나 쓰레기를 던지는 것 등을 금지했었다. 또한 강물이나 호수의 물을 오염시키거나 그 물에서 씻고, 옷을 세탁하는 것 역시 허용하지 않았다. 물속에서 여성들이 목욕하는 것을 엄격하게 금지하는 법도 존재했었다. 문지방은 주변 외부 세계로부터 유르타(게르)를 나누면서 집안의 고요, 풍요, 행복을 지켰고, 밖으로부터 악이 들어오는 것을 막았다. 그래서 문지방에 서거나 앉는 것, 그곳을 지나면서 이야기를 하는 것을 금했다. 유르타에서 나갈 때 문지방에 걸려 넘어지는 것을 안 좋은 징조라 여겼다. 만약 이런 상황이 벌어지면 사람은 반드시 돌아들어가서 아르갈라(건조시킨 배설물. 예전에 유목민들은 연료로 이용했다)를 아궁이에 조금 넣어야 했는데, 이는 유르타로부터 행운과 풍요가 '나가는 것'을 막기 위함이었다(이슈잠츠 1975: 37; 쥬콥스카야 1988: 18~20).

위의 제시한 것 중 나는 문지방에 아마도 더 예스러운 다른 의미가 보존되어 있다고 지적하고 싶다. 몇몇 몽골 민족들에게 과거에 조상의 해골을 집의 문지방 아래에 묻어 놓는 풍습이 존재했었다는 기록이 있다(소드놈필로바 2005: 110). 위구르인들에게도 비슷한 관습이 존재했다. 그 관습의 시초는 머나먼 시대에 근거한다. 집에 죽은 이들을 매장했는데, 그 장소는 선조들의 영혼 거주지로 여겼던 장소인 아궁이 꼭대기나 문지방으로 언급되고 있다(체르네초프 1959: 153). 후에 죽은 이들을 부락에서 멀지 않은 곳에 조성해 놓은 무덤에 매장하기 시작했다. 위구르인들은 인간이 네 개의 영혼을 가지고 있다고 여겼다. 네 영혼은 환생되는데, 영혼이 거주하는 장소는 머리였다. 죽음 후에 4~5년 또는 일정 기간 동안 죽은 이의 땅에서 삶의 길이만큼 지나면 영혼은 출신 종족의 새로 태어난 아이들에게 들어간다. 여성의 영혼은 네 명의 아이들에게, 남성의 영혼은 다섯 명의 아이들에게 들어갈 수 있다고 여겼다(앞의 책: 139). 최종적인 죽음은 몸이 완전히 다 허물어졌을 때라고 보았다. 널빤지 또는 창고에 놓여 있었던 뼈들은 무덤에 묻거나 집안에 보존했다. 집안에 가장 자주 보존되었던 것은 해골 뼈였는데 (특히 살아생전에 부족 안에서 중요하고 존경 받았던 사람의 것), 이는 바로 후손들 속에서 되살아나는 네 개의 영혼이 거주하고 있다고 여겼기 때문이었다. 해골 뼈를 보존하던 장소는 아궁이 근처나 문지방이었고, 시간이 흐른 뒤에는 문지방 근처나 그 밑에만 보존했었다. 이것은 곳곳에서 존재했던 관습인, 죽은 이를 매장하기 전에 문지방 바닥에 머리를 누이는 것이 증명하고 있다(앞의 책: 143, 154, 155).

인용된 자료는 문지방은 선조들의 영혼들을 모셔 놓는 곳이라고 여겼던 위구르인의 생각을 잘 보여주고 있다. 친족이나 가족 일원들의 수는 그것들과 관계가 있었다. 몽골인과 투르크인 민족들은 먼 과거에 넓게 퍼져 있었던 문지방에 대한 그런 생각을 가지고 있었다. 고유의 몽골인들이 그랬던 것처럼 그들에게는 문지방을 밟지 않는 것, 문지방을 더럽히지 않는 것, 문지방 너머로 무엇인가를 건네거나 받지 않는 것 등등의 관습이 존재했다. 서부 바이칼 부랴트인들은 신부와 아이를 낳은 여자에게 '하얄가'라는 관습을 행했다. 하얄가는 집의 문지방 근처에 서서 신랑 또는 남편의 부모에게 선물을 증정하는 풍습이다(소드놈필로바 2005: 110). 그러한 관습은 까라깔빠끄인들에게도 존재했는데, 그들은 문지방을 신성한 것으로 여겼다. 신부나 아이를 낳은 여자는 문지방에 절을 하며 문지방을 지나가는 대가로 선물을 주면서 신랑이나 남편의 선조들의 영혼에 자신의 후손들이 구성원으로 받아들여지고 신부나 방금 태어난 아기의 입장에서는 새로운 일원으로 가족에 추가시켜 주기를 요청하는 것이라고 연구자들은 보고 있다 (에스베르게노프 2000: 181). 카자흐인들에게 있는 '레브츠라트'라는 관습에 따르면 죽은 이의 친척이 과부의 남편이 되었다. 만약에 여자가 오랫동안 그와 결혼하지 않으면 결혼을 요청한 사람들은 마지막으로 그녀의 손을 잡고 부탁하면서 그녀에게 이렇게 이야기했다. "우리들 중 누군가와 또는 문지방과 결혼해줘요" '문지방과의 결혼' 관습은 과부가 새로운 결혼 생활을 원하지 않은 채, 문지방에 위치하고 있는 죽은 남편의 영혼과 결혼 상태를 유지하는 것을 의미했다(톨레우바예프 2000: 175).

역사가 U. 라울프의 의견에 따르면 멘털리티는 사고, 감정, 행동 속에 물질화된다. 인간 활동이 발현된 결과물들 중 하나다. 멘털리티는 문화의 모든 다양한 모습이기 때문에 민족의 문화를 포함하면서 임의의 내용과 형식을 규정한다. 몽골 멘털리티에 대한 이야기를 옮겨오면서 나는 그것의 구성이 몽골 슈퍼 민족의 경계선에서 도덕적 이데아와 문화의 통일성이 발생하는 결과를 가져왔다는 것을 지적하고 싶다. 이런 통일성이 굳어진 데에는 몽골 멘털리티 발현의 최고 형태들 중 하나인 칭기즈칸의 '위대한 야사'가 큰 역할을 했다. '위대한 야사'는 전 몽골의 쿠릴타이에서 1206년에 공포한 몽골법과 법령의 서문으로 된 대전이다. 연구자들은 이 야사가 몽골인들에게 엄청난 존경심을 불러일으키게 했던 칭기즈칸 자신에 의해 이루어진 것이라고 가정하고 있다. 거기에는 다음과 같은 말이 쓰여 있다.

"내가 내 권력으로 다스렸던 스텝의 민족들에게 도둑질, 약탈, 간통이 보통의 일들로 일어나고 있다. 아들은 아버지에게 복종하지 않고 남편은 아내를 믿지 못하며 아내는 남편의 의지에 따르지 않는다. 또한 젊은이는 나이든 이를 인정하지 않고 부자는 가난한 이를 돕지 않으며 아랫사람은 윗사람에게 존경을 품지 않는다. 각지에 방종이 판을 치고 무제한으로 자신의 의지대로 하는 것이 일반화되어 있다. 나는 이 모든 것의 끝을 맺고 법과 질서를 세웠다(구밀레프 의 인용문 1997: 481)."

'야사'의 가장 위대한 민족 문화적 의미는 그것이 민족의 경계를 넘어 노 욘들과 고위급 귀족들의 입을 통해 보통 사람들에게 전해졌으며 거대한 영 토에서 하나의 통일된 법으로 하나의 통일된 정신적 문화의 가치를 확신했 다는 데에 있다. 그 결과 많은 고유 몽골인들과 그에 복종했던 민족들에게 서 차용되었던 전통과 관습, 그리고 최고의 문화 업적들은 국가의 모든 주 민들을 위해 동등한 단계에서 얻을 수 있는 일반적인 몽골인들의 것이 되 었다.

  '야사'는 한 시기에 바로 만들어진 것이 아니라 칭기즈칸이 그가 살아 있 는 내내 지속적으로 완성해 간 것으로 여겨진다. 1219년 법전에는 부분적 으로 다른 나라들에서 구성한 법들의 경험을 고려한 추가 내용들이 들어간 다. 최종본 '야사'는 1225년에 확정된다. Z. P. 루의 지적에 따르면 '야사'의 법이 공시된 것은 1219년으로 보고 있는데, 몇몇 연구자들이 제기했듯이 이것을 명확한 것으로 보고 있지는 않다. '야사'는 초원 민족들의 법과 금기 및 오랜 세월의 전통 등에 대한 법전이며, 정치적, 군사적 상황의 보관소였 다. 가장 크고 근본적인 새로운 제도는 몽골 사회의 종족 조직과 그 속에 포 함된 그들의 특권들을 폐지하는 것에 대한 필수 불가결성을 인정하는 것이 었다. 몽골인들은 '야사'의 의미를 깊게 느끼고 이해했으며, 그것을 준수하 지 않으면 범죄자로 여겼다는 것은 잘 알려져 있다. '야사'는 그들에게 있어 서 특별한 종교적 가치를 가지는 성스러운 문서와 같았다. 그래서 그들은 그 법전을 통해 각각 개인으로서 모든 사회의 근간이며 그것을 버리면 곧 자신을 버리는 것이라고 확신하면서 진실하게 살았다. '야사'는 모든 나라 의 개인, 가족, 그리고 사람들의 사회적인 삶과 연관되어 있었고, 전쟁의 시 기나 평화의 시기에도 그들의 행동을 규정했으며, 종교적인 의식을 치르는 데도 반드시 필요했기 때문에 몽골인들이 각 행동을 수행하거나 자제하는 것은 결국 이 '야샤'에 달려 있었다고 말할 수 있을 것이다(루 2006: 150).

황국의 모든 사람들에 의해 반드시 수행되어야 하는 고정된 서문으로 된 법의 규정과 명령서의 제작은 칭기즈칸의 다른 새로운 제도를 정착시켰다. 그것은 법규의 준수를 감독해야 하는 국가 최고 심판관의 의무를 만들어 낸 것이다. 에구세이에서 알려진 바에 따르면, 심판관은 전 몽골 최고의 법관으로 쉬기-후투후를 올려놓았다. 구르데레인-자르구는 이 과정에서 "국가의 모든 경계선 안에서 도둑질을 근절시키고 사기를 없애라. 죽음의 죄를 지은 자들은 죽이고, 벌 또는 벌금을 물어야 하는 죄인들을 벌해라"라고 지적하고 있다. 그리고 후에 다음과 같이 명령했다. "모든 언어로 주어진 '구르-이르겐'의 부분으로 나뉜 목록들을 책으로 엮어서, 푸른 목록인 '코코 뎁테르-비칙'에 기입해라. 또한 판례들도 같은 방법으로 기입해라. 그리고 쉬기-후투후의 관념에 따라 나에 의해 법으로 제정된 것과 하얀 종이에 파란 글씨와 관련된 책에 들어간 것은 영원히 어떠한 변화도 있을 수 없다. 모든 죄인은 그러한 변화에도 책임을 진다(코진 1941: 203)."

'야사'는 전권이 원본으로 우리에게까지 오지 못했으며 단지 몇몇 기록자들에 의해서 축약된 서술 및 부분만이 알려져 있다. 그럼에도 불구하고 '야사'는 작가의 법전 사상의 넓이에 대한 관념을 잘 전해 주고 있다. 보존되어 있는 단편들에 대한 연구는 국가가 성공적인 기능을 하기 위해 반드시 필요로 하여 골라낸 유목민들 시대의 관습들이 법적으로 상세하게 정리되어 있는 것을 보여 주고 있다. 칭기즈칸은 그때까지 남자들이 여자들을 훔쳐내고 가족들 사이에 반목과 전쟁이 종종 불같이 일어나 멈출 수 없었음을 알고 있었다. 그래서 새로운 법들은 아내를 훔치고 남의 사람을 잡아와 노예로 만드는 것을 금지시켰다. 왜냐하면 노예화하는 것은 항상 증오와 강제의 원인이었기 때문이다. 사생아들의 어려움과 비애를 고려하여

'야사'는 모든 어린이들을 정부인에게서 태어났든 첩에게서 태어났든 그에 상관없이 합법적으로 태어난 것으로 공표하였다. 또한 무사들 사이에서 종종 불화와 논쟁을 일으키는 여인들에 대한 매매를 금지하였다. 그러한 이유로 부부의 믿음이 깨지는 것에 대하여 엄격하게 금기시했고, 다양한 가족 출신의 결혼한 남자들과 결혼한 여자들 사이의 관계 또한 그렇게 여겨졌다.

가축을 약탈하는 것은 항상 죄로 여겨졌으나 모든 유목민들 사이에 퍼져 있는 실제 경험으로 남아 있었다. 이 때문에 상호간에 습격과 피의 반목이 발생하기도 했다. 이에 따라 '야사'는 가축을 절취하는 것은 이제부터 죽음으로 징벌할 것이라고 포고했다. 모든 것으로부터 다음과 같이 요구되었다. "만약 누군가가 낯선 동물을 발견한다면 법적 주인에게 반드시 돌려주어야 한다." 이것을 행하지 않은 자는 도둑으로 여겨 죽음의 처형을 당했다. 야생 동물 사냥에 관한 법 때문에 생기는 분쟁을 피하기 위한 목적으로 '야사'는 야생 동물의 교미 기간인 5月부터 10月까지는 사냥을 금지시켰다. 또한 겨울 사냥도 제한했는데, 사냥꾼들에게 생계를 위하여 필수불가결할 경우에만 공평하게 동물을 죽이는 것을 허락했다. '야사'는 몽골인들의 관습에 따른 들짐승을 사냥하는 방법과 그것을 가공하는 방법을 정리했다.

'야사'는 세계의 역사에서 양심의 자유에 대한 법을 최초로 개설했다. 모든 종교(불교, 기독교, 마니교, 이슬람)에 공평하고 평등한 법으로 제안하기 위하여 법전은 국가에서 제시되는 임의의 형식으로 사제들에게 사회 부역과 세금 납부를 면제시켜주었다. 후에 칭기즈칸은 국가에 이익을 가져다주는 전문적인 활동을 하는 사람들에게 이 특권을 확장시켰다. 여기에 해당되는 이들은 작은 기업가들, 의사들, 법조인, 선생님, 학자들이었다. 칸 작위를 위한 전쟁에서 반정부 활동으로부터 나라를 보호해야 하는 법도 '야사'에 포함되었다. 그 법에 따라 칸은 쿠릴타이에서 선택되고 확인되어야 했다. 선거를 제외하고 이 자리의 소유를 주장하는 이는 가족 누구를 막론하고 처형당했다. 그에게 사형을 내리는 권한은 씨족 구성원이 아닌 쿠릴타이가 가지고 있었다.

저질러진 죄에 대한 그룹의 책임은 법률로 규정되어 있었다. 이것은 한 사람에 의해 저질러진 죄에 대하여 그가 소속되어 있는 종족, 가족, 또는 군부대가 책임을 지는 것을 의미하였다. 군부대와 시의 학교를 포함한 모든 사회는 제국의 법과 질서를 준수하는 기능을 수행했다. '야사'에는 목동부터 위대한 칸에 이르기까지 모두 그것에 복종해야 한다고 언급되어 있었다. 사회의 정상적인 일상생활을 위해 이것을 받아들이는 것은 중요한 것으로, 국가에 법을 지배하는 원칙이 공포된 셈이었고, 동시에 세계에서 하나의 문명사회가 만들어지는 것이 늦지 않았음을 의미했다. '야사'의 다른 지시문들은 사람들 스스로에게도 주의를 주고 있다. "선하고 죄를 짓지 않는 이를 따르라. 어떤 민족이라도 현인들과 학자들을 존경해라. 서로서로 사랑해라. 음식을 나누어 먹어라. 도둑질하지 마라. 위증하지 마라. 배신하지 마라. 노인과 가난한 이들을 보호해라."

'야사'에는 국제법이 반영된 조항도 있었다. 그것에 따르면 대사들을 절대로 죽여서도 하대해서도 안 되었다. 전쟁 시작 전에 적군의 민족에게 저항을 하지 않을 경우 평안과 평화의 삶을 보장한다는 내용을 공포해야 했었다. 개별적인 법규에서는 큰 규모의 사냥에 참가하는 것이 모두의 의무라고 이야기하고 있다. 이러한 대사냥은 식량을 저장하기 위함과 전쟁 준비의 일환으로써 군 직무와 급사 직무의 호출과 세금 징수를 위하여 조직되었다. 세금의 부담은 부 또는 직위에 상관없이 사회의 모든 구성원에게 공평하게 나누어졌다.

형법에서는 살인, 신체에 해를 끼치는 것, 도둑질, 결혼을 존중하지 않는 것, 엿듣는 것, 두 명이 논쟁할 때 그 중 한 명을 제 삼자로 세우는 것 등은 벌을 받는 것으로 규정하고 있다. 군령을 어기거나 자기 맘대로 하는 행동은 심각한 죄로 여겼다. 즉 전투에서 도움을 주지 않는 것, 도망간 노예나 포로를 은닉하는 것, 도난당한 말을 소유하는 것, 벌금 지불을 거부하는 것, 장군 천막의 문지방을 발로 건드리는 것, 칸만이 아니라 다른 누군가에게 필요한 원조를 최고 사령관에게 호소하는 것은 벌금을 지불하는 것이 불가능했고 사기 행위를 하면 목숨을 빼앗겼다. 또한 몽골의 관습대로가 아니라 회교도 방식으로 가축을 죽이는 것, 유수에서 목욕하는 것, 물속이나 불속 또는 유르타 안에서 오줌을 누는 것도 같은 경우였다. 덜 심각한 죄는 벌금을 부과하거나 그것만큼 막대기로 맞는 벌을 받았다(필립스 2004: 38~40; 사이시얄 2006: 176~183; 우에제르포르드 2008: 157~165; 칭기시아나 2009: 463~477).

'야사'의 의미는 몇 가지 공식들로 요약할 수 있다. 즉 '법과 칸에 대한 절대 복종', '종교 및 영혼과 나이든 사람에 대한 숭배', '거지에 대한 자애로움', '사회와 가족의 삶에서의 예절' 등이었다. 이러한 의미를 가지는 '야사'의 도움으로 칭기즈칸은 스텝에서 만들어진 관습과 도덕에 국가법의 지위를 줄 수 있었다. '야사'는 국가의 주민들에게 평화를 가져다주었고 종족 간의 전쟁의 원인들을 없앴으며 정복한 나라들과의 관계를 조정했다. '야사'는 크지 않은 세분화된 종족에서부터 거대한 메타 민족 공동체(거대민족)에 이르기까지, 또한 낮은 군 행정 단위인 아르반(십인, 십장)에서부터 국가에 이르기까지의 모든 민족과 사회의 단계에 있는 사람들을 연합하면서 주민들을 단결시키는 강력한 수단이었다. '야사'는 몽골인들의 민족 정치적 통일 사상의 선동자와 수호자로서 등장했으며 민족들에게 위대한 칸에 대한 충성심, '영원한 푸른 하늘'로부터 나온 보르테-치노와 보돈차르의 출신에 대한 믿음인 민족의 근본 지배 요소들에 대한 단단한 확신을 민중들에게 조성하였다. 이 법전은 의심할 여지없이 민족 자의식과 몽골인들의 자기의식의 표현이 되었고 외국인들로 하여금 열광과 놀라움을 충분히 유발시키는 개인적 특징들을 반영하였다. 몽골인들에게 외교적 사명을 가지고 머물렀던 남송(南宋) 사절은 다음과 같이 썼다. "그들에게는 단순한 성격이 있고, 거기에는 깊은 고대의 영혼이 있다. 그들은 있는 그대로 자연스럽고 어떤 간교와도 낯설다. 그들 사이에는 젊음과 힘, 그리고 건강한 정신이 퍼져 있다. 그들의 관습에 상호간의 싸움과 논쟁은 없다(우르바나예바 인용 1992: 19)."

몽골로 보내진 프란체스코회 수도사 이노켄티 IV세 플라노 카르피니는 다음과 같이 지적했다. "몽골인들은 이 세상에 살아 있는 사람이든 영혼의 사람이든 속세에 있는 사람이든 간에 자신들의 군주에게 복종했고 존중했기에 그 앞에서 쉽게 거짓말하지 못했다. 그들 사이에 입씨름은 흔치 않거나 아예 없었다. … 거기에서는 중요한 물건을 훔치는 도둑과 강도 또한 발견되지 않았다. … 그래서 그들은 자신의 보석을 보관하는 창고와 수레를 빗장이나 자물쇠로 잠그지 않았다. 만약에 가축을 잃어버리면 가축을 발견한 누군가가 그것을 그냥 놓아주거나 가축의 주인에게 데려다 주었다. … 한 사람은 다른 사람을 매우 존중했고, 그들 모두는 서로 간에 사이가 좋았다. … 여행자의 관심은 몽골인들이 서로 간에 음식을 기꺼이 나누어 먹고, 음식이 없어도 어떠한 초조함을 표현하지 않는 것에 매료되었다. 또한 그들에게는 질투의 감정이 없고 항상 서로 도울 준비가 되어 있었으며 그들의 여인들은 참으로 현명하였다. 그들 사이에서 파렴치에 대한 것은 들어본 적이 없었다(카르피니, 루브룩 1911: 12~13)." 몽골인들과의 관계에 있어서 적대적이기까지 한 무슬림인들 및 다른 전집의 작가들도 이러한 그림을 그리고 있다. 그래서 '야사'를 제정하고 받아들인 몽골인들에게 질서와 안정의 시기가 도래했다고 쓰고 있는 작가들과 의견을 일치해야 한다. '야사'는 그것의 엄격한 적용으로 삶과 전통, 그리고 세계관의 형상에 있어서 그들을 가깝게 하였고, 국가에 살고 있는 민족들을 밀접하게 단결시켰다(호앙 1997: 174, 334, 335).

앞서 지적된 몽골인들의 개인적인 특징(나는 그들을 정직하고 솔직하며 도울 준비가 되어 있고, 신뢰가 가며 절제를 잘하는 사람들이라고 보고 있다)들이 한 사람에 의해서, 그리고 몽골의 한 장소에 의해서만 완성된 것이 아니기 때문에, 그런 특징들은 개별적 개인 성격의 단순한 결합이 아니라 몽골 민족의 수많은 대표자들에게 존재한 다양한 결합과 임의의 단계에 있는 전형적인 특징들이 고정된 것이라고 말할 수 있을 것이다. 당연히 이 특징들은 13세기에 많은 민족들에게서 나타났고 일반 사람들의 분류에 들어갔다. 그러나 이 경우에 그들에게 유일하게 나타난 것은 그 특징들이 몽골인들의 다양한 삶의 상황들과 관계하고 있으며, 또한 그들에게서만 가장 자주 그리고 명백하게 발현되었다는 데 있다. 따라서 이 시기에 그 특징들이 그들의 심리적인 창고의 중요하고 고유한 부분을 형성했다는 것을 확신하는 다음의 근거들이 존재한다.

이러한 특징들은 남성의 5가지 최고의 성질들과 여성의 8가지 최고의 덕목들과 공통점이 있다. 이 특징들은 몽골인들의 정신과 도덕성 및 본성의 기본 토대에서 정의되어 있고, 옛 몽골 경전인 '몽골의 논문에 있는 인간의 아름다움의 개념'(작가가 누군지 언제 쓰였는지 알려져 있지 않음)으로 규정되어 있다. 남성의 최고의 성질은 넓은 마음, 명석한 지혜, 불복종성, 진실함, 용맹함이고, 여성의 최고의 덕목은 정확성, 깨끗함, 정조, 말을 삼가는 것, 진실함, 충심, 합리성, 아들을 낳는 능력이다(루브산바단 1983: 49, 50).

　이러한 논문의 근간에 민족의 전통과 경험이 놓여 있고, 그들의 실제를 정립하는 것이 여러 세기에 걸쳐 이어져왔으므로 나에 의해서 언급된 몽골인들의 개인적인 특징들이(물론 여성과 관련된 것은 제외하고) 어느 정도 칭기즈칸 본래의 것이라고 이해된다. 그럼에도 불구하고 1990년대까지 러시아의 학술 자료 및 몽골 민족들과 관련된 많은 다른 자료들 속에서 그와 관련된 형상이 자신의 복종자들과 그가 있었던 곳이면 어디든 죽음과 파괴의 씨를 뿌리고 다녔던 피의 침략자로 묘사되어있는 것은 지적되어야 한다. 이 부분과 관련하여 M. 로싸비는 칭기즈칸과 그 시대의 몽골인들이 그들에 의해 침략된 민족들의 실록들에는 종종 '잔인하고 변덕스러운 침략자의 형상으로 묘사되어 있는 것'은 놀랄 일이 아니라고 쓰고 있다. 특히나 몽골인의 잔인성과 괴물성을 나타내는 불쾌하기 그지없는 장면들은 믿어지지 않을 정도라고 했다(로싸비 2009: 22).

　최근에 이런 상황이 다소 정정되었다. 특히 외국 작가들의 저서에서 몽골 칸의 보다 더 진실되고 생생한 형상이 제시되고 있었다. 그런 식으로 그는 재창조되었다. 예를 들어 Z. P. 루의 저서에서 그러했다. 그러나 나는 먼저 그에 의해 제시된 혹은 많은 흥미를 가지게 하는 칭기즈칸의 외적 형상의 묘사를 인용하겠다. 그는 다음과 같이 쓰고 있다. '우리에게는 칭기즈칸의 신체적 초상에 대한 묘사들은 충분치가 않다. 그리고 1221년 몽골인들의 나라에 사절로 왔던 차이나 송나라 장군 멩훈과 쥬쟈니(페르시아 작가)가 칭기즈칸의 초상에 대해 말하고 있는 것은 너무 미미하다. 첫 번째 사람은 칭기즈칸이 다른 몽골인들과 달랐는데, 왜냐하면 '큰 키에, 얼굴이 컸으며 긴 턱수염을 가지고 있었다'고 증명하고 있다. 두 번째 사람은 누가 호라

산에서 칭기즈칸을 보았는데, '그는 거대하고 단단한 골격을 하고 있으며 고양이 눈과 회색빛 머리카락을 가지고 있다'고 말했다는 정보를 주었다 (Py 2006: 254).'

칭기즈칸의 개인적 특징에 대해서 루는 다음과 같이 분석했다.

"… 그의 건강한 사고를 많은 사람들은 칭찬했고, 그는 듣는 재능이 있었으며 이해하기를 원하고 모든 면에서 반듯했다. 그는 배신하는 자에게 벌을 주고, 그 자에게 선과 진실성, 충성심, 그리고 명예를 가르쳤다. 몽골인들은 뇌물이 무엇인지 알지 못했고, 비록 가끔 그들이 탐욕스럽고 착취하는 모습을 보이긴 했지만, 그를 한 번도 산 적은 없었다. 칭기즈칸 그 자신은 특히 자애로웠고, 쉽고 단순하게 가지고 있었던 모든 것을 주었다. … 그는 비록 완전한 민족들을 멸하게 하는 재주를 가졌을지라도, 한 번도 무익하고 생각없이 잔인함을 보이진 않았다. … 모든 몽골인들이 공포를 비난했고, 그들뿐 아니라 종종 그들의 주변에 있는 문명화된 사람들도 공포를 느꼈다. … 몽골인들이 어떻게 죽었는지 충분히 여러 번 반복하였고, 실제로 그들은 무지몽매 때문이 아니라 … 그들이 악과 병 사이에서 보았던 유사성 때문에 그들은 이것을 했었다는 것, … 모든 병적인 현상들은 제거되었어야 했다. … 칭기즈칸은 교육의 가치를 알고 지적인 학자들과 교제하는 것을 좋아했다. … 그는 모든 만족감을 좋아했다. … 술을 마셨지만 한 달에 세 번만 취하라고 권했으나 이도 안하는 것이 좋다고 덧붙였다. … 그는 진심으로 자신의 사람들을 사랑했고, 그들의 고통으로 괴로워했으며 그들이 죽으면 절망에 빠졌다. 그는 우게데이가 전쟁에서 상처를 입었을 때 울었다. 그는 자신이 뜨겁게 사랑했던 손자 무투겐의 죽음에서 결코 벗어날 수 없었다. … 칭기즈칸은 황제의 장점과 위대한 감정을 가지고 있었다. … 그러나 그는 진실로 겸손했다. … 그는 계승자들로부터의 모든 숭배를 거절했다(앞의 책: 254~259).”

현재 심리학자들은 칭기즈칸의 단순하지 않은 형상의 문제를 연구에 연결하고 있다. 왜냐하면 개인성이라는 개념에 대한 연구는 무엇보다도 먼저 심리학에서의 특권이기 때문이다. 이는 매우 중요한 문제이다. 몽골의 여류 학자 M. 문흐체첵은 다음의 다양한 것들을 규명하고 드러내는 방법으로 칭기즈칸의 심리적 초상을 재구성하기를 시도했었다. 즉 인식되는 과정들의 요구와 동기의 영역의 특징들, 정치적인 결정을 받아들이는 스타일, 외적 상황에서의 행동 스타일, 품행에 관한 특징, 통치 스타일과 인물 사이의 관계 형성 스타일, 개인적인 감정 영역의 특징들이다. 문흐체첵은 나열한 질문들을 검토한 후, 국가, 정부, 정치 활동가로서 칭기즈칸을 명백하게 표현되는 권위적인 통치 스타일을 가지고 있었다고 쓰고 있다. 칭기즈칸은 의심할 여지없이 카리스마 있는 지도자였다. 그는 확신에 있어서 엄청난 힘을 가지고 있어 많은 사람들을 들어올리기도 하고 자신을 따르게 하기도 하며 그들의 행동에 영향을 미치는 재능을 가졌다. 그의 행동과 움직임은 스텝의 법규로 정의되었다. 그 법들은 적들에 대한 동정심을 제외시켰다. 칭기즈칸이 가지고 있었던 부족한 점들은 그가 국가를 위해 한 활동의 의미와 공적들, 그리고 결과물들이 보상해 주었다. M. 문흐체첵은 전체 결론을 다음과 같이 내렸다. 칭기즈칸은 그를 융성하게 해줄 만한 명료한 심리적인 특징들을 가지고 있었다. 즉 '감정적인 것보다 논리적인 구성의 우세함', '어떤 상황에서도 진지한 이성이 유지되는 능력', '타격을 받은 후에 격앙되면서도 스트레스를 극복하기 위한 의지가 동원되고 후에 정해져 있는 목표를 향해감' 등이었다. 칭기즈칸의 정치적인 경력에 있어서 최고로 가는 길은 단순하지만은 않았다. 그러나 승리는 타격보다 많았다. 어떠한 상황에서도 칭기즈칸은 자신의 확신을 한 번도 바꾸지 않았고, 이것이 승리의 보증이었다(문흐체첵 2006: 372~380).

나는 M. 문흐체첵 논문의 기본적인 상황들에 동의하면서 다음을 지적한다. 거기에는 현재 첨예하게 토론되고 있는 문제인, 칭기즈칸이 복종한 나라들의 공식적인 이데올로기에서 묘사된 그런 사람인지 아닌지에 대하여 밝혀지지 않은 채로 남겨져 있다는 것이다. 나는 이 문제에 대한 답을 형성하는 과정에서 칭기즈칸이 자신에 대해 언급했던 말을 가져와야 한다고 보는데, 그 말들이 바로 몽골 지도자의 성격에 대하여 많은 것을 말하고 있기 때문이다. 칭기즈칸의 삶의 근본이 된 좌우명 중 하나는 잘 알려져 있다. 즉 '악으로부터 자신의 내부를 깨끗이 할 수 있는 사람은 도둑들로부터 그가 소유한 전체를 깨끗이 할 수 있다'이다(라시드 앗 딘 19526: 260). 이 좌우명은 칭기즈칸이 내적 자기완성에 대한 질문과 자기 자신을 위해 덕망 있는 이미지를 창조하는 것에 많은 관심을 갖고 있었다는 증거이다. 그래서 그가 탐욕스러운 인간이었다는 것을 말하는 것은 자연스레 불가능하다. 또한 자기 칭찬을 떠올리게 하는 그의 말이 빈말이라고 보이지 않는다. 칭기즈칸은 유명한 도교의 사제인 장준과의 만남에 앞서 편지에 자신을 그런 말들로 특징지었다.

"나는 … 북쪽 스텝 지역에 거주하면서 나 자신 안에 방탕한 경향을 가지고 있지 않다. 나는 도덕의 순수함과 단순함을 사랑한다. 나는 화려하면서 중용을 따른다. 나에겐 하나의 옷과 하나의 음식이 있다. 나는 소와 말을 치는 목동들이 먹는 것을 먹으며 누더기를 입었다. 나는 민중들을 아이들 보듯 본다. 나는 재능 있는 자들을 형제 대하듯 걱정한다. 우리는 오래전부터 상호간의 사랑이 있었고 처음부터 그것에 동의했다. 나는 앞서서 다른 것들을 배운다. 나는 전쟁터에서 후퇴에 대하여 생각하지 않는다(칭기시아나 2009: 626)."

나는 칭기즈칸의 형상을 재건하는 과정에서 어떠한 경우에도 그가 거대한 국가의 통치자였음을 잊어서는 안 된다고 생각한다. 그의 뒤에 거대한 나라가 자리하고 있기 때문에 그의 각각의 행동은 그 나라에 놓여 있었던 책임의 기준으로 조건 지어지는 것이었다. 이 말은 다음의 널리 퍼져 있는 견해와 가장 직접적인 관계를 가지고 있다. 몽골인의 각 도처에 대한 침략은 복종하는 민족들의 입장에서 잔인함의 극단적인 형태의 비동기화된 현상과 동반되었다. 그러나 전 지역에서 그런 것은 아니다. 역사가들은 칭기즈칸의 잔인함을 표출했는데, 예를 들어 개인으로서 그가 가지고 있는 명예와 품위에 상처를 입었을 때, 그에게서 나라와 하나로 합해지는 감정을 느낄 때 표출했었다는 증거를 보여 주고 있다. 뿐만 아니라 그는 가까운 전우의 죽음을 복수해야 할 때의 경우에도 잔인했다. 당연히 모든 전쟁은 죽음과 강압, 그리고 파괴로 남았다. 따라서 몽골인들의 침략이라는 어두운 측면을 눈을 감아 버려서는 안 된다. 그러나 다른 측면에서 칭기즈칸이 저지르지 않았던 악행에 관하여 불충분한 증거로 책망할 가치는 없다. 그래서 나는 몽골의 칸은 무익하고 생각 없는 잔인함을 가지고 있지 않았다고 쓴 Z. P. 루가 옳다고 생각한다. 이것에 근거하여 나는 각각의 구체적인 경우에 대하여 사건의 가치에 객관적이고 무게있는 접근법을 요구할 필요가 있다고 생각한다.

전체적으로 몽골인들의 침략 과정에서 세계 주민들에 대한 그들의 무자비한 잔인함에 대한 명제를 다루면서 첫 번째로 다음과 같이 이야기해야 한다. 많은 학자들이 썼던 것처럼, 야수성과 잔인무도한 행위는 오래전에, 그리고 그리 오래되지 않은 유럽과 아시아의 역사 속에 있었고 뿐만 아니라 문명화된 세계에서 교육받은 사람들 역시 그것을 행했었다. 이런 행동들에 대하여 유럽의 연구자들은 그렇지 않았다면 거친 초원에서 성장하지 못했다고 설명한다.

둘째로, 연구결과들에서 반복적으로 제기되는 견해 또한 통째로 동의해야 한다. 모든 세상의 눈으로 제시되는 무자비한 강도와 야만인인 몽골인들은 다른 민족들의 실패와 부족함을 정당화하기 위한 속죄양이 되었다는 것이다(하자노프 2002: 471~472; 우제르포드 2008: 29). 예를 들어 D.우제르포드는 러시아가 서양의 기술 발전이나 일본 제국의 군사적 힘을 따라잡을 수 없었던 것은 칭기즈칸에 의해 야기된 끔찍한 몽골-타타르족의 압제가 원인으로 작용했다고 쓰고 있다. 페르시아가 자신들의 이웃나라들에 비해 발전이 뒤쳐진 것은 몽골인들이 그곳에 있는 관개 시스템을 파괴했기 때문이라고 했다. 차이나이 일본과 유럽에 비해 한참 뒤떨어진 것은 몽골 지도자들의 무자비한 착취와 압제가 그 원인으로 작용했다고 했다. 20세기에 몇몇 아랍 정치인들은 만약에 몽고인들이 거대하고 위대한 아랍의 도서관들을 불태우지 않고 그들의 도시를 공격하지 않았다면 무슬림 사람들이 미국 사람들보다 먼저 핵폭탄을 발명했을 것이라는 말로 자신의 추종자들한테 확신을 주었다. 2002년 미국 폭탄과 로켓의 도움으로 아프간 탈레반인들의 권력이 뒤집어졌을 때 탈레반 군인들은 미국의 침입을 몽골인들과 비교하였고, 몽골 침략자들의 후손격인 아프가니스탄에서 800년이 넘게 살고 있는 하자르인들에게 복수할 것을 결심했었다. 그 다음해에 미국인들이 사담 후세인을 권력으로부터 축출하고자 하는 목적으로 바그다드를 공격했을 때, 후세인은 몽골인들에 반대하는 유사한 비난들을 자신의 이라크 민족에게 보내는 마지막 호소들 중 하나로 이야기했었다.

정당화되지 않고 설명되지 않는 몽골인들의 잔인함에 대한 논제는 고정된 의심을 불러일으키고 있다. 왜냐하면 서로서로의 조화 속에서 사는 데 익숙한 유목민들로서 그들은 완전히 다른 도덕적 이데올로기의 우선권을 자기가 태어난 곳과 주변 세상에 접목하려고 했기 때문이다. 몽골 멘털리티의 반복적이지 않은 특징을 이루는 이 우선권들의 견고함은 국가 정치의 원칙 형식으로 '야사'에 공포되었는데, 이는 다음과 관계하고 있다. '영원한 푸른 하늘, 선조 종족의 유목 지역에 대한 숭배, 혈통과 우정의 법규들에 대한 준수, 주변 자연의 보존과 순수함에 대한 걱정, 집안 아궁이와 선한 인간 관계를 유지하는 것.'

위대한 푸른 하늘을 숭배하는 것에 대해서는 이미 언급했다. 유목 지역을 숭배하는 것은 몽골인들에게 있어서 보통 조국의 자연의 아름다움을 찬양하는 형태로 구현되었다. 그래서 이런 것들이 민족 구전 작품의 줄거리 속으로 들어간 것은 완전히 자연스러운 것이었다. 몽골 민속 작품들은 거대한 서사작이었는데, 거기에는 게세르, 장가르에 대한 영웅 서사시와 붐-에르데니, 하란구이, 하란구이 칸, 아우챰-메르겐 등등의 업적들에 대한 발라드나 작은 형태로 된 이야기집, 속담, 격언, 노래, 찬양 등등이 있었고, 목축을 하는 사람의 삶과 스텝(초원)의 아름다움과 맑은 강, 산, 그리고 계곡들을 찬양하고 있다. 몽골 민속학에서 강은 항상 깨끗하고 가축의 물을 먹이는 이상화된 장소로 등장한다. 끝이 없는 푸르른 목장들을 노래하고 향긋한 풀이 품어내는 신선함으로 가득 찬 목장의 공기를 노래하고 있다. 이 아름다운 자연 사이에 유르타-궁들이 배치되어 있었고 그곳에서 영웅들은 고기를 먹고 마유를 마시면서 연회를 개최했다.

여름에는 조상을 숭배하는 의식을 거행했다. 이 의식이 진행되는 동안 죽은 자들의 영혼에게 사전에 골라낸 말을 희생물로 찔러 죽여 만든 음식을 제물로 바쳤다. 제물로 바친 고기는 혈통이 가까운 순서에 따라 종족의 살아 있는 사람들이 나누어 가졌다. 제물을 바치는 의식의 과정에서 『몽골비사』에서 '위대한 멜로디'라고 명명된 노래가 불려졌다. 노래를 부르는 과정에서 노인의 유언을 간직하고 있고 종족 내부의 사건(태어남, 결혼, 일가친척의 죽음, 그들의 업적들 또는 죄)들을 주시하고 있는 종족 최고의 선조들의 영혼들을 불러들였고, '그 세상에' 살고 있는 자들이 땅의 모든 일을 알게 하기 위하여 1년 동안 있었던 일들을 보고했다. 이 '보고'는 제의적인 모티브로 수행되는 긴 서사 이야기 형태로 발현되었다. 선조들의 공양 의식은 종족의 삶에서 중요한 의미를 가졌다. 그것이 진행되는 동안 종족의 역사에 들어갈 만한 최근 사건들을 규정하였고 태어난 일원의 수만큼 종족의 족보를 채웠으며, 눈에 띄는 사람들을 찬양하고 부족한 친척들은 걱정했다. 즉 공공연하게 전체 의견이 형성되었고 표현되었다. 이 '보고'는 문자가 없었던 시기에 정해진 민족 환경에서 사회적인 정보를 계승하는 전달의 중요한 형식들 중 하나였다.

의식의 일부분이 수행된 후에 남성들의 용맹과 힘을 확인해 보는 활쏘기, 싸움(레슬링), 경마 대회를 개최했다. 계속해서 전체 연회가 진행되었다. 연회를 위한 음식은 친족의 어머니들이나 부인들이 준비했다. 여자들은 '위대한 멜로디'를 부르고 선조들에게 지내는 헌제와 관련된 그 의식에 참여할 권리가 없었다. 왜냐하면 엄격한 족외 결혼 관습을 준수함에 따라 부인들은 타 종족 출신들이었고, 의식은 부계 혈통 친족들만 수행할 수 있었다(빅토로바 1980: 61~62).

몽골인들의 세계에서 일차적인 토대들 사이에 특별한 위치를 차지하고 있는 것이 인간관계의 윤리였다. 왜냐하면 이 윤리를 준수하는 것에 따라 개별적인 인간들 사이뿐만 아니라 전체 종족 단체들 사이에서의 상호관계가 조화를 이루었기 때문이다. 종족 그룹들 사이에서의 관계는 '우룩' 개념으로 조정되었다. B. Ya 블라디미르쵸프에 따르면 우룩은 하나의 구체적인 종족의 일원들뿐만 아니라 한 명의 공통 선조 출신으로, 서로 간에 혈연으로 연결되는 일부 또는 많은 종족들의 일원들과 관계가 있었다(블라디미르쵸프 1934: 60). 예를 들어 신화적 인물 보르테-치노로부터 에르구네-쿤에서 형성된 몽골-다를료킨인들의 연합처럼 보돈차르를 자신의 선조로 여기는 니룬인들 역시 칭기즈칸에게 넓은 의미에서의 우룩이었다. 또한 그는 좁은 의미에서는 족외 결혼의 기준으로 연결된 보르즈드긴인들의 혈연 친척들 범위를 우룩으로 보았다. 이 점을 강조했었던 것 같은 '야사'에서 자신의 가까운 친척들이 반대하는 죄를 행할 가능성이 있는 경우에 칭기시드인들을 위해 제외시켰던 것은 우연이 아니었다. 빌릭('야사'에 포함되어 있는 칭기즈칸의 격언들) 속에 이런 점들이 이야기되고 있다. "만약 우리 우룩 중 누군가가 야사를 한 번 어긴다면, 말로 교훈을 준다. 만약에 그가 두 번을 어긴다면 빌릭에 따라 벌을 주고, 세 번을 어긴다면 그를 먼 지역으로 보낸다. 그는 그곳에 갔다가 돌아온 후에 정신이 번쩍 들 것이다. 만약에 그가 고쳐지지 않았다면, 쇠고리를 채우거나 감옥에 보낼 것이다. 만약에 그가 거기서 행동의 바른 기준을 체화한 후에 나온다면 더없이 좋을 것이고, 반대의 경우라면 모든 그의 가깝고 먼 친척들을 모이게 해서 조언을 하고 그를 어떻게 해야 할지 의논해야 할 것이다(라시드 앗 딘 19526: 263~264)."

사람들 사이의 관계에서 '최고령자', '친척들 사이에서 최고 상급자', '종족에서 최고 상급자'의 개념들 또한 중요한 조정의 역할을 했다. 칭기즈칸에 의해서 확립되는 행동의 기준들 사이에는 기본적인 요구 사항이 있다. "최고령자에게 가는 자는 노인이 질문을 주지 않았을 때 아무 말도 해서는 안 된다. 그리고 그는 이 질문에 따라 맞는 답을 주어야 한다(앞의 책: 260)." 친척들 사이에 최고 연장자는 연령에 있어 최고 연장자와는 달리 꼭 나이가 많아야 할 필요는 없었다. 만약에 삼촌이 연령상 자신의 조카보다 젊다면 그는 어찌되었든 종족의 예절에 따라 보다 높은 위치를 차지하였다.

종족에서 최고 상급자를 '베키'라고 불렀다. 이것은 종족의 숭상과 연결되어 있으며 특권을 이용하고 있었던 샤먼, 즉 첫 번째 사제를 그렇게 부른 것으로 가정되고 있다(블라디미르쵸프 1934: 49, 50). 종족에서 최고 상급자는 특별한 위치에 있었음을 『몽골비사』에서 볼 수 있다. 칭기즈칸은 전 몽골 칸의 왕좌를 차지한 후 전우들에게 상과 상금을 나눠주면서 우순 노인을 향해 이렇게 말했다. "몽골 법전에 따라 우리에게는 노욘 산 베키로 격상하는 관습이 존재한다. 보돈차르의 첫째 아들 바아린의 후손들은 그렇게 격상된다. 산 베키는 우리 종족의 가장 최고 상급자(연장자)로부터 온다. 산 베키를 우순 노인으로 받아들여라. 그가 산 베키로 격상됨에 따라 그에게 하얀 외투를 입히고 하얀 말에 앉혀 왕위로 모시고 가라. 그렇게 정하고 우리를 매달 그리고 매해 깨끗하게 할 것이다!(코진 1941: 216)."

『몽골비사』의 정보는 『집사』가 보증한다. "라시드 앗 딘은 쓴다. 칭기즈칸은 말과 다른 동물들을 온곤(샤먼의 영혼과 조력자를 형상화한 신체(神體))으로 만들었던 것처럼, 바아린 종족의 한 사람을 온곤으로 만들었는데, 즉 누구도 그를 칭할 수 없었고, 그는 자유로운 타르칸이 될 것이라고 말하고 있다. 이 사람의 이름은 얀기였다. 칸의 본진에서 그는 왕족들처럼 모두보다 높은 곳에 앉았고, 그는 칸의 오른편을 따라 입장했으며 그의 말은 칭기즈칸의 말과 묶여 있었다. 그가 완전히 노쇠해지자 칭기즈칸은 수카누트족의 누군가를 네 발로 엎드리게 하여 그의 등을 밟고 얀기가 말에 앉을 수 있도록 명령했다(라시드 앗 딘 1952a: 188~189)."

이 인용에는 우순 노인이 언급되어 있지 않지만, 이야기가 그에 대한 것으로 이해된다. 또한 연구자들은 라시드 앗 딘의 텍스트에서 실수가 있었다고 가정하고 있다. 즉 '얀기' 대신에 '베키'로 읽어야 한다는 것이다. 이는 누군가의 고유의 이름이 아니라 칭기즈칸이 바린족의 대표자 자격이 있는 자를 가볍게 부른 직위이다(바르톨드 1963: 458; 블라디미르쵸프 1934: 50). 만약에 지금 『몽골비사』의 인용된 단락의 마지막 문장의 의미를 고려한다면, '그렇게 (우순을) 정하여 우리를 매달 그리고 매해 깨끗하게 할 것이다'가 될 것이다. 베키는 실제로 몽골인들에게 있어 샤먼, 즉 첫 번째 사제의 직위였다는 데 의심할 여지가 없다.

베키가 어떤 종족의 숭상과 연관되어 있는지에 대해서는, 보돈차르의 장남을 바린-쉬라투-하비치라고 불렀다고 이야기하고 있는 『몽골비사』 43, 44 단락의 내용에서 명백해 진다. 보돈차르는 첩이 하나 있었는데, 그녀는 아들을 하나 낳았다. 아들의 이름은 조우레다이였다. 처음에 조우레다이는 종족의 헌제인 추겔리에 참석했었다. 그러나 보돈차르가 죽자 그는 아단하-우단하다이츠라는 다른 종족의 사람으로부터 태어났다는 의심을 받아 추겔리에서 제외되었다. 이탈한 조우레다이는 조우레이드라는 새로운 종족을 구성했다.

『몽골비사』가 증명하고 있는 바에 따라 바린-쉬라투-하비치가 보돈차르의 장남이나 바린 종족의 창시자였기 때문에, 당연히 그는 이 종족의 최고 첫 번째 사람으로서 베키로 불리기 시작했다. 몽골인들은 긴 자작나무 막대기에 추헬리라고 불렸던 제물로 받쳐지는 동물의 가죽을 매다는 헌제 의식을 샤먼에 의해 행했기 때문에, 베키는 자신의 직접적인 전문가의 사명에 따라 바린인들의 근본적인 종족 숭배와 밀접한 관계를 가지고 있는데; 그것이 바로 종족을 수호하는 영혼에게 바치는 헌제 의식이었던 것이라고 결론지을 수 있을 것이다.

고대 몽골의 관습에 따르면 가족의 재산은 아들들 사이에서 나누어졌다.

작은아들은 특권의 위치에 놓여 있었는데, 그는 아버지가 모은 모든 것을 상속받았다. 유르타, 집안 물건들, 가축, 목동과 사냥의 부속지를 포함한 유목지 등을 상속받았다. 그래서 작은아들을 '영주, 주인'을 의미하는 '에젠'이라는 별명으로 부르며 축하했다. 또한 가족의 아궁이를 수호하는 사람이었기 때문에 '불의 공작'이라는 의미의 '오데이진'으로 불렸다(블라디미르 쵸프 1934: 54, 111). 라시드 앗 딘은 이 현상에 대해 다음과 같이 썼다. "몽골인들의 관습은 이렇다. 작은아들은 집에 있었고 불은 집과 삶의 중심이기 때문에 그를 아궁이의 수호자라고 불렀다(라시드 앗 딘 1952a: 193)." 이 인용문의 마지막 단어를 통해 유목민들의 삶의 기본의 보호자로서, 아궁이의 수호자를 받아들여야 한다는 우르바나예바에 동의할 수 있을 것이다. 일반적으로 넓은 의미에서 이해되는 '최고 상급자'의 개념과 아궁이 수호자의 개념은 인간에 대한 몽골인들의 관념의 특수성을 표현하고 있다. 몽골인은 고립된 개인으로 자신을 받아들이지 않았고, 자신을 민족과 종족 조직의 부분으로 생각했다. 그래서 세대들 사이 혹은 개별적 사람들 사이에서의 관계 윤리(도덕)는 항상 몽골인들에게 중요한 의미를 가졌다(우르바나예바 1992: 10~12).

친족의 가치와 규정들은 몽골인들에게 어느 정도 근본적인 것이었으며 그것들은 낯선 외부인들과의 관계를 형성하는 데 있어서 모델이 되었다. 이 모델은 의형제를 맺는 제도의 형태로 형성되었다. 전체의 종족들은 의형제 관계가 되었다. 1201년 정도에 바르구진-토쿰 바르구트 선두 종족(민족)이 자발적으로 칭기즈칸의 권력을 자신의 위로 인정했을 때, 바이칼 호수 근처에 있었던 몽골 칸의 사신들인 엘드지긴 종족의 사르탁과 투루카드자르와 바르구트의 수령인 카단-아이인은 '충성을 맹세했다'. 그들은 '연합을 형성했고, 협정을 맺었으며 다음과 같이 말했다. "우리는 하나의 종족(우룩)으로서 서로 형제가 될 것이다. 몽골인들이 서로의 여자와 결혼을 안 하는 것처럼 우리 또한 그럴 것이다. 우리 중 각각은 어떤 다른 종족 출신의 여자와 결혼할 것이고, 결혼과 약혼에 대한 예절의 법칙에 따라 그것을 지켜나갈 것이다"(라시드 앗 딘 1952a: 166).'

의형제가 된 종족들은 그들이 원할 때까지 서로를 친척들로 여겼다. 그래서 그들 사이에 인위적인 친족 이데올로기가 지지되었고, 종족들은 서로 간에 결혼 동맹을 맺는 것을 자제했었다. 만약에 맺어진 '친족 연맹'이 금이 갔다면 이전까지 친척들로 여겼던 관계가 깨졌다.

여자나 신부를 교환하는 방법으로 결혼을 통해 종족들은 의형제가 되기도 했다. 그런 식으로 이루어진 관계를 '안드-후드'라고 불렀다. 한 종족에서 다른 종족으로 신부를 데리고 오는 관습 또한 존재했다. 이렇게 실용적인 동기에 인해 친족 관계가 되는 작은 종족들의 일원들은 남자들끼리는 결혼을 '후드'라 불렀고, 부인 쪽의 친족들을 '토르구드'라고 불렀다. 종족 사이의 결혼 동맹에 의해 모계 친족이 낯선 외부 사람들과 함께 발생함에 따라, 몽골인들은 어머니의 형제와 조카들 사이에 특별히 밀접한 친족 관계를 가지는 고대 관습을 준수했다. 라시드 앗 딘은 '관습에 의해 정해진 부인 쪽 삼촌들의 권리'가 존재했다고 쓰고 있다(라시드 앗 딘 1952b: 126). 그는 이 권리들이 어떤 것이었는지 지적하고 있지는 않지만, 서부 바이칼 지역의 부랴트인들에 대한 19세기 말~20세기 초의 자료가 이에 대한 관념을 주고 있다.

'어머니 쪽 삼촌' 또는 '어머니의 형제'라는 것을 의미하는 '나가사'라는 용어는 그들뿐만 아니라 모든 부랴트인들에게 있어서 넓은 의미를 가지고 있다. '나가사'라는 용어는 자신을 직접적으로 지칭할 때 사용되었을 뿐 아니라 삼촌의 아이와 손자, 그의 형제, 자매, 어머니, 아버지 모두를 뜻했다.

차이는 다만 조카가 구체적인 친척에게 호소하는 과정에서 나가사라는 단어에 상응하는 용어를 추가했다는 점에 있다. 그렇게 삼촌의 할아버지와 아버지를 '나가사 바아바이', 어머니의 자매를 '나가사 이지', 사촌을 '나가사 아하이' 등으로 지칭했다. 어머니 쪽 삼촌은 조카가 태어나면 걱정거리로 여겼고 조카의 결혼과 관련된 일에 가장 적극적으로 참여했었다. 관습에 따르면 그는 새로 태어난 조카에게 요람을 가져다주었고, 그가 결혼을 하면 잔치를 위해 말이나 소를 잡아 가져왔으며 신부에게는 좋은 선물을 가져다주었다. 결혼식에서 나가사는 보통 중요한 중매쟁이로 나섰고, 가장 귀하고 존경받는 손님들 중 한 명이었다. 그래서 나가사를 부인과 함께 신랑의 부모님들처럼 유르타의 명예로운 자리인 호이모르에 앉혔고, 다른 손님들은 종족에서 차지하는 위치에 따라 집의 벽을 따라 배정하고 아궁이 둘레 바닥에 앉혔다. 나가사에게는 투울레이라는 삶은 양의 머리를 가져다주었는데, 투울레이는 부랴트인들이 가장 존경하는 사람에게만 하는 접대였다. 나가사는 우유로 만든 보드카가 든 잔을 제일 먼저 받았고, 그 잔은 그로부터 둥그렇게 순서대로 손님들에게 전달되었다(Балдаев 1959: 9~11).

일반적으로 오늘날까지 모든 부랴트 그룹들은 어머니 형제들을 특별히 구분하였는데, 그들을 뿌리의 친척들 또는 심장(마음)의 친척들이라고 불렀다('Эльгэ зүрхэнэй, шуhа мяай түрэл'). 그들에게는 아주 오래 전부터 전해 내려온 표현 'Нагасын и ехэ үндэр'(직역하면, '어머니 쪽 삼촌의 하늘이 아주 높다')이 보존되어 있었다. 이 표현이 있다는 것은 중세 시대 몽골인들에게 모계 중심의 다양한 종족들 사이에서 친척들 간의 관계가 큰 가치가 있었음을 증명하는 중요한 것으로서 살펴볼 수 있을 것이다.

종족들 사이의 의형제 관계뿐만 아니라 개인적인 의형제 관계도 존재했다. 다른 종족 소속의 두 사람이 형제애 맹세를 하고 선물을 하거나 손가락에서 피를 교환했는데 이는 흔히 있었던 일이었다. 이렇게 하여 그들은 '안드'라는 의형제가 되었다. 『몽골비사』에서 알려진 대로, "의형제의 원칙(법)은 하나의 영혼으로서 안드라는 의형제가 되는 것이고, 죽음의 위험에 처했을 때 절대 그대로 남겨 두지 않고 서로를 구한다는 데 있었다(코진 1941: 117)." 이러한 의형제의 유형이 가장 잘 알려진 예는 테무진과 자무하 사이의 동맹이다. 가끔 안드 관계를 특별한 형태로 받아들였다. 에구세이의 의형제였기 때문에 케레이트의 왕-칸은 칭기즈칸의 양아버지가 되었다. 『몽골비사』 164 단락에 보면 '왕-칸은 …에서 칭기즈칸과 상봉했고 그들은 부친의 신분과 아들 신분의 맹세를 서로에게 주었다'. 칭기즈는 왕-칸을 향해 '아버지'라 했고, 왕-칸은 칭기즈를 '아들' 이라고 불렀다.

몽골 사회의 통일된 도덕적 이데올로기의 형성은 통일된 문화 공간 틀 밖에서 이루어질 수 없었다. 공통 문화의 진보는 문화의 총체성이 놓인 곳에서 강하게 집약되는 요소 역할을 했다. 문자의 출현과 확산, 전 국가의 문학 언어의 형성, 과학과 예술과 문학, 의학, 법학, 천문학, 역사학 등등 여러 다양한 지식들은 거대한 발전을 가져왔다. 특히 역사적 지식 분야에서의 높은 발전은 따로 분리되어야 한다. 구전된 전통에 근거하여 문자로 쓰인 역사가 발생했고, 몽골 민족의 사료편찬이 생겼다. 라시드 앗 딘의 『집사』에서 종종 언급되고 있는 칭기즈칸과 그의 후손들의 역사가 '알탄 뎁테르 (황금의 책)'라는 제목으로 처음 쓰였다. 이 '황금책'은 칸의 보물함에 보존되어 있었다. 1240년에 쓰인 몽골 민족의 역사 문화 사료인 '비밀의 몽골 역사' 역시 훌륭하다. 역사 전집들은 민족을 고유 역사에 관여시키면서 민족의식과 자기 자의식을 만들고 그것을 굳게 만드는 중요한 역할을 했다.

1210년에 공식적인 문자에 이어 몽골인들은 현재 그들에게 존재하고 있는 음력달력을 받아들였다. 그것의 기본 토대는 달의 상을 관찰한 것이었다. 1년은 12달로(각 달은 30일) 이루어졌고, 윤년에는 13번째 달이 추가되었으며, 봄, 여름과 가을 겨울의 시기로 연결이 되었던 계절을 봄, 여름, 가을, 겨울 네 개의 계절로 나누었다. 이것은 전통적인 업무 순환 및 기후의 특징들과 관련되어 있었다. 1267년부터 새해의 시작을 가을인 9월에서 봄의 첫 번째 초승달이 뜨는, 즉 이는 흔히 2월에 이루어지므로, 2월로 옮겼다. 새해의 첫 번째 달은 명절이었고, 차강 사르(하얀 달)라고 불렀다. 각각의 해는 쥐, 황소, 호랑이, 토끼, 용, 뱀, 말, 양, 원숭이, 닭, 개, 돼지 중 하나의 이름을 가지고 있었다.

12년은 작은 순환을 이루어 한 개의 큰 60년의 원을 이루었다(오르칠). 전통 달력은 몇 개의 목적이 있었다. 그것은 천문학, 농업, 시간 계산에 있어서 민중들에게 지식의 집합체를 포함하고 있었다. 민족의 특징과 미신을 보존하고 있었으며 미래를 추측하는 방법들을 제안하였다. 다른 민족들처럼 전통 달력은 민족 자의식의 요소로써 중요한 역할을 했다. 몽골인들에게 자신의 달력을 가지는 것은 매우 중요했다. 계승되는 사회 정보의 성질로써 몽골인들의 경험과 지식을 포함하고 있는 모든 것이 달력에 보존되었기 때문이다. 또한 그 정보는 민족 공동체를 통합하고 다른 민족들과 구별을 짓는 목적을 수행하는 근본적인 문화의 가치들 중 하나였다(빅토로바 1980: 65, 66, 69; 쥬콥스카야 1990: 20).

일반 공통 문화의 성장의 배경에서 민족 문화는 눈에 띄는 변화가 있었다. 한편에서는 민족 규합의 과정을 가져온 놀랄 만한 범위의 확대가 이루어졌고 또 다른 한편에서는 문화의 상호 작용과 상호 투영의 과정들이 폭넓게 발전하고 국제적인 형식들이 확대되는 원인이 되었다. 이러한 발전과 확대는 도덕, 관습, 민속적 전통, 인간관계의 문화에서 차이를 현저히 축소하거나 균등하게 만들었으며, 슈퍼 민족의 구성원으로 들어가는 민족공동체들의 정신적이고 물질적인 문화의 다른 구성 요소들 속에서 우리는 이것들을 보았다. 적지 않은 통일된 문화 형식들의 구성이 선두 몽골 민족의 문화로 합쳐져서 들어갔다는 것을 지적하는 것은 중요하다. 몽골 민족에 의해 하나의 요소들을 상실하고 다른 요소들을 얻은 것은 현존하는 다수의 몽골 민족들을 위해 특징지어지는 형식들을 만들어내는 결과를 가져왔다.

그렇게 13세기 몽골인들에게서 외국 여행객들이 보았던 '목 부분'이 있는 유르타는 사라졌다. 오래되지 않은 시점까지도 이 '목 부분'은 한 지역에서 보존되어 있었다. 아프가니스탄의 몽골인들에게 있었으며, 그들은 이것을 '칸아이-하르가'라고 불렀다. 하자르인들의 유르타의 골격은 격자 모양의 벽으로 이루어져 있고 지붕은 직선의 긴 막대기로 구성되었다. 이 막대기들은 아래 끝부분은 격자로 연결되어 있었고 윗부분은 60~70cm 지름을 가지고 있는 원형고리의 구멍에 꽂혀 있었다. 원추형의 단상은 이 원형고리에 고정되어 있었다. 원추형 단상은 두 개의 십자 모양으로 놓여지고 중간이 휘어진 두 개의 나무 봉으로 이루어져 있었다. 이 나무 봉은 가죽 끈으로 묶은 하나의 나무 매듭이 다른 나무 매듭으로 들어가서 두 개로 이루어진 것이었다. 프랑스 왕 류도빅 9세의 사신인 빌헬름 드 루브루크에 의해 언급된 '난로의 관과 유사한 유르타의 목 부분'은 이렇게 구성되어 있었다. 그것은 유르타가 나무로 된 형태로 현재의 것과는 달랐다는 것을 보여 준다. 칸아이-하르가는 펠트로 덮혀 있었는데, 놓인 형태나 재단된 본이 오늘날 몽골 유르타에서 볼 수 있는 것과 유사하다(빅토로바 1980: 56~57).

13세기 초반 십 년에 몽골인들에게는 분해 조립이 안 되는 이동할 수 있는 유르타가 있었다. 이 유르타는 4개 또는 2개의 바퀴가 있는 수레 위나 짐마차 위에 놓여 있었다. 후에 이것의 필요성이 사라졌다. 목축의 형태가 새로운 형식으로 변하였는데, 이는 보다 짧은 시즌 단위로 유목지를 바꿈에 따라 한 곳에 머무르는 기간이 길어졌기 때문에 분해 조립이 가능한 형태의 땅위의 유르타가 제 일선으로 나왔다.

의복에 있어서도 눈에 띄는 변화가 있었다. 13세기에 몽골에 시집 간 여인들은 불편함 때문에 긴 모자인 보그탁를 사용하지 않았다. 루브룩은 그 모자에 대하여 다음과 같이 자세하게 묘사했다. "게다가 그들은 머리에 장식을 썼다. 이 장식은 '보까'라고 명명되어 있고 나무껍질 또는 다른 재료로 만들어졌는데 … 그것은 길어서 팔꿈치보다 더 내려왔고 위로는 기둥머리처럼 4각으로 이루어졌다. 그들은 이 보까를 값비싼 비단 천으로 덮었다. 보까의 안은 비어 있었고, 중간에 기둥머리 위로 … 그들은 나무줄기나 깃 또는 얇은 갈대로 된 막대기 모양의 것을 달았는데, 길이가 팔꿈치보다 더 내려왔다. 그리고 이 막대기 위를 공작새의 깃털이나 … 숫물 오리의 꼬리 깃털, 값비싼 돌들로 장식했다. 부유한 부인들은 이 장식을 꼭대기에 적당하게 구멍이 나 있는 모피로 만든 모자에 깊게 묶어 머리에 썼다. 그들은 묶어 둔 자신의 머리카락을 보까 안으로 숨겼다. 그리고 나서 이 보까를 턱 밑에 단단히 묶었다. 이 때문에 많은 여인들이 함께 다닐 때, 만약 그들을 멀리서 본다면, 그들은 머리에 솟아 오른 창이 있는 투구를 쓰고 있는 군인들로 여겨졌던 것이다. 즉 보까는 투구로 여겨졌고, 막대기는 위로 솟은 창으로 여겨졌다(카르피니, 루브룩 1911: 77)."

13세기 초 몽골인의 옷은 현재의 불교 라마승의 의상을 상기시켰다. 윗깃의 가슴 부분은 현대의 옷에 있는 넓게 계단처럼 돌출된 특징적인 부분이 없었다. 겉의 왼쪽 깃, 목 부분의 잘려진 부분과 오른쪽 내부 깃을 따라 길고 조금 둥글게 된 천으로 된 줄을 꿰매었는데 그 모양이 숄로 된 깃 같았다. 북경역사박물관에 보존되고 있는 칭기즈칸의 유일한 초상화에 그런 유형의 옷을 입은 것으로 묘사되어 있다. 가능성이 충분하기에 나는 이 초상화가 그려진 시대에 대한 정보를 인용할 것이다. 초상화는 칭기즈칸이 살아 있을 때 그려진 것이라는 가정이 존재한다(호앙 1997: 332). 유감스럽게도 이 가정을 옹호하는 사람들은 자신의 주장에 맞는 어떠한 근거도 가져오지 못하고 있다. 또한 칭기즈칸의 생존 중 초상화는 하나도 없다는 다른 견해가 존재한다. "모든 다른 정복자들과는 달리, 칭기즈칸은 천이나 돌 또는 동전에 자신의 모습을 그리는 것을 허용하지 않았다"고 D.우제르포드는 확신하고 있다(우제르포드 2008: 25~26). 한편 사이쉬얄은 다음과 같이 쓰고 있다. "1962년에 중화인민공화국 문화부의 임명에 따라 창단된 특별위원회는 몽골 칸의 초상화를 세밀하게 연구하였다. 연구 결과 위원회는 초상화가 칭기즈칸의 젊은 시절의 모습이 아닌 중년의 모습을 그린 것이라는 결론에 도달했다. 칭기즈칸이 죽은 후에 초상화를 그리는 작업이 수행되었고, 복사본이 아닌 원본이라는 것이 밝혀졌다. 그림의 작가는 아마도 『원사』 속에서 언급되었던 호리호손이라는 칸 궁의 초상화가인 것으로 보인다. 거기에는 다음과 같이 쓰여 있다. 희왕 15년(1278년) 11번째 달에 칭기즈칸의 밝은 모습을 그리라는 명령이 호리호손에게 떨어졌다(사이쉬얄 2006: 38~40)." 인용된 내용은 아마도 좀 더 확인해 보아야 하나, 관심을 가져야 하는 데는 논쟁의 여지가 없다.

현대 몽골 의상에서 반드시 들어가야 하는 디테일은 선 깃을 꿰맨 것과 '엥게르'인데, 이것들은 17세기 정도에 만주인들로부터 몽골인들이 차용한 것이라는 의견이 넓게 퍼져 있다. 하지만 사료들은 13세기 몽골인들의 옷에 이미 이 요소들이 등장했었다고 증언하고 있다. 차이나 여행자 펜 다이는 1233년 그가 본 몽골인들의 의상을 다음과 같이 묘사하고 있다. "상의의 깃은 오른쪽으로 말아 올려져 있고, 앞섶은 사각형으로 되어 있다. 예전에는 옷을 거친 모사나 가죽으로 꿰매어 만들었는데 지금은 아마나 비단으로 만든다. … 그리고 이것은 귀족들이나 비천한 사람들 사이에 차이가 없었다(링 균–이, 문쿠에프 1960: 140)." 펜 다이의 정보에 쉬친은 아주 중요한 내용을 추가하여 해석을 부가했다. '앞섶은 사각으로 불렸는데, 왜냐하면 그것은 외형상 4개의 각(사각형)처럼 생겼고, 옷깃에 대해 보자면, 차이나인들이 자신의 가운—ㄹ 그런 식으로 했다. … 게다가 타타르인들은 붉거나 보라빛의 비단 줄을 옷의 허리에 횡단으로 묶었다. 이 비단 줄을 허리띠라 불렀다. 아마도 그들은 말을 타고 다닐 때 허리띠를 단단하게 둘러, 허리띠가 선명하게 드러나고 붉게 보이기를 원했던 것으로 보인다(앞의 책: 140).'

이런 식으로 몽골 국가 건설의 과정에서 대략 13세기 상반기에 민족 계급에서 최고의 분류군인 슈퍼 민족이 형성되었다. 그것의 존재와 통일성은 도덕적 이데올로기와 문화적 총체성의 공통 정신세계에서 발현했다. 몽골 슈퍼민족의 핵은 신화적이면서 실제인 보르테–치노와 보돈차르가 천상의 출처를 가지고 있다는 것에 근거한 공통의 사상과 보르즈드긴족 주변에서 규합된 삼강 몽골인들인 다를료킨–니룬 그룹으로 구성되어 있다.

6
원나라의 파멸과 몽골 거대민족 공동체 의 붕괴
– 현대 몽골 민족의 형성 –

칭기즈칸은 초원의 주민들을 연합하여 자신의 권력 아래로 놓는 문제를 해결한 후 관심을 외부 영토 확장으로 전환하였다. 이는 이미 몽골 공동체의 통합과 강력한 중앙 집권이 완료되었음을 증명한다. 현대 유목학 연구에서는 유목 국가는 자신들의 내부 자원만 가지고는 오랜 기간 존속할 수 없다는 견해가 꾸준히 형성되어 왔다. 살기 위해, 또 발전하기 위해 국가는 정착 주민에 의해 제시된 외부 세계의 부분을 자신의 일부로 병합시키거나 또는 이주민들을 자신들에게 복종시켜야 했다. 복종시키는 방법들 중 하나는 침략이었다(바로비예프 1975: 116; 하자노프 2002: 364~365; 흐라파체프스키 2004: 120).

첫 번째 거대한 규모의 습격은 나라 경계 밖 남쪽의 이웃 국가인 탄구트의 서쪽 지역들이었는데, 그들은 몽골인들에 의해 엄청난 피해를 입었었다. 그때 그들은 아직 국가 기구의 형성과 군대 조직이 마무리되지 않았을 때였다. 이 습격의 목적은 영토 침략이라는 점에서 중요한 것이 아니었고,

정착 국가에 반하는 세력에 대한 힘의 본보기를 보여 준 것이거나 혹은 영토 답사라는 국소적 의미가 더 컸다고 보고 있다(동양의 역사 2000: 375; 흐라파체프스키 2004: 120; 로싸비 2009: 26).

국소적 의미를 가진 습격이 아닌, 잘 준비하여 접근한 것으로 몽골인들의 군사적 행동은 1207년 에니세이로의 습격이었다. 이것이 특별한 목적이 없었다거나 칭기즈칸이 단순히 '타이가에 거주하고 있는 북쪽 사냥꾼들의 충실함을 확인하고자 했다'는 의견에는 동의할 수 없다(그루쎄 2000: 139; 루 2006: 156~158). 이 접근과 관련된 사건들은 상세한 형태로 다음 장에서 검토될 것이다. 여기서는 짧게 다음과 같이 지적한다. 원정을 지휘했던 조치[10] 앞에 두 개의 중요한 문제가 있었는데, 이는 완전히 해결되었다. 첫 번째 문제는 자무하와 동맹국이었던 북서 몽골의 오이라트인들을 최종적으로 복종하게끔 하는 것이었고, 두 번째 문제는 에니세이 중류에 살고 있는 키르기즈인들의 복종을 이끌어 내는 것이었다. 마지막으로 모든 사얀-알타이의 고지가 자신의 통제하에 들어옴에 따라, 재탄생한 몽골 제국의 구성으로 이 지역을 포함하는 것은 이 지역 주민들이 자동으로 복종하게끔 되는 것을 의미했다. 『몽골비사』에 의하면 "조치는 거기서부터 시작하여 하카스-미누신스크 분지서부터 우리 쪽으로 오는 방향을 따라, 모든 숲속의 민족들을 몽골의 권력 아래로 받아들였다(코진 1941: 239)."

칭기즈칸은 성공적으로 이룬 원정에 대해 자신의 첫 번째 아들에게 사얀-알타이를 영지로 하례했다. 후에 칭기즈칸에 의해 현대의 카자흐스탄과 중앙아시아가 정복된 후, 카얄르익 경계와 호레즘부터 볼가 강의 불가리아 황국 경계에 이르기까지, 그리고 이르티슈 강부터 서쪽에 이르는 넓은 땅이 조치의 영지로 들어갔다(클랴슈토르느이, 술타노프 2000: 183). 조

---

10) 감수자 주: 보지긴 주치(1181~1227년), 칭기즈칸의 큰 아들. 묘호는 목종, 시호는 도녕황제

치가 원정에 간 시기와 에니세이에서 원정이 종료된 후에 그곳에서 갑자기 키르기즈인들과 다른 종족들의 동요가 일어났고, 연쇄 반응에 의해 에니세이 상류 지역에 거주했던 투마트인들이 두 군데에서 크게 봉기하여 절정을 이루었다. 동란을 억압하기 위해 칭기즈칸은 징벌 부대를 보냈고, 충돌의 과정에서 봉기자들뿐만 아니라 몽골인 자신들도 큰 손실을 입었다. 칭기즈칸에게 에니세이의 가장 큰 손실은 가까운 전우 중 한 명이었던 보라굴의 죽음이었다.

언급된 기록의 모든 것을 고려하면 다음과 같이 가정이 가능하다. 몽골인들의 정복 원정의 시작은 그들이 북차이나을 침략했을 때인 1211년이 아니라 에니세이 원정을 진행했던 1207년으로 보아야 할 것이다. 내 관점에서는 몽골인들의 정복 정치의 시작을 정착민들의 영토를 흡수하는 것과 관련시키는 것은 거의 가치가 없다고 본다. 몽골인들의 군사적 행동이 영토 확장의 대상에 대한 태도에 따라 어떤 특징과 어떤 목적을 가졌는지 당연히 고려하며 잘 알려진 연대기적 사건들을 좀 더 합목적적으로 지지해야 할 것이다.

이후 사건이 어떻게 진행되었는지는 잘 알려져 있기에 상세하게 다시 이야기할 필요는 없을 것이다. 전반적으로, 13세기 중반에 북차이나과 탄구트 정부, 중앙아시아, 트랜스카프카즈(아제르바이잔, 그루지야, 아르메니아의 3공화국을 포함한 지역명), 이란, 러시아의 많은 땅들이 침략을 당했다. 전 세계 제국 중 가장 드넓고 강력한 제국이 형성되었는데, 칭기즈칸의 손자 뭉케(1251~1259)의 통치하에 동쪽의 아무르 강과 황해부터 서쪽의 두나야와 에브프라타에 이르는 곳을 차지했었다. 뭉케의 죽음 후 몽골 제국은 붕괴되기 시작했다. 황금 부족과 훌라구이도프라는 독창적인 국가를 형성했던, 바투(1236~1255)와 후랄구-칸(1256~1265)이 몽골 제국으로부터 가장 먼저 떨어져 나갔다. 그들은 몽골 왕조 권력 치하에서 제국의 일을 간섭하지도 않았고, 동시에 자신의 일에 그들의 간섭을 허용하지도 않았다. 뭉케의 뒤를 이은 계승자는 그의 형제인 쿠빌라이(1260~1294)였다. 쿠빌라이 통치하에 있을 시기에 차이나 침략이 이루어졌다. 쿠빌라이와 그의 계승자들의 제국은 원(元)이라 불렸다. 1368년에 몽골인들은 봉기를 일으킨 민족들에 의해 차이나에서 쫓겨났다. 1368년 쿨리코바 전투는 루시 (고대 러시아)에서 몽골의 통치를 전복하는 시발점이 되었다. 14세기 하반기에 이란, 자카브카지예, 중앙아시아의 몽골 국가는 몰락했다. 14세기 말원-몽골 제국은 멸망하였다. 이 제국의 몰락과 함께 연이어 남 몽골, 할하, 중가르 몽골이 바로 붕괴되었다. 이들 각각은 수많은 작은 영지들로 나누어졌고, 통일 몽골인의 슈퍼 민족이 몰락하는 과정이 시작되었다. 그리고 만주의 금나라가 몽골을 정복한 후 한때 가장 강력했던 제국이 완전히 멸망하였을 때, 그 제국의 폐허 속에서 현재까지 존재하는 새로운 젊은 몽골 민족들이 발생했다.

제 III 장
부랴트 민족체의 형성

1
부랴트인들의 고대 민족 발생 단계에 대하여

　현대 민족관련 학문은 민족의 기원을 역사적으로 세 단계로 나누고 있다. 첫 번째, 고대민족 발생 단계인 원시 사회에서 다양하게 분류되는 단계의 (민족 언어학의 메타 공동체들을 포함함)민족 공동체들이 형성되었다. 두 번째 단계인 중간 민족 발생 단계는 계급 이전 사회에서 초기 계급 사회로 이동하는 민족체들이 발생하는 단계이다. 이 과정에서 하층민족과 상층민족의 상호작용 및 민족들의 이주와 혼합이 중요한 역할을 한다. 세 번째 단계는 새로운 민족 발생 단계인데 발전된 계급사회의 민족과 관련이 있다. 이 단계에서는 몇몇 특출나게 구성되었던 민족들이나 그들 일부(종종 발생한 이주민들)의 상호작용으로 새로운 민족 공동체들이 형성된다(전서 1995: 148). 신 민족 발생의 단계는 러시아를 포함한 지구상 모든 지역들이 포함된다. 1990년 후에 국가들의 재탄생과 민족들의 발전과정에서 러시아에는 민족 공동체들이 나타났다. 그 공동체들은 국가 통치부의 조치에 의해서 러시아 연방의 토착 소수민족들의 범주에 포함되었다. 시베리아에서 그러한 지위를 받은 민족들은 케트, 쿠만지, 소이오트, 텔렝기트, 텔레우트, 투발라르, 첼칸과 그 외의 여러 민족들이었다. 현재 그들은 북부, 시베리아, 극동의 토착 소수 민족들 목록에 들어가 있다.

다른 한편 시베리아의 소수 민족들과 같이 존재하는 이들보다 큰 규모의 거대한 민족들이 존재한다. 이들의 발생은 계급 사회로의 이동 시점과 연관되어 있는데, 즉 민족발전 단계에서 첫 번째와 두 번째 단계에 해당하는 것이다. 그러므로 이런 두 단계가 포함되는 민족들은 이 두 단계를 나누지 말고 같이 검토를 해야 한다. 이는 임의의 민족 발생에 있어서 개별적인 요소들이 가장 처음 이루어지기 시작했을 때부터의 과정을 보다 꼼꼼하게 살펴봐야 하는 것이다. 그러나 문제는 많은 민족들이 형성되었던 시기에는 대부분이 문자가 없었던 시대였기 때문에 당시의 구체적인 상황을 모르는 것이다. 그러므로 지금은 여러 연구자들이 전해져 오거나 혹은 다른 민족형성에 관한 연구자료를 활용하여 각자의 의견을 제출하기 때문에 하나의 의견으로 통일되기가 어렵다. 이러한 상황에서는 고대 민족 발생 단계의 말기와 관련한 연구를 진행할 필요가 있는데, 중간 민족발생 단계의(2단계) 전기에 관련한 자료를 통해 1단계 민족 발생 단계의 연구도 충분히 가능성이 있다고 본다. 필자의 생각으로는 이 단계는 임의의 민족이 가지는 관계에 따라서 고유의 민족 발생 단계로 불러야 할 것이다. 바로 부랴트 민족사에서 민족 발생 단계의 연구는 이런 방법에서 독자들의 관심에 부응하고 있다.

나는 여기서 다음의 내용을 미리 언급하고 싶다. 나는 이 연구를 하는 동안 이 민족의 모든 것에 대하여 파헤치지 않고, 언어와 문화 공동체의 구성과 공동체의 심리적 상태 등에 대한 문제에 관해서만 연구를 하였다. 이런 과정들이 서부 바이칼과 동부 바이칼 지역에 남아 있었고, 2단계 민족발생 단계의 특징도 남아 있었다. 2단계의 여러 가지 문제들에 대하여 E. M. 잘킨드는 논문에서 명료하게 밝혔다. 그의 분석은 계속해서 다음에 제시될 것이다.

부랴트 민족체는 5개의 세분화된 기본 민족들로 구성되어 있는데, 불라가트, 에히리트, 혼고도르, 코리족 공동체와 셀렝긴스크 부랴트인이라 불리는 영토와 인구면에서 거대한 그룹이다. 이들 중 셀렝긴스크 부랴트인들의 출처는 명백한데(그들 일부분은 17~18세기에 몽골에서 보낸 종족들로 구성되어 있고 다른 부분은 타국인들, 특히 서부 바이칼 지역의 불라가트-에히리트 부족들로 구성되어 있다), 나머지 네 개의 그룹들은 비록 모든 측면들이 공통의 특징이 있다 하더라도, 그들 특징이 비슷하게 나타나지는 않는 견해들이 있다. 이런 문제에 대하여 언급된 모든 스펙트럼을 종합하자면, 근본적인 학술적 논쟁은 다음 두 개의 의문을 중심으로 진행되고 있다는 것이 명백해진다. 첫째는 최초의 소속 민족이 몽골인 또는 투르크인이고, 둘째는 토착민 또는 바이칼 근처 지역과 관계된 타국인 불라가트, 에히리트, 혼고도르, 코리인 이라는 것이다(루만체프 1962a; 칙덴담바예프 1972; 에구노프 1984; 조리투예프 2005; 코노발로프 1999; 니마예프 2000; 난자토프 2005; 다쉬발로프 2005). 그러나 아직은 학자들간에 완전히 통일된 견해에 도달하지 못하고 있다. 이는 연구자들의 방법론과 이론적인 배경들이 다양하고, 실제적인 자료와 사료에 대해 가지고 있는 지식의 정도가 그들이 이해하고 있는 문제에 영향을 끼치고 있기 때문이다.

논쟁이 있는 문제들 중에서 가장 어려운 문제들 중 하나는 역시 바이칼 근처에 최초 몽골인들이 언제 출현했느냐에 대한 시기의 문제이다. 1958년에 출판된 A. P. 오클라드니코프의 논문을 보면, 11세기에서 12세기에 앙가르–레나 지역으로 몽골인들의 첫 번째 침투가 이루어졌고, 그 침투는 바이칼 근처에 살고 있었던 투르크 주민들을 몽골인들로 완전히 교체한 것으로 보았다(오클라드니코프 1958: 200~213). 이 연구는 연구자들에게 많은 영향을 주었다(세다키나 1964: 430; 루만체프, 빅토로브나 1968: 381; 아세예프 1980: 142, 143; 미하일로프 1980: 210; 에구노프 1984: 213~221). 그렇지만 다음을 유의해야 한다. 초기 몽골인들이 언제 바이칼지역으로 이동을 하였는지에 대한 것은 기록에 남아 있지 않으므로 그대로 믿을 수는 없다는 것이다. 이러한 상황 속에서 후대 일지라도 문서로 된 사료들의 내용은 중요하다고 본다. 사료들은 그것을 적합하게 인용해 읽는 과정에서 연구자들에게 중요하고 필요한 정보를 줄 수 있기 때문이다.

이와 관련하여 제1장에서 언급했던 것처럼 『집사』에서 글자 그대로 '물의 망군'이라고 번역되는 명칭의 우수투–망군 몽골 종족이 앙가라 계곡에서 거주 했다는 언급이 존재한다는 사실은 크게 주목된다. 나는 몽골인들의 선조들이 아르군 강(에르구네) 오른편 강변의 에르구네 쿤이라는 장소에 자리하면서 자신의 이웃들로부터 후에 지금의 몽골로 받아들여진 망골이라는 이름(그 의미는 '망구 강에 사는 사람들')을 받았다고 썼다. 단수 형태로 쓰인 망군이라는 이름은 부족명 망골의 한 변이형이며, 후에 그것을 사용한 자들이 에르구네 쿤에 위치했었던 민족 공동체의 일부분이 되었다. 아르군에서 몽골인 선조들의 생존 수단은 사냥과 낚시였기 때문에 주변 사람들은 그 종족이 종사하는 생업에 따라 그들을 망골뿐 아니라, '물의 망골인들'이라는 의미의 우수투–망골이라고 불렀었다. 이 명칭은 몽골인들에게 13세기까지 보존되었다.

내 추측으로는 8세기 초에 우수투–망골인들의 엘리트층(라시드 앗 딘에 따르면 우수투–망군인들)은 치노족의 우두머리로서 언젠가 몽골인들의 선조들을 위협했고 그들을 아르군으로 내쫓았던 위험한 이웃인 투르크인들로부터 거리를 두면서 앙가라 근처로 이주했었다. 북동쪽 동돌궐의 영토는 아르군 계곡까지 차지하고 있었다. 카가나트 북쪽 경계선은 바이칼의 남쪽과 맞닿아 있었다. 호수 양쪽으로 거주했던 텔레스 부족과 투큐스인들의 관계는 매우 날카롭게 대립하고 있었다. 그래서 이 지역은 카가나트의 투르크인들의 영향권에 들어가지 않았다. 앙가라에 도착한 우수투-망군인들은 망구라는 지역에 정착했다. 망구의 장소 위치정보는 사료들 속에 보존되지 못했다. 얼마의 시간이 지나서 몽골인들의 일부분은 바이칼의 동쪽 측면인 바르구진 계곡으로 건너갔고, 8세기~9세기 경계쯤에 오논으로 이주했다. 이 지점에서 몽골인들의 중세 역사의 에르구네 쿤의 시기가 끝이 났다.

앙가라에 우수투-망군인들이 출현한 것은 바이칼로 몽골인들이 최초로 침투한 것이라고 볼 수 있다. 또한 이는 바이칼 토착 거주민들 민족사에 있어서 급격한 변화를 가져왔다고 가정할 수 있다. 가까운 미래에 다양한 사료들이 이러한 내용에 근거하여 앙가라에 있는 구체적인 장소를 망구의 장소와 동일시할 것이라는 것은 매우 중요하다. 이것은 초기 몽골인들의 역사에 새로운 특색들을 입히고, 최종적으로 바이칼 인근 지역이 몽골화되는 시작 시기에 대한 의문을 밝혀 줄 것이다.

모든 역사 속에서 가장 중요한 사건이 되었던 이 과정의 끝은 중앙아시아에서 몽골인들이 지배 세력으로 격상하는 것과 동시에 발생했다. 이에 대해서는 다른 사료들 속에서 믿을 만한 알려진 내용이 없다는 것을 보상하는 내용이 연대기 속에 남아 있다. 몽골인들은 1206년 칭기즈칸에 의해 처음 국가를 건설하였다. 역사에서 첫 번째 건설이 시작되었다. 그 경계선에는 제2장에서 강조했던 다음의 내용이 있다. 강력한 중앙 집권화의 영향

하에 모든 국민들의 사회 경제, 문화 언어의 통일을 특징으로 하는 총체적인 민족 구조의 형성이다. 지금까지 규명된 특징들을 보면 이 공동체는 거대민족으로 정의된다. 이들 공동체의 핵은 삼강 몽골인들의 연합이었는데, 몽골인들 이름에 따라 거대민족은 몽골 거대민족으로 불리기 시작했다. 사람들은 출신에 상관없이 몽골인들이라는 하나의 자의식을 이루었는데, 이는 그들이 단지 자신의 세부 민족 소속만이 아니라 국가의 소속이라는 것을 의식하기 시작하고, 자신을 몽골인들로 부르기 시작했던 덕분이었다.

이런 상황이 된 것에 대해서는 『집사』가 증언하고 있고 부분적으로 한 파트로 언급하고 있다. 만약 제1권의 첫 번째 책 2부가 '현재 몽골인들로 불리는 투르크 종족들에 대하여'라고 썼다면, 이 책의 4부는 '별칭이 몽골인들이었던 투르크 종족들에 대하여'라고 하였을 것이다. 2부의 제목에 '현재 몽골인들로 불리는 이들'로 언급된 종족들에 서부 바이칼 지역과 동부 바이칼 지역의 종족들이 들어갔기 때문에(라시드 앗 딘 1952a: 220) 그들은 13세기에 몽골의 거대민족의 일부분이 된 후에 자신의 종족 명칭에 몽골이라는 이름을 추가로 쓸 수 있었다. 그 전에는 그들 이름에 몽골이라는 이름은 없었다. 현재 바이칼 근처의 모든 주민들은 민족 소속이 다름에도 불구하고 예전에 생각지도 못했던 총체적인 민족의 형상을 얻으면서 바로 그 몽골 주민들과 동등하게 하나의 이름으로 불린 것이다(다만 B.C. 2000년 초반에 고대 민족 발생 단계가 완성되었다는 것을 확증하는 모든 근거들은 존재한다).

13세기 말에 모든 몽골 주민들은 몽골인들로 명명되었다. 이는 이 시기쯤에 거대민족의 구성이 오래전에 완성되었음을 이야기하는 것이다. 몽골인의 세계를 구성하는 일부분이었던 서부 바이칼 지역과 동부 바이칼 지역의 민족 발전은 전부 다 고유의 몽골로 들어가는 사회정치적이고 민족적 과정들로 정의되었다. 몽골 그 본체와 원 왕조의 멸망은 거대민족 공동체의 붕괴를 가져왔고, 개별적 지역들이 결속하는 경향으로 발전하여 현대 몽골 민족이 형성되었다. 그래서 대략 15세기~16세기가 부랴트의 민족체와 관계있는 민족들(종족들)이 다시 발생하는 중간 민족 발생 단계의 시작점으로 보는 것이다. 오늘날 이 문제에 대한 연구는 어느 단계에 이르렀을까?

2

부랴트 민족체 형성 문제에 대한 사료 편찬

부랴트 민족체 형성의 문제를 완전하게 밝혀낸 저서들은 그리 많지 않다. 저서들은 두 그룹으로 세분화되어 있다. 첫째는 바이칼 근처에 러시아인들이 출현한 시기에 이미 민족체가 존재했다고 주장하는 저서들이고, 둘째는 서부 바이칼 지역과 동부 바이칼 지역으로 러시아인들이 도착한 후에 민족체가 발생했다고 주장하는 연구서들이다. N. N. 코즈민은 부랴트 민족체 형성을 몽골에서의 봉건제도의 발전과 관계시켰다. 그는 13세기에 부랴트인들에 대해 바이칼 지역으로 몽골에서 이민 온 몇몇 종족들로 이루어진 민족체라고 생각했다. 떠나온 사람들 중에는 호수 근처에 영지를 받기 원했던 소유지가 적은 귀족들이 수적으로 우세했다. 러시아의 침략은 부랴트 봉건 영주들을 정치적으로 매우 약하게 만들었으나, 그들은 몽골 칸들로부터 봉토의 권리를 유지하고 있던 거대한 영지들을 가지고 있었다(코즈민 1934: 81~97, 132~137).

N. N. 코즈민의 저서는 부랴트 민족의 실제 역사를 깊게 왜곡했다는 날

카로운 비판을 받았다. E. M. 잘킨드는 다음과 같이 지적하였다. "코즈민은 봉건제도의 근간으로써 봉건제도의 소유가 땅에 있다는 것에 대한 올바른 명제에 근거하였다. 그러나 부랴티아와 관계된 부분에 이르러, 이 장점만으로 그의 책은 끝이 났다. 왜냐하면 몽골인들의 곁가지로서 부랴트인들에 대한 잘못된 관념에 근거하여 코즈민은 그들에게 칭기즈칸 시기의 봉건제도의 구성을 가져다 놓았다. 시기적으로 부랴트인들의 사회적 제도에 대한 그의 견해는 완전히 잘못된 것이다. 왜냐하면 그는 여기에서 고전주의 봉건제도의 형식들인 진짜 영주들과 농노들을 찾고 있었기 때문이다. 환상의 경계에 서 있는 이 책은 부랴트인들과 관계된 부분에서 어떠한 학술적 의미도 가지지 않는다(잘킨드 1958: 7)."

자료 해석 스타일에 있어서 N. P. 에구노프의 논문은 N. N. 코즈민의 저서와 가깝다. 에구노프는 10세기에 최초 부랴티아 종족인 푸리가 구성원으로 들어갔던 쿠리칸인들의 종족 연합이 위치해 있었던 바이칼 서쪽 영토는 바이칼에 침입한 몽골어 종족인 코리-투마트인들에 의해 점령당했다고 쓰고 있다. 코리-투마트인들은 서부 바이칼 지역을 점령하고 쿠리칸인들을 야쿠티야로 쫓아냄과 동시에 예전에 호수 양쪽으로 분리되었던 땅을 연합하였다. 이 사건은 근본적으로 최초의 부랴트 그룹인 푸리와 코리-투마트인들 사이에 견고한 접촉 및 긴밀한 관계를 만들었고, 부랴트 민족체 형성의 시초가 되었다. 부랴트 종족들의 정치적인 연합은 아직 칭기즈칸이 앙가라 유역과 레나를 침략하지 않았던 때라 200년은 넘게 더 지속되었다. 그에 의해 거기서 위협당하고 쫓겨난 코리-투마트인들의 일부는 서부 몽골로 떠났고, 다른 일부는 차이나 경계선 쪽으로 떠났다. 쫓겨난 코리-투마트인들은 자신의 통일성(한 국가를 이루는 민족성으로써)을 보존하고 있었고 17세기에 바이칼 근처 조국의 땅으로 돌아왔다. 그들이 러시아의 구성원으로서 부랴티아라는 이름으로 자발적으로 들어온 후에 부랴트 민족체의 형성 과정은 완성되었다(에구노프 1984: 166~262).

N. P. 에구노프의 이 논문에 대해서 반드시 이야기해야 할 부분이 있는데, 그것은 본질적으로 이 논문에는 작가의 결론들 중 어느 하나도 사료 속에서 증거를 찾아볼 수 없다는 것이다. 이는 초기 부랴트 종족인 푸리족이 쿠리칸인 구성원으로 들어갔고, 10세기에 바이칼 근처에 다른 초기 부랴트 종족이자 쿠리칸인과 전쟁을 일으켰던 호리-투마트인이 출현했다는 가정과 관계된 것으로, 호리-투마트인들이 서부 바이칼 지역을 점령한 결과 부랴트 민족체의 형성이 시작되었다는 그의 확신과 연계되었기 때문이다. 이에 따라 합리적인 의문이 생겨난다. 에구노프는 그의 저서에 이용된 자료를 어디서 가져왔던 것인가?

S. A. 토카레프는 부랴트 민족체의 형성에 있어서 구체적인 연도를 제시하지 않았다. 그는 '러시아인들이 도착했던 순간에 모든 부랴트인들은 아주 명백하게 자신들을 하나의 민족체의 사람들로 인식하고 있었다'라는 소견을 말하는 것에 그쳤다. 러시아 관리들과 회답 속에 부랴트인들이 어떤 종족이라는 것에 대한 이야기가 오갔고, 계속해서 그들은 보통 '부랴트의 사람들'이라고 명명했다. 러시아 관리들은 그들을 퉁구스인, 몽골인 및 다른 민족들과 구별하는 것을 조금도 어려워하지 않았던 것으로 보인다. 부랴트인들은 매우 많은 탄원 소장에 항상 종족, 혈통, 지역에 상관없이 자신들을 공통의 민족명인 '부랴트, 혹은 부랴트인'으로 불렀다. 이 명칭은 러시아 서류 속에서는 '브라츠의 사람들', '브라츠의 남자들'이라고 번역되었다(토카레프 1953: 46).

G. N. 루만체프도 비슷한 관점을 지지했다. "러시아 사람들이 도착했던 17세기 초에 에니세이와 바이칼 사이인, 서부 바이칼 지역에 거주했던 모

든 부랴트 종족들은 이미 '부랴트, 부랴트인들'이라는 공통의 이름으로 연합되어 있었다. 마지막 말은 이 시기에 서부 바이칼 지역에 토막 나 있던 부랴트 종족들이 집중적으로 통합되는 과정에 있었다는 것과 우리가 그들을 부랴트 민족체로서 검토하는 것이 정당하다는 것을 보여준다(루만체프 1953: 60)."

G.N. 루만체프는 이런 생각을 훨씬 더 명백하게 '자치 소비에트 사회주의 공화국 부랴트-몽골의 역사'에서 반복했다. "이 종족들은 이미 (러시아인들이 도착했던 즈음) 민족체를 구성했다. 이는 그들이 연합하고 있었던 공통의 이름인 '부랴트, 부랴트인'들이 증명하고 있다. 그들은 사회 경제 발전의 한 단계에 올라서 있었고, 지역이 다름에도 불구하고 공통의 민속학(민족지학)적 문화를 가지고 있었다(자치 소베트 사회주의 공화국 부랴트-몽골의 역사 1954: 56)."

S.A. 토카레프는 '모든 부랴트인들'이라고 말하였는데, 이 이름은 바이칼 근처의 모든 주민들을 암시했던 것으로 보인다. 여기에서부터 그는 러시아인들이 도착했던 당시 이미 민족체가 이루어졌다는 결론을 도출했다. 이 민족체가 서부 바이칼 지역과 동부 바이칼 지역에 동시에 형성되었다는 것을 포함하는 결론이었다. 그럼에도 불구하고 수많은 고문서는 상황이 이렇지 않았다는 것을 증명하고 있다. 고문서들에서 보이는 것은 17세기에 러시아인들이 단어 '브라트스키'를 단지 호수의 서쪽에 거주한 주민들에게만 관계하는 것이라고 받아들였다는 것이다. 이 사실은 G.N. 루만체프에 의해서 잘 알려져 있다. 그는 공통의 이름이 실재하는 것은 서부 바이칼 지역 종족들의 연합이라는 것을 증명하는 표시였다고 올바르게 지적했다. 그럼에도 불구하고 그들이 민족체를 구성했었다는 그의 결론에 동의하는 것은 불가능하다. 16세기~17세기 교체기에 연합되는 과정들은 발단의 초기

단계에 해당했다. 민족체는 이후에 바이칼의 양 측면에서 거주하는 사람들이 하나의 공동체로 규합되었을 때 발생했다.

위의 연구자들이 언급한 내용과 달리 제2그룹 연구자들은 반대의 입장을 취하고 있다. 1927년 분량이 많지는 않지만 내용이 풍부한 B. B. 바라딘의 논문이 나왔다. 이 논문에서는 현재의 부랴트인들 중 예전에 자신들을 이 이름(부랴트인)으로 불렸던 종족들은 불라가트인과 에히리트인이라고 이야기하고 있다. 불라가트인과 에히리트인은 코리족과 함께 부랴트의 민족의 근본적인 세대들이다. 고대에 불라가트인과 에히리트인은 바르구연합의 구성원으로 들어가 있었고, 이들은 바르구트인이라 불렸었다. 종족명 불라가트는 바르구트의 차이나화된 변이형이다. 17세기부터 널리 퍼진 종족명 부랴트는 이 명칭과 관계된다. 부랴트인들은 영토상 접근성이 떨어지는 탓으로 다른 몽골인들로부터 독립되어 살았고 명목상으로만 칭기즈칸 제국의 구성원으로 들어가 있었다. 러시아인들이 도착했을 쯤, 그들은 바이칼의 양 측면을 따라 살았고, 민족체로서는 구성이 안 되어 있었다. 민족체 구성은 1628~1689년 사이에 부랴티아가 러시아에 합쳐지는 시기에 이루어졌다(바라딘 1927: 39~52).

논문이 당연히 사료를 바탕으로 제한되는 조건에서 눈에 띄게 판에 박힌 특징을 가지고 있었음에도 불구하고, 이 논문의 몇 가지 상황들은 오늘날까지도 의미를 지니고 있다. 바이칼 근접 지역 거주민들의 역사적 운명이 그들이 러시아에 결속되기 전까지 몽골인들의 역사의 공통적인 행보와 밀접한 관계를 가지고 있었다는 것과, 17세기에 그 지역 종족들이 아직 민족체를 형성하지 않았다는 확신은 이 논문이 지니는 의미와 연관된다. 13세기에 부랴트인 선조들은 자신들의 혈통, 종족의 명칭에 따라 세분되어 있었고, 17세기부터 널리 퍼지며 불렸던 그들의 명칭인 부랴트라는 하나의 이름을 가지고 있지는 않았다는 가설은 주목할 만한 가치가 있다. 그러나 B. B. 바라딘의 저서의 명백한 결점은 종족명 부랴트를 해석하지 못한 점과 부랴트 민족체의 형성이 1680년대에 완성되었다는 잘못된 가정이다. 민족체가 그렇게 빨리 구성될 수 없었던 이유는 1727년 러시아와 차이나 국경이 만들어진 후에 서부 바이칼 지역뿐만 아니라 동부 바이칼 지역의 거주민들을 끌어들임과 동시에 형성된 연합체들이 실제로 집중적인 발전을 이루었기 때문이다.

A. P. 오클라드니코프는 러시아인들이 도착했을 때 바이칼 근접 지역의 종족들은 민족체를 구성하는 단계에 있었다고 가정했다. 그는 다음과 같이 썼다. "이것은 아직까지는 아주 다양한 민족 그룹들이었다. 그 민족 그룹들은 목축업에 종사를 하고 있었고, 전반적으로 경제 문화와 언어의 차이를 균등하게 했던 몽골 언어와 문화의 강력한 영향 아래에서 몇 가지 언어 종족 그룹이 공통적인 생활습관의 영향으로 인해 민족체를 형성하고 있었다. 이들은 예전에는 개별적인 종족과 민족으로 독립적으로 거주했던 주민들이었다. 17세기에 종족들의 언어 구성(부랴트인의 언어는 4개의 방언이 있었다)은 이미 마무리가 되었고, 민족 발생의 과정은 부랴트 거주민들의 기본적인 종족 그룹이 만들어지는 형태로 완성되었다. 왜냐하면 미래의 부랴트 민족체의 내부에서 이미 오래전에 경제와 사회적 공통체를 이루고 있었기 때문이다(오클라드니코프 1937: 310)."

부랴트 민족체 형성의 문제들은 B. O. 돌기흐의 학술적 관심에서 큰 위치를 차지했다. '부랴트 민족 형성 역사에 관한 몇 가지 내용'이라는 논문에는 17세기에 부랴트 인구분포도와 전체 인구수, 민족 구성에 대한 정밀하고 상세한 정보들이 들어 있었다. 돌기흐는 18세기와 특히 19세기의 흐름 속에서 민족체로서 종족 그룹이 합쳐지는 과정이 있었으며, 부랴트 선조들이 러시아 국가의 구성원으로 들어간 것이 도움이 되었다고 확신하고 있다(돌기흐 1953: 38~63). 그러나 논문의 긍정적인 측면을 지적하면서, 몇 가지 상황(민족체로서 통합되기 전에 부랴트인들로 나뉘어져 있었으며, 서로를 적대시하는 종족들이었다는 것, 그리고 18세기 전에 그들에게는 공통의 명칭과 통일된 민족 자의식이 없었다는 것)에 대해서는 선언적인 특징을 가지고 있었다고 언급하지 않으면 안 될 것이다. 그들에 대해 서술되어 있는 부분들에 어떠한 사료 인용도 없다는 것은 우연이 아니다. 논문에는 사실상 민족체로서 종족들이 연합해 가는 과정에 대한 구체적인 예시와 사실에 대한 근거가 없다. 왜 돌기흐는 부랴트 민족체가 선조들이 러시아 국가의 구성원으로 들어간 이후에 발생했다고 말하면서 바이칼의 양 측면에서 통합된 과정들이 강력한 발전을 가져왔을 때인 18세기가 아니라, 19세기에 특별한 강조점을 주고 있는지 이해가 되지 않는다.

　G. N. 루만체프와 N. P. 에구노프 이후에 부랴트 민족사에 대한 가장 굵직굵직한 저서들이 1988년, 2000년, 2004년에 D. D. 니마예프에 의해 제시되었다. '부랴트 민족 기원의 문제들'이라는 첫 번째 논문에서 '부랴트 민족 형성과 민족 구성원'이라는 제목의 장은 다음의 내용에 대한 자료를 충분히 흥미롭게 여러 페이지에 걸쳐 서술하고 있다. 즉 주민들의 종족-민족 구성, 개별적인 민족과 영토에 딸린 민족 그룹의 출처, 그들의 물질적, 정신적 문화의 몇 가지 요소들 속에서의 차이점들이다. 그럼에도 불구하고 이 논문도 부랴트 민족체의 형성 과정과 부분적으로 주어진 민족 공동체의 구성 방법들에 대한 문제에 대해서는 애매하고 미흡하다(니마예프 1988: 127~133).

　D. D. 니마예프에 의한 이러한 접근법은 그의 다음 저서들 속에서 통째로 지지되고 있다. '부랴트인들: 민족 기원과 민족의 역사'라는 두 번째 논문과

'부랴트인들'이라는 전집으로 된 저서에서 그는 다시 관련된 장들(파트들) 속에 구체적인 근거없이 19세기 초에 부랴트 민족체가 구성되었다고 지적한 후에, 자의식 및 자기 명칭과 같은 개념들이 과거의 민족 공동체들에 준하여 충분히 애매모호한 것이라고 하였는데, 이러한 확신은 유감만을 강력하게 불러일으킨다. 부분적으로 그 개념들은 임의의 민족 공동체가 형성되었던 구체적인 시기를 정하는 데 있어서 그렇게 유용한 편이 아니었다(니마예프 2000: 184; 부랴트인들 2004: 25~37, 38~44, 57~61).

B. Z. 난자토프의 논문도 부랴트 민족체 형성의 문제 연구에 있어서 새로운 것을 많이 가져다주지는 못했다. 그의 논문에서 가장 문제가 되는 부분들 중 하나는 부랴트 명칭의 출처에 대한 C. B. 칙텐담바예프의 잘못된 가설을 새로운 근거로 제시한 것이다. 고대 투르크 단어 bɯri('늑대')가 발전하는 과정에서 잘 알려진 대로 삼강 몽골인들의 신화적 선조인 보르테−치노의 구성 부분인 bɯrte라는 형식을 받아들였다는 의견에 동의하는 것은 불가능하다. 단어 bɯrte가 부랴트, 더 나아가 모든 부랴트 종족들의 신화적 선조의 이름인 '부리타이로'(B. Z. 난자토프의 해석에 따른 이 이름의 사실적 의미는 '늑대 종족 출신 남자'이고, 넓게 보면 '방랑하는 초원의 늑대'이다)로 발전했다는 확신은 증거가 불충분하다. 이 해설에는 부족명 부랴트 사용자들의 머나먼 역사가 서술되어 있다. 부랴트 공동체가 12세기에 존재했고, 그 공동체가 앙가라와 레나를 따라 거주하고 있었던 몇몇의 세분화된 종족들을 부랴트로 연합했다는 것과, 17세기 종족명 부랴트는 자신의 의미를 상실했으나 러시아인들이 출현하고 주민들을 점차적으로 통합하면서 다시 예전의 부랴트로 돌아갔다는 것, 그리고 18세기~19세기에 민족들이 연합하는 과정들이 침체되었지만 그럼에도 불구하고 19세기에 부랴트 민족 형성이 완성되었다는 등의 확신은 어떠한 사료로도 증명되지 않았기에 만

족스럽게 인정하고 받아들이면 안 될 것이다(난자토프 2005: 22~26, 117, 124, 125).

2006년과 2008년에 출판된 L. R. 파블린스카야의 논문과 저서는 전체가 부랴트 민족 형성 문제에 관련되어 있었다. 파블린스카야는 서부 바이칼 지역과 동부 바이칼 지역의 민족 발생 과정에서 가장 문제시되는 것은 바로 이 지역에 러시아인들이 출현한 것이라고 결론짓고 있다. 최초 부랴트 민족들인 불라가트인, 에히리트인, 혼고도르인, 호리인은 민족으로서 발전되는 단계에 있으면서, 그들의 땅에 타국인들이 정착하고 추진하는 것에는 근본적으로 저항했고, 그래서 그들은 가장 넓게 민족 형성 과정에 끊임없는 참여했다. 민족 그룹들의 언어나 출신에 따른 친족관계의 지속적인 이동과 거대한 군사 행동들은 그들을 섞어 놓는 결과를 가져왔고 새로운 부랴트 민족 탄생을 촉진시켰다(파블린스카야 2006: 144~153; 2008: 113, 155, 200, 201, 226).

전반적으로 이러한 올바른 결론들을 언급하면서, 계속해서 논문에서 완성된 표현으로 보이는 파블린스카야의 의견은 그러한 결론들에 동의하는 것을 허용하지 않는다는 점을 지적해야 한다. 부분적으로 다음 내용이 이러한 확신에 부응하도록 한다. "17세기에 러시아 국가가 바이칼의 양쪽 측면 거대한 땅을 토착민들에게 위임한 후에, 토착민들은 충분한 가치가 있는 발전과 통일을 위한 기회를 얻었다. 바이칼 지역의 자치민들이 몽골인들과 구성했던 하나의 통일된 민족 문화 공동체는 부랴트인 민족을 균등하게 했고, 몽골인과 거리를 두려는 지향을 불러일으키며 민족 해방을 방해했다. 1688년 모든 서부 동부 바이칼 지역의 부랴트 주민들은 러시아인들과 함께 몽골인들과의 전투에 함께 출동했는데, 그래서 이 해를 부랴트 민족 탄생의 해로 여겨야 한다(파블린스카야 2008: 84, 180~182, 195, 198)."

만약 파블린스카야가 이 지역 토착민의 침략의 역사에 큰 관심을 할애하지 않았다면, 부족한 점들을 피할 수 있었을 것이다. 비록 이러한 접근법이 몇몇 단계에서 부랴트 민족 구성의 도식을 드러내고 바이칼 서부와 동부에 따른 민족의 과정들의 특징을 연구하고 규명하는 것을 허용했지만 말이다.

부랴트 민족 형성의 문제들을 연구했던 연구자들 중 그것들을 올바르게 드러내는데 가장 가깝게 다가갔던 사람이 E. M. 잘킨드였다. 특별히 고문서들로 쓰인 그의 저서들이 출판된 시점부터 반세기가 흘렀음에도 불구하고, 그 저서들은 많은 상황들이 시간에 의한 검수를 잘 견뎌내었다. 이것은 무엇보다도 먼저 근본적인 다음의 결론들과 관계하고 있다. 17세기 초에는 부랴트 민족체가 없었다. 왜냐하면 그 시기에는 아직 필수불가결한 사회 경제와 정치 사회의 조건들이 구성되지 않았기 때문이다. 서부와 동부 바이칼 지역이 러시아에 병합된 것은 부랴트 민족체 형성을 가속화시켰다. 연구된 사건들을 객관적이고 적합한 해석에 의해 분류한 '부랴트-몽골 민족체 형성에 대한 문제'라는 논문에서는 고문서들의 내용과 정당하게 일치하는 다음의 내용이 언급되고 있다. "17세기 초반 십년에 러시아의 침략은 바이칼 근처 민족들이 민족체를 형성하는 과정의 발전에 큰 영향을 끼쳤다 (잘킨드 1956: 25)"

부랴트학에서 최초로 부랴트 민족체의 근본적인 특징들과 그들의 상황적 특징을 규명해 내었다는 것은 '부랴트의 러시아로의 합병'이라는 논문에서 가장 강력한 부분을 구성하고 있다(잘킨드 1958: 151~164). 그럼에도 불구하고 러시아 국가의 구성원으로 부랴티아가 자발적으로 들어갔다는 것은 이데올로기 강령이 최종적으로 형성된 조건 속에서 이 논문이 간행되었기 때문에 이 지역에 종족들이 통합되는 과정에서 새로운 문제점으로 작용했던 침략의 요소를 제거하였다. 또한 책 속에 부랴트 민족체 형성의 방법들에 대한 그의 몇 가지 견해들도 삭제되었다. 왜냐하면 1958년 논문이 인쇄되어 나오기 전에 소련 연방 최고 간부회의 명령에 의해 '부랴트–부랴트 몽골 자치 소비에트 사회주의 공화국'은 공화국 명칭에 '몽골'이 삭제되는 방법으로 '부랴트 자치 소비에트 사회주의 공화국'으로 명칭이 변경된 상황이 있었기 때문이다. 이러한 삭제가 E. M. 잘킨드의 개념에는 영향을 끼치지 않았음에도 불구하고, 위에 언급된 논문에 이 지역에서 발전했던 민족 구성 과정들이 보다 정확하게 고쳐졌다는 것을 인정해야 한다. 이 논문의 가장 긍정적인 측면은 그 안에 이데올로기적인 뉘앙스가 감지되지 않는다는 것이다.

그러나 이와 함께 E. M. 잘킨드의 논문과 저서에는 한 가지 본질적인 단점이 존재한다. 그것은 부랴트 민족 형성 과정의 연구에서 부랴트라는 명칭을 이용해야만 하는 것을 경외시했다는 것이다. 1950년도 소비에트의 민속학을 위해서 통일된 하나의 이름이 퍼진 것은 민족 공동체 의식의 반영이라는 것에서 이루어진 것으로, 이론적 방법론의 보급이 새로운 것이 아니었다는 것이다. E. M. 잘킨드는 자신의 저서들 속에서 이 의견에 동의하고 있다. 그리고 민족체 형성에 대하여 제기한 의문을 해결하기 위하여 부랴트인들에게 하나의 공통된 이름을 부여한 것에 관한 그의 고찰이 이해되지 않으면 않을수록 그 이름이 바이칼 근처로 퍼졌을 때, 무엇보다도 덜 유용했다는 것이다(잘킨드 1956: 23, 36, 39; 1958: 133).

이러한 태도는 E. M. 잘킨드가 경험 많고 아주 숙련된 민속학자로서 부족명 부랴트가 민족체와 함께 발생했다는 것과, 이 민족체가 최종적으로 형성되기 위한 중요한 추가 전제들이 러시아 국가의 구성원으로 바이칼 근접 지역이 포함된 것과 함께 나타났다는 것을 이해한 조건에서 이루어진 것이었다. 그럼에도 불구하고 『몽골비사』에 포함되어 있는 단어 부랴트에 대한 적합한 해석을 찾을 수가 없었다는 것이 그에겐 극복할 수 없는 장애물이었다. 이와 관련하여 잘킨드가 다음과 같이 썼던 것은 우연이 아니었다. '부랴트라는 용어가 13세기 또는 14세기에 이미 완전한 민족체를 의미했다고 여기는 것은 초기 부랴트 역사에 관한 우리의 관념들에 모순되는 것들이다(잘킨드 1956: 37).'

E. M. 잘킨드는 13세기에 민족체가 없었기 때문에 그 당시 없었어야 할 '부랴트'라는 단어가 『몽골비사』에 존재하는 것을 설명하지 못하였다. 그후 E. M. 잘킨드는 그의 학술적 관점들의 내용에서 불명료하고 모호한 공식에 매달렸지만 더 나은 무엇인가를 아무것도 발견하지 못했다. 그의 공식은 이러했다. 부랴트는 '아주 견고하지 못한 종족들의 연합'의 명칭이다. 이 명칭은 그가 그 자신을 위해 많이 집착하며 가정했던 것처럼 13세기 이후에 사라졌고 17세기에 부활했으며 400년 전에 살았던 이들의 먼 후손들에 의해서 장비로 받아들여졌다(앞의 책: 37).

그러나 부랴트라는 명칭의 역사에는 그렇게 실제 환상적인 상황은 한 번도 없었다. 왜냐하면 내가 제1장에서 언급했던 것처럼 부족명이 사라지는 것은 명명된 민족의 결말을 의미하는 것이기 때문이다. 아마 틀림없이 E. M. 잘킨드가 자신의 추측을 확증하기 위해 실제로 적합하거나 유사한 것을 가져오지 못했던 것은 우연이 아니었을 것이다. 그의 논문에 가장 매력적인 특징들 중 하나는 저서들 속에서 항상 그랬던 것처럼 각각 어느 정도 의미 있는 저자의 생각이 다른 민족들에서 사례나 사실들로 뒷받침해 주었다는 사실이다. 그는 자신의 가정이 완전히 전망성이 없다는 것을 이해하면서 부랴트 명칭이 소생했다는 테마를 계속해서 더 발전시키지 않고 이 이름에 더 이상 주목하지 않을 것을 결심했다. 잘킨드는 자신의 모든 관심을 그가 생각하기에 보다 희망적이고 다른 접근법들의 도움으로 민족체 형성

과정의 연구에 집중하였다. 그는 부랴트인들의 통합의 단계와 민족 공동체에 존재하는 요소들을 규명하는 연구를 이 접근법들과 연관시켰다(앞의 책: 37~38, 잘킨드 1958: 150).

E. M. 잘킨드는 그에게 필요한 만큼 가지고 있는 가능성으로 이 문제를 성공적으로 처리했다. 이것을 지적하면서, 만약에 그가 부족명 부랴트가 바이칼 근처에 퍼진 정도를 밝혀낼 뿐만 아니라 그 의미까지 해석하는 숙련된 분석을 제안했다면, 민족체 형성의 복잡하고 다면적인 과정을 보다 질적으로 우수하게 파헤쳤을 것이라는 것을 언급하지 않으면 안 될 것이다. 만약에 잘킨드에 의한 이러한 연구를 그가 그렇게 극단적으로 피했어야 할 성공치 못한 공식으로 진행했었다면, 아마도 '부랴트라는 이름이 자기 명칭이고, 적게 증명되었거나' 또는 부랴트 민족체 구성의 시초를 17세기 말에서 18세기 초로 봐야 한다는 잘못된 결론의 연장선상에 머물렀을 것이다(잘킨드 1956: 36). 지적된 결함들에도 불구하고, 계속해서 오늘날 E. M. 잘킨드의 논문과 저서들은 부랴트 민족체 형성의 문제 연구 영역에서 이 단어를 가장 긍정적인 의미로 취급하고 있으며 제일 진보적이다.

저술된 논문과 저서들을 검토하는 일을 마치는 시점에서 다음의 내용을 언급해야 한다. 1920년대부터 부랴트 민족체 형성 문제의 연구에 관해 매우 큰 프로젝트가 실행되고 있다. 민족체 구성의 방법들, 연합되는 과정에서의 강화 요소들, 그리고 러시아인들의 도착과 러시아와 차이나 사이에 국경을 제정한 것이 이 지역 민족 상황의 발전에 끼치는 영향이 분석되었다. 그리고 계속해서 많은 핵심 문제들인, 민족체 형성의 시작과 완성의 시점, 민족체 형성 과정에서의 단계, 바이칼 서부와 동부 지역에서 통합된 과정들의 발전 단계, 민족체 발생에 있어서 다양한 민족 그룹의 참여와 역할, 이 지역 토착민들이 러시아인들에게 복종하는 시기에 민족 발생 과정들의 전개 특징 및 행보 등등이 연구되지 않았거나 미비하다. 특히 민족의 명칭인 부랴트의 어원이 연구되지 않았던 것이 중요한 장애로 작용했었다. 그속에서 민족체의 형성과 재탄생의 과정은 자신의 직접적인 모습을 찾게 될 것이다.

3

바르구진-토쿰의 위치에 대한 문제에 대하여

- 종족명 부랴트의 어원에 대한 가설들 -

　부랴트 민족체 형성 문제를 연구하는 과정에서 E.M.잘킨드에게 발에 걸리는 돌뿌리와 같았던, 『몽골비사』에 언급된 단어 '부랴트'는 무엇일까? 그것은 부랴트 민족의 명칭과 관계가 있었던 것은 아닐까? 또한 일반적인 학술 자료에서 종족의 이름인 부랴트에 대한 어원은 잘 연구되고 있었던 것일까? 이 질문들에 답하기에 앞서 나는 계속해서 텍스트에서 자주 언급될 바르구진-토쿰에 대한 광범위한 위치 문제에 주목할 필요가 있다고 생각한다. 사료들을 꼼꼼하게 읽지 않고서는 그 위치의 경계를 규명하는 것이 매우 어렵다. 많은 연구자들은 그것을 정의하기 위해 다양한 접근을 시도하고 있지만 연구 결과의 불일치는 바르구진-토쿰에 거주하는 주민들을 어느 민족 구성원으로 정할 것인지, 또 그 지역의 경계선과 근접 영토에서 일어났던 사건들을 어떻게 해석할 것인지에 혼란을 준다.

　G. E. 그룸-그르지마일로는 13세기에 키르기즈인들이 국가 구성원으로 들어가 있던 바르구진-토쿰 영역이 사얀 산맥과 몽골 항가이 산맥의 북

쪽 경계선들을 점령하고 있었다고 여겼다(그룸-그르지마일로 1926: 415~
416). N. N. 코즈민은 셀렝가로부터 동쪽에 이르는 영토까지 바르구진-토
쿰을 의미한다고 생각했다. 그의 가정에 따르면 이는 흥안령산맥까지 펼쳐
지는 광범위한 지역이며, 루브룩의 '오난케룰레' 영역조차 그 안에 포함된
다(보그다노프 1926: 23). G. V. 크세노폰토프는 '그쪽 측면'이라는 의미의
'바르기이진'이라는 예벤키족의 용어를 버리고, 동쪽에서 서쪽으로의 몽골
정복 행보에 대해 고려하면서 다음과 같은 결론에 도달했다. "몽골인들에
게는 '그쪽 측면'이 바이칼의 서쪽 강가였는데 후에 서부 바이칼 지역이 바
르구진-토쿰이었다(크세노폰토프 1937: 425)."

B. B. 바라진은 반대로 바르구진-토쿰의 위치가 바이칼의 동쪽 측면에
있다고 생각하고, 이 이름이 동부 바이칼 지역의 숲과 산 지역들을 명명하
는 것이라는 가정을 내놓았다(바라진 1927: 45). A. A. 세묘노프는 동부 바이
칼 지역의 북서쪽에 있는 바르구진 저수지를 바르구진-토쿰이라고 불렀다
고 생각했다(라시드 앗 딘 1952a: 74, 각주 3). A. P. 오클라드니코프는 사료
들에 대해 보다 비평적으로 접근하면서 중세시대 바이칼에 근접한 서쪽과
동쪽에 걸쳐 있는 지역들, 즉 바이칼 근접 지역을 바르구진-토쿰이라고 불
렀다는 결론에 도달했다. 그는 서부 바이칼 지역에 있는 앙가라 유역이 바
르구진-토쿰의 경계선으로 들어갔고, 동부 바이칼 지역에는 셀렝가의 하
구 지역이 들어갔다고 생각했다(오클라드니코프 1937: 310).

G. N. 루만체프는 비록 그의 관점이 완전히 철저하지는 않았지만, 많은
부분에서 비슷한 태도를 지지했다. 어떤 경우에는 바이칼 양쪽 측면에 배
치되었던 바르구진-토쿰의 영토가 앙가라와 레나 강, 그리고 바르구진 계
곡들을 둘러싸고 있다고 썼다. 다른 경우에는 바르구진-토쿰의 경계선
에 추가적으로 세키즈-무렌 강의 위치를 포함하고 있다고 했다(루만체프

1953: 49; 1962a: 140). 세키즈-무렌 강의 위치는 현대 연구가들이 소예니세이 저수지와 확실히 동일하다고 본다(라시드 앗 딘 1952a: 118, 각주 6; 함비스 1956: 35; 사비노프 1973: 26; 크즐라소프 1984: 90). N. P. 에구노프는 바르구진-토쿰의 경계선을 좀 더 넓게 정의했다. 그는 이 명칭에 앙가라 유역과 예니세이와 레나의 상류 지역까지 모두 포함한 영토와 동부 바이칼 지역의 모든 서쪽 지역이 다 들어가야 한다고 썼다(에구노프 1984: 240~241).

A. P. 오클라드니코프와 G. N. 루만체프, 그리고 N. P. 에구노프의 가정들은 제시된 사료들과 가장 가까웠다. 그러나 명확하게 할 필요가 있다. 예니세이의 상류가 바르구진-토쿰의 경계선에 들어가는지 여부와 동부 바이칼 지역 서쪽의 모든 곳을 바르구진-토쿰이 둘러싸고 있는지 여부, 또는 바르구진-토쿰의 동쪽 부분을 단지 셀렝가의 하구 지역으로만 제안하고 있는지에 대하여 밝혀내야 한다.

『몽골비사』와 『집사』는 바르구진-토쿰의 경계선을 올바르게 정의하는 데 도움을 준다. 13세기에 투르크 민족인 키르기즈가 차지하고 있었던 영토에 대하여 라시드 앗 딘은 다음과 같이 쓰고 있다.

"키르기즈와 켐-켐주트, 이 두 영역은 서로 근접해 있다. 둘 다 하나의 영지를 구성하고 있다. … 켐-켐주트의 한 쪽 측면은 몽골인들의 영역과 맞닿아 있고, 그 경계선의 한 면은 타이주트 종족이 위치하고 있던 셀렝가 강과 맞닿아 있다. 한쪽 측면은 앙카라-무렌이라 불리는 거대한 강의 저수지와 맞닿아 있다. 켐-켐주트의 한 면은 나이만 종족이 있는 지역의 산과 맞닿아 있다(라시드 앗 딘 1952a: 150)."

13세기에 하카스-미누신스크 분지를 키르기즈 영역으로, 투바를 켐-켐주트 영역으로 불렀다는 것에 대한 의견이 현재 광범위하게 받아들여지고 있다(투바의 역사 1964: 171; 수기집 2008: 175, 176). 이 양쪽 영역은 남쪽과 동쪽에 항가이의 북쪽 산기슭 부분 토지에 이르기까지, 그리고 미래에 몽골이 시작되는 앙가라와 셀렝가 강에 이르기까지의 영지를 구성하고 있었다. 이 나라의 어디에 사료들이 지적한 숲이 있으며, 몽골 종족들이 살았던 곳인 바르구진-토쿰이라는 장소가 위치해 있을까? 무엇보다 먼저 『집사』에 나오는 다음의 정보에 주목해 본다.

"키르기즈인들의 나라 가장자리 근처에 있는 바르구진-토쿰에 불라가친과 케레무친 종족들이 살았다(라시드 앗 딘 1952a: 122)."

역사학계에서는 그들이 현재 서부 바이칼 지역에 있는 부랴트인들의 선조라는 의견이 거의 확신을 얻고 있다. 라시드 앗 딘의 기록을 고려하면 다음과 같이 가정할 수 있다. 뒤로 예니세이와 그 지류를 따라 키르기즈인들의 나라가 자리하고 있는 앙가라 상류 계곡과 레나의 상류 저수지는 바르구진-토쿰의 서부 바이칼 지역의 서쪽 부분을 이루고 있다.

사료에 따르면, 바르구진-토쿰의 구성으로 바이칼의 동쪽 지역에 있는 영토가 들어간 것으로 보인다. 『몽골비사』에서는 다음과 같이 알려주고 있다.

"그들(테무진, 케레이트의 투릴-칸, 그리고 그의 형제 자하-감부)는 보토칸-부우르치로부터 출발했다. ⋯ 그리고 부우라-케에레 초원으로 가서 토흐토아-베키를 공격했다. ⋯ 토흐토아는 우바스-메르키트의 다이르-우순과 함께 황급히 셀렝가 강을 따라 아래쪽인 바르구진의 나라로 도망쳤다(코진 1941: 109)."

『집사』에서는 메르키트인들이 도망친 장소를 다음과 같이 언급하고 있다.

"케레이트인의 옹-칸이 전투에서 메르키트인들을 쳐부수었을 때, 톡타-베키의 마지막 사람들의 수령은 '바르구진'이라 불렸던 장소로 도망쳤다. 이 장소는 바르구트라 불리는 몽골 종족들 중 한 종족과 관계가 있으며, 몽골 동쪽에 있는 셀렝가 강 위쪽에 위치하고 있었다(라시드 앗 딘 19526: 111)."

『몽골비사』에 기록된 바로는 동부 바이칼 지역으로 난 바르구진-토쿰의 경계선에 셀렝가 강 하류가 포함되었다. 라시드 앗 딘이 알려준 정보를 보면, 그의 생각은 현재 부랴티아 북쪽에 위치하고, 실제로 더 먼 셀렝가 강 위쪽에 위치하고 있는 바르구진 분지를 바르구진-토쿰으로 불렀다는 것으로 귀결되었다. 만약에 몽골 측면에서 정한다면 수많은 지역이 전설들에 따라 예전에 바르구트라는 이름의 민족이 살았던 곳이 된다.

모든 자료를 종합하면서, 나는 13세기 몽골인들의 역사에 관한 사료 속에서 바르구진-토쿰이라는 명칭이 의미했던 곳은, 바이칼의 양 측면을 따르는 아주 넓은 지역이었다는 것을 말하고 싶다. 서부 바이칼 지역에서 보면 바르구진-토쿰은 앙가라-레나 강 가장자리를 둘러싸고 있다. 또 동부 바이칼 지역에서 보면 바르구진의 계곡과 셀렝가 강 하구 지역을 둘러싸고 있다. 바르구진-토쿰의 동쪽 경계는 뒤에 몽골 종족들의 초원 유목지가 위치하고 있었던 야블론 산맥이라는 것 또한 잊지 말아야 한다. 바르구진-토쿰의 중심은 동부 바이칼 지역 부분이었다. 아마도 『몽골비사』에서 바르구트 종족의 수령인 바르구다이-메르겐이 '콜-바르구친-도굼의 소유자'로 불렸던 것은 우연이 아닐 것이다(코진 1941: 8). 인용된 표현 속의 '콜'이라는 단어는 '중앙의, 센터의'로 해석할 수 있다. 이는 D. G. 사비노프와 G. V. 들루즈네프스카야가 제안한 것처럼, 바르구진-토쿰에만 국한하여 동부 바이칼 지역을 강조해야 한다는 것을 의미한다. 모든 것을 다 고려해 보면, 바르구진-토쿰의 영토는 언급된 경계선들 밖으로 나가지는 않았다. 그 영토는 몽골 세계의 북쪽 지방을 구성했고, 그 위치는 라시드 앗 딘이 진술했던 내용과 일치한다. 바르구진-토쿰은 '몽골인들이 거주했었던 땅과 장소들의 가장자리에' 위치했었다(라시드 앗 딘 1952a: 121).

주제를 부랴트(부랴트어로 쓰면 '부랴아드'(burja:d))의 명칭으로 옮겨가면서, 나는 많은 학자들이 다양한 시대에 이 단어의 어원에 주목했었다는 것을 언급하고 싶다. 이에 대한 관심은 매우 타당하다. 왜냐하면 종족명들 속에는 특별히 중요한 정보가 포함되어 있는데, 이 정보는 임의의 민족 공동체의 출처, 발생을 판단하는 데 높은 수준의 믿음을 가지게 하기 때문이다. D. 반자로프는 「오이라트인들과 위구르인들에 대하여(1849)」라는 논문에서 바르구진-토쿰에 거주하는 민족 구성을 특징지으면서 다음과 같이 썼다.

"라시드 앗 딘에 따르면 13세기에 이 나라에는 코리, 투메트, 오이라트, 텔렝구트, 케스테미, 키르기즈인, 그리고 다른 민족들을 제외하고 바르구트인들(부랴트인들 또는 부루트인들)이 살았다(반자로프 1955: 180)."

이 길지 않은 인용문으로부터, D. 반자로프는 부랴트인 역사의 초기 단계를 고려하는 시도를 하면서 부랴트인을 부루트 및 부르구트 민족 공동체들과 동일시했다는 것을 알 수 있다. 만약에 그가 언급한 것을 민족명칭론으로 옮긴다면, 그것은 부랴트라는 이름이 부루트라는 명칭과 동일했다는 것이다. 이와 동시에 부랴트와 부루트라는 명칭은 서부 몽골과 사얀-알타이 분포권에서 널리 퍼진 민족명 '부르구트'의 변이형태로 볼 수 있다는 것이다. 부루트와 부르구트라는 명칭들과 부랴트 이름을 하나로 통일하는 것에 대한 D. 반자로프의 가정은 민족 명칭 부랴트의 출처에 대한 최초의 가설 중 하나로 검토할 수 있다.

바르구진-토쿰의 종족들에 대한 정보를 D. 반자로프는 에르드만에 의해 수행된 『집사』의 독일 번역본에서 가져왔다. 이 번역본은 다소 늦게 알려졌으며 수많은 실수와 오류를 가지고 있었다. 이것에 대해서는 러시아어로 『집사』를 번역했던 I.N. 베레진이 확인했다. 1858년 페르시아 역사학자의 저서 제5파트 번역문의 주석을 그는 다음과 같이 지적했다. "에르드만이 올바르지 않은 사본에 근거하였고, 반자로프는 라시드 앗 딘이 언급하지 않은 부르구트인, 부랴트인, 게다가 부루트인까지 받아들였다." I.N. 베레진은 반자로프의 손에 "완전하지 않았던 라시드 앗 딘의 역사 목록이 쥐어져 있었다"고 명확히 밝혔다(『집사』 1858: XI(11), 253).

『집사』 번역본은 반자로프가 학업을 위해 카잔에 도착하기 1년 전인 1821년에 '카잔 대학 학자들의 수기집'으로 발행되었다. 반자로프는 오이라트인들과 위구르인들에 대한 논문을 쓸 당시 다른 필요한 사료들을 가지고 있지 않았기 때문에 에르드만의 번역본이 필요했다. 에르드만의 번역본에 포함되어 있던 그 실수들을 반복하여 세 개의 다른 민족의 구성을 본의 아니게 동일시했다. 매우 유감스럽게도 반자로프는 자신의 계속된 연구에서 더 이상 바르구진-토쿰에 대한 주제로 돌아가지 않았다. 만약에 그가 갑자기 세상을 떠나지 않았다면 그는 의심할 여지없이 좋은 『집사』 번역본과 다른 사료들을 이용하였을 것이다. 그리하여 바이칼 근처에 살았던 종족들의 보다 정확한 목록과 '부랴트'라는 이름의 출처에 대해 보다 우수한 버전의 가정을 내놓았을 것이다. 그러나 이러한 일은 일어나지 않았기 때문에 후대 연구자들은 그에 의해 남겨진 그 짧은 정보로 만족해야 했다.

반자로프가 빛나는 연구 재능과 넓은 견문을 가졌다는 것은 이미 오래전에 알려졌다. 이는 그의 학술적 유산 중 많은 부분이 오늘날까지도 현실성을 가지기 때문이다. 내 입장에서도 최초의 부랴트 학자의 재능에 대하여 높은 존경심을 갖는다. 그렇다고 해서 그가 저술한 저서 또는 그것들의 개별적인 입장에 대해 비평적 검토를 할 수 없다는 것을 의미하는 것은 아니다. 널리 받아들여진 학술적 원칙을 주시한다면, 다음의 내용을 언급해야 한다. 반자로프는 바르구진-토쿰의 위치와 거기에 거주했던 종족들이 구체적으로 어디에 살았고, 출처가 어디인지에 대한 문제를 특별하게 연구하지 않았다. 후학들이 진실로 함부로 할 수 없을 특징을 가지며 어떠한 의심도 주지 않았던 그의 생각은 다양하였다. 다만 음성이 비슷한 단어들을 순간적으로 잘못 대조한 것이었다.

G. E. 그룸-그르지마일로와 같은 19세기의 대학자는 계속해서 이것을 고려하지 않았고 관심을 두지 않았다. '부랴트' 이름의 출처를 밝혀내는 시도를 하면서, 그는 몇 가지 추가적인 내용을 포함하여 반자로프의 생각을 반복했다.

"…부루트, 이는 '부랴트'라는 단어의 변용 중 하나이다. … 그러나 만약 이것이 그렇지 않다면 언젠가 부루트인들이 부랴트인들과 이웃하여 바르그, 바르구진-토쿰이라는 명칭을 가지고 있었던 영역에 거주했다는 사실은 어찌되었든 의심할 여지가 없다(그룸-그르지마일로 1926: 337)."

이 텍스트에서 보이는 것은 반자로프의 뒤를 이어 그룸-그르지마일로가 부루트와 부랴트 명칭을 같은 의미로, 즉 비슷한 것으로 여겼다는 것이다. 그러나 이 가정이 잘못된 것일 가능성을 피하기 위한 목적으로 그는 '부루트'와 '부랴트'라는 이 독창적인 두 이름의 사용자들이 13세기에 바르구진-토쿰에 함께 살았다고 말할 필요가 있다고 생각했다.

그룸-그르지마일로의 가설을 분석한 것은 다음의 내용을 보여주고 있다. 우리는 이 점에 대하여 다음과 같이 확신할 수 있었다. 그는 반자로프의 뒤를 이으면서, 바르구진-토쿰의 위치에 대한 올바르지 않은 관념을 가지고 있고, 이는 뒤이어 거기에 살고 있는 주민들의 민족 구성을 정의하는 데 실수를 하게 했다. 바르구진-토쿰의 거주민들에 대한 가장 정확하고 충분한 정보를 주고 있는 베레진(1858~1888)과 소련 과학아카데미 동양학 연구소 전문가들(1952)의 『집사』 번역본에는 이 지역의 기본이 되는 세분화된 민족들 중에서, 동부 바이칼 지역에 살았던 바르구트와 코리족, 사료들의 내용으로 이해되고 있는 서부 바이칼 지역이 거주지였던 불라가친과 케레무친('흑담비족'과 '다람쥐족') 민족들이 언급되고 있다. G. D. 산제에프가 올바르게 지적했던 것처럼, 불라가친과 케레무친이라는 명칭이 암시하고 있는 것은 민족의 출처와 상관없이 그들의 경제 활동에 관련된 것이고 바이칼 서쪽 측면에 살았던 모든 주민들이었다(산제에프 1983a: 81~86). '분기(分岐)했던 사람들', 즉 13세기 전에 자신들의 역사적인 고향인 예니세이의 상류로 돌아왔던 사람들은 투마트인들이었다. 부루트인들에 관해 바이칼 근처에 있었던 그러한 민족 공동체에 대한 정보들은 13세기 이전과 이후 시대의 것이 없다.

19세기 전반부에 P. A. 스로브초프는 이르쿠츠 주변 지역 만주르카 강 가까이에 '부루트인들의 일부분'이 존재하고 있다고 썼다(스로브초프 1886: 13). T. M. 미하일로프는 역시 사료들을 인용하지 않은 채, 다음과 같은 결론으로 기울었다.

"예전에 쿠리칸 연합에 들어가 있던 투르트어족 부루트인들은 최초에는 앙가라 유역(앙가라 강 근처)에 거주했었고, 거기서부터 그들의 명칭이 부랴트로 바뀌었다. 후에 전 몽골의 가장자리에 거주한 사람들에게 널리 퍼졌다(미하일로프 1987: 24)."

P. A. 스로브초프의 정보와 T. M. 미하일로프의 가설에 대해서는 다음을 지적해야한다. 알려진 사료들 중 어떤 것도 쿠리칸인의 구성원으로 부루트인이 실제로 존재했다는 것을 보여주는 것은 없고, 일반적으로 이 공동체의 민족 구성에 대한 문제는 현재까지 열려 있는 상태로 남겨져 있다. 19세기 전반부의 부랴티아에는 그 어디에도 그 누구에 의해서도 부루트 종족이 기록되어 있지 않다. 만약에 그 종족이 그때 있었다면 지금도 존재했을 것이다. 19세기에 상세하게 연구되었던 부랴트 종족들의 목록 속에서도 그 종족을 만날 수는 없었다.

나는 민족명 '부루트'를 탐색하는 과정에서 소리가 비슷하게 나는 두 개의 단어인 '*буруд*(buru:d)'와 '*буруд*(bыrы:d)'를 밝혀냈다. 첫 번째 단어는 17세기 말~18세기 초의 예니세이와 탄−샨 주민들의 역사와 관계가 있다. 1703년에 예니세이의 많은 키르기즈인들은 준가르로 쫓겨났고, 거기서 오이라트인에 의해 부루트인으로 불리기 시작했다. G. F. 밀러는 이 부분에 주목했었다(밀러 1937: 314). 그러나 키르기즈인을 의미하는 이 별명은 이름의 성질로 굳혀지지 않았다. 왜냐하면 그들의 기억 속에 최초의 자기 이름이 단단하게 보존되어 있었기 때문이다. 에니세이로 돌아가지 못하고 준가르에 남아 있던 키르기즈인조차도 나중에 칼막-키르기즈인으로 명명되었고, 어떤 식으로도 부루트인으로 불리지 않았다. 그들의 후손들은 아직까지도 신강에 있는 두르불젠 주변 지역의 에멜-골 몽골 자치구 지역에 살고 있다(부타나예프 1990: 37).

준가리야의 오이라트인(오이라트)들은 탕-샨의 키르기즈인 역시 단어 부루트로 불렀다. 학자들에 따르면 그들의 핵심은 예니세이에서 이주했던 키르기즈인으로 구성되었다고 한다(사비노프 1989: 88; 몰다바예프 1989: 113). 차이나인들은 오이라트인에게서 이 별명을 차용했고, 자신들 서류 속에 키르기즈인 또한 부루트인으로 명명했다. 그러나 키르기즈인들은 예니세이의 키르기즈인처럼 자신들을 한 번도 부루트인으로 부르지 않았다. 1856년 천산의 키르기즈인들 근처에 방문했던 Ч. Ч. 발리하노프는 다음과 같이 썼다.

"차이나인들이 미개한 칸국에 주었던 '부루트'라는 명칭에 대하여 이 민족은 완전히 몰랐으며, 그들 사이에 그와 유사한 이름을 가진 종족조차 없었다(발리하노프 1958: 324)."

오이라트인은 부루트라는 별명에 어떠한 의미를 넣었던 것일까? N. 아리스토프는 그 별명이 '늑대'를 의미하는 키르기즈 종족 부류의 명칭으로부터 나왔을 수 있다고 생각했다(아리스토프 1894: 438). 그럼에도 불구하고 A. 압드칼리코프는 고대 기록들의 연구에 근거하여 이 단어에 준가리야 칸국의 통치자들이 그들과의 관계에서 지속적이지 않다는 이유로 '죄를 범한 사람들', '변절자들', '이교도인들'이라는 경멸적인 의미를 넣었다고 정의했다. 이 학자의 의견에 따르면 부루트는 '옳지 않은', '죄', '과실'을 의미하는 칼므이크의 단어 '부루우'로부터 형성되었다. 이 단어에 복수 접미사 '-ㄷ'가 추가되었던 것이다. 별명 '부루우드'는 17세기 후반부 또는 18세기 초에 출현했다(압드칼리코프 1963: 127).

G. D. 산제에프는 역시 부루트 단어의 어원을 위와 같이 도출해 냈다. 그는 다음과 같이 지적했다.

> "부루트는 키르기즈인 자신들의 이름이 아니고 오이라트어로 '이교도인', '불자가 아닌 자', '이단자'를 의미했다. 그것은 '올바르지 않은', '이단의 학문'을 의미하는 '부루우 놈'이라는 표현과 함께 '올바르지 않은', '반대에 위치한', '반대하는'의 의미인 '부루우'라는 명명으로부터 파생된 단어이다(산제에프 1983a: 95)."

오이라트인이 예니세이의 키르기즈인들에 대하여 그러한 경멸의 의미를 부루트라는 별명에 얹었다는 것은 의심할 여지가 없을 것이다. 불교도인 오이라트인의 눈에는 군사적 그리고 부역의 의무를 마치기 위하여 준가리야로 쫓겨난 샤머니즘 신봉자들인 키르기즈인들이 이교도이며 이단자였다. 즉 단어 부루트는 많은 학자들이 잘못 생각했던 것처럼 민족명이 아니라, '경멸한다'는 의미의 단어였던 것이다.

동시에 현대에 나열된 민족들 중에 부루우드(6ypyyд)족이 존재한다는 것을 언급하는 것은 중요하다. 하카스인인 이 종족은 (예전에 영토가 카친스종족 그룹으로 들어갔었던) 세옥 퓨류트로도 불리고 있다. 그 종족의 출처에 대하여 두 가지 변용된 전설이 존재한다. 그것들 중 하나에 따르면, 세옥 퓨류트는 예전에 부랴티아(프라아트)에서 살았고, 후에 거기서 하카시야로 이주했다. 이주 과정에서 세옥의 며느리들은 자기 남편의 늙은 누나를 돌보는 것을 거절했고, 그녀를 부랴트의 땅에 남겨 두었다. 이 늙은 처녀는 오랫동안 굶주리다 고통 속에서 생을 마감했다. 그녀의 영혼은 토끼로 변했고, 세옥 퓨류트로 쫓아가서 그들을 병들게 하였다. 샤먼들은 어떤 일이 있었는지 알고 난 후에, 세옥 가족들의 동의를 구해서 그녀를 묘사한 조각인 호잔 테시를 만들었다. 이는 하카스인이 가장 숭배했던 온곤 중 하나였다.

다른 버전에 따르면, 장군 이르 토흐츠인은 자기 아들에게 줄 목적으로 토르베트 땅으로부터 퓨류트 칸의 딸, 나이든 처녀를 황갈색 말에 태워 데려왔다. 이르 토흐츠인과 퓨류트 칸의 딸이 하카시야에 다다랐을 때, 꿈속에서 토르베트 땅의 영혼들이 토끼의 형상을 하고 처녀를 못살게 굴기 시작했다. 여인은 병이 났고 이르 토흐츠인에게 영혼들을 고향 조국으로 돌려보내게 하기 위하여 제사를 지내는 의식을 진행하기를 부탁했다. 화가 난 이르 토흐츠인은 거절했는데, 그때 처녀는 돌로 된 조각상 호잔 히스로 변했고, 그녀의 영혼은 토끼로 변했다. 그때부터 이르 토흐츠인의 후손들은 퓨류트인으로 불렸다. 그리고 토끼를 숭배했고, 아름답고 좋은 황갈색 털의 말은 그들의 이즈히가 되었다(부타나예프 1986: 94).

옛적에 세옥 퓨류트는 처음에 돌로 된 조각상 호잔 히스에게 바치는 제사를 지냈다. 후에는 온곤인 호잔 테시에게 제사를 지냈다. 호잔 테시는 보통은 자작나무 갈래(나누어지는 부분)로 만들었으나 가끔 버드나무 갈래로 만들기도 했다. 위에는 암토끼 머리에서 나온 가죽을 건조시켜서 고정시켰다. 거기에 푸른 구슬로 된 눈을 박아 넣었고, 머리는 두 갈래로 땋아 늘어뜨렸다. 한 쪽 머리갈래는 흑갈색 털 말의 꼬리로, 다른 한 쪽은 황갈색 털 말의 꼬리로 땋았다. 주물에 붉은 리본(찰라마)으로 허리띠를 매어 놓았다.

테시를 비에 젖지 않게 하고 토끼 가죽이 썩지 않게 하기 위하여, 그 머리에 자작나무 껍데기로 만든 모자를 씌워 놓았다. 남자 샤먼들이 호잔 테시를 제작했다. 그것을 '깨끗한, 순결한' 테시로 여겼다.

썰맷길에 있는 가축우리 울타리에 호잔 테시를 갖다 놓곤 했었다. 그것이 가축을 지켜 주고 양을 보호한다고 여겼다. 게다가 그것이 허리와 옆구리 병을 낫게 하는 능력이 있는 것으로 인정했다. 호잔 테시는 비유적으로 '동쪽의 테시', '앞의 테시', '꼭대기의 테시'로 불렸고, 여성들은 그것을 '자작나무 껍데기의 테시', '자작나무 껍데기로 만든 바구니가 있는 테시', '하얀 테시'로 불렀다.

최초로 호잔 테시는 세옥 퓨류트 종족의 숭배물이 되었다. 그러나 결혼을 하는 여인들과 함께 그것은 다른 세옥으로 옮겨 갔다. 퓨류트인들에게는 가죽으로 온곤을 만드는 토끼와 연관하여 금기시되는 것들이 존재했다. 그들에게 토끼 고기로 음식을 만드는 것은 물론 토끼를 만지는 것조차 엄격하게 금지되었다. 이 종족 여성들은 토끼 가죽이 있는 집으로는 들어가지 못했다. 퓨류트 종족의 며느리들은 토끼와 관계된 것은 피하는 관습을 준수했다. 그들은 그것을 호잔이라는 이름으로 부를 권한을 가지고 있지 않았으므로 비유적으로 '톨라이'(몽골어로 '토끼') 또는 '둘로 갈라진 코'의 의미인 '치릭 푸룬'이라고 불렀다(로 흐니얄리: 4~5; PMA 5; 파브루토프, 꾸르비제코바).

모든 숭배의 중요한 순간은 호잔 테시에게 '사료를 주는 것', 즉 '양육'이다. 제사를 지내기 위한 장소에 자작나무를 놓고 불을 피우고 나서 의식의 방법으로 하얀 양을 도살했다. 테시에게 '사료를 주기'를 위하여 제사용 양고기의 정해진 부분으로 만든 스프를 끓였다. 각각의 부분에서 고기를 세 조각씩 잘라서, 호잔 테시를 찬양하면서 제사용 불에 던졌다. 이 때 제사장은 테시에게 다음과 같이 호소했다.

> 너는 귀중한 토르베트로부터 나왔고,
> 너는 귀중한 퓨튜트족 출신이다!
> 너는 아흐-마르칠을 넘어 왔고,
> 너는 아바칸의 정상에 몸을 감추었다!
> 두 개로 갈라진 자작나무에 기대면서,
> 너는 아바칸의 하류로 내려왔다!
> 너는 귀한 퓨류트족의 시조 여성이다!
> 너는 유명한 퓨류트인의 어머니이다!
> (부타나예프 1986: 96).

G. 아드리아노프는 퓨류트인의 최초의 고향에 대한 문제에 대해서 다음과 같이 썼다.

> "그들은 투바측에서 도착해서 키르기즈인들을 사방으로 흩어지게 했던 몽골인의 후손들이다(야코블레프 1900: 8~9)."

이 정보와 일치하는 것이 V. Ya. 부타나예프의 의견이다. 그는 퓨류트인들의 전설을 분석한 후에, 그들의 발상지를 부랴티아와 동등하게 보는 것은 부랴트(프이라트)와 퓨류트의 민족명이 같은 소리가 나는 것과 관련된 후반 현상이라는 결론에 다다랐다. 그의 관점에 따르면, 퓨류트인의 민족 발생지가 카친 종족들의 연장으로써 서부 몽골의 토르베트 나라라는 의견이 보다 신빙성이 있다. 이 의견은 몽골인 칸이 키르기즈의 공작 오드젠-

베그에게 시집가는 자신의 딸의 지참금으로 자신의 종족들 중 하나를 주었다는 전설과 실제로 서부 몽골의 토르베트인들 사이에 퓨류트(бургууд) 종족이 존재했던 것으로 증명되고 있다(부타나예프 1986: 96, 97).

실제로 퓨류트인들(бургууд'ов)의 고향은 서부 몽골이다. 퓨류트 민족명은 13세기 초 자무하를 수장으로 하는 종족들의 거대 그룹을 칭기스칸이 괴멸시키는 사건을 묘사하고 있는 연대기집에 최초로 출현하고 있다. 중앙 몽골과 서부 몽골의 종족들을 포함하고 있는 그룹의 구성원으로 퓨류트인(бургууд)이 들어갔다(『집사』 1868: 86; 라시드 앗 딘 1952б: 88). 이 파괴 이후에 퓨류트인들 중 일부분은 하카시아와 알타이 산악 지역으로 떠나, 그곳에 현재까지 살고 있다. 알타이 산악 지역의 퓨류트인들에게는 숭배하는 테시인, 토끼 가죽으로 만들어진 불루트칸이 있었다. 공격당한 퓨류트인들의 또 다른 일부분은 서부 몽골 지역으로 흩어졌다. 현재 그들의 일부는 키르기즈-노르 호수 근처에 호톤인, 불간스크 토르고우트인, 읍사-누르스크 자치구의 도르베트인, 바이트인으로 구성되어 있다(포타닌 1881: 16, 뱌트키나 1960: 239; 오치르 1993: 17). 퓨류트인(бургууд) 종족은 돈 강의 칼므이크인에 존재하고 있고(에르드니예프 1980: 69), 이 사실 또한 이 종족의 서부 몽골 출처에 대한 가설을 증명하고 있다.

위에서 서술된 것을 가지고 총 결론을 내리면서, 나는 앞서 17세기~18세기에 준가리야의 오이라트인들은 예니세이의 키르기즈인과 탕-샨의 키르기즈인을 경멸하는 단어 '부루우드'로 불렀다는 내용을 언급하였다. 다른 민족들에 대해서는 감정이 반영된 이 별명이 적용되지 않았다. 동시에 하카스인과 알타이인, 서부 몽골인 사이에 최초로 서부 몽골에 거주했던 퓨류트인 종족이 존재하고 있다. 퓨류트인 이름과 앞으로 나올 바이칼 근처에서 발생했던 민족명 부랴아드 사이에는 그들이 공통 출처임을 나타내는 어떠한 관계도 없다. 그래서 퓨류트가 '부라드'의 변이형이라는 말은 절대 해서는 안 된다. 제시된 이 두 이름의 동등함은 언어학적 관점에서 제외된다. 학자들은 몽골어에서 '부리야드'가 '부루드(бурγγд)'로 교체되는 확증을 찾을 수 없었고, 음성상의 관점은 무의미하다고 하였다(반자로프 1955: 321, 각주 323). 그래서 그룸-그르지마일로의 가설 분석을 끝내면서 민족명 '부루드'와 '부랴아드'는 음성형이 다소 유사하지만 서로 다른 실재를 검증해야 한다. 또 이 단어들의 가까운 친족들이 존재하고 있는 사실들도 근거가 없다는 것을 말해 둘 필요가 있다.

1927년 바라진은 부랴트라는 이름이 고대 민족명 바르구트의 후기 변이형이라는 가설을 제기했었다. 그의 의견에 따르면 하나의 형태가 다른 형태로 전이되는 과정이 '바르구트-부르구트-부루트-부라트-부랴트'로 이루어졌다(바라진 1927: 45). 하지만 V. B. 칙텐담바예프는 이 가설 속에서 한 모음이 다른 모음으로 바뀌는 것과 자음 'ㄱ'이 떨어져 나가는 것은 몽골어의 음성학적 합법성으로는 근거가 될 수가 없다고 지적했다. 그래서 이 가설은 받아들이기 어렵다는 것이다(칙텐담바예프 1972: 272).

1970년에 T. A. 베르타가예프는 부랴트 명칭에 대한 새로운 가설을 제시했다. 그의 가설에 따르면 이 이름은 오르혼의 비문에 의해 알려진 '쿠리칸'이라는 명칭에 기원하고 있다. '쿠리칸(KuriKan)'은 유성의 변이형 '구리간(gurigan)'을 가지고 있다. 명칭 부랴트는 자신의 최초의 형태인 '부리간(burigan)'으로 재구되는데, 거기에서 어말에 있는 '-ㄴ'은 복수 형태에서는 떨어져 나간다. 만약에 저자가 확신하고 있는, 어두에 있는 '-ㅂ'과 '-ㄱ'이 합법적으로 교체된다는 것을 고려하면, '구리간'이 '부리간'으로, 더 나아가서는 '부리지안'이 '부랴트'로 민족명이 형성되는 것이 충분히 허용된다(베르타가예프 1970: 130).

T. A. 베르타가예프 가설의 잘못된 점을 지적했던 학자들은 C. B. 칙덴담바예프와 F. D. 산제예프였다(치덴담바예프 1972: 273; 산제예프 1983a: 102, 103, 105). 이 가설이 언어학자에 의해서 제시된 것임에도 불구하고, 치덴담바예프는 그 가설이 언어학적 관점에서 납득시킬 힘이 없다고 강조했다. 마치 민족명 부랴트 발생을 위해 기반이 될 것 같은 부리지안(burijan 또는 burigan)은 몽골인과 부랴트인의 언어에 한 번도 자리잡은 적이 없는 것들이다. 이것은 민족명 쿠리칸과 대조하기에 편하도록 가설을 위해 창조된 인위적인 구성이다. 몽골어에 −ㅂ와 −ㄱ의 자음 교체가 존재한다 할지라도 제안된 전이, '쿠리칸-구리간-부리간'을 근거로 하기에는 불충분하다. 몽골어에서 자음 −ㄱ가 −ㅂ로 교체되는 유사한 예를 반드시 찾아야 할 필요가 있다. 하지만 T. A. 베르탄가예프에 의해 인용된 모든 예들은 −ㅂ에서 −ㄱ로 교체되는 것에 대한 증명이고 반대의 경우는 없다는 것이다. 따라서 이것들은 목표에 맞지 않는 것이다.

1972년에 치덴담바예프는 민족명 부랴트의 출처에 대한 고유의 의견을 제시하였다. 그 의견이 발표된 지 30년이 넘게 지났지만, 아직까지 몇몇 부랴트 민속학자들 사이에서는 꽤 유명하다. 치덴담바예프의 의견에 따르면, 부랴트 민족이 발생되는 시초에 놓여 있는 종족은 늑대를 숭배했던 초기 몽골인들과 연관되어 있다. 그 이유는 그들을 치노인(몽골어 치노(늑대)로부터 나온 단어)라 불렀기 때문이다. 이 치노인들은 고대 투르크인들이 그들을 지배했던 시기에 2개 국어를 병용하는 사람들이었다. 그들은 자신들의 토템의 이름인 치노를 고대 투르크어로 번역하고, 그것을 투르크인이 부르는 것을 허용하였다. 또한 자신들을 부레트인 또는 보랴트인이라고 부르기 시작했다. 민족명 부랴트(좀 더 정확히 하자면 그것의 근간)은 몽골 단어가 아니라 몽골에 있는 고대 투르크의 차용어이다. 이것은 언어 사료 속에서 방언에 따라서 연음과 경음을 가졌다. 이는 현대 투르크 언어에서는 다양한 소리들로 부랴트 명칭과 역사적으로 관계된 민족명들을 증명하고 있다.

"하카스인에게 퓨류트 종족이 있고, 키르기즈인의 일부분을 부루트인이라 부르고 있다. 바쉬끼르의 '뷰레(6γpe)'와 소리가 가까운 '늑대'라는 고대 투르크어 명칭의 근간에 몽골 복수 접미사 '-ㄷ'를 추가하는 방법으로 민족명 '부레에드' 변이형이 이뤄졌다. 그리고 이는 러시아어로는 '부레트'로 전해졌다. 그래서 18세기에 부랴트인들을 방문했었던 게오르기는 '부레트인은 자신들을 바르가 부레트라고 부르고 있다'고 썼다(나는 아래에서 치덴담바예프의 이 문구로 돌아갈 것이다). 다른 측면에서는, 위그르의 '버랴(6θpя, 사실은 버리(6θ pи))'와 소리가 가까운 '늑대'라는 고대 투르크어의 근간에 복수를 표시하는 '-ㄷ'가 추가되는 방법으로 민족명 '부랴아드' 변이형이 이뤄졌다. 이것은 러시아어로 '부랴트'라고 전해졌으며, 이 변이형은 다른 민족들에게 더 많이 알려졌었다(치덴담바예프 1972: 274~279)."

부랴트라는 명칭에 대해 존재하고 있는 가설들을 분석해 보면, 민족명에 대한 연구가 민족의 발생 역사에 대한 세밀한 조사와 연구 없이 진행되었다는 것을 알 수 있다. 우선적으로 그 명칭들의 외적 음성적 유사성을 대조한 것을 근거로 하였기 때문에 어느 정도는 잘못되어 있고 전망이 없다는 것을 알 수 있다. 그럼에도 불구하고 치덴담바예프는 고의로 그룹-그르지마일로의 표현인 '부루트는 부랴트라는 단어의 변이형들 중 하나다'라는, 처음부터 옳지 않은 공식에 연구의 시작점을 두었다. 그가 민족명 부랴트의 최초 형태라고 여긴 '부레트'라는 형태를(그러나 그는 이 형태의 존재를 어떤 식으로도 절대로 증명할 수 없었다) 단어 '부루트'에 이입하고 난 후에,

절대 성공적인 것이라고 말할 수 없는 자신의 개념을 만들어 냈다. 이 모든 것에 근거를 두고 구성한 그의 다음 가설들에 동의하는 것은 불가능하다. "고대 투르크 시대에 부랴트 종족이 존재했었다. 투르크인의 지배를 받는 여건 속에서 그의 세분화된 구성원으로 들어갔던 종족인 몽골의 토템들과 자신의 명칭이 투르크의 것으로 바뀌게 되었다. 하카스의 세옥의 명칭 '퓨 류트'와 오이라트인이 탼-샨의 키르기즈인에게 준 '부루트'라는 별명은 어원상 민족명 부랴트와 관계되었다."

그러면 여기서 질문이 하나 생긴다. 민족성이라는 현상을 구성하는 근본적인 역사 문화적 징후들이 변하는 이 모든 과정이, 저자의 견해에 따라, 중앙아시아를 군사 정치면에서 어떤 민족이 지배했었냐는 것에 따라가는 확고부동의 특징을 가졌다면, 고대 투르크의 지배가 끝나고 몽골 지배가 확실해졌던 시기에 왜 부랴트인들이 지닌 투르크의 토템들과 명칭이 몽골의 것으로 변하는 과정을 이루지 못하였는가. 그리고 왜 그들은 후에 부랴트로 변할 것만 같은 외견상으로 연결된 투르크 이름 '부레트'로 항상 그렇게 남겨져 있었는가. 전체적으로 본다면 다음과 같이 말해야 한다. 만약에 치덴담바예프가 가정했던 것처럼 그렇게 민족 구성 과정들이 발전했었다면, 부레트인으로 자신을 불렀어야 할 종족은 늑대로부터 파생된 사람들이라고 자신들을 한 번도 생각해 본 적 없는 부랴트인이 아니라는 것이다.

비록 부랴트인은 다른 몽골 민족들과 같이 이 동물을 숭배하였지만, 그들의 거대한 세분화된 민족들(크지 않은 쇼노 종족은 에히리트 종족 구성원으로 합쳐지지 않는다)은 어느 하나도 치노라 불리지 않았고 늑대 토템을 가지지 않았다. 실제로 자신들의 토템 선조가 늑대라고(보르테-치노라는 이름하에 칭기즈칸 족보를 갖고 있다) 생각했던 삼강의 토착 몽골인들, 그리고 그들의 선조들은 투르크인에게 종속 상태에 있었다. 그러나 몽골인, 게다가 부랴트인들과 어떤 유사한 것은 없었고, 있을 수도 없었다. 왜냐하면 반대의 경우에 자신들의 특징적인 문화적 징후들의 변화를 가진 작은 수의 부랴트인이 모두 자신의 정체성을 잃어버릴 뻔하였기 때문이었다. 또 투르크의 환경에 녹아들 뻔했기 때문에, 치덴담바예프의 가설은 모든 부분에서 매력적일지라도, 부랴트라는 명칭의 어원 분석에 대해 어떤 새로운 것도 제시하지 못하였다. 다만 자신과 유사한 관념을 가진 아주 많은 동료들에게 근거를 주는 가설의 수준으로만 남아 있었다.

나는 여기서 치덴담바예프의 가설인 역사 민속학적 측면을 건드렸다. 한편 언어학적 양상들은 몽골어에 대한 위대한 전문가인 산제예프에 의해 상세하게 분석되었다. 치덴담바예프의 의견인 고대 투르크 시대의 부랴트인이 자신을 '부레에드'라고 부르기 시작했고, 후에 이 이름이 '부랴트'로 바뀌었다는 내용을 인용하면서 산제예프는 다음을 강조했다.

"그 이름은 어떠한 사실로도 증명되지 않았으며, 몽골 터키어에서 연음을 가지고 있는 단어가 경음으로 되는 경우는 단 한 번도 없었다(모음의 영향하에 반대의 경우는 있을 수 있다)." 산제예프는 또 다음과 같은 질문을 던졌다. "무엇을 근거로 치덴담바예프는 '부랴아드'라는 단어가 투르크어 '부레에드'(그 존재에 대해서는 단 하나의 증거도 증명되지 못하고 있다)에 '경음'이 들어간 변이형이라는 생각에 이르렀을까?" 치덴담바예프 가설의 모든 결점들을 파헤친 결과, 산제예프는 그 가설의 실제적인 증거를 찾아내지 못하였다. 그리고 치노인 부족의 역사에 대해 저자가 제안한 모든 급변화된 내용들은 증거가 없는 것이라는 결론을 내렸다. 게다가 어떤 '치노인들'의 이야기에 대해서도 산제예프는 그럴 듯하게 지적했다. 만약에 그들이 현재에 몽골 민족들 구성에 존재한다면, 자신의 태초의 몽골어 명칭을 보존하고 있었을 것이라는 것이다(산제예프 1983a: 105~108).

산제예프가 치덴담바예프의 가설을 분석한 것은 나무랄 데가 없다. 연음을 가진 단어가 경음으로 될 수 없다는 그의 지적은 몽골어에서 자명한 이치이다. 단어 부랴트의 어원 분석 과정에서 치덴담바예프가 이와 같은 잘못된 해석으로 기울었기에 가설들을 만족스럽게 이끌어 나가지 못한 것에 대해 연구자들은 위의 상황을 반드시 고려해야 했다(난자토프 2005: 22~26; 두가로프 2006: 49~55; 볼호소예프 2006: 13~14). 산제예프에게 민족명 부랴트의 내용을 이해하기 위한 서술이 요구되었을 때, 그는 처음에 예전의 모든 시도들에서 이루어진 많은 가설들이 모두 불충분한 상황이었다는 것을 알았다. 그래서 이름의 민족어원 쪽으로 방향을 돌렸으나 더 나은 어떠한 방법도 찾지 못했다. 그는 이 이름의 최초 형태가 '부리이드'라고 생각했다. 그는 이 단어에 대해 복수명사 접미사 '-ㄷ', 접미사 '-이아', '지정된 방향으로부터 의도적으로 벗어나다', '도망가기를 원치 않다'(말(馬)에 대하여)라는 의미를 가지고 있는 동사의 어근 형태소 '부리'가 구조적으로 배열된 형태라고 보았다. 이러한 동사의 근본 의미와 관련하여 산제예프는 민족에서 명칭으로 부랴트를 해석했던 치덴담바예프의 정보를 인용했다.

"치덴담바예프는 다음과 같이 썼다. 우리를 흥미롭게하는 민족명의 의미는 '길을 따라 가기를 원하지 않는다(말에 대하여), 한 쪽 면으로 기울어지다'라는 의미를 가진 동사 '부리하'로부터 나온 분리 부동사 '부랴아드'가 같은 음이 나는 단어라는 데서 도출되었다. 이 어원 분석 과정에서 부랴트라는 명칭은 '몽골인으로부터 떨어진' 또는 '그들로부터 한 쪽으로 기울어진'으로 해석되었다. 그러나 민족명 부랴트의 이러한 해석은 비평가들에게 지지를 받지 못했다. 몽골어에서 동사의 부동사 형태는 명사화 될 수 없고, 이름의 명칭이 될 수 없다 (치덴담바예프 1972: 271)."

산제예프가 위의 내용에 동의하지 않은 채 민족명 부랴트라는 동음이의 어들로 이해했던 것처럼, 언어학자들은 동사의 어근인 '부리'로부터 이 이름이 파생되었을 가능성에 대하여 논의하는 것을 이해해야 한다는 것을 반대했다. 이러한 관계로 그는 왜 부랴트인들이 '벗어난 사람들'로 여겨지지 않았던 것인지 이유를 밝혀야 했다. 그것은 이전의 최초 부랴트인들이 투르크 카간들로부터 또는 후기 부랴트인들이 몽골 봉건 영주들로부터 '벗어났다. 멀리했다'라는 것을 정확히 표현하지 않았기 때문이라는 것이다. 당연히 이것은 현재 부랴트인들의 모든 선조들이 몽골로부터 도망한 사람들이라는 것을 의미하는 것은 아니지만, 만약에 전체의 명칭이 종종 일부분의 명칭에서 근거한다는 것을 고려한다면, 그때는 도망자들을 의미하는 단어가 모든 서부 바이칼 지역 부랴트인들의 공통 명칭이 될 수 있었을 것이다. 그런 식으로 산제예프는 자신의 관점을 종합했고, 민족명 부랴트의 어원에 대해 좀 더 명확하게 연구할 필요성을 제기했다. 왜냐하면 그 어원은 의심할 여지없는 사실에 근거하거나 이러한 사실들로 옳게 증명할 수 있기 때문이다(산제예프 19836: 47~49).

산제예프는 민족의 어원에는 이후의 가정을 위한 근거와 같은 사전 가설들이 필요 없다고 지적했다. 그럼에도 불구하고 그 가설에 대한 관심은 다음 질문을 피할 수 없다. 만약에 17세기 서부 몽골과 동부 몽골 사이에서 발발한 전쟁 기간에, 몽골로부터 도망간 셀렝가와 서부 바이칼 지역의 부랴트인들의 일부분에 관심을 두지 않았다면, 민족명 부랴트가 이미 오래전에 자신이 형성되는 초기 기반의 단계를 지나쳤을 때, 도대체 어떤 부랴트인들을 '몽골인으로부터 벗어난 사람들'로 여겼을까? 당연히 그 부랴트 선조들이 사회적 압제와 서로간의 전쟁으로부터 벗어나서, 17세기 전에 서부 바이칼 지역의 인적이 드문 깊은 곳으로 떠났다는 것을 부정해서는 안

된다. 그러나 많지 않은 도망자 그룹의 도착이 아마도 눈에 띄는 현상은 아니었을 것이다. 그들과 같이 모든 지역의 주민들은 자신을 '벗어난 사람들'이라고 부르기 시작했다.

민족 어원을 단지 소리가 같은 단어들을 가지고 하는 '놀이'에 근거하여 찾을 때, 그것은 종종 연구자들을 진실된 방향에서 다른 곳으로 끌고 간다. 이로 인해 장소를 가지고 있는 어원을 역사 민족학의 현실로는 해석 불가능하게 된다. 때문에 만약 민족 어원을 고유 명사들이 보통 '거짓'으로 부른다는 결정적인 사실을 고려한다면, 민족명 부랴트의 민족 어원은 어떻게해도 용인될 수가 없다. 게다가 부랴트라는 명칭이 항상 그런 음(소리)을 가졌을 것이라고 절대적으로 확신하면 안 된다. 최초에 그 명칭은 다른 발음을 가졌을 수도 있고, 고대 몽골어에서 '부리이아드'라고 쓰는, 현재의 잘 알려진 형태 '부랴트'는 단지 시간의 흐름과 함께 정해졌을 수도 있다. 또 산제예프에 의해 지적된 원칙에 따라 형성된 민족명들은 적어도 중앙아시아에서 존재하지 않는다. 따라서 동사 '부랴아드'의 부동사 형태가 민족의 명칭인 '부랴아드'로 바뀔 수 있었다는 것에 동의할 근거는 없다.

오늘날 존재하고 있는 민족명 부랴트의 모든 해석을 종합해 본다면, 그것들 중 어느 하나도 언어학적으로나 역사 민족학적 관점으로써 만족되게 여겨지는 것이 없다는 것을 인정해야 한다. 아주 중요한, 그러면서 자주 반복되는 실수는 단어들의 출처가 다름에도 같은 음을 낸다고 해서 동일하게 보는 데에 있다. 이는 저자들이 민족명 부랴트의 올바른 최초의 형태를 찾을 수 없거나 시도하지 않았을 때 벌어지는 일이었다. 그것의 정확한 의미를 정해야 하는데, 이는 그 의미 없이는 부랴트 민족체의 형성 과정을 파헤치고 적합하게 이해하는 것이 불가능하기 때문이다. 제시된 가설들의 큰 단점은, 민족 이론의 연구 영역에서 러시아의 민족학 업적과 주어진 서술 사료들로부터 단절되어 올바르게 알려진 역사학과 민족학적 사실들과의 불일치를 고려하지 않았다는 것이다. 이 점에서 그들 모두는, 사물의 논리에 있어서 언어 역사적 또는 역사 언어학(나는 마지막 결론에 대하여 원칙적인 차이가 있다고 보지 않는다)적 구조로 이루어져야 했지만, 순수한 언어학적 사고의 특징을 가지고 있다. 이러한 구조는 구체적인 시대의 역사 민속학적 현실과의 밀접한 관계와 배경 속에서 민족명의 어원 연구의 필요성을 제기한다.

4
1207년에 있었던 몽골인들의 예니세이 원정에 대하여

고대 투르크 시대의 민족명 부랴트의 존재에 대하여 치뎬담바예프와 대부분의 다른 사람들이 여러 가설을 제안했지만, 어떤 것으로도 확증되지 않았다. 따라서 13세기에 이 이름이 있었는지의 여부에 따른 적지 않은 의심들이 발생한다. 그 의심들은 특히 다음 문제를 연구하는 과정에서 드러난다. 몽골인들이 숲의 민족들을 정복하기 위해 원정을 나갔을 때, 바르구진-토쿰이라 불렸던 바이칼 지역으로 침략한 것이 1207년이었는지에 대한 여부이다. 『몽골비사』의 239 단락에 다음의 내용이 언급되고 있다.

"조치의 진두지휘 아래 몽골인 부대는 쉬흐쉬트라는 곳으로 들어갔고, 오이라트인, 부랴트인, 바르훈인, 우르수트인, 하브하나스인, 한하스인, 투바스인을 복종시켰다. 투멘-키르기즈인(키르기즈인)을 복종시킨 후 조치는 몽골인들의 권력 아래로 쉬비르, 케스디인, 바이트, 투하스, 텐레크, 토엘레스, 타스, 바츠쥐기 민족들을 받아들였다."

『몽골비사』의 위 단락에서 단 한 번 부랴트라는 단어가 언급됨에 따라, 1207년에 일어난 사건의 실제 과정과 경과를 재구하기 위해서는 언급된 명칭 각각을 연구해야만 한다. 그들이 어디에 위치해 있었는지 이 순서를 주시하면서 쉬흐쉬트 명칭부터 시작하자. 이 지역명은 홉스골 호수 서쪽 측면과 남동 투바 영토에서 시작해서 소예니세이(작은 예니세이)로 들어가는 쉬흐쉬트(또는 쉬흐키트) 강의 계곡을 암시한다(투바의 역사 1964: 171).

『몽골비사』에서는 오이라트 종족이 거주했던 곳을 알려주지 않고 있다. 그러나 연대기는 그들의 고향땅이 쉬흐쉬트의 계곡에 위치했다는 것을 명백하게 암시하고 있다. 1201년과 1202년에 칭기즈칸이 자무하 종족 그룹에 끔찍한 참패의 연속을 가져다주었을 때, 자무하와 동맹한 일원들이 이들을 구조하기 위하여 자신의 태고적 거주지로 서둘러 갔다. 나이만인들은 알타이 남부쪽을 따라 울루흐-타후로, 메르키트인은 셀렝가로, 타이주트인은 오논을 따라서, 오이라트인은 쉬흐쉬트 쪽으로 갔다(코진 1941: 144). 『몽골비사』의 정보는 『집사』를 뒷받침하며 구체화하고 있다. 거기에는 위에서 언급했던 것처럼, 현대 연구자들에 의해 소예니세이의 저수지와 확실히 동일시되고 있는 세키즈-무렌이라는 곳이 오이라트인의 거주지이고, 분여지(농민들에게 나누어진 토지)였다고 지적되고 있다(라시드 앗 딘 1952a: 118). 그런데 소예니세이의 지류들 중 하나가 쉬흐쉬트 강임에 따라, 이는 13세기 초에 오이라트 종족이 실제로 쉬흐쉬트를 따라서 거주했다는 것을 의미한다.

칼므이크인 연구자 G. O. 아블랴예프는 이것들과 17~18세기의 후기 사료들을 중요한 형태로 이용하면서, 초기 역사에서 몽골인과 떨어져 있었던 오이라트인이 최초로 서부 바이칼 지역으로 나아갔다고 하였다. 11세기에 거기서 또 제트이수('여덟 개의 강') 지역 쪽으로 나아갔다고 가정하였다(아블랴예프 2002: 192). 이 가설의 기반으로 후기 사료들을 이용하였는데 이 것은 방법론적으로 옳지 않았다는 것을 이야기해야 한다. 만약에 서부 바 이칼 지역에 오이라트인이 거주했다는 것에 대한 정보가 13~14세기 사료 들 속에 포함되어 있는 경우라면 정당할 수 있을 것이다. 그렇지만 어떤 개 별적이고 어려운 뉘앙스들을 이해하기 위하여 정확히 하거나 구체화하기 위해서 후기 사료들에 주목할 필요가 있었다. 이 점에서 G. N. 루만체프의 견해는 완전히 옳은 것이었다. 그는 후기 몽골 '연대기 전집' 속에서 오이라 트─부랴트인, 오이라트─부랴트의 지도자 오로드쥬─쉬구쉬에 대하여 이 야기하고 있는 부분과, 서부 부랴트 종족들인 에히리트와 불라가트가 어떤 시기에 오이라트 동맹에 들어갔었다는 명제를 가정하고 있는 부랴트 학자 들에 대해 코멘트하면서 다음과 같이 썼다.

"이 모든 사실이 오이라트인과 에히리트-불라가트인의 오래된 관계에서 언 급되고는 있다. 그러나 그들 중 어떤 경우에도 에히리트-불라가트인의 출처가 오이라트인으로부터 나왔다는 결론을 내지는 않았다. 연대기상 후기에, 빨라 도 16~17세기인 '역사적인 시대'에 이미 오이라트인과의 문화적이고 정치적 인 상호관계가 반영되고 있는 부랴트 민족이 계보학상 전설 속에서 부가적 지 층을 이루고 있음은 의심할 여지가 없다(루만체프 1962a: 37)."

따라서 『몽골비사』와 『집사』를 기반으로 하면서 다만 다음의 의견만이 전면에 나올 수 있었다. 고유 몽골인들로부터 떨어져 나온 후 오이라트인 들은 북서 몽골의 가장자리 지역으로 떠났다. 그들이 서부 바이칼 지역과 그 후에 제트이수로 이주한 것에 대해 말하는 것은 어떠한 근거도 없다. 17 ~18세기의 몽골 연대기들에 대해서 보면, 후기 민족들의 상호관계와 부랴트인과 오이라트인의 상호 침투를 반영하고는 있으나, 아블랴예프가 생각했던 것처럼 13세기와 게다가 11세기에는 어떠한 사건들도 이야기하고 있지 않다.

그럼에도 불구하고 D. D. 니마예프는 이 잘못된 가설을 자신의 근간에 이용했다. 그는 이 가설을 다소 현대화시킨 후에, 13세기에 오이라트인이 제트이수에서뿐만 아니라 서부 바이칼 지역에서도 살았다고 가정했다. 조치는 바이칼 근처에서 거주하고 있던 오이라트인을 처음 복종시킨 후, 바로 그 다음 쉬흐쉬트를 따라 살고 있었던 그들의 동족들에게로 이동했다. 바이칼 근처에서 오이라트인과 함께 있었던 부랴트인을 복종하게끔 데리고 오는 것을 보여줄 정도로 그들의 거주 영토는 넓었다. 이 가설은 주어진 초기 사료들과 명백하게 모순된 지역에 위치하고 있었다. 때문에 오이라트인이 자신의 통제하에 바이칼 서부 지역의 모든 영토를 두고 있었다는 것과 라시드 앗 딘에게 민족명 부랴트가 없다는 것을 부랴트인보다 오이라트인의 정치권력이 강했다는 것으로 설명할 수 있다는 저자의 의견에 동의하기는 어렵다(부랴트인들 2004: 35~37).

민족명 바르훈인은 칼므이크 종족 '바군(바구트)'이라는 명칭과 대조되거나 '바라구'라는 명칭과 대조된다. 칼므이크 종족 바군은 13세기에 오이라트인의 구성에 들어가지 않았고, 독창적인 하나의 민족이었을 가능성이 있다. 오이라트인의 세부 종족인 투멘인 중 하나가 그렇게 명명되었었다(산치로프 1990: 51). 바르훈인이 동부 바이칼 지역의 종족인 바르구트의 이름이라는(루먄쩨프 1962a: 143; 니마예프 2000: 121) 것을 가정해 볼 수도 있다. 그러나 바르구트인들이 칭기즈칸의 권력을 자발적으로 인정한 정황이 사료들에 의해 정확하게 증명된 사실이 있기 때문에 그렇게 동일시하는 것은 불가능하다. 1201년 겨울 말미에 훈기라트 종족이 칭기즈칸에게 종속되었다. 이 종족의 구성으로 엘드지긴 종족이 들어갔다. 엘드지긴인들로부터 북쪽의 바이칼로 보낼 대사로 투르카드좌르-바가투르와 사르타크-바가투르 형제들이 선출되었다. 그곳에 도착한 후 그들은 "칭기즈칸의 칸 명령서의 영향으로…바르구트 종족을 복종시켰다." 바르구트인의 수장 카단-아이인으로부터 칭기즈칸의 권력을 인정하는 확증을 받은 후에, 투르카드좌르와 사르타크는 그들과 '평화와 친족' 동맹을 맺었다. 이 동맹은 라시드 앗 딘이 지적했던 것처럼, '오늘날까지도' 효력이 진행 중이다(라시드 앗 딘 1952a: 166). 『집사』에 따르면 이 사건이 바르구진-토쿰에서 일어났다. 몽골인에 의해 예니세이 계곡의 주민들이 강압적으로 종속되는 과정에 거대한 영토를 가졌을 때인 1207년 사건들과 관계되어 바르훈인이 언급되고 있다. 따라서 바르훈인과 바르구트인, 이 둘은 논쟁할 여지없이 다른 종족들이다.

예니세이의 상류 지역에 우르수트인이 거주했었다는 것은 F.클리브즈가 확인하였다(클리브즈 1956: 394). D. S. 두가로프는 V. O. 돌기의 자료들을 이용하고 1830년대에 제시되었던 드오송의 가설을(드오송 1937: 35) 근거로 하여, 부랴트인 구성에 자리하고 있는 종족 공동체 혼고도르는 『몽골비사』의 바로 그 조치가 복종시켰던 우르수트인이라고 가정했다. 두가로프는 다음과 같이 확언하고 있다.

"우르수트인들은 18세기에 러시아인들이 혼고도르인들을 만났고 그들이 오늘날에도 살고 있는 그 영토에 거주했다(두가로프 1993: 213)."

이 두가로프의 의견을 니마예프가 지지했다. 그는 자신의 논문 「부랴트인들: 민족 기원과 민족의 역사」에서 우르수트인들은 서부 바이칼 지역에

항시 살았던 거주자들이고, 이것이 현대 혼고도르인들의 분명한 조상들 중의 하나라는 가설을 증명할 수 있다고 지적했다(니마예프 2000: 121).

한편 G. R. 갈다노바는 혼고도르인들이 칭기즈칸에게 적대적인 동맹에 들어갔었던 훈기라트족의 후손이라는 가정을 제기했다. 훈기라트인이 칭기즈칸에 의해 격파 당했을 때, 그들은 타타르, 두르반, 살드쥐우트, 카타긴 종족이 살고 있는 앙가라로 도망쳤다. 후에 이들 종족들의 대부분은 몽골인들에 의해서 중앙아시아와 카자흐스탄으로 끌려가게 되었다. 바이칼 근처에 남았던 훈기라트인들의 소수는 혼고도르라는 이름으로 알려지기 시작했다(갈다노바 1996: 83~93).

갈다노바는 자료들에서 혼고도르인들이 북-서부 몽골로부터 이주한 자들이라고 이야기하고는 있지만, 그의 중요한 실수는 바이칼로부터 먼 남동쪽 아르군 너머에서 일어났던 사건들을 앙가라 근처로 가져왔다는 데 있다. 그래서 그에 의해 인용된 훈기라트인들은, 그곳으로 도주한 것에서 낸 결론들이므로, 처음에 『집사』의 굳어진 내용들로 여겨졌던 결론과 사실 완전하게 갈린다. 그는 자신의 가설을 제시하면서 다음의 내용을 증명해야 했다. 즉 훈기라트인들과 근접해 있었던 타타르인, 두르반인, 살드쥐우트인, 카타긴인이 실제로 바이칼의 서쪽 앙가라에 살았었는지 여부에 대한 문제이다. 이는 『집사』의 여러 부분에 제시된 이 연합의 위치에 대한 정보와 다른 사료들 및 라시드 앗 딘의 정보를 비교했어야 하는 것이었다. 이들 종족들이 앙가르에 거주했다고 보는 사람들은 보통 『집사』를 인용하는데, 이 텍스트에서 유일하게 짧은 문장에 이렇게 나타나고 있다.

　"타타르, 두르반, 살드쥐우트, 카타긴 종족들이 함께 연합했을 때, 그들은　　모두 강 하구를 따라 살고 있었다. 이 강들이 합쳐져서 앙가라-무렌 강을 형성하고 있다(라시드 앗 딘 1952a: 101~102)."

인용된 이 짧은 문장은 모두 두 개의 가정으로 구성되어 있다. 이 두 가정은 타타르 종족에 대한 광범위한 범위 안에 들어 있으며, 의미상 서로 간에 특별하게 지적해야 할 만큼 관련되어 있지 않다. 첫 번째 가정은 타타르인들의 거주지에 대한 충분한 정보로 마무리되고 있다. 거기에는 부분적으로 타타르 종족의 많은 곁가지들이 존재하고 '그들의 기본 거주지(분여지)는 부이르-나우르라고 불리는 곳이었다(앞의 책: 101).' 비평 없이 인용되었던 짧은 문장만을 보고 생각할 수 있었던 것처럼, 그곳이 앙가라는 아니다. 전반적으로 라시드 앗 딘의 정보의 의미는 다음과 같이 결론지어 진다. 반칭기즈칸 동맹이 형성되었을 때, 타타르인들은 어떤 강들의 하구 지역을 따라 있는 '히타이 영역 경계선 가까이에' 살았다. 이 페르시아 역사가는 그 어떤 강들의 명칭을 기재하지는 않았다.

인용구에서 앙가라 계곡의 거주자들에 대한 그들의 생업과 부의 수준 그리고 그들이 차지하고 있던 영토에 대한 이야기로 두 번째 가정은 시작되고 있다. 툴루이-칸의 첫 번째 부인인 소르쿠크타니-베기가 은을 모으기 위해 많은 사람들을 앙가라 인근 지역 중 한 곳으로 보냈던 것을 설명하는 내용 중 타타르인들에 대한 부분에 이 이야기가 들어가 있었다. 이 가정의 내용을 보면서, 나는 앙가라는 몇몇의 강들이 합쳐지는 과정에서 형성된 것이 아니라, 바이칼 호수로부터 흘러나오는 것이라는 것을 지적하고 싶다. 이 황당무계한 말은 텍스트에서 빠져버렸던 두 가정문 사이에 있었던 중간 문구 때문에 나왔던 것이다. 만약에 그 문구가 있었다면, 첫 번째, 앙가라 강의 원천에 대하여 기계적으로 발생한 부정확한 내용은 있지도 않았을 것이며, 두 번째, 칭기즈칸과의 전쟁을 기도했던 반대의 그룹이 만들어

졌고, 더 멀리 잘 보이는 아르군의 오른편 지역에서 활동했다는 것이 이해
되었을 것이다.

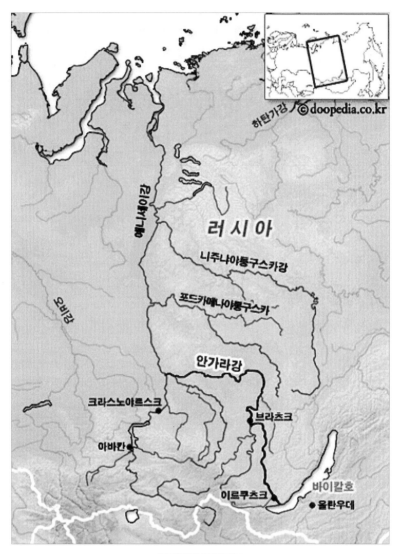

앙가라강 유역지도

라시드 앗 딘은 훈기라트인이 타타르인, 두르반인, 살드쥐우트인, 하타긴인 연합에 가담했었는데, 이는 제베가 선동을 일으켰던 당시에 하사르가 그들을 공격하여 퇴각했었기 때문이라고 보고하고 있다(앞의 책: 165). 『원사』에서는 이 에피소드를 조금 다르게 전하고 있다. 즉 훈기라트인은 칭기즈칸을 적대시하는 그룹에 있었고, 그 그룹들 사이에는 하타긴인, 살쥐우트인, 도르벤인, 타타르인이 속해 있었다고 이야기하고 있다. 나이만인, 타이쥐우트인은 그들이 끔직한 타격을 입었다는 소식을 들은 후에 칭기즈칸 부대로 옮기고자 그 동맹에서 나왔다. 그럼에도 불구하고 하사르는 훈기라트인들의 의도를 알지 못한 채 그들을 습격하고 약탈했는데, 이 때문에 훈기라트인들은 반대편으로 돌아갔었다(흐라파체프스끼 2004: 445). 곧 바로 보복이 이루어졌다. 1200년에 칭기즈칸에 대적했던 무리들은 부이르-노르 호수 근처에서 만나 교전을 했었는데, 여기서 칭기즈칸은 훈기라트인들을 포함하여 자신을 적대시한 이들에게 엄청난 타격을 주었다(라시드 앗 딘 1952a: 117, 250).

1201년 훈기라트인들과 그들의 동맹 파트너들은 다시 칭기즈칸에 의해 공격당했다. 그때 그들은 자무하에 합류했었다. 자무하는 쿠릴타이에서 구르-칸으로 추대되었다. 이제 자무하의 시작이라고 볼 수 있는 10개가 넘는 종족들이 연합한 것이었다. 그럼에도 불구하고 칭기즈칸의 반대편에 선 이 강력한 그룹은 유지되지 못했다. 하일라르 강 계곡에서 이 그룹은 완전히 격파 당했다. 이 이후에 『집사』, 『몽골비사』, 『원사』가 증언하고 있는 것처럼, 훈기라트인들은 칭기즈칸에 복종하기로 결정했다(라시드 앗 딘 1952б: 119~120; 코진 1941: 141; 흐라파체프스키 2004: 446).

1203년 칼라알쥐트-엘레테에서의 대전투 이후에, 칭기즈칸은 툰게 호수로 이동하면서 훈기라트인들의 유목지 경계선에서 그들의 선봉자들인 테르게와 에멜에게 그들이 앞으로 칭기즈칸과의 관계를 어떤 방향으로 해야 할 것인지에 대해 질문하는 대사를 보냈다. 그들은 칭기즈칸에게 동맹자와 친구가 될 것을 단언했다. 『집사』에서는 다음과 같이 말하고 있다.

> "훈기라트인들이 호의적인 답변을 주었기 때문에 칭기즈칸과 화해했고 함께하기로 했다(라시드 앗 딘 19526: 126)."

라시드 앗 딘은 칭기즈칸에 대한 적대적인 태도가 끝났음을 알렸던, 훈기라트인들에게 기억되는 이 사건이 우트쿠흐 성벽으로부터 멀지 않은 칼라아쥔 강에서 일어났다고 하였다. "이 성벽은 히타인들이 까라-무렌(황해)부터 쥬르드줴 바다와 쥬르드줴 지역 근처까지 둘러쳐져 있었다"고 쓰고 있다(앞의 책: 54). 『몽골비사』에 따르면, 칭기즈칸의 대사와 테르게와 에멜이 만남을 가졌던 곳인 훈기라트인들의 유목지는 할하 강이 부이르-노르로 흘러 들어가는 곳인 할하 강 하구 지역에 위치하고 있었다(코진 1941: 176). 『집사』는 훈기라트인들의 거주지에 대한 보다 정확한 정보를 주고 있다. "훈기라트인들의 거주지는 대흥안령산맥의 동쪽에 위치하고 있었다(라시드 앗 딘 1952a: 160)." 다른 부분에서 라시드 앗 딘은 자신의 말을 구체화하면서 다음과 같이 쓰고 있다.

> "훈기라트 종족이 차지하고 있던 곳은 히타이와 몽골 사이에 알렉산드르 성벽과 유사하게 늘어져 있는 우트쿠흐 성벽의 경계 지역이었다(앞의 책: 161)."

현재 훈기라트인들은 두 그룹으로 나뉘어 있는데, 동부 훈기라트인들과 서부 훈기라트인들이라 불리고 있다. 그들은 13세기에 같이 몽골인들을 방어하기 위해 유연이 설치해 놓았던 우트쿠흐 성벽이 지나가는 곳으로부터 멀지 않은 힌간 자치구와 내몽골의 동쪽 가장자리에서 살고 있다. 성벽의 남은 부분은 지금도 볼 수 있다. 할하 지역에는 훈기라트인들이 없다.

나는 훈기라트인들과 칭기즈칸과의 상호관계 역사를 상세하게 드러냈는데 그 이유는 훈기라트인들에게 이 역사가 좋은 결말을 가져왔고, 그들이 타타르인, 두르반인, 살드쥐우트인, 카타긴인 종족이 한 번도 살지 않았던 앙가라(앙가라)로 도망치지 않았다는 것을 보여 주기 위함이다. 이 기본적인 논거가 없었기 때문에 훈기라트와 혼고도르 민족명이 동등하다는 것에 대한 확신도 실제적 근거를 가지고 못했다. 그럼에도 불구하고 니마예프와 난자토프는 『집사』에 관련된 텍스트의 의미에 대해 근본적인 규명을 하지 않은 채 갈다노바의 잘못된 가설을 계승했던 것이었다. 니마예프는 「부랴트인들: 민족 기원과 민족의 역사」 논문에서 우르수트와 혼고도르의 민족명이 동등하다는 것에 대해 확신한 후 다음의 내용을 이야기할 필요가 있다고 생각했다.

"사용자들 사이에서와 같이 '훈기라트/혼고도르'라는 민족명들 사이에 직접적인 관계가 있을 수 있다는 제안은 정말 명확한 것으로 여겨진다. … 훈기라트인들의 일부분이 우월한 서부 바이칼 지역의 투르트어 주민들 사이에 있었을 때, 그들의 명칭에 민족명을 형성하는 것과 관계된 접미사 '-도르'가 나타났다(니마예프 2000: 155, 156)."

니마예프에 따르면 우르수트인들뿐만 아니라 더 먼 몽골의 반대편에 거주했던 훈기라트인들조차도 혼고도르인들의 선조였다고 하는데, 그런 일은 실제로 당연히 없었다.

난자토프의 가설을 보면, 그는 자신의 논문에서 전체적으로 다른 인종 명칭들을 연구하는 과정에서 좀 더 단순화된 방법을 따라갔다. 그는 고대 투르크어 사전에서 단어 'qoŋur(옅은 밤색의)'를 찾아낸 후에, "훈기라트인들은 최초에 몽골의 북서쪽에 거주했었다. 거기서 러시아인들이 출현하기 얼마 전에 앙가라 근접 지역으로 이주하여 혼고도르인들로 알려지기 시작했다. 그 이름 안에는 '옅은 밤색털의 황소 또는 말'이라는 의미가 숨겨져 있었다."고 가정했다(난자토프 2005: 31~34).

이에 대해 다음의 의문들이 자연스럽게 나온다. 그는 어떤 근거에서 단어 '혼고르(хонгор(그대))'와 '혼고오(хонгоо)'가 같은 의미를 가지는지 결정했고, 대체로 어떤 형식으로 민족명 '훙기라드(хунгирад)'가 '혼고도르'로 변형될 수 있었을까? 만약에 훈기라트라는 명칭 안에 첫 번째 모음이 '오'가 아니라 '우'인 것이 고려된다면, 단어 '혼고르'와 '훈기라트'는 의미상 어떤 관련도 없는 것이다. 또한 좀 더 근거가 확실한 단어 '백조'(두가로프에 따르면 혼고도르 명칭은 '태양의 백조들의 후손들'로 해석된다)가 민족명 '혼고도르'의 기본 의미라는 관점에 주목한다면(두가로프 1993: 230; 파블로프 2006: 120) 난자토프의 가설을 만족할 만한 것이라고 인정하기는 불가능할 것이다.

내가 이미 언급했던 바처럼, 부랴트학에서 가장 중요하며 종종 반복되는 실수가 바로 민족명의 어원을 분석함에 있어서 출처가 다른 단어들을 같은 음이 난다는 이유로 동일시하는 것이다. 당연히 발음이 같은 민족명들을 대조할 수는 있다. 그러나 그럴 경우에 반드시 그 단어들을 연구해야 하며 같은 의미인지, 형성된 곳이 같은 지역인지, 그 민족명을 사용한 자들이 공통의 역사적인 운명을 가지는지 등등을 규명해야만 한다. 이 모든 것을 보았을 때 '혼고도르'와 '훈기라트' 이름에 대해서 같다고 말할 수 없을 것이다. 왜냐하면 이들의 비슷한 점에 대한 모든 논의들은 기본 토대가 없기 때문이다.

그 사이에 몽골인들의 정복 진로에서 자신의 본래 거주지로부터 몇 백, 몇 천 킬로미터 떨어진 완전히 다른 낯선 민족 환경으로 떨어진 후에, 몽골 민족명들이 투르크어를 포함한 어떤 다른 형태학적 변화들을 견디지 못했다고 이야기하고 있는 예들이 존재한다. 언급된 내용은 충분히 훈기라트라는 명칭과 관계하고 있고, 이 명칭은 자신의 최초의, 그리고 순수 몽골어 형태에서 다행히도 오늘날까지 노가이인, 키르기즈인, 우즈벡인, 차이나 위구르인, 카자크인, 그리고 다른 민족들 사이에서 보존되고 있다(노민하노프 1962: 261; 민족들 1965: 648; 바스토르프, 무카노프 1968: 77; 케레이토프 1999; 87; 몰다바예프 2006: 180). 이 경우 만약 민족명 '훈기라트'가 자신의 태초의 형태로 여기저기에 보존되어 있다면, 왜 중앙아시아의 한 지역인 동몽골과 근접하게 위치한 바이칼의 서부 측면에서 그 민족명이 알아보지 못하게 변했고, 완전하게 고유의 형태가 아닌 '혼고도르'로 받아들여졌던 것일까? 나의 생각에 이 의문의 답을 찾는 것은 무의미하다고 본다. 왜냐하면 내가 말했던 것처럼, 서부 바이칼 지역으로 훈기라트인들이 이주한 적은 한 번도 없었고, 따라서 '훈기라트'가 '혼고도르'와 이름이 동일하다는 것에 대한 가정은 잘못된 어원 분석의 결과물과 다르지 않기 때문이다.

내가 처음 시작했던 두가로프 가설과 연관된 우르수트와 혼고도르족에 대한 그 이야기로 돌아가면서, 나는 그들의 출처에 대한 문제를 연구하는 과정에서 '우르수트–혼고도르' 이 한 쌍 안에 있는 단어 중 어떤 단어가 일차적인 것이고, 어떤 단어가 부차적인 것인지를 잊어서는 안 된다고 이야기하고 싶다. 바로 일차적인 것은 『몽골비사』 내용에 들어가 있는 우르수트라는 명칭인데, 이 명칭은 『집사』에서 '우라수트' 형태로 전해졌고 『원사』에서는 '우-에르-수'라고 전서되어 전해졌다(문쿠예프 1977: 397). 17세기(18세기가 아님)의 러시아 서류들 덕분에 알려지기 시작한 단어 '혼고도르'로 슬쩍 바꿔치기 해서는 당연히 안 될 것이다. 만약에 18세기에 우르수트인이 혼고도르인으로 불렸다면, 그들은 이 시기의 사료들 속에서도 이 이름으로 불렸어야 했다. 그러나 민족명 '혼고도르'는 두가로프가 인용해 썼던 베레진이 번역한 『집사』를 포함한 사료들 속에 존재하지 않는다(두가로프 1993: 208). 대신에 거기에는 '우라수트'라는 명칭이 있다(『집사』 1858: 89). 이 명칭은 L. A. 헬타구로프가 번역한(1952) 『집사』에는 언급되고 있다.

S. P. 발다예프는 『집사』에서의 혼고도르 이름의 존재에 대해서 처음 언급했는데, 이는 책의 어느 부분에서 어떠한 이유로 인용되었는지 분석하지 않은 상태였다(발다예프 1961: 72). 유감을 불러일으키지 않을 수가 없는 이 실수는 두가로프 저서에서 반복된다. 문제는 라시드 앗 딘의 전집 속에 베레진에 의해서 언급된 이 명칭이 현재 동부 바이칼 지역의 가장자리 동쪽에 있는 히르히린스크의 옛 도시의 근처에서 19세기 초에 발견된 저명한 칭기즈칸의 암석 기념비에 나타나는 것이다. 아들 하사르 이순케에게 경의를 표하는 비문에 대한 각주가 그것이다. 『집사』 안에서는 이 명칭이 존재하지 않고, 라시드 앗 딘의 전집 각주 속에 관련된 설명으로 베레진에 의해서 쓰인 것이다.

"페르시아인 역사가의 지적은 의심할 여지없는 그 시대의 공식 사료 『집사』와 일치하고 있다. 이 사료는 의심되지 않는 또 하나의 정보를 제시하고 있다. 라쉬드 앗 딘의 역사 속에는 칭기즈칸 시대의 중요한 종족들이 포함되어 나열되고 있는데, 그 종족들은 혼고도르처럼 보이지 않는 이유로 역사 속에서 빠뜨려진 종족들이다(『집사』 1868: 199~200)."

끝으로 우르수트 문제를 검토하는 과정에서는 적지 않은 실수가 있었다. 사실의 특징을 많이 왜곡해 놓은 후기 연구자들의 전집들(1837년에 출판되고, 1937년에 N. N. 코즈민에 의해 번역된 K. 도송의 저서 『칭기즈칸부터 타메르란에 이르는 몽골인들의 역사』라는 저서를 염두한 것임)이 아니라, 초기 연대기 사료들을 이용해야만 한다는 것을 강조해야 한다. 부분적으로 우라수트인들이 '키르기즈인들과 켐-켐드쥐우트인들의 나라의 경계선에서' 살았다는 것(라시드 앗 딘 1952a: 123), 즉 두가로프가 가정했지만 사료들 속에는 어떤 증거도 없었던 바르구진-토쿰에 덧붙여 앙가라를 따라 거주했던 것이 아니라는 언급은 반드시 고려해 넣어야 한다.

니바예프의 가정에 대해서 보면, 임의의 민족 그룹의 거주지를 한 장소로 한정시키는 것은 라시드 앗 딘의 저서가 완전하지 않기 때문에, 또 그의 펜 아래에서 '키르기즈인들의 나라의 경계선은 불명료하기 때문에'(니마예프 2000: 108), 그 가정 역시 동의하기 힘들다. 만약에 주의 깊게 『집사』의 텍스트를 통달하고, 그 과정에서 민속학에 '민족의 영토, 지역'과 같은 중요한 개념이 존재한다는 것을 잊지 않는다면, 바르구진-토쿰과 같이 키르기즈인들의 나라의 위치를 정의하는 것은 어렵지는 않을 것이다. 근거 없는 이야기가 되지 않기 위하여 나는 다음의 내용을 이야기하고 싶다. 러시아의 민족지리학에서 키르기즈와 켐-켐드쥐우트 영역의 경계선은 이미 오래 전에 잘 알려져 있다. 현재 러시아의 전문가들에 의해 밝혀진, 그것들이 동일하다는 것은 민속학에서 넓게 받아들여지고 있다(사비노프 1973: 23~28).

주로 투르크어 종족 주민들로 이루어진 키르기즈인들과 켐-켐드쥐우트인들의 나라가 우르수트인들의 거주지였다는 것은 다음의 의미심장한 특징이 확실하게 가리키고 있다. 이 공동체는 자신의 민족 출처상 몽골인이 아니라 투르크인들과 관계하고 있다. 클리브즈의 이러한 내용에 따라서 우르수트라는 이름은 우르스 강이라는 명칭에서 발생했다는 것이 알려진다. 우르수트인들은 고대 전통들을 중시하면서, 매해 여섯 번째 달 처음 열흘 동안에 암말의 우유를 뿌리는 의식을 같이 행하였다. 그들에게 있어서 우르스 강은 신성한 강이었기 때문에 하얀 말들과 뿔이 있는 가축들, 양들을 그 강의 신에게 제물로 받치기 위해 보냈다(클리브즈 1956: 401). 우르스 강의 위치에 대한 정확한 정보는 없다. 그럼에도 불구하고 그 강으로부터 동쪽에 예니세이의 수원이 있었다. 그곳에서 합합스인들(앞의 책: 40), 우리가 알고 있는 우르스트인들이 살았다는 클리브즈의 정보를 중심으로 받아들이면서, 다음 내용을 명백히 가정할 수 있을 것이다. 우르스는 현재의 우르술 강이며, 이 강은 알타이 산악 지역을 따라 흐르고, 또 카툰으로 흘러 들어간다. 이 우르술 강의 명칭으로부터 민족명 우르수트가 형성되었다는 것은 삭제되지 않았다.

우르수트인들의 출처가 몽골이 아니라 투르크라는 것은 라시드 앗 딘의 말에서 또한 명백하게 보인다.

"우라수트, 텔렌구트, 쿠쉬테미 종족들은 … 몽골인들과 유사했다(즉 몽골인들과 비슷하지만 몽골인들은 아니라는 것). 그들은 몽골의 약을 잘 알고 있고 몽골의 방법들로 잘 치료하는 것이 알려져 있다(라시드 앗 딘 1952a: 122)."

모든 바르구진-토쿰의 종족들은 내가 언급한 대로 13세기에 몽골인들로 불렸다. 따라서 모든 인용된 자료는 우르수트인들이 13세기 초에 예니세이 강 상류 지역에 살았던 것을 증명하고 있다.

나는 우르수트인들이 오늘날까지 실제로 이전에 살았던 그 영토, 지역에서 보존되고 있었다고 확실하게 언급하고 싶다. 그곳은 샤르가 강의 계곡을 따라 홉스골 호수의 북서쪽 측면이다. 그들은 예니세이 강 상류에서 이쪽으로 왔다고 이야기하고 있다(PMA 10: 센게도르쥬). 홉스골의 서쪽은 호르돌–사르다그 산맥이 위치하고 있다. 그 산맥의 중간 부분에 칭기즈칸 장남의 이름을 딴 조치인 다바아라 불리는 산길이 있다. 그 지역명이 바이칼 근처에는 없고 홉스골 근처에 있다는 것은 서부 바이칼 지역으로 몽골인들의 군사적 침략이 있었다는 견해가 근거 없음을 증명하고 있다. 부분적으로 인용된 사실들로 보건대, "혼고도르인, 즉 우르수트인들은 칭기즈칸의 군대들에 의해 서부 바이칼 지역으로부터 북서 몽골로 끌려갔다. 그리고 그곳에서 후에 혼고도르인이라 불리기 시작했던 바이칼 서부 지역으로 다시 돌아왔다"(두가로프 1993: 232)는 가정은 믿을 만한 것이 못 된다.

혼고도르인들의 이주가 만약에 있었다면 단지 한 방향이었을 것이다. 즉 홉스골 근처부터 서부 바이칼 지역으로의 이주이다. 나의 가정을 근거로 하나의 호기심이 유발된 사실을 인용해 본다. 몽골 홉스골의 자치구의 북서쪽에 차간 쿠울라르, 울란 쿠울라르, 하르 쿠울라르, 샤르 쿠울라르가 살고 있었다. 그들에게는 혼고도르인들의 출신에 대한 신화와 완전히 동일한, 그러나 부랴트 학자들에게는 알려져 있지 않은 신화가 존재한다. 그 신화는 옛날에 한 사냥꾼이 호숫가에서 사냥을 하고 있었다고 이야기하고 있다. 갑자기 호숫가에 8마리의 백조가 내려앉았고, 그 백조들은 자신의 새의 옷을 벗고 아름다운 아가씨들로 변해서 호수에서 목욕을 하기 시작했다. 사냥꾼은 눈에 안 띄게 강가에 숨었고, 옷 한 개를 훔쳤다. 아가씨들이 물에서 나와 자신의 새 옷을 입고, 그들은 다시 백조로 변해 하늘로 날아갔다. 옷 없이 남겨져 있던 아가씨는 사냥꾼이 그의 아내가 되어 달라고 제안하자 동의했다. 그녀는 사냥꾼에게 아들들을 낳아 주었고, 그들로부터 쿠울라르 종족들이 나왔다(PMA 10: 쥐그쥐이, 바야타르, 두두줴이, 다리마아).

이 신화는 부랴트 종족인 코리족에게도 존재하고 있다. 호리인들은 여기에 '백조를 조상으로 하고 있고, 자작나무로 만든 말뚝을 가지고 있다'는 신화를 가지고 있다. 이러한 믿음이 훕스골의 쿠울라르인들에게 존재하고 있는데, 단지 그들은 자작나무로 된 말뚝이 아니라 자작나무로 된 막대기(사얀-알타이 민족들에게 있어서 숭배되는 물건)를 가지고 있었다고 전해진다. 쿠울라르인들에게 있는 옛 이야기는 다음과 같이 전해진다. "쿠울라르인들은 백조를 조상으로 하고 있고, 자작나무로 된 막대기를 가지고 있다(PMA 10: 쥐그쥐이, 바야타르, 두두줴이, 다리마아)."

백조 조상으로부터 나왔다는 출신에 관한 공통된 신화의 존재는 먼 과거에 혼고도르인, 호리인, 쿠울라르인의 민족이 하나였다는 것에 대한 묵직한 증거이다. 이 점에서 혼고도르인의 숭배 예식에 관련된 자료가 더 큰 흥미를 유발한다. 이 자료에 대한 분석은 혼고도르인이 민족 발생에 있어서 코리족과의 관계를 보존하고 있었다는 것을 명백하게 보여 주고 있다. 예를 들어 이 친족에 대하여 혼고도르인들의 샤먼 주문에서 다음과 같이 말하고 있다.

고니 새처럼 모여드는 흰 두루미 떼들은
호리 몽골의 근원이며
하늘에서 내려온 8명의 아이들이 흩어져
두 부락으로 나뉘어져 …

"혼고도르인의 두 개의 종족은 – 호리 – 몽골 출처를 가지고 있는 8명의 하늘의 처녀들의 후손이다(갈다노바 1992: 12)."

혼고도르인과 호리인의 민족적 친족 관계는 혼고도르인에게 있었던 숭배 물 줄라탄(즉 두 명의 '호리인 처녀들' 중 하나(샤먼의 온곤))의 존재로 살펴볼 수 있겠다. 툰킨스크 부랴트인에 의해 잊혀지지 않았던 줄라탄 온곤은 '온곤이 지붕 밑 현관에 걸었다'고 지적했던 G. N. 포타닌에 의해서 의미가 있는 것으로 받아들여졌다. 현대 툰킨의 제보자들의 묘사에 따르면, 줄라탄은 샤먼의 신이고, 이것을 '108 줄라탄'이라고도 부르고 있다. 줄라탄 의식을 행하는 과정에서 8개의 줄라–성상 앞에 현수 등불을 밝혔는데, 이것을 '108 줄라탄'이라 했다. 8접시의 살라마트(곡식가루에 기름을 넣어 만드는 죽의 일종)를 끓였고, 신을 부르는 시간에는 살라살라마부터 기름을 나무 숟가락으로 지속적으로 향로에 부었다. 펠트로 된 손가방 안에 보존되어 있던 줄라탄 형상의 한 조각을 올가미가 달린 막대기에 묶어서 빛과 연기가 나가는 유르타의 구멍을 통해 거리로 던져 버렸다. 특별히 거리에서 기다리고 있던 사람이 이 펠트로 된 손가방이 땅바닥으로 떨어지지 않게 잡았다. 그러고는 빠른 속도로 남동쪽으로 말을 달려 밤새 그 손가방을 남겨 둘 어떤 울타리 지점까지 갔다. 다음날 다시 이 손가방을 가져와서 집으로 가지고 들어오지 않고 현관문 있는 곳에 놓아두었다.

집안의 누군가가 병이 났을 때 샤먼은 의식을 행했고, 온곤을 향해 말했다. "Зултан авгай(졸탄 씨!)" 또는 "Нала хатан эзы(거룩한 신령인 짐승)." 몽골 홉스골의 부랴트인들(Закамна(자캄나)과 Тунка(통카에서 이주한 사람들) 말에 따르면, 줄라탄에게 돼지고기나 생선, 또는 우유로 만든 보드카(아르히)를 옮기는 것을 허락하지 않았던 갈색 말을 바쳤다.

이 말에 여자가 앉는 것은 금기시되었다. 이 세테르레흐('말을 바치는 것') 의식이 진행되는 동안에 천상에서의 아홉 명의 백조 여인을 기억하는 의미로 7개의 등불을 켰다. 이 백조 여인들 중 한 명에게 호리 부랴트인들의 선조인 호리도이가 장가를 갔다(갈다노바 1996: 87).

각각 다른 시대에 산제예프, 치텐담바예프, 파블로프는 북서 몽골로부터 앙가라로 혼고도르인들이 도착했다는 가정을 제시했다(ЦВРК 2: 10; 산제예프 1929: 467; 파블로프 2007: 25~32). 내가 서술한 자료는 그들의 의견에 모순된 것은 아니다. 그래서 쿠울라르인, 혼고도르인, 호리인에게 전형적으로 같은 민족 기원의 신화가 보존되어 있었다. 백조 숭배가 사얀–알타이와 북서 몽골의 인접한 지역들에서 가장 왕성하게 발전되었다는 사실에 주목하면서, 나는 다음과 같이 가정해 본다. 거기에는 언젠가 세 개의 언급된 그룹들과 또 쇼쇼로크인들을 구성원으로 포함하고 있으며 공통의 토템 선조인 백조를 숭배하는 하나의 통일된 민족 문화 공동체가 존재했었다고 이 쇼쇼로크인들에 대한 이야기는 계속해서 앞으로 나올 것이다.

백조 숭배의 시초를 좀 더 구체적으로 본다면 이것은 알타이에 근거하고 있다. 연구자들의 의견에 따르면 '현실적인 근거'를 잃지 않은 고대 투르크 계보의 전설들이 이를 증명하고 있다(클랴쉬토르느이 1965: 281). N. A. 아리스토프는 이 전설들을 통해 투르크 민족의 어느 부분이 백조와 출처가 연관되어 형성되었는지를 분석하였다. 그는 알타이의 산악 지대의 북쪽에 있는 텔레츠크 호수 근처에 흐르는 쿠우('백조') 강과 연결시키고 있다(아리스토프 1896: 5~6). 쿠우 강을 따라 알타이 씨족 그룹인 첼칸인들이 거주하고 있는데, 이 그룹을 그들이 거주하고 있는 지역명을 따라 '쿠우–키쥐'(백조족들)라고도 부른다. 첼칸츠인들의 구성원으로는 쇠크쇨르익 종족이 들어간다. 이 종족은 홉스골의 몽골인들인 키토이 부랴트인, 툰킨 부랴튼인, 자카멘 부랴트인의 구성원으로 있는 쇼쇼로크 종족과 동일하다. 쇄크솰르이크인과 쇼쇼로크인이 동일하다는 것은 그들의 민족명들의 소리가 가깝다는 이유뿐만 아니라, 내용면에서 놀랄 만하게 비슷한 역사적 전설들이 명확히 증명하고 있다.

그렇게 구전되는 부랴트인들의 전통은 바이칼 근처에 거주했던 쇼쇼로크인들의 수많은 종족이 앙가라 강 하구 근처에서 몽골의 귀족들에 의해 멸망되었다는 전설을 보존하고 있었다. 전설에 따르면, 산 사람은 단지 두 명의 남자 아이였는데, 습격 당시에 그 자리에 있지 않았던 아쉬하이와 바단타이만 남겨졌다. 그들이 바로 현대 쇼쇼로크인들의 선조로 여겨지고 있다. 알타이의 쇄크솰르이크인들에 대한 전설 또한 예니세이의 크이르그인즈인들에 의해 전체 종족이 멸망하는 것에 대한 이야기이다. 죽음으로부터 피할 수 있었던 사람은 단 두 청년이었다. 한 명은 자신의 신부를 데려오느라, 또 다른 한 명은 숨었기 때문에 그 자리에 없었다. 그들로부터 세옥 쇄크솰르이크족이 나왔다(포타포프 1966: 238).

알타이의 쇄크솰르이크인들이 부랴트의 쇼쇼로크인들과 계보학상 친족 관계라는 가능성은 최근의 사람들에게서 백조의 토템 숭배가 아주 명확하게 보이고 있기 때문이다. 그들은 자신을 '하얀 새로부터 나온 사람들'이라고 불렀고 혼고도르인과 호리인을 자신들의 형제들로 여겼다(PMA3: 츠이레노프; 치덴담바예프 1979: 153). 게다가 갈다노바가 기록한 대로 전설과 샤먼의 주문 속에서 그들의 최초 선조 쇼쇼로크가 가끔 호리 출신의 사람으로 제시되고 있다(갈다노바 1992: 11). 20세기 초까지 부랴트인들에게는 죽은 백조를 위해 좋아하는 말을 바쳐야 하는 풍습이 보존되었다. 백조를 받은 자는 말로 교환하여 위해 최대한 빨리 그것을 다른 이에게 가져다주었다. 그렇게 새가 변형되기 전까지 계속 그렇게 했다(T. C. 1925: 16~17).

이 풍습의 다양한 버전들은 사얀-알타이의 모든 민족들, 특히 시베리아 알타이인들에게 존재하고 있다. 포타포프의 연구에 따르면 이 풍습은 고대 쿠젠스크 결혼의 형식과 관계가 있다. 조카가 어머니 쪽 삼촌의 딸을 부인으로 받기 위하여 백조를 '선물했다'. 여기서 백조는 종족의 보호자, 그리고 전통의 수호자인 토템으로서 등장하고 있다(포타포프 1959: 18~30).

쇼쇼로크인들의 최초의 고향이 알타이에 있는 쿠우 강일 것으로 알려짐에 따라, 내가 인용한 자료는 알타이 산맥 지대 북쪽의 씨족 및 종족들 사이에서 투르크-백조족의 연합이 형성되었다는 아리스토프의 가설과 일치하고 있다. 시간이 갈수록 이 씨족 및 종족 연합의 구성원들은 점차적으로 홉스골까지 산재하여 거주하기 시작했다. 그곳으로부터 그들(혼고도르인, 호리인, 쇼쇼로크인 그리고 소멸되지 않은 어떤 다른 그룹들) 중 몇몇은 후에 북쪽으로 떠나 바이칼 근처로 갔다. 이 가설에 대한 사전의 대략적인 내용은 1980년대 말에 출판된 나의 저서에 있다(조릭투예프 1989: 4).

다른 이들에 앞서 호리인은 투바의 투마트인과 함께 바이칼의 서쪽 측면에 도착했고(투마트인과 호리인의 역사에서 이 에피소드에 대한 상세한 부분은 다음 내용에서 볼 수 있다), 후에 그들은 거기서 동부 바이칼 지역으로 이주했다. M.N. 항갈로프는 코리족의 출처에 대한 두 가지 버전의 신화를 써서 출판했다. 여기에는 가장 순수한 형태로 예스러운 요소들이 잘 간직되고 있다. 첫 번째 버전에 따르면 호리인들의 선조 호리도이는 바이칼의 북쪽에 살았는데, 사냥 친구들과의 다툼 때문에 호수의 남쪽가로 이주했어야 했다. 거기서 그는 백조아가씨와 결혼했고 그녀로부터 후손을 갖게 되었다(항갈로프 1960: 109~110). 신화의 두 번째 버전에 따르면 호리도이는 백조였던 여인과 호숫가인 싸담뜨인-사강에서 결혼했다. 얼마의 시간이 지나면서 아이를 갖기를 희망하여 부인의 충고대로 레나 강을 떠나 바이칼의

남쪽으로 건너가서 거기서 11명의 아들과 6명의 딸을 낳았다(앞의 책: 110
~111).

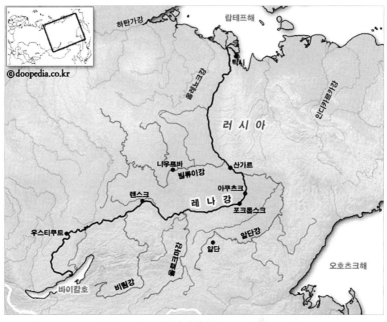

레나강 유역도

　호리인들의 최초 선조인 호리도이가 바이칼 북쪽에서 남쪽으로 이주했
다는 구성은 백조의 옷을 훔쳐 백조아가씨와 결혼했다는 모티브와 함께,
항갈로프에 의해서 쓰인 코리족의 출처에 대한 신화의 버전들과 아주 오래
된 층을 이루고 있다. 많이 알려진 신화의 다른 버전들은 후반에 첨가되었
던 여러 가지 부가적 특징들로 인해 퇴색되거나, 아주 약해지거나 아예 내
용 자체가 없어지기도 했다. 그 사이 내가 베르호렌스크(카축) 부랴트인들
과 올혼 부랴트인들 사이에서 모은 민속학 자료는 호리인들의 거주지로 서
부 바이칼 지역을 가리키고 있다. 레나 강의 상류 지역에 그곳의 부랴트인

들에 의해 특별히 숭배되고 있던 높은 산 야그쏴알이 위치하고 있었는데, 그 산의 정령은 위대한 노인 호리도이였다. 타이글란에 있는 샤먼들은 그와 그의 부인 호브쉬로 에헤 하탄을 향하여 다음과 같이 주문을 외웠다.

> 높은 야그쏴알을 거주지로 가지고 있는 자,
> 넓은 초원을 따라서 난 길을 가지고 있는 자,
> 위대한 노인 호리도이여,
> 위대한 여인 호브쉬로여,
> 시험해 보시오!
> (PMA 9: 트이헤예프).

카추가에 있는 일가 강의 지류를 호리라고 불렀는데, 이 또한 과거에 레나 강 상류 지역에서 호리인들이 거주했다는 중요한 증거로 살펴볼 수 있을 것이다. 올혼의 부랴트인들 구성원으로 호리 씨족인 갈주트족이 있었는데, 제보자들에 의해서 삭제되지 않은 모든 정보에 따르면, 그 종족은 레나 강에서 올혼으로 왔다. 제보자들과의 대화 속에서 또 다른 흥미로운 민속학의 세세한 부분이 밝혀졌다. 까추가에는 코리족인 사라이트족이 살고 있었다. 그 종족에게는 호리인과 혼고도르인의 공통의 종족 신화들과 비슷한, 개별적인 디테일들로 이루어진 플롯에 따른 종족 출처에 대한 신화가 보존되어 있었다. 그리고 여기서 또한 나는 그 신화가 위에서 인용되었던 쿠울라르 종족들의 시초에 대한 홉스골의 신화와도 비슷하다는 것을 지적하고 싶다.

사라이트 종족의 신화가 호리도이에 대한 전체 호리 종족의 신화와 가장 눈에 띄게 다른 점은 다음에 있다. 사라이트족의 신화 속에는 사건이 바이칼이 아닌 한가이 호숫가에서 일어난다는 점인데, 이 장소는 제보자들이 확신한 바로는 현대의 이루쿠츠 영역 에히리트–불라가트 지역의 영토에 위치하고 있다는 것이다. 신화에 따르면, 언젠가 먼 옛날에 한가로운 호수로 아홉 마리의 백조들이 날아들었다. 새들은 호숫가에 앉았고 아름다운 아가씨들로 변신해서 물에 들어가 목욕을 했다. 이 시간에 호수 근처에서 사냥을 하던 쇠라하이라는 이름의 젊은 사냥꾼이 그들을 보았다. 그는 눈에 안 띄게 호숫가에 몸을 숨겼고 그들 중 하나의 옷을 훔쳤다. 물에서 나온 아가씨들은 자신의 옷을 입고 하늘로 날아갔다. 쇠라하이가 숨긴 옷의 주인인 한 아가씨는 날아가지 못했고 쇠라하이의 아내가 되었다. 그녀는 사라이트 종족을 이룰 후손들인 아이들을 낳았다(PMA 9: 하마르하노바).

　신화는 호리 종족의 기본 구성원들 중 하나인 사라이트 종족의 발생이 서부 바이칼 지역과 관계되어 있다는 것으로 주목할 만한 가치가 있다. 따라서 신화의 존재는 홉스골을 제쳐 두고, 호리인들이 처음에 오랫동안 레나 강 상류인 바이칼 서쪽에서 머물렀다는 가정을 확증하고 있다. 그들에 뒤이어 앙가라 왼편 강가를 따라 혼고도르인과 쇼쇼로크인이 거주했었다. 호리인이 홉스골 근처에 오랫동안 거주했던 시기는 기억 속에서 거의 지워졌다. 그 이유는 그들의 민족 발생 신화들의 초점이 보통 시간상 바이칼과 연관되게 맞춰지거나 바이칼 근처의 영역에 맞춰졌기 때문이다. 혼고도르인에 대해서는 이렇게 말해서는 절대 안 된다. 그들의 의식은 바이칼이 홉스골을 완전히 몰아내는 것에 성공하지 못했기 때문이다. 마치 이 두 자연물이 서로에게 놓인 결과, 혼고도르인의 출처에 대한 신화 속의 사건이 이름을 알 수 없는 호숫가에서 일어난 것으로 보이게 된 것이다.

　G.N. 루만체프는 17세기 전반의 러시아 문서들 속에서 혼고도르인에 대한 언급과 관련하여 다음과 같은 내용의 가정을 제시했다. 혼고도르인들의

첫 번째 그룹들은 몽골로부터 17세기 초에 현재의 거주 장소인 부랴티아의 툰카와 자캄나의 지역, 이르쿠츠 영역의 알라르 지역으로 이주해 왔다. 마지막 남았던 그룹들은 17세기 말 오이라트의 '갈단보쇼크투-한'의 전투시기에 이주해 왔다(루만체프 1961: 120~121). 나의 관점으로는 혼고도르인들의 바이칼 도착은 17세기 이전에 오랜 기간 동안 이루어졌던 것이었다. 만약에 그들의 이주가 17세기에 일어났다면, 그들은 치텐담바예프의 올바른 지적처럼, 언어면에서 강하게 부랴트화될 수 없었을 것이다(치텐담바예프 1979: 156). 17세기 갈단 보쇼크투 시대에 혼고도르인들이 바이칼 지역으로 도착했다는 전설은 널리 알려져 있는데, 그것의 발생은 그들이 카자크인들의 약탈에 쫓겨 온 러시아인들이 도착한 후에 몽골로 떠났다는 상황과 관계되어 있다. 그러나 혼고도르인들은 갈단-한이 주도하는 동부와 서부 몽골인들의 전쟁이 일어났던 낯선 지역에서의 삶의 무게를 이기지 못하였다. 그래서 그들은 투빈 계곡을 지나서 그곳에 정착하기도 하고, 많지 않은 그룹들은 오카와 자캄나를 건너서 자신의 조국이었던 앙가라의 왼쪽 강가로 돌아오기 시작했다. 타국으로부터 오랜 기다림을 거친 귀환은 민족의 기억에 그림 같은 전설의 형태로 보존되었다. 이 전설은 현대 학자들에 의해 종종 혼고도르인들이 17세기 초에 부랴티아에 최초로 도착했던 몽골의 주민들이었다는 증거로 해석되고 있다. 혼고도르의 전설의 해석에서 이 실수를 B. O. 돌기흐가 발견했다(돌기흐 1960: 300).

17세기 러시아 서류들의 정보를 고찰하면 혼고도르인들과 함께 예니세이의 우르수트인들의 일부분이 북쪽으로 떠났다는 것을 받아들일 수 있을 것이다. 바이칼 근처에서의 혼고도르인들과의 오랜 공동생활은 우르수트인들이 종족(씨족)의 성질로서 그들의 구성원으로 병합되는 결과를 가져올 수 있었다. 돌기흐가 썼던 것처럼 사료들 속에서 개별적인 혼고도르의 종족(씨족) 명칭은 가끔 일반적인 공통 종족의 명칭으로 바뀌었다. 때문에 우르수트 종족의 명칭을 가진 혼고도르인들은 '로스누트인, 우루스누트인, 우루수르나트인'이라고도 불렸다(앞의 책: 300). 나열된 이름들은 겨우 흔적만 가지고 있을 뿐, 직접적인 명칭이 그 안에 존재하지 않았다. 그래서 먼 미래에 부랴티아화되는 정도에 따라 자신의 민족명의 의미('하얀')에 따른 혼고도르인들의 구성원으로서 우르수트 종족은 사강(하얀) 종족이라고 불리기 시작했다(두가로프 1993: 214; 파블로프 2006: 121). 부분적으로 두가로프는 우르수트, 사강, 토이빈은 '같은 혼고도르 종족이지만 다른 이름이 었다'고 생각하였다(두가로프: 1993: 215). 만약 당연히 이 에피소드가 혼고도르 역사에 자리를 차지하고 있다면, 혼고도르인들의 민족 기원에 우르수트인들이 참여되었다는 것은 크지 않은 에피소드로 그칠 것이다. 전 혼고도르 민족의 자료가 존재하는 예니세이 상류 지역이 예전 우르수트인들이라는 것에 대해 말하는 것은 근거가 없다.

타이브촨 종족 또한 사강으로 불렸다는 두가로프의 가정은 의심을 불러일으킨다. 문제는 자깝나의 혼고도르인들과 툰카의 혼고도르인들에게 사강 종족이 존재하고 있다는 데에 있다(바부예프 1993: 3; 말주로바 2006: 39, 47~48). 서부 바이칼 지역의 알라르 혼고도르인들에게는 그 종족이 없었다. 그러나 그 고장에서 오래 산 사람들은 과거에 그 종족이 그들의 구성원이었다는 기억을 하고 있었다. 이것에 대한 것과, 혼고도르인들에게 사강족이 실재한다는 내용을 포타닌이 썼다(포타닌 18836: 23). 혼고도르 종족의 근본 핵심을 구성하는 알라르인들 속에 사강 종족이 존재했다는 것이다.

이 사강인들은 몽골에 남아 있었던 혼고도르 종족(씨족)과 돌아오는 과정에서 러시아인들로부터 도망쳐서 툰카의 계곡에 정착했었다. 그곳에서 그들 중 소수는 나중에 자카만으로 이주했는데 흔적도 없이 사라질 수는 없었다. 즉 사강 종족의 대표자들은 툰카에 자신들이 출현한 것을 몽골에 도착한 것으로 설명하고 있다(말주로바 2006: 47~48). 몽골로 도망하기 전 알라르 사강인들의 일부분은 호리인들의 구성원으로 들어가는 것이 가능할 수 있을 것이다. 치덴담바예프는 17세기에 사강족이 모든 코리족들과의 관계에서 다소 독립적인 위치를 차지했었다는 것에 대하여 증명하는 위의 예시들을 인용하고 있다.

1645년에 바이칼의 서쪽에 위치하고 있던 호리인의 그룹을 헤아리는 과정에서, 고위 관리인들은 호리인들과 별개로 사강의 공작을 오보골도라고 불렀다. 싸가누트인들의 별개의 성을 설명하는 부분에서 그 호리인들의 민족 관습이 알려주는 바에 따르면 오로지 사강 종족의 대표자에게만 존경의 뜻으로 삶은 말의 머리를 대접하고, 다른 코리족들의 대표자들에게는 삶은 양의 머리를 대접하였다. 언급된 모든 내용으로 인해 다음을 지적하는 것은 매우 중요하다. 즉 호리인들의 가장 초기 역사 기록인 '발쥔-하툰에 대한 이야기'에서는 11개가 아닌 9개의 코리족들에 대하여 이야기하고 있다. 그 종족들은 솔롱구트의 부베이-베일레-한의 아들인 다이-훈-타이쥐에게 종속되어 몽골의 동쪽에 위치하고 있었다(치덴담바예프 1972: 208~209). 이 정보는 호리인들의 구성원으로 후에 싸가누트인들이 출현한 것에 대한 가설을 입증할 중요한 논거이다.

만약에 혼고도르와 사강인의 관계에서 상황이 유사한 형식으로 이루어졌다면, 타이브촨인들이 혼고도르인들 사이에 사강 종족이 실재하는 데서 사강이라고 불릴 수 있었을까? 반대로 사강인들이 혼고도르인들 구성원으로 타이브촨 종족이 실재하는 데서 타이브촨이라고 불릴 수 있었던 것을 삭제하면 안 되는 것일까? 내 관점으로는 '안 된다'이다. 혼고도르인들의 구성원으로서 두 개의 개별적인 종족들인 사강과 타이브촨의 존재에 대해서 동의해야만 한다. 그들의 명칭들이 동일하다고 여겨질 수는 없는 것이다. 전반적으로 혼고도르 문제를 연구하기 위한 타이브촨의 출처에 대한 의문은 내 생각에는 큰 의미를 가지고 있지 않다. 오히려 부랴트의 근본적인 종족들인 혼고도르와 호리의 형성이 이루어졌던 곳인 북서 몽골의 우르수트인, 쿠울라르인, 그리고 다른 민족 그룹들의 역사 연구가 훨씬 더 당위성을 가진다.

우르수트인들로부터 멀지 않은 곳인 예니세이의 수원 근처에 하브하나스인들이 살았다(클리브즈 1956: 401). 그들의 자기 명칭은 '한-하-나-스' 형태로 『원사』에서 언급되고 있다(문쿠예프 1977: 397). 민족명 하브하나스는 아마도 지역명 하브하나스로부터 형성되었던 것 같다. 하브하나스는 홉스골의 서쪽에 지역의 명칭으로 보존되어 있었다. 그 명칭(카프카나스)이 있는 영역은 몽골 제국의 구성원으로 사얀-알타이가 포함된 후에 현대 토드자의 경계선인 투바에 구성되어 있었다(크이즐라소프 1984: 94). 계보학상으로 『몽골비사』의 하브하나스인들과 하카스의 세옥 합하나가 관련되어 있다고 가정되고 있다(부따나예프 2001: 47).

사얀-알타이 고지에는 한하스, 투바스, 투하스족들이 거주했었다. 차이나 기록에 따르면, 조치가 키얀 강을 따라 아래로 지나가며, 한하스인을 포함한 부족들을 차례로 복종시켰다(옛날 차이나이야기 1877: 191). 이 텍스트에서 키얀 강은 차이나어 명칭으로 예니세이 강을 의미한다. 민족명 투바스와 투하스는 고대부터 유명한 홉스골 지역에 있었던 '두보(투바)'라는 종족의 명칭으로부터 파생된 것이다. 이 명칭들의 발음 분석에 치우치지 않고, 나는 그 민족명들이 홉스골 호수부터 예니세이의 상류 지역까지 확산된 고대의 경계선처럼, 서쪽 지역에서도 잘 알려져 있다는 것을 언급하고 싶다(포타포프 1969: 180~182). 그러므로 13세기 초에 투바스인들과 투하스인들이 이 영역에서 거주했었다는 말에는 잘못된 것이 없을 것이다.

『몽골비사』에서 단어 '쉬비르'는 민족명의 특성으로써 언급되었다. V. V. 바르톨드의 의견에 따르면, 13세기에 쉬비르인들은 키르기즈인들의 북쪽 예니세이에서 살았다. 이는 조치에게 종속되었던 마지막 부족이었다(바르톨드 1963: 459). 바르톨드는 쉬비르를 민족의 이름으로 받아들이면서 실수를 했다. 문제는 13세기에 서술된 사료 속에서 드러나는 민족명들은 종종 민족의 과거 생활 거점 지명이 지금의 지명으로 나타난다. 그럼에도 불구하고 예니세이인과 같이, 그들의 주변 민족들에게서 쉬비르라는 민족의 이름이 존재하지 않는다는 것이다.

이와 소리가 비슷하게 나는 단어는 『집사』에 존재한다. 이 사료에는 앙가라 강과 예니세이 강이 합쳐지는 지점에 위치한 이비르-시비르라는 장소가 언급되고 있다. 라쉬드 앗 딘의 정보는 "조치가 거기서부터 시작해서 우리에게 오는 방향을 따라 있는 모든 숲의 민족들을 몽골의 권력 밑으로 받아들였다"라고 언급하고 있는 『몽골비사』의 텍스트와 공통점이 있다. 이에 따라 조치의 원정이 완성되면서 예니세이의 상류부터 앙가라와 연결되는 곳까지 모든 예니세이 강의 계곡은 몽골인들에게 종속되었다고 충분히 정당하게 단언할 수 있을 것이다. 1207년 모든 예니세이의 연합을 성공적으로 완수한 것은 칭기즈칸에게는 당연히 상당한 정치적인 의미를 가지는 사건이었다. 이것은 이비르-시비르 주민에게는 상징적이었다. 그렇기 때문에, '쉬비르'라는 형태로서 이 지역의 명칭은 조치가 복종시킨 종족들의 이름들과 나란히 연대기 239 단락의 텍스트에 들어가게 되었다. 제시된 가설은 펠리오의 의견과 일치했다. 그는 이 단락의 내용을 연구한 후, 그 안에는 조치가 정복한 민족들의 이름뿐 아니라 그가 자신의 군대와 있었던 곳 지역의 명칭까지도 헤아려 넣었다는 결론을 도출했다(펠리오 1960: 56~

63).

『몽골비사』에 나오는 단어 '케스디인' 또한 민족명의 특성으로써 인용되었다. 이 단어는 『집사』에서도 이용되었다. 『집사』에서는 쿠쉬테미라는 이름을 가진 종족이 키르기즈인들과 켐-켐드쥐우트인들의 나라 영역, 즉 사얀-알타이 고지대에 거주하고 있다고 이야기하고 있다(라쉬드 앗 딘 1952a: 122~123). 학자들은 '케스디인'과 '쿠쉬테미'가 17~18세기 러시아의 고문서에서 종종 보이는 용어 '크이쉬트임'과 대조된다고 보고 있다. 그럼에도 불구하고 이 용어는 민족의 의미가 아니라, 보다 강한 이웃들과는 달리 조공국에 의지하는 위치에 있는 작은 시베리아 종족들의 집합 명칭으로 이용되었다는 것에 동의하고 있다. 민족의 관점에서 단어 '크이쉬트임'은 '아즈-크이쉬트임'('아즈 종족의 납공자들')이라는 형태로 합성된 이름으로만 사용되었다. 이 명칭에서 두 번째 부분인 '크이쉬트임'은 사회적 의미를 잃고 나서 민족의 뉘앙스를 얻었다(포타포프 1969: 169).

그러나 특정 장소가 가끔 단어 '크이쉬트임'으로 제시되는데, 예니세이의 키르기즈인에 종속된 종족들이 살았던 곳인 투바에서 중요한 형태로 제시되었다. 9세기경 헴칙 강에 구성되었던 하이-바타의 룬 문자로 된 비문의 '케쉬딘'이라는 단어가 바로 그런 의미에서 이용되었다(앞의 책: 158~159). 인용된 예가 서로 유사함에 따라 다음의 내용은 충분히 허용되었다. 즉 『몽골비사』와 『집사』에서 '케세디인'과 '쿠쉬테미'라는 명칭으로 투바에 있는 구체적인 장소를 나타냈는데, 그곳의 주민들은 예니세이의 키르기즈인들에 종속되어 있었고, 1207년에 몽골인들에게 종속되었다.

민족명 바이트는 현재 몽골 북서쪽의 우브사-누라 지역에 살고 있는 바이트 민족체의 명칭과 동일하다. 13세기 초 바이트인들이 조치에 종속되어 있는 종족에 들어가 있을 때, 그들의 유목지는 셀렝가 강과 남시베리아 강이 분리되는 지점과 사얀-알타이 고지대로 들어가는 입구 앞에 펼쳐져 있었다는 이야기가 있다. 이 가정은 라시드 앗 딘의 정보인 바이트인들의 곁가지들 중 하나의 분여지가 셀렝가 강에 위치하고 있다는 내용과 충분히 일치하고 있다(라시드 앗 딘 1952a: 175).

서술된 사료들에는 텐레크, 토엘레스, 타스족들의 거주지는 언급되고 있지 않다. 하지만 19세기 말에 투바인과 알타이인 사이에 세옥 텔렉, 토요레스, 타스가 있었다는 것을 고려해야만 한다. 그들은 이 민족들 사이에 지금도 존재하고 있다(포타포프 1969: 186; 싸비노프 1984: 49; 포타닌 18836: 1). 과거에 이 산악 지역의 접근성이 현저하게 떨어져 격리되면서 사얀-알타이의 주민들에게는 민족의 강한 결속력이 있었다는 사실을 민속학자들은 발견하였다. 이 상황을 고려한 '텔렉, 토요레스, 타스'라는 이름이 『몽골비사』의 민족명인 텔렌크, 토요레스, 타스에 근거했다는 것과 13세기 초에 사얀-알타이에 알려져 있었음을 단언할 수 있을 것이다.

연구 자료에는 바츠지기 종족에 대한 것이 부족하다. 아마도 민족명 '바츠지기'가 몽골의 북서쪽에 있는 카라-키레이스크 종족들 중 하나의 명칭인 '바이지기트'와 대조된다고 가정했던 그룸-그르지마일로가 옳았던 것 같다(그룸-그르지마일로 1926: 417). 바이지기트족의 구성원으로 들어갔던 까라-끼레이인들에 대해서는 그들이 19세기 후반에 북서 몽골에 살았고, 투르크족인 키르기즈의 일부분이었다는 것이 알려져 있다(포타닌 1881: 6). 이들에 대한 추가 정보가 없음에 따라 바이지기트인들 역시 투르크 출처를 가지고 있었다. 9~10세기에 북서 몽골을 차지하고 있었던 키르기즈 정부의 구성원으로 들어가 있었다고 여길 수 있을 것이다. 키르기즈인들의 중요한 대다수가 예니세이로 떠난 후에, 바이지기트인들은 1207년 조치 부대가 가는 길에 그들에 의해 공격당했던 자신의 예전 고향에 남아 있을 수 있었다.

　중간 정리를 해 보면, 『몽골비사』의 239 단락에 들어가 있는 지역명들과 민족의 명칭들은 조치 부대의 원정 방향을 보여 주고 있다고 이야기할 수 있을 것이다. 그 방향의 길은 흡스골 호수의 서쪽 면과 쉬흐쉬트 강 계곡을 따라서 나 있고, 더 멀리는 거기에 거주했었던 종족들이 종속되었던 곳인 예니세이 강 아래로 투바 영토를 따라 하카시야까지 나 있었다. 이 중요한 결론은 차이나 사료인 『원사』 등과 일치하고 있다. 차이나 사료에는 조치를 선두로 한 몽골인들의 원정이 예니세이 민족들이 복종한 방향을 따라가고 있었다고 직접적으로 언급되고 있다(옛날 차이나 이야기 1877: 91; 흐라파체 프스끼 2004: 457). 특히 언급되고 서술된 사료에 나타난 정보는 사얀-알 타이 민족들의 역사 민속학의 내용들과 일치한다. 부분적으로 투바인들과 하카스인들 사이에는 예니세이 강 상류와 중류에 몽골인들이 침략했던 것 에 대하여 역사적으로 갖추어진 것들이 많이 보존되어 있었다(몰다바예프 1993: 294; 부따나예프, 부따나예바 2001: 68~84). 동시에 부랴트인들 사이 에는 몽골인들의 바이칼 지역 침입에 대한 그 어떤 증거도 드러나 있지 않 았다. 이 사실은 '조치에 종속된 민족들의 목록을 보면, 그들이(오이라트인, 부랴트인, 바르훈인, 우르수트인) 바이칼 근접 지역으로부터 예니세이 상류 방향으로, 마치 정해진 지리학적 연속성에서 나열된 것처럼 보이는' 인상 을 준다는 의견이 근거 없음을 이야기하고 있다(부랴트인들 2004: 36).

　북서 몽골과 사얀-알타이로 부대를 보내기로 결정한 것은 1207년 전까 지 칭기즈칸이 그가 만든 국가의 힘을 서부 몽골 종족인 오이라트 종족을 포함하여 다른 민족들을 정복하는 데 집중했던 정치의 일환으로 이루어진 상황에 기인한 것이었다. 1201년과 1202년에 칭기즈칸은 자신의 권력 밑 으로 몽골 민족들의 연합을 들어오게 하기 위하여 싸웠다. 그리하여 10개

이상의 종족들로 이루어진 자무하를 선봉에 세운 거대한 반대 그룹에 몇 차례의 큰 타격을 입혔다. 타격을 입은 종족들의 일부분은 도망쳐서 목숨을 구하였다. 부분적으로는 보다 강력한 종족들과 관련된, 반대의 입장에 있었던 후두하-베키를 선봉에 둔 오이라트인들은 쉬흐쉬트 계곡으로 떠났다(라쉬드 앗 딘 1952b: 121, 122; 코진 1941: 144).

1207년 칭기즈칸은 최종적으로 오이라트인들과 몇몇의 서부 몽골 종족들을 복종시키기 위하여 자신의 큰 아들 조치의 지휘 하에 부대를 쉬흐쉬트 방향으로 보냈다. 조치는 이 과업을 수행한 후에 새로운 영토를 정복할 목적으로 예니세이 강까지 가야만 했었다. 이 강을 따라 아래로 내려가 거기에 살고 있는 숲의 투르크 종족을 복종시키려고 했고, 그에 의해 이 모든 것은 진행되었다.

바르구진-토쿰 종족은 그들과 함께 통치했던 몽골 왕조와는 우정과 친족 관계를 이루었던 전통을 지지했었다. 의형제의 관계에 있으면서, 양측은 서로의 관계에서 형제라 불렀다. 동등한 파트너였으며, 게다가 바이칼 근접 지역 주민들의 남자들은 칭기즈칸의 개인 근위대와 부대들로 군 직무를 수행하기 위해 보내졌다. 몽골 지도자의 명성이 고양된 시기에 바르구진-토쿰의 종족들이 재빨리 그의 권력을 인정했었다는 것은 자연스러운 일이었다. 칭기즈칸은 그의 지휘 아래에 있던 군대를 그쪽으로 보내는 불필요한 행동을 했다. 그는 가장 거대한 종족이며 선두 종족이었던 바르구트인들에게 대사들을 보내는 것으로 그쳤다. 그 지역이 멀리 떨어져 있고 자연적 특성 때문에 몽골인들은 이 바르구트인들과 함께 그 지역의 다른 주민들 또한 바르구트(바르구트)인들이라고 불렀다(라시드 앗 딘 1952a: 121). 칭기즈칸은 바르구트인들로부터 자신의 권력을 인정하는 확증을 받은 후 '그들을 자신의 나라로 공정하게 인정했다(앞의 책: 117).' 바이칼 지역을 몽골인들이 무력으로 간섭하고 지역 주민들을 잔인하게 대하였다는 관점이 오늘날까지도 존재하는데, 그 관점은 서술된 사실들로 보건대 전부 입증할 만한 힘을 잃고 있다.

5

13세기 초 '호리-투마트'인들의 봉기에 대하여

앞에서 언급된 내용은 13세기 초에 일어난 일들에 대한, 연구 자료에서 호리-투마트인들의 봉기로 더 유명한, 몽골인들에 반대하여 무장을 하고 진군한 일에 대한 객관적인 분석을 증언하고 있다. 몽골 부대를 지휘했던 조치는 투바의 부족들을 복종시키고, 하카스코-미누신스크 분지로 갔다. 그때 그에게 키르기즈의 귀족들인 에디-이날, 알디에르, 올레베크-디긴이 복종의 표시를 들고 나타났다(코진 1941: 239). 그들은 이전에 칭기즈칸이 몽골인들에게 복종하라고 여러 번 요구했을 때 거절하였었다(라시드 앗 딘 1952a: 123, 151). 세 명의 키르기즈 공작들이 한 복종을 의미하는 표현은 다음과 같았다. 몽골 침입 전에 예니세이의 끄이르이즈인들이 통치했었던 투바, 하카시야, 알타이 산악 지대를 포함한 사얀-알타이 전 지역을 몽골인들에게 예속시켰다(끄이즐라소프 1984: 87~88). 그러나 여기에 모든 종족들이 동의하며 참여하지는 않았다. 사료 속에는 몽골인들에 반해 일어난 봉기에 대한 정보와 그 종족들이 나열되어 있다(라시드 앗 딘 1952a: 122,

123, 151; 19526: 151, 163, 178, 189, 255~256). 특히 투마트족이 고집스럽게 저항했었는데, 『몽골비사』의 240 단락 초반에 이들이 갑자기 호리-투마트로 나타나고 있다. 이 합성어 안에 단어 '호리'가 있기 때문에 몇몇 부랴트 학자들의 저서들 속에는 몽골이 예니세이 쪽으로만 침략한 것이 아니라고 보았다. 그 당시 바르구진-토쿰의 서부 바이칼 지역의 부분에 살았고 호리-투마트인들로 불렸던 현재의 호리의 부랴트인의 선조들이 침략자들과 전쟁까지 벌였던 곳인 바이칼 지역으로까지 침략했었다는 것이 증명되고 있다(산제예프 19836: 62; 두가로프 1993: 232; 니마예프 2000: 111~112). 몇몇 이와 다른 관점도 존재한다. 그러나 그것들의 본질은 몽골 침략자들에 반항하여 두 종족이 봉기를 일으켰고, 바이칼 서쪽 측면에 살았는데, 이들은 서로 간에 동맹을 맺고 있었던 호리와 투마트 종족이었다는 것이다(루먄체프 1962a: 143~145, 200; 치덴담바예프 1972: 225~227; 예구노프 1984: 245, 255~258).

호리-투마트족이 코리족의 한 명칭이었다는 첫 번째 가정은 B. B. 바라진이 진술했다. 그는 "부랴트의 세대들 사이에서 호리인은 이미 칭기즈칸 이전부터 투메트 또는 호리-투메트로 유명했다"고 썼다(바라진 1927: 44). 이 정보를 통해 바라진이 '투마트'를 '투메트'로 읽을 것으로 제시했다는 것을 알 수 있다. 그는 단어 투메트를 몽골인들이 부대를 세분화시켰을 때 가장 큰 단위를 의미했던 '투멘(10,000)'이라는 용어에서 도출했다. 몽골 침략 시기에 호리인들은 10,000명의 부대를 가지고 있었다고 생각했다. 그래서 그들을 '호리-투메트' 또는 투메트라고 불렀다는 것이다.

이런 유사한 관점을 산제예프가 지지했다. 그는 합성어 호리-투메트에서 두 번째 성분 요소인 '투메트(투멘)'가 언젠가 군 행정의 의미를 가진 용어로 사용되었다는 데에 확신을 가졌다. 몇몇 민족들 사이에서는 군인의 인원수를 기반으로 민족 그룹을 형성하는 경우들이 있었다. 그 때문에, 그는 칭기즈칸 전에 오랫동안 호리인들의 투멘이 호리-투메트 또는 줄여서 투메트라고 불렸던 종족일 가능성이 있다는 생각을 했다(산제예프 19836: 61~64).

니마예프는 몇 가지 추가 내용을 포함하여 바라진과 산제예프의 가설을 반복했다. 그는 호리-투마트라는 결합어 속에 두 번째 부분이 호리인들의 군사력의 표시였던 '10,000명의 군인'을 의미하는 용어 '투멘'과 연관되어 있다는 것에 동의하고 있다. 그의 의견에 따르면 13세기에 호리의 투멘은 개별적인 종족이었다. 이 때문에 호리와 투마트는 하나의 개념을 의미하는 비슷한 민족명이었다. 시간이 가면 갈수록 투마트라는 이름은 개별적인, 무엇보다도 호리-투마트인들의 가장자리 부분을 지칭하는 독창적인 명칭으로 받아들여지기 시작했었다. 여러 가지 예들 중 하나로 니마예프는 내몽골의 투메트인들을 끌어왔다. 그는 투메트인들이 바이칼 근접 지역으로부터 온 이주자들이었다고 확신했다(니마예프 1990: 26; 니마예프 2000: 105~106).

A. 오치르는 이와 아주 비슷한 의견을 내놓았다. 단지 그는 왜 '투마트' 대신에 '투메트'로 쓰는지에 대해서 설명하지 않았다. 오치르의 의견에 따르면 투메트인은 바이칼 서쪽 측면에 거주했었다. 침략한 몽골인들에 의해 괴멸당한 후 그들은 칭기즈칸의 장군들 중 한 명인 호르치-노이온의 지배로 들어갔다. 후에 칭기즈칸이 투메트인들의 상당수를 고비 사막 남쪽에 정착시켰다. 16세기에 그들은 투메트의 알탄-한의 공민들이 되었다(오치르 2008: 183~184).

이렇듯 바라진, 산제예프, 니마예프는 호리-투마트 속에서 하나의 종족 명칭인 호리를 보고 있다. 그들은 '투마트'라는 성분 요소를 단어 '투멘'에서 파생되었다고 생각했다. 칭기즈칸이 바르구진-토쿰을 침략할 당시에 호리 병사 10,000명이 칭기즈칸에 대항했다고 가정하고 있다. 그들의 가설을 처음 접했을 때에는 칭기즈칸에 대항한 호리 병사 10,000명과 바르구진-토쿰의 주민들의 총 합이 명백하게 일치하지 않음이 눈에 들어왔다. 만약에 중앙아시아의 고대와 중세 민족들에서 군인들의 수와 전체 주민 수 사이의 등식을 1:5로 받아들이는 것에 근거한다면, 13세기 초에 호리의 종족의 수는 약 50,000명 정도여야 할 것이다. 그러나 이 시대에 바이칼 양쪽에 거주하고 있던 사람들이 50,000~60,000명을 넘지 않았다는 것이 한 연구에서 밝혀졌다(한하레프 2000: 28).

니마예프는 최근 저서들 속에 자신의 예전 관점에서 몇 가지를 피하면서 다음과 같이 쓰고 있다.

"만약에 차이나 사료들 속에 제시된 아주 과장된 숫자를 일반적으로 받아들이는 의견에 주시한다면, 투멘인들은 10,000명의 군 부대와 항상 일치하는 것은 아니었다. 군인들의 구체적인 수와 상관없이 '투멘'이라고 명명된 고유의 부대를 호리인들이 가지고 있었다고 그럴듯한 가정을 할 수 있겠다. 그때 '호리-투멘'이라는 합성어의 강한 특징이 충분히 설명된다(니마예프 2000: 106)."

그렇다면 13세기에 몽골인들이 군 정원이 10,000명이 좀 안 되는 부대를 투멘이라 불렀다는 것이다. 그렇다면 부대의 군인 수가 예시로 말한 것만큼일 수도 있고 아닐 수도 있는데, 투멘의 절반의 수만큼도 투멘으로 불렀을까? 아마도 아닐 것이다. 비록 원나라 때는 투멘인들이 가끔 실제로 자신의 이름과 일치하지 않았던 적이 있었다. 즉 그들은 항상 10,000명으로 구성되었던 것은 아니라는 것이다. 하지만 칭기즈칸 시대에 대해서 서술된 사료들 속에서는 그러한 내용이 규명되지 않고 있다. 이는 차이나 사료에서 가져온 인용구가 보다 이전의 역사 시기와 관계하고 있고 그 시기가 아니기 때문이다. 그러나 만약에 투멘의 명칭과 몽골 부대와 관련해서 세분화된 집합체의 수 사이에 단절이 존재했다면, 그 단절은 아마도 최소한의 것이었을 것이다. 그래서 13세기 초에 칭기즈칸의 거대한 군부대 연합이 전부 다 자신의 명칭인 투멘을 정당화하고 있었다면, 호리인들이 모았던 크지 않은 부대에 대하여 이것을 말하면 안 될 것이다.

내 말에 신뢰를 주기 위해서 한 가지 예를 들어본다. 이 예는 17세기 중반과 연관되고 있지만, 아마도 18세기에 더 성공적으로 연관되었던 것 같다. 1629년 앙가라 강 계곡에서 동쪽으로 진행하고 있던 러시아 관리들의 부대가 브라트(брат)인들과 처음 만나게 되었다. 이 시기에 서부와 동부 바이칼 지역의 토착민의 수는 17세기 이전에는 50,000~60,000명보다 적지는 않았으나 60,000~70,000명보다 많지는 않은 수였다(한하레예프 2000: 42). 1640년 중반과 1650년 초반에 러시아 코사크인들의 전횡과 압제로 괴로워했던 앙가라와 베르홀렌 부라트인들이 무장하여 봉기를 일으켰다. 그때 연합된 군부대들로 전투에 참여한 수는 2,000명에 다다랐다. 이는 러시아 고문서들에서 접할 수 있는 실제 숫자이다(다이 1848: 22). 만약 언급된 이 시기에 서부 바이칼 지역 주민들의 모든 동맹(이 동맹의 핵심은 이 지역에서 가장 거대한 종족인 불라가트인, 에히리트인, 혼고도르인이었다)의 군인이 2,000명이었다면, 일부 호리인들인 바이칼 지역의 주민 수가, 다른 시대에도 심하게 변하지 않았었다는 것을 고려해서, 13세기에 자신들의 이해관계를 방어하기 위해 어떤 무장한 부대를 모았을 수 있겠는가? 답은 명백하다. 몇 백 명의 사람이 나오는 상황이다. 군인 숫자에 따른 진짜 몽골 투멘과 비교에서 그런 사소한 집단을 누구도 그 어느 때도 투멘이라고 부르지 않았다는 것이 이해된다.

언급한 모든 내용을 결론지으면서, 나는 만약 사료에서 칭기즈칸 시대에 몽골의 투멘에 대하여 이야기하고 있다면, 그때는 그것의 진짜 의미를 그 단어에 적용하여 이 개념을 이용해야 한다고 언급하고 싶다. 그러나 그러한 접근은 호리 투멘으로 불리는 것에 대한 문제를 연구하기 위한 것으로는 용인되지 않는다. 호리인들 사이에는 그러한 군부대 단위가 없었기 때문에 "'투멘'에서 '투마트' 성분 요소가 나온 것이다. 10,000명의 호리인들 군부대가 있었다"는 것에 대한 가설은 무조건적으로 잘못되었음을 인정해야 한다.

오치르를 포함하여 언급된 연구자들은 투마트와 투멘 사이에 차이를 두지 않았다. 이것이 실수의 핵심이었다. 심지어 이것이 근본적인 의미를 가지고 있었는데도 그렇다. 문제는 『몽골비사』에서 몽골인들에 저항했던 종족들은 호리-투메트가 아니라 호리-투마트로 불렸다는 것이다. 이 민족명의 두 번째 부분인 '투마트'는 『집사』와 『원사』에도 기록되어 있다(흐라파체프스끼 2004: 468). 이와 관련하여 합리적으로 다음과 같은 의문이 발생한다. 언급된 저자들은 무엇을 근거로 민족명(호리-투마트)을 바꿨을까? 즉 실제로 사료의 내용을 수정하고, 그 민족명이 최초의 사료에 어떤 형태로 나왔는지 검토해야 한다는 것을 그들은 알았던 것일까. 합성어 '호리-투메트'에 대해 최초로 언급된 것은 17세기 연대기이다. N. P. 쇼스찌나는 호리-투메트가 후에 연대기 사료들의 작가들 및 『몽골비사』의 사본을 작성하는 자들의 용인된 실수로 그 속에 나타났다고 하였다. 이것은 절대 동의할 수 없다고 생각한다(단잔 1973: 356). 이 사실은 언급된 연구자들의 관심을 끌었어야 했다. 또한 『몽골비사』에도 『집사』에도 『원사』에도 투메트와 호리-투메트는 없었기 때문에, 그들은 투마트와 호리-투마트 형태를 연구했어야 했다. 이것이 보다 정확한 결론을 보장하는 길이었을 것이다.

최근 위에서 분석한 가설과 상당한 공통점을 가진 가설을 B. Z. 난자토프가 제시했다. 그의 의견에 따르면, 사회 기관 '투마'(방패)는 호리의 그러한 공동체와 쌍을 이루는데, 그 기관은 앙가라 강과 레나 강의 상류에 있는 우츠-쿠르칸의 사회 기구를 세분화 한 것('세 개의 군 야영지') 중 하나였다. 쿠르이칸의 연합이 붕괴된 후에, '호리-투마' 공동체는 두 개의 그룹, 즉 호리와 투마로 나누어졌다(난자토프 2005: 30, 31). 이 가정에 대해서는, 단지 주어진 하나의 사전적 단어에 의거해 민족들의 실제 역사를 재건하는 것은 불가능하다고 이야기해야 한다. 항상 현실은 사전에 기록되어 있는 단어들의 의미보다 훨씬 더 넓고 많은 형상을 가지며, 더 인상적이다.

『집사』에서 투마트인들의 최초의 거주지는 제트이수, 즉 소예니세이의 저수지였다. 라시드 앗 딘은 다음과 같이 썼다.

> "이 오이라트 종족들의 분여지와 거주지는 제트이수(세키즈-무렌)이었다. 고대에 이 강들의 흐름에 따라 투마트족이 정착해 있었다(라쉬드 아드 1952a: 118)."

학자들은 투르크어족인 투마트인들이 토착 투바의 종족 수에 들어간다는 것에 일치된 의견을 보였다(포타포프 1969: 180~181; 바인슈테인 1980: 83~84; PA역사 2002: 193~194). 무조건적으로 옳다고 여겨지는 이 의견은 '투마트'라는 명칭을 가지고 있는 종족은 과거와 현재의 투르크 종족들과 민족들 사이에서 만날 수 없다고 썼던 산제예프의 의견을 반박하고 있다. 근본적 논거의 성질로써 산제예프는 민족명의 형태소 구조를 인용했다. 그는 이 구조가 특별하게 몽골어에 관련된다고 하였다. 왜냐하면 투르크어에는 복수를 의미하는 접미사 '-ㅌ'가 없기 때문이다(산제예프 1983: 64). 그러나 투마트 단어에 존재하는 접미사 '-ㅌ'는 그 단어가 몽골 출처라는 것이 아직은 증명되지 않았다는 것이다. 그래서 투마트인들에 의해 자신의 의미를 상실하게끔 하지 않았던 몽골인 종족들과 그 단어를 사용했던 사람들과의 부분적인 접촉의 결과로 민족명에서 그 단어가 나타날 수 있었다고 본다. 이러한 유사한 예들은 충분히 많이 있다. 예를 들면 내 생각으로는 남알타이의 텔렝기트인들이 그런 사정이었던 것으로 보인다. 텔렝기트의 공통체 명칭 또한 몽골어 형식처럼 접미사 '-ㅌ'의 도움으로 형성되었다(포타포프 1969: 166).

투마트인은 기원후 천년 중반부터 홉스골 서쪽에 위치해 있던 투바(차이나 사료집에는 '두보') 종족의 후손들이라는 가정이 존재한다(앞의 책: 180). 그러나 전반적으로 투마트인의 민족 기원 문제는 분석되어 있지 않다. 불행하게도 그들의 출처에 대해 직접적으로 증거가 될 내용들이 드러나 있지 않다. 다만 사료들을 주의 깊게 연구하는 과정에서, 투마트인은 호리인이 혼고도르인과 가졌던 관계에 비해 좀 더 깊게 호리인과 관계를 맺었다는 것이 드러났다. 즉 어떤 친족 관계가 있는 것으로 언급하고 있는 자료가 드러났다. 이 자료에 근거하여, 호리도이-사리닥 산맥 지역에 있는 호르-오스와 이흐 호로 강 계곡을 따라서 투마트-타이가 산 근처에 있는 남동 투바와 서부 홉스골 근접 지역에 위치한 이 두 그룹의 유목이 가능한 영토를 호리-투마트 땅이라고 불렀을 수 있었다는 추정을 해볼 수 있다.

투마트인은 우리에게 잘 알려지지 않은 상황의 영향으로 역사의 어떠한 단계에서 바르구진-토쿰에 있었음을 추측할 수 있다. 다만 홉스골로부터 바이칼의 서쪽으로 호리인이 이주했을 때 이루어졌던 것으로 가정할 수 있을 것이다. 서부 바이칼 지역에서 투마트인의 일부분이 아주 더 먼 북쪽인 레나 강 중류 쪽으로 이동했었던 것은 삭제되지 않았다. 그들은 투이마아 다라는 곳에서 살았다. 후에 거기서 황조롱이 형상으로 전설 속에서 의인화되었던 최초의 야쿠트 종족에 의해 빌류아와 레나 강 하류로 쫓겨났었다 (에르기스 1960: 104). 야쿠트 민속학자가 증언하고 있는 바로는, 야쿠트인들의 최초 선조들이 도착한 시기에 투마트인은 어업으로 먹고 살았다. 그리고 검정색 물감으로 칠한 힘줄로 된 실로 손과 몸을 치장하였고, 황토로 칠해진 옷을 입었다(야쿠트 소비에트 자치 공화국의 역사 1955: 339). 그들은 자신의 삶의 형태에 따라 야쿠트인 이전의 토착 원주민들과 완전히 합쳐졌다. 이는 A. P. 오클라드니코프가 그들을 퉁구스 종족의 일원과 관계시키게 하는 계기가 되었다(앞의 책: 358).

이민갔던 투마트인과 호리인이 함께 했던 '호리-투마트 땅'이라는 표현은 서부 바이칼 지역으로 옮겨졌다. 『몽골비사』에서는 이 땅이 '깨끗한 물'이라고 번역되는 아리흐-우순이라는 곳에 위치하고 있다고 알려 주고 있다. 이 지역명의 출현은 에르구네-쿤의 몽골인들과 관계있다는 것을 보여준다. 그들은 에르구네-쿤으로부터 나와서 바이칼에 닿은 후에 그곳에 몽골어 이름인 아리흐-우순을 붙여 주었다. 만약에 몽골인들의 기억에 이 이름이 충분히 오랫동안 지속되어 『몽골비사』에서 그 이름이 언급되어 증명되고 있다면, 그 이름은 토착 주민들에 의해 받아들여지지 않았을 것이다. 이는 호수에 바이칼이라는 단단하게 굳어진 명칭이 보존되고 있었기 때문이었다. 투마트인과 호리인이 바이칼의 서쪽 지역인 호리-투마트 땅에 공동으로 함께 살았던 것은, 바르구진-토쿰에서 이 두 종족 사이에 예전의 친족 관계가 끊어지지 않았음을 보여 주는 것이다. 그래서 『몽골비사』에 호리인과 투마트인은 같이 호리-투마트인으로 불리고 있다. 또 코리족의 통솔자인 호릴라르타이-메르겐은 아마도 동시에 호리-투마트 연합의 수장

(호리-투마트의 노이온)이었을 것이다(코진 1941: 8).

그럼에도 불구하고 고향인 호리-투마트 땅에서 야생 동물 사냥터 문제 때문에 서로 간에 논쟁과 다툼이 일어났다. '호릴라르타이-메르겐이 호릴 라르라는 이름 아래 개별적인 종족 오보크로 분리하기로 결정했기'(앞의 책: 9) 때문에 연합은 파기되었다. 많은 호리인들이 동부 바이칼 지역으로 이주했다. 일부 호리인들은 레나 강 상류에 잔류했는데, 얼마간의 시간이 지나 몇몇은 남쪽인 크고 작은 부굴데이카 강의 하구와 올혼섬으로 건너갔 다. 17세기 초반 십년에 몽골의 동부 지역에서 바이칼로 돌아오는 과정에 서 호리인들은 러시아 관리인들에게 다음과 같이 말했다.

"자신들이 베르홀렌과 올혼섬으로 이주한 이유는 옛날의 순수한 장소인 그 곳에서 예로부터 할아버지와 아버지가 살았기 때문이었다(토카레프 1939: 121; 돌기흐 1954: 58)."

투마트인은 바르구진-토쿰을 버리고 난 후 자신의 옛 고향인 세키즈-무렌으로 돌아왔다. 이 순간부터 합성 명칭인 '호리-투마트'가 통일 민족 의 상징이기를 멈추고 활발하게 사용되지 않았다. 그것은 호리-투마트의 종족 연합이 더 이상 존재하지 않았기 때문이었다. 투마트인들의 제트이수 로의 귀환은 『집사』에서 그 흔적을 찾아볼 수 있다. 다음과 같이 이야기하 고 있다.

"이 종족의 거주지는 위에서 언급된 장소인 바르구진-토쿰으로부터 가까운 곳에 있었다. 그 종족은 역시 바르구트인들의 친족들과 곁가지로부터 나온 것 이었다. 투마트인들은 키르기즈인들의 나라의 경계 지역에서 살았다(라시드 앗 딘 1952a: 122)."

인용된 문구의 의미는 바이칼 근처에서 얼마 동안 거주한 후에 투마트 인들이 분기되었다는 것이다. 즉 친족 관계의 호리인들로부터, 그리고 바르구트 주민들의 거주지로부터 분리되었고 세키즈-무렌에 도착했다는 것으로 이해해야 한다. 이 장소는 바르구진-토쿰으로부터 상대적으로 가까운 곳에 위치해 있었다. 그리고 영토로 보았을 때 투바와 하카스-미누신스크 분지를 차지하고 있는 키르기즈 영역의 일부분이었다(투바의 역사 1964: 171; 크이즐라소프 1984: 84). 여기서 혼고도르 종족의 경우처럼 사료들은 투마트인들이 그들의 역사적인 고향에서 떠난 것에 대해 침묵하고 있다. 단지 그들이 태고적 거주지인 예니세이 강 상류로 돌아온 것에 대해서만 이야기하고 있다.

투마트인의 예니세이 강 상류로의 출발은 13세기 전에 이루어졌다고 특별히 지적할 수 있다. 만약에 『집사』에서 그들에 대한 모든 정보가 콘텍스트상에서 삭제되었다면, 투마트 공동체가 바이칼 지역의 토착민이었다는 환상을 쉽게 만들어 버릴 수 있다. 그러나 바르구진-토쿰이 투마트인들의 태초의 고향이었다. 그런데 그들이 13세기 초에 거기서 살았다는 것을 증명하는 자료가 존재하지 않고 사료들 속에 이에 대한 어떠한 정보도 드러나지 않는 것은 우연이 아니다. 그러나 라시드 앗 딘의 저서에는 이 시기에 투마트인이 키르기즈 영역에서 거주했고, 몽골인들에 반대하는 봉기를 일으켰다는 것에 대한 자세한 정보가 들어 있다. 투마트인의 출처가 바이칼 근접 지역이라는 가설의 옹호자들은 위의 정보에 대해 보통 침묵해 버리거나 자신의 저서들 속에 인용하지 않는다. 나는 그 자료를 가볍게 축소하여 모두 인용한다.

"투마트인들은 키르기즈인들의 나라 경계선에서 살았고, 특별한 군사적 종족이었으며, 하나의 군부대였다. 그들의 통솔자 타이툴라-소카르는 칭기즈칸에게 가서 복종했고 화합했다. 칭기즈칸은 히타이 영역을 정복하고 거기서 6~7년 동안 남아 있다가 돌아오는 길에 투마트 종족이 재차 봉기를 일으켰다는 소식을 들었다. 칭기즈칸은 바린 종족 출신인 나야-노욘에게 그곳으로 출발할 것을 명령했다. 그러나 사람들은 나야-노욘이 병이 났다고 말했다. 그래서 칭기즈칸은 '보라굴-노욘'을 보냈다. … 간단히 말해서 상황은 그렇게 되었다. 몽골인들은 큰 전투를 했고 투마트족을 복종시켰다. 그러나 보라굴-노욘은 전쟁에서 죽었다. 투마트인들이 교활하고 악의가 있는 종족이었기에 많은 몽골인들을 죽였다(라시드 앗 딘 1952a: 122)."

　　『몽골비사』의 단락들을 피상적으로 읽는 과정에 몽골인들의 정복과 관련된 사얀-알타이의 사건들에 대한 이야기가 언급된 곳이 있다. 이는 조치의 원정 시기에 투마트인들이 무장을 하고 행군을 했다는 인상을 주고 있다. 그 무장 행군을 진압하기 위해 처음에는 보로훌이 보내졌고, 그가 죽자 도브로-독쉰이 보내졌다. 그러나 연대기의 241 단락에 보면 투마트인들의 이 봉기 외에도 또 하나의 봉기가 있었다. 이 봉기가 일어난 이유는 칭기즈칸의 장군인 호르치가 자신의 부인으로 삼으려고 30명의 가장 아름다운 투마트 아가씨들을 잡아가려고 하였기 때문에 이를 저지하기 위함이었다. 봉기자들은 호르치를 포로로 잡았다. 호르치를 구출하기 위해 오이라트의 후두하-베키가 보내졌다. 실제로 하나가 아닌 두 건의 투마트인들의 봉기가 있었던 것이다. 이는 『집사』에서 조금 더 정확하게 알려 주고 있다(라시드 앗 딘 1952a: 122; 1952б: 163, 189, 255~256).
　　투마트인들의 첫 번째 봉기가 있었던 때에 대한 정보는 사료들 속에 없다. 그러나 모든 정해진 것들을 보면, 그것은 조치 원정이 끝난 후에 일어났다고 말할 수 있을 것이다. 투마트의 포로가 된 호르치를 돕기 위해 칭기즈칸이 보낸 오이라트의 후두하-베키는 1207년 초에는 칭기즈칸에 대립하는 사람이었다. 그런데 후두하-베키는 조치 원정이 마무리되면서 칭기즈칸의 옹호자가 되었다는 데에 주목할 필요가 있다. 이 사실은 투마트인들의 첫 번째 봉기가 조치 원정 이후에 일어났다는 것을 말하고 있다. 왜냐하면 그 당시 후두하-베키는 칭기즈칸의 적진에 위치해 있었기 때문이다. 이것은 투마트인의 첫 번째 봉기 이후에 있었던 일이라는 것을 설명하고 있는데, 그 정확한 날짜를 정하는 것은 아마도 불가능 할 것이다.

두 번째 봉기는 구체적인 원인들이 알려져 있지 않지만, 『집사』에 기록되어 있다. 그 시기는 '후카르의 해'로 1217년에 일어났다. 즉 몽골이 차이나 북쪽 지역 정복을 완료했을 때인 소의 해이다. 라시드 앗 딘은 이 사건을 언급하면서 다음과 같이 썼다.

"그는 종속되었다가 다시 봉기를 일으킨 투마트족을 살상하기 위해 보르굴-노욘과 두르바이-노욘을 보냈다. 그 전투에서 보라굴-노욘이 죽었다(라시드 앗 딘 19526: 255~256)."

투마트인들의 봉기가 투바에서 일어났던 관계로 보통 학자들의 관심 밖에 남겨져 있던 『몽골비사』의 240 단락에 아주 특징 있는 내용 하나를 상기하고 싶다. 나는 그것을 글자 그대로(코진의 번역본 텍스트) 인용한다.

"투마트의 파수꾼들이 보초를 서고 있었던 오솔길로 보로훌의 부대는 다만 전에 그 길을 따라 지나가고 싶다는 이유로 호의적으로 군대의 일부분을 파견

했다. 그러나 그것은 적을 속이기 위한 거짓 행동이었다. 보로홀은 직접 거친 물소들이 깔려 있는 오솔길을 따라 부대를 보냈다. 최고의 무사들이 움직이기 시작했을 때, 그들을 막을 사람들을 내몰기 위하여 그는 선택한 무사들에게 열개의 나무 막대기들을 준비하여 가져오라고 명령했다. 무사들을 쇠도끼, 목공용 도끼, 톱, 끌, 그리고 각각의 필요한 도구들로 무장하게 한 후, 그는 물소들의 흔적들 따라 숲의 경계선에 있는 나무를 톱으로 베라고 명령했다. 그리고 산에 오른 후에 그는 갑작스럽게 공격하여 태평하게 연회를 베풀고 있는 투마트인들을 습격했고 그들을 포로로 잡아들였다."

이제 이치에 맞게 질문이 생기게 된다. 즉 지나가지 못하게 무성한 숲으로 이루어졌고 물소들이 있었던 어떤 산이, 바이칼 서쪽 측면 호리인들이 살았던 레나 강 상류의 저수지에 있었던 것은 아닐까? 이 지역의 생태계를 연구하는 어떤 전문가도 이 질문에 답하지 못할 것이었다. 게다가 이 단락 안에 표현된 물소는 학자들의 의견에 따르면 사얀-알타이가 번식지인 야크(중앙아시아, 티벳산 소의 일종)였던 것으로 결론이 남에 따라, 아무것도 남은 것이 없게 되었다(마이다르 1981: 77, 투바의 역사 2001: 15). 이럴 경우에 이는 몽골에 반하는 투바에 살았던 투마트인들이 봉기했었다는 것을 의미한다.

상황이 바로 그렇게 되었던 것을 『몽골비사』의 몽골어 텍스트는 확실하게 이야기하고 있다. 야크들에 의해서 밝혀진 오솔길을 따라 도브로-독쉰이 걸어갔다. 그 야크를 홀라안 부카(hulaan buqa), 즉 붉은 황소라고 부르고 있다. 그럼에도 불구하고 몽골인들은 야크를 항상 '울란 부하'가 아니라 '사를락'이라고 불렀다는 잘 알려진 자료가 있어 다소 생각을 하게 한다. 그러면 어디서 『몽골비사』의 '울란 부하'라는 표현이 나왔던 것일까? 과거에 투바인들은 야크를 공통적으로 사용하는 단어 '사를르익'으로만 부르지는 않았다고 여겨진다. 가끔 털 색깔에 상관없이 그 단어에 붉은 황소를 의미하는 '크즐 부가'를 적용시켰다. 붉은 색깔은 악한 영혼들을 놀라게 해 쫓아낸다고 여겼다. 그래서 투바인들 사이에 신체의 힘을 비유하는 야크는 모든 좋지 않은 영향들로부터 아이들과 노인들을 지키며, 보호의 기능을 수행하는 신성한 9마리 동물들 중 하나에 들어갔다. 번역본에서 고몽골어로 '울란 부하'라고 읽었던 합성어 '크즐 부가'를 몽골인들은 예니세이 지역에서 처음 만났다. 후에 그것을 『몽골비사』의 투마트인들의 봉기를 압제하는 것을 묘사하는 과정에서 사용했다. 그래서 몽골 실록에 투바식 표현인 '울란 부하'가 언급되는 것은, 소예니세이 강을 따라 살았던 투바의 투마트인들이 몽골인들을 향해 손에 무기를 들었다는 것에 대해 어떠한 의심도 할 수 없는 가장 확실한 증거가 되는 것이다.

『집사』와 『몽골비사』에서 인용된 내용들은 마치 투멘이라는 용어('만 명의 군인 부대')로부터 형성된 것으로 보이는, 인위적으로 만들어진 명칭 '호리-투메트'를 통해 단어 '투메트'와 민족명 '투마트' 사이에 의미론적 관계가 실재한다고 가정하는 것이 틀린 것임을 가리키고 있다. 그래서 산제예프가 논거로써 인용한 '투마트인들이 대단한 군사 종족이고 부대였다'라는 라시드 앗 딘의 정보를 마치 투마트인들이 처음에는 세분화된 군부대이었다가 시간이 갈수록 상황들이 결합해서 민족 공동체, 즉 종족으로 변했다는 것으로 이해해서는 안 된다. 『집사』의 저자는 단지 이러한 말로 오랫동안 몽골인들에게 저항할 수 있었을 만한 투마트인들의 힘을 강조하기를 원했던 것뿐이었다.

두 개의 다른, 그러나 친족 관계의 종족들이었던 투마트와 코리족이 실재하기 때문에 그들의 이름은 비슷한 자기 명칭으로서 검토될 수 없다. 반대의 경우에 이는 남시베리아와 야쿠티야에 있는 현재의 모든 투마트인과 또한 그들에게 친족 관계인 사얀-알타이의 종족들인 투바스와 투하스를 호리인이라고 부를 수 있었다. 또 반대로 현대의 호리 부랴트인을 투마트인이라고 명명할 수 있다는 것을 의미할 것이다. 내몽골의 투메트인들을 바이칼 근접 지역의 경계선 지역으로부터 나온 호리인으로 봐야 한다는 니마예프와 오치르의 가정을 보면, 그 가정 또한 확증을 찾지 못하고 있다. 최초에 이 가설은 내몽골에서 나왔다. 투메트 출신의 향토사 연구가 쥰 찬이 1980년대에 그 가설을 제안했었다. 그는 사료들의 인용없이 '칭기즈칸의 열 번째 선조는 도보-메르겐이었다. 그는 호리-투메트 종족 출신의 호릴라르타이-메르겐의 딸 알란-고아와 결혼했다'고 쓰고 있다. 현재 내몽골 투메트인은 호리-투메트인의 곁가지이면서, 아마도 북쪽에 도착했던 것일 것이다(쥰 찬 1981: 235).

쥰 찬의 가정은 학술 가설로 진지하게 검토될 수 있는 그 어떤 것으로도 근거가 되지 않는 추측일 뿐이다. 그럼에도 불구하고 그 가설은 몽골학 자료에 스며들었고, 학자들에 의해 개별적으로 차용되었다. 그와 동시에 바이칼 근접 지역의 호리인뿐만 아니라 투바의 투마트인과도 어떠한 공통점도 가지고 있지 않은 투메트인이 독립적인 남쪽 출신임을 언급하고 있는 내용들이 있다. G.N. 포타닌은 투메트의 역사를 연구하면서 투메트인들은 세 개의 세대가 있었다는 것을 증명하는 자료를 찾았다. 그들은 왼쪽 날개와 오른쪽 날개 두 개로 나누어진다. 그들은 비록 함께 유목을 했음에도 불구하고 다른 출처를 가지고 있다. 왼쪽 날개는 원나라의 고관 취랄로부터 나오고 있으며, 오른쪽은 칭기즈칸으로부터 나오고 있다. 세 번째 세대는 명나라의 후손들로 이루어져 있다. 이들 투메트인들은 후에 차하르인들에 의해 분해되었다(포타닌 1883a: 315, 318). 유사한 정보는 18세기의 차이나

학자인 장목의 저서 『몽고유목지』에 포함되어 있다(『몽고유목지』 1895: 15
~19, 232~233).

니마예프와 오치르는 '그들에게 작용하지 않은' 이 자료를 다시 한 번
침묵으로 피해 가는 것을 택했다. 게다가 니마예프는 '투마트'와 '투메트'
가 동일하다고 보는 버전을 내세우면서, 이것을 단지 그 상황에 맞게 존재
하고 있었던 내용들만 입각했다는 것으로 설명하고 있다(니마예프 2000:
110).

만약에 호리인과 투메트인이 언젠가 하나의 통일된 공동체였다면, 이 두
그룹으로 이루어져서 반복되어 내려온 종족에 이 명칭이 들어갔을 것이다.
그럼에도 불구하고 나는 다양한 내몽골 지역들을 조사하고 연구하는 과정
에서, 호리인들에게 투메트 종족의 어떠한 이름도 찾아내지 못했고, 투메
트인의 구성원으로 들어갈 코리족의 어떠한 명칭도 기록하지 못했다. 투메
트인들의 민족 구성에서 큰 부분을 이루고 있는 투메트 종족들의 상당수는
차이나 몽골인들의 전통 문화와 역사에 통달한 보돈구드 아비드로부터 들
었고. 이를 내가 기록했다.

마지막으로, 한 번도 존재하지 않았던 민족명 호리-투메트에 대한 문제
를 연구하는 과정에서 모든 연구자들은 현대 남동쪽의 투바인들의 구성원
에 투마트의 세분화된 종족이 들어간다는 것을 고려해야만 했었다. 투마트
종족은 그곳에 13세기에 거주했고 지금도 그곳에 거주하고 있다(세르도
보프 1970: 70). 이 사실은 투바의 종족 투마트가 몽골인들에 대항했고, 그
들의 무장한 행군들은 조치가 예니세이 원정을 할 때 시작점으로 놓았던
사건들의 연장이었다는 것을 증명하고 있다. 한편 투바인의 민족 구성원으
로 투마트 공동체가 실재하는 것은, 몽골인들이 13세기 초에 서부 바이칼
지역을 침략했고, 그곳의 호리-투마트족을 위협했다는 것에 대한 가정이

사실 무근임을 다시 한 번 더 증명하고 있는 것이다. 그 가정은 흡사 칭기즈 칸의 침략 공격에 와해되었던 것 같았던 호리와 투마트족의 동맹이 이 시기 이 지역에 존재했다는 가설의 잘못된 점 역시 지적하고 있다.

투바 이외에 만약 야쿠티야를 고려하지 않는다면, 세옥 투마트는 알타이 산악 지대와 서몽골의 코브도스크 자치구 주민들의 구성원 속에 존재하였다. 또 민속 유형학적 내용에 따라 그 종족이 언젠가 하카시아에 살았다고 밝혀졌다. 하카시야의 역사적 전설에 따르면, 언젠가 이유스 초원에서 투마트인의 수많은 부유한 종족이 살았다고 한다. 그들은 여름에는 아이란-콜 호숫가에 자리를 차지하고 있었고, 겨울에는 타르차 강 계곡으로 옮겨 유목했었다. 아이란-콜부터 타르차까지 차지하고 있는 크지 않은 초원은 아직까지도 '투마트 차지', 즉 '투마트의 초원'으로 불리고 있다. 투마트인의 사냥터는 '하얀 이유스 강'의 상류 지역에 있는 산속에 위치해 있었다. 그곳의 지류들 중 하나는 자신의 고대 이름인 '투마타아르 사지'(투마트의 연못)라는 이름으로 보존되고 있다(부타나예프, 부타나예바 2001: 21~22; 알타이인들 2005: 142).

인용된 모든 예들은 시간이 흘러가면서, 사얀-알타이의 고지대와 서몽골의 다른 몇몇의 지역들을 자기 것으로 만들었던 투마트인들이 투바에 출처를 가지고 있었던 것에 대하여 확실하게 증명하고 있다. 이와 관련하여 서부 바이칼 지역에 투마트인이 짧은 시간 동안 거주했었다는 암시를 주는 『몽골비사』의 '호리-투마트의 땅'이라는 표현을 고려하지 않는다면, 부랴티아 유형학과 민속학에서 투마트인에 대한 어떠한 언급도 없고, 그들과 관련된 지리학적 명칭도 존재하지 않는다는 사실이 우연으로 보이지 않는다. 만약에 상황이 달랐다면 이 지역 토착민들(부랴트인, 에벤크인)의 역사적 기억에 투마트인에 대한 회상록들이 아마도 보존되었을 것이다. 그러나 그것들은 없다. 그래서 투마트인이 사얀-알타이의 고대의 종족들 중 하나 였다는, 학술 자료에 견고하게 존재하고 있는 의견에 동의해야 한다(부타나 예프, 부타나예바 2001: 23; 투바의 역사 2001: 156).

이 결론은 13세기 초에 투마트인이 자신들의 고대 고향이고 몽골로부터 침략을 당했던 예니세이 강의 상류 지역에서 살았다는 것을 의미하고 있다. 처음에 그들은 몽골인들에게 복종했으나 후에 두 번의 봉기를 일으켰고, 그 일로 칭기즈칸은 그들을 잔인하게 응징했다. 이것에 대해서는 『집사』에서 더 명확하게 언급되고 있다. 『몽골비사』에서 이야기되고 있지 않은 것도 추 가되어 있다. 언젠가 투마트와 친족 관계였던 코리족은 몽골 영토 확장의 손길이 미치지 않았던 바르구진-토쿰에 위치해 있었다. 그래서 몇몇 학자 들이 가정하고 있는 것과 같이, 바르구진-토쿰에서 하나의 종족도 아니고 두 개의 종족도 아닌 것으로 보였던, 13세기에 합성된 민족 명칭 '호리-투 마트'의 존재에 대해 말하는 것은 불가능하다.

니마예프는 『몽골비사』에서 '호릴라르'로 언급되었던 민족명 '호리'는 명칭 '투마트'와 '투메트'뿐만 아니라 『집사』에서 '쿠랄라스'로 쓰였던 '고 를로스'와도 동의어라고 생각했다. 그는 고를로스 종족이 12~13세기 전 에 호리인 구성으로 독립했었다고 생각했다. 오치르 역시 그러한 견해를 지지하고 있다. 두 학자는 자신들의 가정의 근거로 두 개의 같은 논거를 내 세웠다. 1) 쿠랄라스 명칭은 민족명 호릴라르에 있는 접미사 '-라르'의 변 이형으로 검토할 수 있는 복수 접미사 '-라스'가 분리된다. 그래서 쿠랄 라스와 호릴라르는 동일하다. 2) 『집사』에서 전설의 알란-고아가 쿠랄라 스인 출신이었다고 하고 '비밀의 이야기'에서 이 여인이 호리인 출신이었 다고 알리고 있다. 이 내용들 또한 쿠랄라스인과 호리인이 언젠가 하나의 민족 집단이었다는 것을 증명하고 있다(니마예프 2000: 107, 108; 오치르

2002: 39~40). 니마예프에 의해 제시된 세 번째 논거는 다음과 같다. 『몽골비사』에서 테무진과 자무하가 대립되는 시기와 관련된 사건들을 묘사하는 과정에서, 어떤 고를로스 호리다이에 대해 이야기하고 있다. 또한 '고를로스'라는 명칭과 합성어에서 '호리다이'라는 이름은 쿠라알스인과 호리인이 언젠가 하나의 종족을 이루었다는 것에 대한 증거이다(니마예프 2000: 108).

물론 일반적으로 단어 전체와 단어 어근의 발음과 의미를 아는 것도 중요하지만, 연구자들에 의해 선택된 접미사들이 소리가 같다는 것에 의존하여 민족명을 연구하는 접근법이 완전히 이해되는 것은 아니다. 『몽골비사』에서 정확한 형태는 '고를로스'로 인용되었는데, 그 몽골어 내용에서는 '고롤라스' 형태로 쓰여 있었다. 내 생각에는 만약에 '고롤라스'가 '호리'로부터 형성된 것이었다면 마지막 형태는 변화 없이 그 단어의 근간에 얹어 있었을 것이다. 그러나 민족명 '고롤라스'의 어근 부분은 음성에 있어서 단어 '호리'와 차이가 있기 때문에, '고롤라스'가 '호릴라르'의 변이형이라고 생각하는 것은 불가능하다.

『몽골비사』와 『집사』에서 만나볼 수 있는 이름 '고를로스 호리다이' 역시 이전에 고를로스인과 호리인이 총체적인 민족 구도를 구성했다는 증거로 검토될 수 없다. 씨족 및 종족 그룹의 명칭으로 한 부분이 이루어진, 이와 유사한 복잡한 사람 이름은 사료 속에서 적지 않게 찾을 수 있다. 라시드 앗 딘의 저서에서는 종족 쿠를라스 출신의 어떤 메르키타이가 언급되고 있다(라시드 앗 딘 19526: 120). 메르키타이라는 이 이름 하나에만 주목해서 쿠랄라스인, 즉 고를로스인들이 언젠가 호리인뿐만 아니라 또한 13세기 몽골 역사에서 잘 알려진 메르키트인과 하나의 민족을 이루었다고 결론을 내리는 것이 불가능하다는 것은 이해된다. 또 다른 예가 있다. 이 사료에서는 올후누트족 출신인 바야우다이에 대해서 이야기하고 있다(라시드 앗 딘 1952a: 162). 이름 '바야다이'가 민족 그룹인 바야트와 올후누트가 언젠가 하나의 공동체를 이루었다는 것에 대한 근거가 될 수 있을까? 당연히 아니다. 그러면 고를로스 호리다이 이름과 관련된 것 역시 그렇게 인정해야 한다. 고를로스족에 호리다이 이름을 가진 사람이 있었다는 것은, 어떤 곳에서도 더 이상 이야기되고 있지 않다. 여기서 인용된 메르키타이와 바야우다이가라는 이름과 유사하게 고를로스 호리다이는 민족의 세분화된 종족인 고를로스와 호리가 동등하다는 증거가 될 수 없다.

칭기즈칸의 선조 보돈차르의 어머니로 여겨지는 알란-고아에 대해『집사』에서 그녀는 실제로 쿠랄라스 종족 출신의 여인으로 나온다(라시드 앗 딘 1952a: 78).『몽골비사』에서는 그녀는 부계로 보면 호리인과 연관되어 있다고 언급된다(코진 1941: 8).『집사』의 정보는 내가 생각했던 것처럼 다음의 형태로 이루어져 있다. 알려진 바대로 라시드 앗 딘의 지휘 하에 이 역사 전집을 만드는 작업에는 상당수의 몽골인 정보가들을 구성원으로 한 하나의 완전한 공동 단체가 참여했었다. 이 공동 단체는 오늘날 여느 몽골학 학자들에게 없어서는 안 될 훌륭한 저서를 만들어냈다. 이를 인정하면서, 저서의 텍스트를 주의 깊게 연구하는 과정에서 몇몇 다르게 읽혀지는 부분, 즉 라시드 앗 딘의 모든 학자들이 자료를 건네는 데에 객관적이지 않았던 것으로 인해서 발생했던 부분들이 드러나고 있다는 것을 말할 필요가 있다. 예를 들어 첫 번째 권의 두 번째 책 248 페이지에는 칭기즈칸의 어머니 오에룬이 쿠랄라스 종족 출신이라고 이야기하고 있다. 그럼에도 불구하고 전체 첫 번째 권의 다른 페이지들에서는, 모든 현대의 학자들에 의해서 인용되고 있는 내용인, 그녀의 출신이 올후누트족이라고 세 번이나 언급되고 있다.

전체적으로 보면 몇몇 잘못된 부분들은 그렇게 본질적이지 않다. 왜냐하면 그러한 부분들은 사료들 또는 『집사』 그 자체의 개별적인 파트들을 비교 대조해 보는 방법으로 충분히 규명되어지기 때문이다. 이런 잘못된 부분들을 인정한다고 하더라도 칭기스인들의 계보학에 대하여 기초적인 것도 모르는 연구자들에 의해 설명된 알란-고아가 고를로스인들과 연관되어 있다는 내용은 단순한 것보다 더 간단한 것이었다는 것이다. 이는 극단적인 원시주의로까지 상황을 단순화시킨 것을 의미하는 것일 것이다. 왜냐하면 계통학을 모르고 규명된 그러한 내용은 중세 몽골 사회에서 솔직히 존재하지 않았기 때문이다. 문제는 훨씬 더 복잡한데, 내 관점으로는 그것은 특별한 이데올로기적 관점으로 설명된다고 본다.

당연히 라시드 앗 딘의 모든 정보가들은 몽골 왕조의 전면적인 지지를 받고 있는 하나의 정치적 노선의 신봉자들이었다. 『집사』를 구성하는 과정에 있어서, 부분적으로 보르지긴 종족 라인에 따르는 칭기즈칸의 최초 선조들에 대한 자료를 서술하는 곳에 이러한 강한 기호는(칭기즈칸의 어머니를 쿠릴라스 종족 출신으로 제시한 것), 삼강 몽골인들의 근본적인 씨족과 종족들의 명예를 더 높이 올리고자 하는 과정에서 나온 것이었다. 구체적으로 정보가들의 그러한 지향은, 내가 제시한 바대로, 몽골의 최고 통치 범주 안에서 이루어졌던 경향을 반영하였다. 또한 정보가들은 의식적으로 칭기즈칸의 어머니와 같이 모든 몽골인들에게 '신적인' 알란-고아를 바르구진-토쿰의 코리족과 달리 엘리트 몽골 집단에 들어가게 하였다. 게다가 그 형성의 시작을 '진짜 몽골 민족들'의 구성원으로서 에르구네-쿤에서 시작되었다는 고를로스인들에 넣었던 것이다. 알란-고아가 고를로스인들과 관계하는 것을 다른 방법으로 설명하는 것은 불가능하다. 그러나 한 가지 명백한 것이 있다. 즉 고를로스인과 호리인은 민족 그룹이 다른 종족들이고,

부분적으로 내 인용한 자료가 이것을 이미 증명하고 있다.

이제 모든 언급된 것들에 관련된 증거로 나는 사료들 속에 포함되어 있는 고를로스인의 출처에 대한 내용을 인용해 본다. 『집사』에서는 세 명의 친형제들에 대하여 이야기하고 있다. 첫째 쥬르룩-메르겐은 훈기라트 족의 시초였다. 둘째 쿠바이-쉬레는 이키라스와 올크누트족의 시작이었던 이키라스와 올쿠누트라는 아들이 있었다. 셋째 투수부-다우드에게도 카라누트와 쿤클리우트라는 두 아들이 있었다. 카라누트로부터 카라누트족이 나왔고, 쿤클리우트로부터 쿤클리우트족이 나왔다(라시드 앗 딘 1952a: 161, 164). 그러나 여기서 라시드 앗 딘은 마치 자신의 서술을 정정하고 정확하게 하듯, 쥬르룩-메르겐이 '현재 훈기라트인과 관계된 종족들의 선조이다'라고 쓰고 있다. 자신의 말을 확증하기 위해 그는 올후누트인과 이키라스인이 훈기라트인의 곁가지라고 지적하고 있다(라시드 앗 딘 1952a: 162; 1952б: 86).

따라서 실제로는 쥬르룩-메르겐과 투수부-다우드가 형제였다고 인정해야 한다. 쥬르룩-메르겐으로부터 훈기라트 종족이 늘어났다. 종족이 나누어지는 과정에서 쥬르룩-메르겐의 후손 쿠바이-쉬레가 태어난 후에, 새로운 종족들인 이키라스와 올쿠누트가 생겼다. 투수부-다우드에 대해서는, 충분히 믿을 만한 자료에서 그의 친아들이 카라누트라는 것을 인정하지 않고 있다. 문제는 에르구네-쿤의 다를료킨 종족들의 리스트에 하라누트족은 기재되지 않았고, 그 대신에 훈기라트인, 이키라스인, 올후누트인, 그리고 쿤클리우트인이 있다. 여기서 투수부-다우드의 후손들과 연관된 하라누트인이 종족이라는 측면에서 그 쿤클리우트와 접촉되고 있다는 결론을 낼 수 있을 것이다. 그때 투수부-다우드는 단 하나의 아들인 쿤클리우트를 가지고 있었던 것으로 판명된다. 쿤클리우트에게는 아들이 하나 있

었는데 미사르-울룩이었다. 라시드 앗 딘의 설명에 따르면,

 "그(미사르-울룩)는 아버지의 아내를 자신이 취했는데, 그녀는 그에게 쿠랄
 라스라는 이름의 아들을 낳아 주었다. 그 아들의 종족으로부터 모든 쿠랄라스
 종족들이 나오게 되었다(라시드 앗 딘 1952a: 164)."

쿠랄라스를 제외하고 미사르-울룩은 두 번째 아들이 있었다. 그의 이름
은 엘드지긴이었다. 그는 유명한 몽골 종족인 엘드지긴의 최초의 선조였
다. 라시드 앗 딘은 그에 대해서 다음과 같이 알려준다.

 "미사르-울룩은 히타이카를 자신에게 데려왔다. 이 여인의 삶의 상황은 이
 러했다. 당나귀를 길렀던 그녀는 결혼을 위해 굳은 의지를 가지고 도착했다.
 그녀의 이름은 다우카이-야부다크였다. … 미사르-울룩은 그녀로부터 아들
 을 얻었는데, 그는 아들을 엘드지긴이라고 불렀다. 그 이유는 당나귀를 '엘드
 지긴'이라고 부르는데, 그 여인이 당나귀를 타고 도착했기 때문이었다. 엘드
 지긴의 모든 종족들의 핵심은 이 아들의 종족으로부터 나왔다(앞의 책: 165~
 166)."

서술된 자료의 특징을 인용하면서, 나는 투수부-다우드의 아들 쿤클리
우트로부터 쿤클리우트 종족이 형성되었다고 지적한다. 그 종족이 미사
르-울루크 시대에 증식되고 분열되는 과정에서 새로운 종족들로 쿠랄라스
(고를로스)와 엘드지긴이 발생했다. 이 사건은 에르구네-쿤에서 일어났다.
그리고 쿠랄라스인과 엘드지긴인은 다를료킨 종족들 목록에 들어가는 사
실을 확증하는 증거가 되고 있다(앞의 책: 78).

쥬르룩-메르겐과 투수부-다우드 형제들(언급된 이유 때문에 나는 여기서 쿠바이-쉬레는 생략한다)의 탄생에 대하여 『집사』에서는 다음과 같이 알리고 있다.

"그들은 황금 용기로부터 세상에 나타났고, 이 말의 뜻은 암시와 표시를 나타내는 것이었다. 이것의 의미는 그로부터 세상에 아들들이 나올 것인데, 이 사람은 자연으로부터 와서 아주 좋은 외모와 교육으로 우수하고 영리하고 완전한 사람이었다(앞의 책: 160)."

이 사람의 이름은 드러나 있지 않으나, 만약에 쥬르룩-메르겐과 투스부-다우드로부터 형성되었던, 하라누트인을 제외한 모든 종족들이 에르구네-쿤에서 나와 몽골 종족들의 수에 들어갔다는 사실에 주목한다면, 이 사람이 '보르테-치노라는 이름의 존경받는 족장'인 칭기즈칸의 최초 선조였다는 것이다. 즉 아주 넓게 보면 다를료킨 그룹의 몽골인들의 창시자였던 보르테-치노였다는 것이 명백해진다. 만약에 첫 번째 장에서 이야기하고 있는 특별하고 중요한 또 다른 사실인 보르테-치노라는 이름이, 고대 몽골 치노 종족의 의인화된 명칭임을 고려한다면, 우리는 한 치의 의심도 없이 훈기라트인·올후누트인·이키라스인·쿤클리우트인이 치노 종족 출신이었다는 결론을 낼 수 있을 것이다. 이후에 우리는 쿠랄라스인(고를로스인)의 모든 계보를 구성할 수 있는 가능성을 가지게 된다. 즉 그들의 계보에서 가장 먼 직속 선조들은 치노인이고, 가장 가까운 선조들은 쿤클리우트인이다. 이 부분을 라시드 앗 딘은 다음과 같이 말하며 강조했다.

"쿠랄라스인의 뿌리, 그들은 알탄-쿠두케, 즉 황금 용기에서 나왔고, 하나

의 뿌리로부터 훈기라트인과 인키라스인이 함께 곁가지로 나왔다. 서로의 관
계를 보면 큰 형, 작은 형들인 친척 관계(씨족 구성원)에 있었다(라시드 앗 딘
1952a: 165)."

이 모든 정확한 연대기 내용들은 한편으로는 고를로스와 호리가 동일하
다는 의견이 잘못된 것이라는 것과, 다른 한편으로는 고를로스인들이 바이
칼 근접 지역 종족인 호리의 일부라는 가정이 들어맞지 않는다는 것을 보
여 준다.

대흥안령산맥은 중세에는 카라운-쥐둔이라고 불렸다. 그래서 '그들의
(훈기라트 종족들) 분여지는 카라운-쥐둔의 측면을 따라 펼쳐져 있다'는 라
시드 앗 딘의 말은 고를로스인이 대흥안령산맥의 동쪽에 살았다는 것으로
이해해야 한다. 그들은 아직까지 거기서 두 그룹으로 나뉘어 살고 있다. 즉
헤이룽 강 지방에 거주하고 있는 아르 고를로스(북쪽 고를로스인)와 기린 지
방에 거주하고 있는 에무운 고를로스(남쪽 고를로스인)이다. 이 내용은 "칭
기스 시대 이전에 호리인이 이 지역에서 중요한(선두의) 위치를 차지하고
있었을 때, 그들의 거주 영역이 제시된 바르구진-토쿰 나라의 경계선보다
더 넓었을 수 있었다"고 진술된 관점이 근거가 없는 것임을 보여 준다(니마
예프 2000: 108). 비교적 큰 종족은 호리의 종족이었는데, 그 종족이 바이
칼부터 거의 동해에 이르는 거대한 영토를 차지할 수는 없었다.

고를로스인들의 태초의 고향은 송화강 계곡이다. 이와 관련하여 민족 소
속에 대한 골로스인 정보를 혜흐-메렌이 알려주고 있는데, 그들은 처음에
골로스('강의 계곡에 살고 있는 사람')로 불렸고, 후에 이 이름은 현재의 형태
인 고를로스를 얻게 되었다는 것이다. 이 정보는 아마도 고를로스 민족명
의 민족 어원으로 평가되어야 하지만, 우리에게 있어서 더 중요한 것은, 그

안에 고를로스인들의 고향이 언급되고 있다는 것이다. 혜흐−메렌이 알려준 바에 따르면 차이나인들은 고를로스인들을 고를루우스라고 부르고 있다. 비록 다른 고를로스의 정보와 반대로 알려주고 있지만 말이다. 그의 말에 따르면, 고를로스인은 자기 자신을 '고를루우스'라고 부르고, 차이나인은 '고를로스'라고 부른다. 이 문제는 앞으로 더 깊은 연구를 필요로 한다.

고를로스인들의 민족 구성원에 대한 문제에 관해서, 14개 종족의 이름을 알아내는 데에 성공했다. 그 이름들은 차이나 방법으로 첫 번째 소리를 짧게 발음한다. 이는 널리 알려져 제보자들이 확증하고 있는데, 차이나의 내몽골인들에게 짧은 이름 '보'가 암시하는 것은 보르지긴 종족이라는 것이다. 허흐−머렌은 툰족이 종족의 시조 툰갈락의 이름에 따라 불린 것이고, 진 종족의 명칭은 종족의 최초 선조인 진샨부로부터 발생했다고 밝혔다. 이 두 종족은 청나라 시대에 형성되었다. 보다 이전 시기에는 보르지긴 종족을 제외한 고를로스인 출신에게 있어서 역시 칭기즈칸과 관계가 있었던 다른 종족들이 있었다.

정보가인 얄알트의 말에 따르면 고를로스인의 구성원으로서 툰·진·구안은 만주 종족이고, 류는 실위 종족이며, 챵은 차이나의 종족이다. 타이는 유명한 몽골 종족인 타이주트의 축약된 명칭이다. 우족의 출처는 그 이름의 의미로 '공작의 사위'라는 의미의 '타브난'인데, 칭기즈칸에서 기원하고 있다. 다른 종족들의 민족 소속과 출신, 그리고 그들 명칭의 의미에 대한 정보를 주는 것을 허흐−메렌과 얄알트가 어려워했었다. 부족함에도 불구하고 알려진 위의 내용들은 고를로스인의 복잡한 내부 구조를 보여 주고 있고, 이 민족 그룹이 발전해 가는 긴 여정에 대하여 증명하고 있다. 고유 고를로스 종족들을 제외하고 그 민족 그룹의 구성원으로 고·바이·첸·치·헤·훈 종족들이 가능하다. 이것에는 몽골·실위·만주·차이나 출처를 가지고 있는 구성원들이 들어가는 것이다. 과거에 실위와 만주 종족들이 실재하는 것은 정보가들의 이야기가 증명하고 있다. 고를로스의 공동체가 구성되고 제정된 것은 몽골 세계의 동쪽 가장자리에서 이루어진 것이라고 그들은 증언하고 있다.

고를로스인에게 사람의 형태인 최초의 선조와 동물의 형태인 최초의 선조에 대한 신화가 있었는지 없었는지, 그들이 바이칼 근처에서 부랴트 민족의 구성원으로서 호리인이 살고 있는 것을 알고 있었는지, 그들에게 과거에 이 민족과의 민족 계보 관계가 형성될 수 있었는지 아닌지, 알란-고아가 고를로스인과 어떠한 관계가 있었는지 없었는지에 대한 질문들에 대해 연구자들로부터 확신에 찬 답을 들을 수는 없었다. 불교 이전의 종교적 유물들로부터, 허흐-메렌이 알려준 바에 따르면 부우말들을 숭상하는 관습이 보존되어 있었다. 부말르이는 고를로스 선조들의 죽은 영혼으로, 그들의 관념에 따르면 영혼들은 가끔 하늘에서 내려왔고 보통 주거와 함께 체류하고 있었다(PMA 6: Хθх-М-θрθн, Ялалт(푸른-몽골(М을 보고 추정)-θрθн이란 단어는 없으나 θрнθ이란 단어는 있는데 이는 서쪽을 뜻함, 승리).

서술된 자료는 투마트인들과 투메트인뿐만 아니라, 북동 차이나의 고를로스인들 또한 예전의 바이칼 근접 지역의 호리인으로 여기면 안 된다는 것에 대해 보다 더 확실하게 이야기하고 있다. 어느 정도 큰 학술 문제는 다수의 작은 문제들로 나누어지는데, 그 작은 문제들을 각각 시대의 구체적인 역사와 민족학 연구 대상으로 실재를 고려하면서 개별적 연구를 할 필요가 있다. 소리가 비슷하게 받아들여지는 민족명들이 존재할 때에는 만약에 직접적인 것들이 없다면, 비록 간접적인 논거들일지라도 도움을 받아서 그것들이 실제로 같은지, 그리고 공통의 출처를 가지고 있는지 증명해 내는 시도를 해야 한다. 이 가장 중요한 방법론적인 원칙이 지켜지지 않는 과정에서는 학술 과제의 해결이 만족스럽게 되지 못할 것이다.

6
야쿠트의 '호롤로르인들' 그들은 누구 인가?

― 그 민족 정체성의 문제에 대하여 ―

부랴트인에 대한 역사 민족학자료에서 자주 반복되고 있는 명제가 1207 년 몽골인들이 바르구진―토쿰을 습격했다는 것과, 그들에 의해서 지역 종 족들이 괴멸되었다는 것이다. 저서들에서 확신되고 있는 내용을 종합하면, 호리인의 일부분은 침략자들로부터 목숨을 구하여 레나강을 따라 멀리 북 쪽으로 도망쳤다. 그리고 호로라는 명칭 하에 야쿠트 민족의 구성원으로 들어갔다(부랴트 몽고 자치 소베트 사회주의 공화국의 역사 1954: 56; 시베 리아 역사 1968: 385; 예구노프 1984: 258; 루먄체프 1962a: 144; 니마예프 1988: 107). 실제로 그랬는지 안 그랬는지를 정하기 위해서는 호롤로르('호 로'의 복수 형태)인의 민족 소속과 출처를 밝혀야 할 필요가 있다.

이 문제를 검토하기에 앞서, 나는 다음의 문제에 대해 양해를 구할 필요 가 있다고 본다. 야쿠트와 부랴트의 역사 편찬에서 야쿠트의 호로인과 바 이칼 접근 지역의 호리인을 하나의 이름인 호리라고 부르고 있는데, 이것 은 독자들에게 불편함을 주고 있다. 나는 이 텍스트를 읽는 데 최대한 분명하고 쉽게 하기 위해, 그리고 부분적으로는 항상 호리인에 대한 설명에서 멀어지지 않게 하기 위해 야쿠트의 호로인을 그들 자신이 명명해 온 것처럼 호롤로르인이라고 부를 것이다. 그리고 바르구진-토쿰의 호리인을 그들의 관계를 단단히 지속시켜 온 단어 호리인이라고 부를 것이다.

야쿠트인과 관련된 학술 자료에서 호로인은 역시 호리인과 동일하다. 그러나 부랴트 학자들의 저서와는 달리, 야쿠트로 마지막 사람들이 도착한 것은 13세기 초로 남시베리아 사건들과 관계가 없다(아리스토프 1896: 335; 트로솬스키 1902: 15~17; 야쿠트 자치 소비에트 공화국의 역사 1955: 359). 호로인이 레나 강 중류에 출현했던 시기에 대해서는 두 견해가 존재한다. 첫 번째 견해에 따르면, 그들이 그쪽으로 도착한 것은 고유 야쿠트인이 있기 전인 기원후 1~2천 년 경계 전이었다는 것이다(바그다르이으인 2004: 19). 두 번째 견해는 16세기 야쿠트인의 근본 선조들로 여겨지는 오몬고이와 엘레이가 출현한 한참 후에, 호로인이 레나 강 중류에 도착했다는 것이다(야쿠트 자치 소비에트 공화국의 역사 1955: 359). 나의 관점으로 보면 나는 임의의 버전에서 호리인이 바르구진-토쿰에서 북쪽으로 떠났다는 가정이 사라져버렸다는 것에 확신한다. 특히 이는 부랴트 학자들의 가설과 관계하고 있다. 만약에 호리인이 실재로 바이칼 근처에서 몽골인들에 의해서 괴멸 당했고, 목숨을 부지한 사람들이 레나강 아래로 도망쳤다면, 이 사건은 반드시 사료들 속에 반영되었을 것이다. 그러나 이러한 언급은 사료들 속에 존재하지 않는다. 왜냐하면 13세기 초 몽골인들이 숲의 민족들을 회유하고 정복하기 위하여 행한 군사적 접근은, 내가 위에서 서술한 자료들이 증명하고 있는 것처럼 사얀-알타이를 향하고 있기 때문이다.

나는 13세기 몽골 스텝 평원에서 일어난 사건들의 여파가 야쿠트까지 도달할 수 없었다는 생각에는 동의하지 않는다. 야쿠트의 민속학에는 그 사건들의 깊은 반향들이 포함되어 있는 전설들이 존재한다. 예를 들어, 타아타아르 타이마에 대한 전설에서는 먼 남쪽에 몽골 종족의 고향이 위치하고 있다고 이야기하고 있다. 그 이야기 속에서는 츠인그이스 하안이 이 땅을 지배하고 있었을 때 전 세계를 뒤흔들었던 전투가 발발했었다고 한다. 대담한 사람인 타아타아르 타이마는 자신의 사람들과 그 전투로부터 도망쳐 우량하이 언저리에 도착했다. 그곳은 바이칼 호수 근처에 위치했었고, 거기서 아들 엘레이가 태어났다. 츠인그이스 하안이 죽은 후 하안 토이온이 몽골인들을 이끌었다. 어느 날 하안 토이온은 엘레이를 불러 그에게 바이칼 바닥에서 아름다운 여인을 상기시키는 그림자를 구해 오라는 명령을 내렸다. 엘레이는 자신의 아버지에게 이 사실을 알렸다. 그때 아버지는 호수 바닥에는 여자의 그림자 같은 불타는 돌이 놓여 있는데, 그 돌에는 어느 누구도 닿을 수 없다고 말했다. 하안 토이온은 그것을 가지러 보내면서 엘레이가 죽고 사라지기를 원했던 것이었다. 타아타아르 타이마는 아들의 목숨을 구하기 위해 아들에게 멀리 레나 강으로 떠날 것을 충고했다. 엘레이는 뗏목을 타고 차라 강을 건넌 후에 레나 강에 다다랐다(АЯНЦ 1: Ед. Хр.14.Д. 35. Л 37~45).

이 전설과 엘레이가 주인공으로 등장하는 다른 전설들을 분석한 결과 학자들은 다음과 같은 그럴듯한 가정을 하였다. 즉 이 주인공은 남시베리아 출신인 투르크어족 야쿠트인의 선조들을 구현하고 있다(고골레프 1993: 61). 엘레이의 아버지 타아타아르 타이마가 고향을 떠난 원인이 칭기즈칸의 전쟁 때문이라고 했기에 남시베리아의 야쿠트 선조들이 몽골 침략으로 모든 어려움을 겪었고, 북쪽에 칭기스의 전쟁들에 대한 전설을 기입했던 씨족 및 종족들이 있을 수 있었다는 것은 충분히 허용되는 내용이다.

야쿠트 민족의 근본이 되는 세분화된 종족들 중 하나인 호로인에 대한 전설은 그들의 민속학에서 완전히 다른 주기를 구성하고 있다. 전설 속에서는 울루 호로라는 이름의 노인이 발이 빠른 황소를 타고 레나 강 중류에 도착했고, 그와 함께 많은 사람들과 가축들이 왔다고 이야기하고 있다. 타국인들이 기이한 언어로 이야기하는 것은 야쿠트인에게 있어서 새가 지저귀는 것을 연상시켰다. 이 때문에 그들에게서 다음의 표현이 만들어졌다. "나는 호리어가 아니라 야쿠트어로 말하고 있다(볼로 1938: 14)." 전설 속에는 울루 호로가 전쟁으로부터 도망쳐 야쿠트인에게 도착했는지에 대한 아주 작은 암시조차 없다. 그래서 호로인을 바르구진-토쿰의 호리인과 동일하게 보는 것은 불가능하며, 그들이 몽골인들의 바이칼 침략에 쫓겨서 야쿠트에 나타났다고 여기는 것도 불가능하다. 앞으로 서술할 내용에서 보일 결론은 이 모든 내용에 동의하고 있다.

호로인과 호리인이 동일하다는 것을 옹호하는 사람들은, 만약 호로인이 야쿠트인의 나머지 다수와 다른 언어를 가지고 있었다면, 그들은 몽골어 민족 그룹일 것이라고 가정하고 있다. 따라서 니마예프가 확신하는 것처럼 언젠가 중세 호리인과 하나의 공동체를 형성했던 야쿠트의 호로인이 바이칼 근접 지역 출처를 가지고 있다는 점에는 의심할 어떠한 근거도 없다는 것이다(니마예프 1988: 108). 학자들은 바이칼 근처에 거주하던 야쿠트인들의 선조들이 이주한 몽골인들과 접촉했을 때, 야쿠트 언어에 처음 몽골 차용어가 바이칼 근처에서 나타났다는 점에 동의한다(크세노폰토프 1937: 307; 고골례프 1993: 61). 만약에 연속적이지는 않지만 가끔 레나 강 중류로 몽골어 그룹들이 빠져 나갔었다는 것을 고려한다면, 야쿠트어를 풍부하게 했던 그 몽골어는 시간이 가면 갈수록 더 큰 작용했다고 말할 수 있을 것이다. 지금 야쿠트어에 몽골어 차용어는 상당히 많다. 공통 투르크어 어휘를 고려하지 않는다면, 몽골어 차용어는 야쿠트어 사전 어휘의 28.7%를 이루고 있다(포포프 1986: 73). 야쿠트어에 있는 풍부한 몽골주의와 오랜 기간 야쿠트어와 몽골어의 이중어를 사용한 결과로 '모음을 구별하는데 실패한' 방언이 존재하는 것은, 오래전부터 야쿠트인들이 몽골어를 충분히 잘 알고 있었다는 것에 대한 의미심장한 방증이 될 수 있다. 여기서 다음과 같은 합리적인 질문이 제기된다.

만약 칭기즈칸이 괴멸한 후에, 바르구진-토쿰으로부터 호리인이 레나 강 중류로 도망쳤다는 가정을 허용한다면, 그리 멀지 않은 곳에서 야쿠트 와 합쳐진 영토에 살았던 호리인의 몽골어가 어떻게 레나 강 중류의 주민 들한테 갑자기 특별한 것이 될 수 있었을까? 나는 그렇지 않다고 깊이 확신 한다. 야쿠트인에게는 유굴레트인(올레트인), 보툴룬인(발툰인), 그리고 야 쿠트에 있는 다른 몽골어 민족 그룹들의 언어들이 유사하지 않다는 것이 잘 알려져 있었다. 이 사실 때문에 야쿠트인이 몽골어에 대해 어떤 이국적 인 것으로 말하는 것은 불가능하다. 야쿠트 민족의 구성원으로 존재하는 몽골어 출신 종족들 중 몇몇이 오모고이와 함께 야쿠트 민족으로 들어갔다 고 한다면, 대체로 몽골어의 어떤 이국적인 것에 대하여 이야기가 오갈 수 있는 것일까?(고골례프 1993: 61). 그래서 이 모든 것들을 고려하면 다음과 같은 좀 더 정확한 가정을 제시할 수 있다. 즉 야쿠트인한테 이해가 안 되고 이상한 호로인의 언어는 몽골어가 아니며, 호로인 스스로가 몽골 민족의 구성에 관계하지 않았다.

레나 강 상류에 도착한 야쿠트인의 선조들은 바이칼 근처 그들이 살았던 장소의 명칭을 잊지 않았다. 전설 속에서 그들은 앗 다반, 오구즈 다반, 하 마르 다반 산 들 고개 근처에 앙가라 강을 따라 거주했다고 이야기하고 있 다(АЯНЦ 1: Ед. Хр.14.Д. 35. Л 39). 이처럼 바이칼과 그에 근접하고 있는 장소들에 대한 명백한 회상이 보존되고 있으므로, 아마도 호로인이 만약에 거기서부터 근거했다면, 그들의 출발점은 레나 강 중류였을 것이다. 그들은 또한 자신들에 대한 정보로서, 바이칼 또는 보다 구체적으로, 앙가라 또는 레나 강에서 북쪽 가장자리에 도착했었다는 것을 알려 주고 있다. 그럼에도 불구하고 그들의 기억은 불완전하기는 하지만 완전히 다른 정보를 또한 보존하고 있다.

호로인은 자신의 태초의 고향에 대해 그 이름은 호로 시레이고, 의미는 '호로의 나라'라고 기억하고 있었다. 그곳은 지속적으로 여름인 먼 남쪽의 따뜻한(가끔은 더운) 나라에 위치해 있었으며 그곳에서 철새들은 겨울을 보냈다. 호로인의 전설은 불충분함에도 불구하고, 단순하면서도 매우 중요한 호로 시레라는 나라의 위치에 대한 질문을 해결하는 것과 직접적으로 관련되며, 그 위치를 명확하게 하는 데 도움을 준다. 그것은 이 나라의 이름이 중세에 바르구진-토쿰으로 주변 민족들에게 잘 알려진 바이칼 근처의 영토를 암시하는 것이 절대 아니라는 것을 이야기하고 있다. 레나 강 상류 지역뿐만 아니라 바이칼 지역과도 자연 기후 조건이 차별화되는 다른 지역이 호로 시레 명칭으로 명명되었다. 거기에 거주했던 주민들은 호로인으로, 호리인과는 완전히 다른 언어와 문화를 가지고 있었다.

우스치얀스크 울루스·베르호얀스크 울루스·지간스크 울루스의 전설 속에 호로 나라의 명칭과 관련되어 키타트라는 이름이 나온다. A. P. 오클라드니코프는 키타트라는 명칭이 차이나(키타이)나 고대 거란인들의 땅을 암시하고 있다고 생각했다. 그러나 결국 그는 13세기 바르구진-토쿰의 호리인과 호로인을 동일시하면서 호로인의 고향땅을 차이나나 고대 거란이 아니라 동부 바이칼 지역에서 찾았다(야쿠트 자치 소비에트 공화국 1955: 359).

크세노폰토프는 자신의 학술 연구 작업에서 호로인의 문제에 적지 않은 관심을 두었다. 그는 야쿠트의 현대 역사학 창시자들 중 한 명으로, 야쿠트 민족학뿐만 아니라 부랴트 민족학에도 능통한 사람이었다. 그는 러시아 학술 아카데미 야쿠트 민족 센터에 수기로 된 고문서로 보존되어 있는 호로인에 대한 방대한 자료를 연구했고 시스템화했다. 이 자료는 바이칼 근접 지역의 이웃들뿐만 아니라 먼 나라들과 야쿠트인의 민족학 및 민족 문화 관계를 보여주는 것으로 흥미로웠다. 크세노폰토프는 이전 시대에 야쿠트 인이 많은 그룹으로부터 '남쪽', '남쪽의'이라는 개념을 가끔 다른 말로 '호로'와 '키타트'라는 표현으로 표시했기 때문에, 이는 호로인의 고향이 차이 나에 위치했다는 증거로 검토해야 한다고 썼다(АЯНЦ 1: Ед. Хр. 1. Д. 20. Л 254~256; Ед. Хр. 1. Д. 54. Л 2~8об). 차이나에 위치하였다는 이 학자의 견해는 실수일 수도 있었으나 만약에 호로인의 문제를 총체적으로 본다면, 그에 의해서 제기된 차이나기원설은 합리적이라 볼 수 있다. 그는 또 다음과 같이 썼다.

"호로인의 나슬렉들이 흥미로운 것은 그들이 보기에 야쿠트인과 섞인 어떤 낯선 민족들의 일이었다는 것이다. 야쿠트를 연구하는 학자들의 대부분은 그들을 보통 이름에서 같은 소리가 난다는 이유로 호리의 부랴트인에 집어넣었다. 그러나 이 의견은 사실을 근거로 하지 않고 있다(АЯНЦ 1: Ед. Хр. 1. Д. 20. Л 427)."

크세노폰토프는 호로인과 호리인이 동일하다는 것은 합리적이지 않다고 하였는데, 이것은 1987년 사하 공화국(야쿠트)에서 모은 호로인에 관한 야사나 고문서의 민속–민족학 자료들에 의해 증명되고 있다. 무엇보다도 먼저 전설의 모든 버전들에서 호로인의 통솔자는 울루우 호로라 불렸다고 이야기된다. 몇몇 연구자들에 의해서 호리의 호리도이-메르겐과 가까워진 (미하일로프 1990: 17; 니마예프 2000: 114) 호르도이-호이오고스(몇몇 계보학에서 호르도이-호고수운이라고 나옴)는 실제로 엘레이의 네 번째 아들이었고, 호로인과 관계를 가지고 있지 않은 몇몇 보로곤스크 야쿠트인의 선조였다(야쿠트 자치 소비에트 공화국 역사 1955: 335). 보로곤스크 울루스의 구성원으로 우스치-알단스크 지역에 호로인인 나슬렉이 존재한다. 이 농촌 공동체의 거주민들인 호로인은 자신들을 울루우 호로의 후손들이라고 부른다. 그들의 계보에는 호르도이-호이오고스 이름이 기재되지 않았다. N. D.부르체프의 정보에 따르면, 이 농촌 공동체는 울라하안 아이라아흐, 오르보오브·치라아나이·솔라트·첵첵에엔족들로부터 나누어진 것으로 호로·브르쟈·토르보스족들로 이루어져 있다(PMA 4: 부르쩨프).

하나의 지방 그룹에 근거해서 모든 호로인들의 민족 구성에 대해서 논하는 것은 당연히 어렵다. 그러나 보로곤스크 호로인에게 비록 하나의 이름, 심지어 부랴트 호리인의 어떤 세분화된 민족의 명칭을 아주 멀게라도 상기하게끔 하는 이름이 존재하지 않는 것은 우연이 아닌 것이다.

Ya. I. 린데나우는 1740년대 전반기에 야쿠트 공화국에 있는 코로족들이 까마귀를 숭배했다고 언급했다(린데나우 1983: 18). 그의 관찰은 강력한 '까마귀' 지층이 존재하는 것으로 증명되고 있다. 그 지층에는 까마귀가 개별적으로 세분화된 민족의 영웅으로서가 아니라, 항상 전체 호로인들의 페르소나로서 제시되어 있다. 야쿠트의 많은 지역에서 호로인에 의해 기록된 신화 속에는, 까마귀는 항상 배고파 있었고, 닥치는 대로 모두 먹었다고 이야기되고 있다. 이 때문에 까마귀가 벌을 받아서 여기 야쿠트의 땅에 내려왔다. 몇몇 다른 버전의 신화 속에는, 갑작스런 종족들의 침입과 추위, 배고픔 때문에 황량한 곳에서 천천히 죽어가고 있는 여인에게 까마귀가 부싯돌통과 부싯돌을 가져다주었다고 이야기하고 있다. 그 여인은 부싯돌로 불을 피웠고, 자신과 아기의 생명을 지킬 수 있었다. 그녀의 아들이 호로인들의 종족 시조였다. 그래서 호로인들은 까마귀에 대해서 다음과 같이 이야기한다. "우리의 시조 할아버지는 알지 못하는 것도 알고, 보지 못하는 것도 본다."

신화들 대부분의 기본 구성은 천재지변(홍수)이나 불운(다리가 부러짐)의 결과로 사람이 없는 곳에 누워 있게 되어 추위와 배고픔으로 죽어 가고 있다는 이야기를 중심으로 흘러간다. 갑작스럽게 까마귀가 날아와서 그에게 부싯돌이 들어 있는 부싯돌통을 가져다주었다. 그는 불을 피워 살아남았다. 이때부터 호로인은 까마귀를 숭배하기 시작했고, 까마귀를 '우리의 신', '우리의 할아버지', '우리의 선조'라고 부르기 시작했다. 주거 공간으로 까마귀들이 날아왔을 때 최고 좋은 옷을 입은 후에 모두 존경의 표시를 하니, 호로 종족의 신부가 들어왔다. 가슴에 손을 얹고 무릎을 꿇은 후에 그녀는 새에게 절을 했다. 호로인 사이에서 이 신성한 관습을 지키지 않는 경우에 신부는 태만하고 불성실한 여인이라는 경멸의 별칭을 받았다. 호로인은 까마귀에게 존경을 표시하지 않으면 까마귀가 복수를 할 수 있다고 믿었다. 그래서 까마귀를 고요하게 두지 않거나 둥지를 파괴하고 땅에 떨어진 깃털을 밟는 것을 금기시했다. 까마귀를 죽이는 것은 무거운 죄를 짓는 것이라고 여겼다(АЯНЦ 1: Ед. Хр. 1. Д. 20. Л 129; Ед. Хр. 1. Д. 54. Л 1; Ед. Хр. 12. Д. 69. Л 49~50 об., 68, 109~109об.; АЯНЦ 2: Ед. Хр. 3. Д. 652. Л 10).

까마귀는 많은 민족들의 신화 속에서 언급되고 있는데, 거의 대부분 종교적-신화적 영광을 잃어서 특히 부정적인 가치를 가지고 있다. 그리고 동북아시아의 '추고트-캄차트' 그룹의 고아시아인들과 북아메리카 동북연안의 인디언들에게도 까마귀에 관련된 일군의 신화가 광범위하게 존재한다. 그 속의 까마귀는 신화학에서 사기꾼의 모습과 나란히 데미우루고스(세계의 형성자), 문화의 영웅, 최초 선조의 모습으로 나뉘어 있는데, 전체적으로 아주 긍정적으로 평가된다. 까마귀의 창조적이고 문화적인 활동들에 대한 신화 속 출처에 있어서 공통의 시초를 가지는 고대 아시아인들과 북아메리카 민족들은 많은 일치된 모티브들을 지닌다(신화학 사전 1991: 130). 예를 들어 까마귀로부터 불을 얻는 북아메리카의 플롯은 물론 축치인들에게도 까마귀가 불을 얻을 수 있는 신성한 도구를 만들었다는 이야기가 있다. 하지만 북아메리카의 플롯은 고대 아시아인들에게는 알려지지 않은 것이다. 고대 아시아인들의 민속학에서 까마귀는 대식가이며 모든 가족을 덮치는 배고픔을 배경으로 활동하고, 북아메리카에서도 까마귀는 대식가이나 배고픈 상태에 있다. 이는 까마귀의 고유한 특징이다(앞의 책: 130). 대식, 배고픔, 부싯돌의 도움으로 불을 얻는 모티브들은 우리가 보았던 것처럼 야쿠트의 호로인의 신화 속에 존재한다. 북아메리카 인디언들에게서는 까마귀가 등장하는 노아의 대홍수에 대한 신화들을 만나볼 수 있다(앞의 책: 131). 호로인의 선조와 그 선조를 구해 주는 까마귀에 대한 이야기들속에서 모든 사건들 역시 종종 전 세계의 홍수를 배경으로 하는 이야기로바뀐다.

이러한 유형적으로 가까운 모티브들의 존재는 야쿠트의 호로인, 고대 아시아인 그리고 북아메리카의 인디언에게 있어서 까마귀의 신화적 의미의공통성을 강조한다. 호로인의 전통 문화에 까마귀에 대한 부분이 크게 자리 잡고 있는 것은 호로인이 몽골 출신이라는 것과 바이칼 근처에 살았던호리인과 동일하다는 것에 대한 가설이 모두 사실이 아니라는 것을 보여준다. 호리인에게 단 한 번도 까마귀 숭배는 없었다. 만약 호로인들이 레나 강 중류로 떠났고, 거기서 누군가를 모방하면서 까마귀를 숭배하기 시작했다고 가정한다면, 이것은 극단적으로 잘못된 판단이 된다. 왜냐하면 호로인에게 존재했던 형태의 까마귀에 대한 신화들은 야쿠트에서 어느 누구로부터도 차용하지 않았기 때문이다.

야쿠트인들 고유의 신화에는 까마귀에 대한 이야기들이 많지 않은 수로 존재하지만, 그것들은 캄차트카와 추코트카의 민족한테서 차용되었다. 이 것을 자신들의 정신적인 수요에 맞추어 변형시켰음에도 불구하고 그들 사이에 널리 퍼지지는 못했다. 야쿠트 민속학에서는 단지 까마귀는 높은 곳의 세상인 아바아사(이곳으로부터 그는 사람들에게 불을 전해 주었다)의 악의 영혼들의 신화적 우두머리인 울루우 토이욘의 손자라고만 알려져 있다. 가끔 까마귀는 울루우 토이안의 아들로도 불리며, 그러한 신화 속에서 옆구리가 하얀(다른 버전들에서는 얼룩이 있는, 반점이 있는) 소우룬 씨(氏)로 마지막에 나온다(АЯНЦ 1: Ед. Хр. 3. Д. 652. Л 10; Эргис 1974: 129). 고유 야쿠트인에게 있는 이 '충분히 전개되지 않은' 까마귀 모티브들이, 만약 호로인에게 존재했던 것과 어떠한 비교도 되지 않는 원시적인 형태로 그들에게 존재했다면, 고대 아시아인들에게 잠시 양보하는 까마귀라는 신화의 한 단면은 다양한 모든 플롯 라인들과 함께 호로인들 자신들이 야쿠트로 가져왔다는 것을 보여 주는 것이다.

호로인과 호리인이 섞였다는 것을 인정하지 않는 것에 대하여 확실하게 증명하고 있는 이 매우 중요한 결론은 다른 분명한 예로도 일목요연하게 확증할 수 있다. 1920년에 고고학자 E. D. 스트렐로프는 야쿠트 북서쪽의 호리 계곡과 아틀라소프 계곡 사이 르이사야 산 정상 언저리에서 여자들이 매장되어 있는 호로족의 무덤 두 개를 발굴하였다. 시체들과 그들이 입고 있던 옷 및 물건들의 보전 정도는 영구 동결 덕분에 아주 상태가 좋았다. 한 무덤에 묻혀 있던 여인은 비슷한 양식이지만 길이에서 차이가 나는 두 개의 옷을 입고 있었다. 로브두가(북시베리아 민족들이 사슴 가죽으로부터 얻은 스웨이드)로 꿰매져 있었던 하나의 옷은 춘추용 상의였다. 비춰 보이는 무늬가 있고 가죽으로 된 장식이 풍성하게 기워 붙여진 두 번째 옷은 겉옷 속에 입는 방한용 구실을 하던 것이었다.

두 번째 무덤에 매장되어 있던 여인 또한 두 개의 옷을 입고 있었다. 겉에 입은 옷은 로브두가로 꿰매졌고 속에 입은 옷은 모피로 가장자리를 달았다. 스트렐로프는 「18세기 중반 야쿠트인들의 옷과 장식」이라는 논문에서 첫 번째 무덤에서 나온 옷들과 두 번째 무덤에서 나온 겉에 입은 옷에 대하여 상세하게 묘사해 놓았다. 첫 번째 무덤에서 나온 속에 입은 옷과 두 번째 무덤에서 나온 겉에 입은 옷에 대하여 짧게 묘사하여 인용하겠다. 이 옷들은 앞서 이야기한 논문에 M. M. 노소프 화가가 색깔을 칠해 아주 작은 디테일까지도 그린 그림들과 함께 들어가 있다.

첫 번째 무덤에 매장되어 있던 여인의 두 번째 옷, 즉 속에 입고 있던 옷은 빨강색 또는 오렌지색의 나사로 만들어진 것이다. 안감은 거친 아마포로 되어 있다. 이 옷은 무릎에 조금 못 미치며, 앞쪽 목부터 제일 밑 부분까지 절개가 되어있다. 의복의 옷자락과 앞깃을 따라서, 그리고 소매 끝에 하얗고 어두운 모피와 다시 하얀 꽃들로 테두리가 쳐져 있었다. 모피는 모든 옷자락의 둘레를 두르고 있고, 양쪽 절개 부분을 테두리 치고 앞쪽의 직각 아래 부분에서 위로 방향을 바꾸고 있다. 옷에는 세 쌍의 허리끈이 보존되어 있는데 그것으로 옷을 묶었던 것이다. 옷깃은 없었다. 옷의 윗부분은 목선에서 둥그렇게 파여 마무리되어 있었다.

소매는 모피 테두리 위에 얇은 가죽 줄로 매어 놓았다. 거기에는 사슴 모양의 파란색과 빨강색의 비단실로 된 7개의 물결 모양의 자수와 뚫려진 구

가죽 줄무늬로 장식한 옷

멍 두 개가 있었다. 그 구멍을 통해 명치 부분 안으로 남색의 차이나산 면포가 나와 보인다. 소매의 어깨 근처에는 원형과 반원형으로 된 잘려져 검정가죽 줄로 묶여 있었다. 그 원형과 반원형을 통해서 가장자리에서부터 남색 차이나산 면포가 보이고, 중앙에는 갈색빛 황색의 비단천이 보인다. 줄에는 각각 4개의 반원형 사이에 가죽으로 된 마름모 모양이 꿰매져 있다. 가죽으로 된 모든 띠는 색깔이 선명했을 때에는 의심할 여지없이 아주 효과적으로 보였을 것이다. 또한 많은 색깔의 무늬를 넣은 부조의 정교한 작업이 눈에 바로 들어왔을 것이다.

옷의 앞깃에는 모피 테두리에 이어 속이 보이는 잘려진 원형 및 반원형모양과 꿰매진 가죽으로 된 사각형 모양이 들어가 있는 가죽 줄이 있다. 그것들은 옷 둘레의 모피 테두리부터 아래로 시작되어 두 어깨와 가슴과 등윗부분의 목선 주위에 놓여 있는 가죽 주름장식까지 이어진다. 주름장식은 직사각형 모양을 하고 있다. 장식된 주름 부분의 자수와 속이 보이는 무늬는 주름 부분의 공통 모양을 따르고 있는데, 그래서 속이 보이는 잘려진 부분들과 쇠사슬 모양의 실로 만들어진 물결 라인의 개별적인 선들은 직각 아래에서만 방향을 바꾸면서 계속적으로 주름 부분과 평행하게 가고 있다.

등의 한가운데 부분에는 주름 부분부터 가장자리에 있는 모피 테두리까지 아래로 속이 보이는 무늬가 있는, 거의 같은 리본이 펼쳐져 있었다. 안감은 남색 차이나산 면포와 갈색 빛 노란 천으로 되어 있었다. 이것은 소매의 윗부분에 있는 것과 거의 같다고 보면 되는데, 다른 점이 있다면 등의 장식 부분에는 속이 보이는 반원형과 원형들이 다른 연속성을 가지며 놓여 있다는 것이다.

두 번째 무덤에서는 두꺼운 로브두가(사슴 가죽으로 된 스웨이드)로 만들어진 잘 보존된 겉옷이 발견되었다. 이 옷의 길이는 무릎 조금 못 미친다. 모피로 덮여 장식된 소매는 어깨부터 팔꿈치까지 꿰매져 있다. 소매의 끝을 모피로 된 줄로 가장자리에 덧달았다. 앞 부분은 가장 아래 부분까지 잘

로브두가(사슴가죽으로 만든 옷)

려 있다. 게다가 각각 앞깃의 끝에 목선 부분부터 허리까지는 소매와 같은 모피로 된 줄들로 꿰매져 있다. 옷은 허리 줄로 여몄다. 이 두 번째 무덤에서 나온 겉옷에는 허리가 있어야 할 자리에 하얀·검정·남색 빛의 보석으로 된 넓은 띠가 꿰매져 있었다. 허리부터 시작하여 가장 아래 부분까지 양 앞깃의 가장자리를 따라 다시 하얀, 검정, 남색 빛 장식품의 띠가 꿰매져 있다. 이 띠들은 옷의 아래 가장자리까지 가다가 직각으로 방향을 바꿔서 옆구리 부분까지 가면서 옷의 가장자리를 따라 둘러쳐 있다. 옆구리 부분부터 직각으로 다시 위로 약 18cm 올라온다(스트렐로프 1936: 89~98).

스트렐로프에 의해 발견된 옷은 18세기 중반의 것인데, 이것은 무덤 속에서 발견된 동전과 뼛조각으로 알 수 있다. 이 옷은 시베리아 민족 의상과 일치하는데, 옷의 양식과 장식을 보면 에벤키인들의 옷을 떠올리게 한다(역사 민족학 지도첩 1961: 표 13(1), 252; 표 4(6), 309). 동시에 몽골 민족들이 부분적으로 호리 부랴트인들의 전통 의상과 어떠한 공통점도 가지고 있지 않다는 것을 보여 준다. 이것은 예로부터 내려온 호로인들의 옷의 최근 형태였던 것으로 보인다.

이 시대 옷은 이미 거의 사용되지 않았고 야쿠트 영토에서 더 이상 만날 수 없었다. 스트렐로프의 의견에 따르면, 이 옷이 야쿠트의 옷으로 교체된 것은 남쪽에서 온 호로인들의 옷이 그 지역 기후 조건에 적합지 않았다는 것으로 설명된다. 1920년대 말에 노소프의 그림들이 야쿠트의 박물관에 전시되었을 때, 그 그림들은 모두에게 놀라움을 불러일으켰다. 왜냐하면 그 그림 속에 그려진 옷은 야쿠트인들에 관한 많은 작가들의 삽화에서 만날 수 있는 고대 야쿠트 의상과 완전히 달랐기 때문이었다(스트렐로프 1936: 75, 99).

만약 모든 사료를 분석한 결과가 야쿠트 호로인들의 민족 정체성의 문제

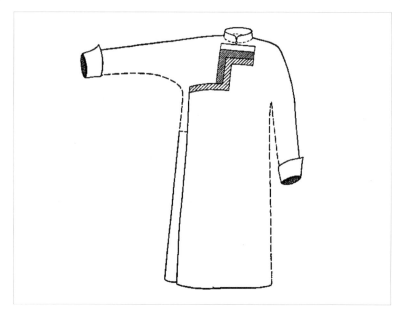

호로인들의 옷

에 대한 관점들이 잘못되었음을 가리킨다면 도대체 그들은 출처가 어디이며 누구인가? 내가 서술한 고대 아시아 민족들에게 존재하는 '까마귀의' 신화에 따른 자료는 한 뜻으로 호로인과 이들 민족들의 기원이 공통적이라는 것을 말하고 있다. 고대 아시아와 북아메리카의 민속학에서 까마귀는 몇몇의 인성들로 등장하는데, 그것들 중 하나가 강력한 샤먼이다. V. 요헬슨은 19세기 초에 다음과 같이 썼다.

"코랴인들은 까마귀를 향해 기도를 했고 제물을 바쳤다. 그들의 민속학에서 까마귀는 모든 만물의 창조자, 다이아몬드를 만드는 자, 주문을 만드는 자, 기적으로 아이들을 낮게 하는 능수능란한 치료자로서 형상화되어 있다. 그들의 전통 가옥 안에는 실질적인 기능을 하는 사다리가 있는데, 그 이외에 부적(방

어)의 기능을 수행했던 주요 사다리에 까마귀와 그의 부인인 미쨔의 그림을
그려 놓았다(요헬슨, 1908: 18, 32)."

E. M. 멜레친스키에 따르면, 이 사다리는 집의 신성한 수호자일 뿐만 아
니라 위와 아래 세상을 연결시키는 우주 기둥의 견본이었다. 그래서 거기
에 그려진 까마귀 그림은 우주의 다양한 층 사이에 중간자로서 샤먼의 기
능을 했다(멜레친스키 1979: 42). 이 까마귀 샤먼의 성상과 전설은 저명한
샤먼들의 후손이었던 호로인의 선조의 형상인 울루우 호로와 계보학적으
로 연결된 것으로 생각된다. 그래서 야쿠트에서 호로인들에게 가장 강력한
샤먼들이 존재한다고 여겨졌던 것이었다. 20세기 초에 크세노폰토프는 서
부 칸갈라스크 울루스에 특별한 종족인 호로족이 살았다고 썼다. 그 종족
의 통솔자는 호로-뷰크테엔 샤먼이었다. 그는 유명한 샤먼들이었던 9명의
아들과 8명의 딸을 가졌었다. 호로-뷰크테엔 아래 그의 종족의 이름은 니
마안지 호로토였고, 쿠라아나흐-큐엘 호수 근처에서 살았으며 어업을 주
생활수단으로 했다(АЯНЦ 1: Ед. Хр.12. Д. 69. Л. 49~49об).
    까마귀가 호로인에게 가져다준 부싯돌은 마치 집안의 불의 영혼에 의해
사람들의 피부병을 낫게 해주는 기적을 행하는 특징을 가졌다고 여겨졌다.
그래서 병자를 치료하기 위해서 호로족 출신의 존경받는 샤먼을 초대했었
다. 그는 불의 영혼의 주인의 이름을 부르며 부싯돌로 섬광을 일으켰고, 그
섬광은 아픈 곳을 향했었다. 이 과정에서 그는 다음과 같은 주문을 외웠다.

    노을부터 노을까지 디오토여,
    호리인으로부터 온 호로 디오토여,
    호리인들의 손자인 나는 일으키기 시작한다

찬란함을,

또 다르게 해석한 것이 있는데 다음과 같다.

태양 빛을 새기고,
달빛을 새기고,
태양 빛을 새기고,
달빛을 새긴다.

이것을 세 번 반복했다. 후에 불을 접대하는 의식을 행했다. 동시에 바론에게 음식을 주었다(АЯНЦ 1: Ед. Хр.12. Д. 69. Л. 68; АЯНЦ 2: Ед. Хр. 3. Д. 652. Л. 10).

인용된 주문을 듣는 과정에서 받을 수 있는 첫 번째 인상은 이것이 전부 천상의 영역과 관계가 있다는 것이다. 부싯돌의 도움으로 병자를 치료했던 바론은 최초의 고대 아시아인들의 개념에 따라 하늘에서 살았다는 것으로 설명된다. 이것에 대해 시베리아 캄차트카에 첫 번째 학술 원정대의 구성원으로서 참여했던 С. П. 크라쉐닌니코프가 다음과 같이 지적했다.

"쿠트후(이텔멘족이 부르는 까마귀의 이름)는 땅이 창조되기 전에 하늘에서 살았다. 땅이 창조됨에 따라 쿠트후는 까마귀의 다음 삶의 단계에 대하여 알렸다. 하늘을 남겨 두고 캄차트카에서 정착했었다(크라쉐닌니코프 1949: 406, 407)."

쿠트후와 함께 새벽의 딸로서 종종 신화 속에서 제시되는 그의 아내 사비나가 반드시 등장하고 있다. 크라쉐닌니코프는 캄차트카 원주민들이 그녀에 대해서 '저녁노을과 아침노을의 피조물'이라고 쓰고 있는 것을 강조했다(앞의 책: 409) (피부병을 고치기 위한 호로인의 주문에 '노을부터 노을까지 дьотту(디오토)여'라는 문구를 기억해 보자).

주어진 정보들과 축치인들에게 존재했던 까마귀는 북극성 가까이에 살고 있었다. 악의 영혼을 없애기 위하여 까마귀는 샤먼이 부를 때 날아온다는 미신과 일치한다(요헬슨 1908: 82). 북극성은 축치인에게는 구멍으로 생각되었다. 마치 코략인의 집안에 있는 신성한 사다리처럼 북극성을 통해 자유롭게 이 세상에서 다른 세상으로 옮겨갈 수 있다고 여겨졌다. 그래서 축치인에게 있어서 까마귀와 북극성의 관계는 고대 아시아인들의 종교적인 관념으로써 세계와 세계 사이의 중개자인 샤먼의 기능을 수행했다는 것에 대한 하나의 확증이다(메레찐스끼 1979: 93~94).

신화들 속에서 까마귀는 고대 아시아인들에게 있어서 천상에 있는 최고의 신의 파트너로 등장한다. 천상에 있는 신의 아이들은 구름 형상의 사람들이며, 인간들의 가정의 삶, 날씨, 바다의 섭리, 물고기를 수렵하는 것 등등이 그들에게 달려 있다. 까마귀는 자신의 자식들을 통해서 바로 구름 형상의 사람들과 관계한다. 까마귀의 아이들인 딸 크일랴와 아들 에멤쿠트의 근친상간적 결혼은 크일랴와 구름 형상의 남자와의 결혼, 그리고 에멤쿠트와 구름 형상 여인과의 결혼으로 교체되었다. 그 후에 고래 사냥에 풍년을 이루었고 고래 축제를 했다는 이야기는 잘 알려져 있다(앞의 책: 71).

나는 고대 아시아인들의 민속학에서 구름 형상의 사람들에 대한 신화들이 우스치-알단스크 지역의 호로인, 그리고 언젠가 모든 야쿠트의 호로인에게 있었던 구름 딸들에 대한 신화와 계통학적 관계를 가진다는 생각이 일리가 있다고 생각한다. 1987년에 제보자 M. V. 푸호바는 이 신화를 호로족 출신의 노인들로부터 어린 시절에 들었다고 나에게 알려 주었다. 그들은 이미 오래전에 세상을 떠났고, 적지 않은 시간이 흘렀기에 신화의 많은 자세한 부분들이 그녀의 기억 속에서 사라졌다. 푸호바로부터 들어서 기입했던 것을 그대로 인용해 보겠다.

"우스치-알단스크 지역에는 서로 연결되어 있는 두 개의 작은 호수가 있었다. 이 호수는 둘 다 뇨큐뉴라고 불렸다. 그것들 중 하나는 완전히 높은 구릉에 거의 접근하고 있다. 어린 시절 어른들은 거기로 올라가서 노는 것을 금지시켰다. 그들은 구릉의 꼭대기에 언젠가 구름의 딸들이 살았다고 설명해 주었다. 그들이 어떻게 생겼는지, 사람들이나 새들, 또는 또 다른 누군가를 닮았었는지는 아무도 우리에게 이야기해 주지 않았다. 노인들은 구름의 딸들이 사람들로부터 작을 아이들을 돌보려고 데려갔다고 이야기했다. 이 아이들은 아프지 않았고 죽지 않았다. 얼마간의 시간이 지나 구름의 딸들은 하늘로 날아가서 이쪽으로 더 이상 돌아오지 않았다(PMA4: 푸호바)."

추코츠꼬-캄차트 그룹들의 고대 아시아인들은 자신들이 발전하는 초기 단계에서 까마귀를 데미우루고스(문화의 영웅, 첫 번째 샤먼)로서뿐만 아니라 토템의 최초 선조로서 알고 있었다. 크라쉐닌니꼬프는 이러한 까마귀의 성상에 대하여 다음의 메모를 남겼다.

"캄차트카 주민들은 그들 민족이 발생한 원천으로 보는 어떤 쿠트후를 신으로 숭배하고 있다(크라쉐닌니꼬프 1949: 406)."

요헬손에 따르면, 펜진스크 작은 만의 서쪽 강가에 사는 코략인들은 까마귀를 '큰할아버지'를 의미하는 아치체냐까라고 부르고 있다(요헬슨 1908: 17). 이 이름(큰할아버지)은 코랴인들의 신화적 관념의 중심 중 하나를 차지하고 있는 숭상 압파필(코랴어로 '할아버지')과 가장 직접적인 관계를 가지고 있다. 이 숭상은 자신의 후손들을 보호하는, 샤먼의 힘으로 나누어진 공동체 또는 가족의 직접적인 선조들의 숭상이었다. 코랴인에게 있어서 까마귀는 선조로 여겨지나 가족 또는 공동체의 선조는 아니었다. 모든 고대 아시아인들에게 있어서 까마귀는 공통 종족의 선조였던 것과 같았기 때문에(크라쉐닌니꼬프 1949: 406), 요헬슨의 메모에서처럼 실제로는 그렇지 않았지만 그들은 까마귀를 반드시 큰할아버지로 불렀어야 했다. 이 이름은 다른 이름, 즉 코랴인들이 자신의 최초 선조를 불렀던 이름(큰 까마귀)인 쿠트킨냐쿠(쿠이크이냐쿠)와 일치한다. 이제 야쿠트의 호로인의 민속학에 주목하여, 그들이 까마귀를 자신들의 신화 속에서 공통의 호로족의 페르소나로서 자리하게 하고 '우리의 할아버지'로 부르는 것을 기억해 낸다면, 이 이름이 존재하는 것은 까마귀가 직접적으로 자신의 출처라고 하는 일부 호로 민족뿐만 아니라 모든 호로인의 토템 선조였다는 것을 확증할 수 있다.

일부 다른 호로인의 선조는 독수리(호토이)였는데 독수리 역시 까마귀처럼 호로 시레에서 날아왔다. 그가 날아옴과 동시에 지난 해, 즉 겨울의 해가 끝나고 새로운 해, 즉 여름의 해가 시작된다고 여겼다. 이에 대하여 호로인에게 고상한 문체로 이루어진 비유적인 문구가 존재한다.

"그는 자신의 부리를 세 번 다리에 문질렀고, 추위에 하나의 부리가 부서졌다. 그는 세 번 노래를 불렀고, 높은 숲에 서리가 뿌려졌다. 그는 여섯 번 꽥꽥 울었고, 그리고 태양이 높이 떠올랐고 따뜻한 바람이 불었다. 그러자 추위에 다시 다른 하나의 부리가 부서졌다. 눈이 녹고, 시냇물이 흘렀다. 모든 것이 움직이기 시작했다(이오노프 1913: 1)."

바이칼 근접 지역의 올혼 부랴트인들 역시 독수리를 호토이로 불렀다. 올혼 섬이 언젠가 코리족의 거주지들 중 하나였던 관계로 비록 후대인들에게 태초의 토템이 백조였다는 것이 공통적으로 알려져 있지만, D. D. 니마예프에 의해 호로인을 부랴트의 호리인과 근접하게 보는 연구가 시작되었다(니마예프 2000: 113~114). 사실 어떤 코리족의 연대기에서는 호리인이 언젠가 바이칼 호수의 양쪽 측면과 올혼 섬에서 살았다고 언급되고 있다.

"어느 날 독수리가 그들의 부유한 동족의 딸을 유괴했고, 그 이후에 호리인은 이것이 황국의 선조 새의 분노 때문에 발생한 일이라고 결론을 내린 후 유목지를 옮겼다(윰순-운 1935: 60~61)."

이 기록에서는 독수리가 선조로서 언급되고 있으나 이 텍스트로만 보아서는 이 새가 누구의 선조인지, 즉 호리인의 선조인지, 올혼과 근처 가까운 지역에 살고 있는 사람들의 선조인지 알 수 없다. 이 의심들은 호리인의 또 다른 연대기에 주목하면 사라져버린다. 그 연대기에서는 독수리가 한 꼬마 남자아이를 데려가 버렸을 때 호리인은 이 새를 죽였다. 호리인들은 이 새의 죽음 때문에 독수리들이 복수할 것을 두려워하여 바이칼을 등지고 우다·쿠르바·아나·후둔·투그누이·힐록 강으로 이주하기로 결정했다(토바-이인 1935: 9; 포즈드녜예프 1880: 188~190). 이 연대기에서는 독수리를 죽이고자 하는 모티브가 존재한다. 만약에 독수리가 호리인의 토템이었다면 당연히 기록에 그렇게 나타나지 않았을 것이다.

코리족인 하르간에게 쿠쿠르 호오도이가 존재한다는 내용에 대해 니마예프는 그 명칭이 올혼인들과 호로인에게 있는 단어 '호토이'와 대조된다는 뉘앙스를 풍기며 쓰고 있다(니마예프 2000: 114). 나는 이에 대한 중요한 언급을 하고 싶다. 코리족의 세분화된 종족 중 하나인 쿠쿠르인은 부계(아버지의 이름을 딴) 종족그룹으로서 신화가 아니라 현실적으로 존재한 선조 종족에서 기원한 부계 라인의 친척들을 결합시켰다. 이 순간을 코리족 노인들이 기억하고 있었다. 그래서 이 사실을 중요하게 받아들인 명칭 쿠쿠르 호오도이가 올혼족의 주인인 강력한 호토이의 이름이었다고 말하는 것은 불가능하다. 그러나 만약에 쿠쿠르 호오도이의 일원들이 언젠가 독수리를 숭배했다고 가정한다면, 이것은 어쨌든 하나의 크지 않은 하부 종족의 숭상을 전체 종족에게 퍼트려 적용시킨 것이 된다. 그래서 이것은 호리인의 선조가 독수리(백조와 관계하고 있는 경우처럼 그들 전체 종족의 토템 성격으로써 호리인과 백조의 밀접한 관계에 작은 의심조차 들지 않는 것이 흥미롭지 않은가?)로서, 호리인과 야쿠트 호로인이 가까운 친족 관계의 민족들이었다는 것을 의미하지는 않는다.

올혼의 부랴트인에 대해서 보면, 그들의 신화 속에는 독수리가 눈에 띄는 자리를 차지하고 있다. 신화들 중 하나를 보면 독수리는 제일의 샤먼이었다. 후에 한 여인과의 관계에서 등장한 후에 그는 자신의 특성과 지식을 사람들 중에서 제일의 샤먼이 될 아이에게 전해 주었다. 다른 신화에 따르면, 독수리로 변했던 부랴트 샤먼의 아들은 올혼 섬에 살았던 흰머리 독수리들의 황제가 되었다. 그는 이 새들 중 한 쌍에서 나와 위대한 죽은 샤먼들의 영혼들에게 봉사하였다(슈텐베르크 1936: 121, 122; 바토로프 1927: 79~81). 주어진 신화들의 콘텍스트상에서 독수리는 문화의 영웅으로 등장하고 있다. 그가 몇몇의 토템의 외형들을 가지고 있는 것처럼 보이나 그것들은 불명료한 특징들을 가지고 있었다. 따라서 독수리로부터 자신의 출처가 나왔고 최초의 선조로 숭배하고 있는 어떤 구체적인 세분화된 종족을 밝히는 것은 가능하다고 볼 수 없다. 이것은 바로 호리인뿐만 아니라 올리혼 부랴트인 역시 야쿠트 호로인과 동일한 민족으로 여길 수 없다는 것에 대한 중요한 논증이다.

언급된 것과 정반대로 야쿠트 호로인에게 독수리 숭배는 명백하게 표현되는 토템의 특징을 지니고 있다. 그들의 신화들 속에 독수리는 까마귀와 달리 항상 호로인 공동체의 미미한 부분의 선조(종족 창시자)로서 하나의 성상으로 등장한다. 독수리가 최초의 선조로서 숭배되었던 것은 호토이라는 이름이 호로라는 민족의 명칭으로 바뀌면서 그의 진짜 이름을 터부시하는 관습이 증명하고 있다. 이 관습을 기록한 이오노프는 이렇게 쓰고 있다.

"독수리를 보호하는 자가 가지고 있던, 또는 독수리로부터 나온 호로이 툐류타야흐 대신에, … 사람들이 말하기를 … 호로족을 보호하는 자가 가지고 있던 또는 호로족으로부터 나온 호로 툐류타야흐라고 하고, 게다가 경계를 위하여(야쿠트인이 말하는 것처럼 보호하면서) 호토이 대신에 호로라고 말하고 있다."

이오노프는 이와 관련하여 다음과 같이 설명한다.

"몇몇의 물건들은 그것의 진짜 이름을 불러서는 안 된다. 불행을 피하기 위해서 어떤 경우는 절대로 또 어떤 경우에는 알려진 몇몇의 조건에서만 그 이름을 불러서는 안 되었다. 이 경우에 그 물건을 상기할 만한 다른 단어를 사용하였다(이오노프 1913: 2~3)."

'독수리' 종족들에게는 '까마귀' 종족들처럼 그들의 선조 독수리에 대한 신화들이 존재한다. 호로인의 민속학에서 독수리에 관한 신화가 차지하는 부분은 그다지 크지 않고 그들의 민족 구성원으로 '까마귀와 관련된 사람들'이 눈에 띄는 비중을 갖고 설명되고 있는 것을 언급해야 한다. 그러한 많지 않은 신화들 중 하나를 이오노프가 기록하였다.

"봄에 한 여인이 말을 타고 알단으로부터 탓타 강으로 돌아왔다. 길은 높은 구릉들로 나누어진 사막을 따라 있었다. 게다가 봄에 넘쳐난 물이 많은 우회로를 만들었기 때문에 길은 훨씬 더 길어졌다. 배가 고파서 괴로워하던 말이 탈진했고 여인은 걸어서 갔다. 그녀는 곧 마지막 힘까지도 다 쓰게 되었다. 갑자기 그녀는 자신의 앞에 떨어져 죽어 있는 큰 뇌조와 멀리 나무에 앉아 있는 독수리를 보았다. 여인은 독수리가 바로 그녀를 위해서 큰 뇌조를 잡아 준 것이라고 이해했다. 그녀는 세 번 독수리에게 절을 했고 다음과 같이 이야기했다. '독수리여! 나의 아지이여! 할아버지(선조님)여! 자애롭게도 아홉 개의 굴곡진 길에서 약해진 나를 보시고 나를 위한 준비된 만남을 주시옵소서! (아홉 대에 걸친) 후손들이 나를 당신을 존중치 아니한 채 두 손을 내미는 낯선 종족(여인)으로 간주하면서 화내지 마시옵고, 언젠가 이것을 복수로써 상기하지 마시옵소서! (복수하지 마시옵소서) 변함없이 존경하는 나의 아지이여! 당신이 내가 피로에 지친 채 여덟 개의 굴곡진 길을 가는 것을 아실 때 나를 구해 줄 목적으로 준비된 당신의 기쁜 만남을 주시옵소서! (여덟 대에 걸쳐) 모든 후세들이 나에게 모욕을 주면서 다른 낯선 종족의 여인으로 간주하여 분노하지 마시옵고 언젠가 이것을 복수로써 상기하지 마시옵소서!(복수하지 마시옵소서!) 변함없는 나의 할아버지 조상님이시여! 낯설어 하지 마시옵소서!(나를 낯선 여인으로 간주하지 마시옵소서)!' 이 말들과 함께 그녀는 감사한 마음으로 독수리에게 세 번 절을 했고, 큰 뇌조를 먹고, 남은 것을 매단 후 계속해서 나아갔다(앞의 책: 11~13)."

인용된 신화 속에는 두 가지 매력을 끄는 부분이 있다. 첫 번째는 기본적인 서술 단위로, 배고픔으로 죽어가는 여인을 독수리가 구해 주는 신화적 요인이 존재하는 것은 의심할 여지없이 '까마귀' 종족들로부터 차용된 것이었다. 따라서 '독수리' 신화는 발전하는 과정에서 '까마귀 종족들'로부터 일정한 영향을 받았다. 동시에 차용된 것들이 신화만이 아니라는 것을 언급하고 싶다. 시간이 흐를수록 호로인은 위에서 묘사된 '까마귀' 종족들의 일원들만이 특별하게 가졌던 특권인 피부병을 낫게 하기 위한 불의 의식을, 독수리 출신인 사람들이 행할 수 있다고 여기기 시작했다. 그들에 의해서 읽혀진 주문은 다음의 내용과 같다.

"나는 독수리 어깨의 검정색 털로 장식된 황금 나이프(긁는 도구)와 여러 겹의 은으로 된 북과 모피가 달린 방울을 가지고 있는 우랴디 우다한(아지이가 내려 준 샤먼)을 구현하였다. 그 후 나는 죽음의 병의 뿌리를 발로 사방으로 차 버렸다!(앞의 책: 10)."

두 번째는 이 독수리 신화에서 우리는 코랴인의 숭상 압파필의 직접적인 유사체였던 까마귀(조상님)를 향한 호소의 형식을 볼 수 있다. 호소문의 형식이 존재한다는 것은 독수리와의 관계에서 그것이 일부 호로인의 최초 선조의 토템이라는 공통의 결론을 증명하고 있다. 보다 넓은 의미에서 보면, 이 호소의 형식은 모든 호로인 공동체의 출처를 고대 아시아인으로 보는 논쟁할 거리도 없는 논거가 된다. 동시에 호로인과 호리인이 동일하다는 가설에 반대하는 확실한 결론이기도 하다. 후세의 모든 종족들의 신화는 본질적으로 사냥꾼 호리도이에 대한 하나의 신화에 근거하며, 그가 여인으로 변한 백조와 결혼한 것이 11개의 코리족들의 구성을 이루는 시초라고 할 수 있다. 이 신화는 내적 구조와 내용에 따라서 '까마귀'와 '독수리'의 호로인들의 신화들과 대조를 이루고 있다. 당연히 그것은 다양한 세계관과 세계 정서의 반영이고, 중요한 것은 호로인과 호리인들의 출처가 완전히 다르다는 것을 반영하고 있다는 것이다.

독수리와 호로인들의 친족 관계는 그들에게 있어서 새의 죽음을 신성하게 받아들이는 경우에서 명백하게 드러났다. 이것에 관한 흥미로운 기록이 1930년대 말에 유명한 야쿠트 민속학 수집가인 싸빈에 의해서 남겨졌다. 불행하게도 기록에는 이 이야기를 한 사람의 성을 제외하고 관련된 신상 명세는 남겨져 있지 않았다. 그러나 기록이 쓰여 있던 노트의 내용에 따르면 자료는 순타르스크 지역의 호리 나슬렉에서 수집되었다고 가정할 수 있겠다. 늙은 선조(독수리)는 죽음에 앞서 집으로 날아와서 그곳으로부터 멀지 않은 곳에서 죽는다는 정보를 V.N. 크리보샤프킨이 싸빈에게 이야기했으며, 그는 이것이 의식적인 무덤을 요구하는 것으로 인식된다고 했다. 선조(독수리)가 그런 목적을 가지고 지목해서 날아갔던 집 주인은 새를 집안으로 들여와 특정한 구석에 그를 놓아두거나 마당에서 고기를 먹였다. 독수리가 죽어갈 때 독수리에게 송아지를 제물로 바쳤다. 송아지의 심장을 그의 부리에 넣어 주었고 그 목에 붉은색 천으로 된 끈을 묶어 주었다. 새의 몸은 자작나무 껍질로 싸주었고 버드나무 가지들로 묶어 주었다. 그리고 숲으로 데려가 부리를 남쪽 방향으로 한 후 나무의 갈퀴 부근에 뉘였다. 가끔 죽은 독수리를 위하여 통나무를 도끼로 잘라내서 크지 않은 관을 만들어 주었다. 통나무는 새를 누이기 위해 깊은 구유 모양으로 파내어진 것이었다. 관은 뚜껑으로 닫고 역시 숲의 높은 나무에 잘 놓았다. 이 과정에서 다음과 같이 말하였다.

"우리의 조상님이시여, 우리는 은빛 유골을 높이 올려놓았고 당신의 구릿빛 뼈를 아랑가스에 놓습니다. 만약 독수리-선조가 지목하고 날아간 집의 사람이 독수리의 마지막 바람인 위와 같은 형태의 매장을 해주지 않는다면, 그와 그의 전 가족 일원은 엄청나게 무서운 징벌을 받는다. 그들은 심한 류머티즘 관절염을 앓고 나중에는 움직일 수 없으며 종종 총체적으로 끔찍스러운 고통 속에서 죽어간다(АЯНЦ 1: Ед. хр. 12. Д. 69. Л. 26, 32~35)."

서북아메리카의 인디언들에게 까마귀는 전체 공통의 선조였을 뿐만 아니라 동시에 씨족 동맹의 선조이기도 했다. 이 반대지역의 상황은 그들에게 현재까지도 보존되어 유지되고 있다. 고대 아시아인들과 아메리카 인디언들이 이루어지는 과정에 공통의 민족 구성 요소들이 들어 있다는 비중 있는 논거들이 존재하고 씨족 동맹 조직은 고대 동북 아시아인들을 위한 특징적인 것이었다. 비록 그 반향들이 명백하게 나타나지는 않았지만 말이다. 그러나 까마귀/독수리의 명백한 대립은 고대 아시아의 민속학에서 자리를 차지하고 있다. 그 자리는 까마귀와 독수리의 변하기 쉬운 결혼에 대한 추코트의 신화의 이야기 속에 가장 명백하게 반영되고 있다(보고라즈 1900: 288~290).

고대 동북아시아인들의 씨족 동맹 조직에 관한 가정은 야쿠트 호로인의 민속학에 대하여 주목하는 과정에서 증명되고 있다. 그들 일부 중 하나로 자신의 토템 선조로서 까마귀를 숭배하고, 다른 일부분은 독수리를 숭배하는 것은 다음의 내용을 확실히 증거하고 있다. 이렇게 나누어지는 것은 모든 고대 아시아인들과 호로 민족의 씨족 동맹이 옛날에 나누어졌던 것에 대한 여파로 살펴보아야 한다. 즉 호로인이 레나 강 중류 지방에 도착했던 시기에는 까마귀 씨족 동맹과 독수리 씨족 동맹으로 이루어진 종족의 공동 체였다는 것이다. 그들에게 있어서 미국의 인디언들처럼 까마귀 씨족 동맹이 지배층이었다. 이는 까마귀 때문에 역사적으로 이루어진 불균형으로 설명된다.

후에 야쿠트의 전 지역에 널리 퍼졌던 호로인은 점차 약해졌고, 각 씨족 간의 내부가 개별적으로 세분화되어 종족들 사이에서 씨족 동맹이 깨졌다. 이것은 새로운 거주 공간에서 전체 민족을 구성하기에 앞서 일부분이 호로라는 공통 종족의 이름하에 묶였던 것에 기인했다. 대부분의 지역들에서 이것은 피할 수 없어서 종족(씨족)의 이름을 상실하는 결과를 가져왔다. 중앙의 야쿠트에서 개별적으로 세밀하게 호로인들의 그룹들이 구성되었던 것은 특별한 것이었다(명백한 예는 우스치(알단스크) 지역의 호로인들). 그들에게는 예전의 씨족과 내부 종족의 구성원이 그대로 보존되고 있었다.

호로인들이 계통학적으로 고대 아시아인들과 관련됨에 따라 그들이 북동아시아에서 야쿠트로 왔다고 가정할 수 있다. 크세노폰토프의 기록에 보면 '호리인들은 어딘가로부터 도망쳤고 축치인들과 함께 우리 지역에 도착했으며, 이 민족은 야나 강 하구 지역에 살았다'는 이야기가 존재한다(크세노폰토프 1977: 160). 그러나 실제로 모든 전설에서 집요하게 호로인들이 따뜻한 남쪽 나라에서 왔다는 의견이 지속되고 있다는 사실을 고려하여, 그들이 남쪽에서 왔다는 것에 대하여 좀 더 정확하게 이야기해야 할 것이다. 호로인의 북쪽으로의 이주 경로를 따라 그들의 후손들이 야쿠트에서 호로 시레 나라가 위치해 있었던 아무르 강 하류를 따라 남하했다는 것을 가정할 수 있게 한다. 호로인의 전설 속에서 그들의 선조 울루우 호로는 이

나라에서 레나강에 도착했다고 이야기하고 있다. 알단, 암가, 탓타 강을 지나서 야쿠트의 동쪽으로 방향을 바꾸었다. 그 후 울루우 호로는 현재의 보로곤스크 울루스인 뮤류 지역에 새 보금자리로 의식아흐를 짓기를 원했으나, 그곳의 오래된 거주자인 베르트 하라에 의해 쫓겨났다. 그때 울루우 호로는 레나 강 서쪽(현재 야쿠트 시가 있는 곳)으로 건너갔는데, 거기서 그의 후손들이 기하급수적으로 불어났다. 후에 호로인들은 캉갈라스크의 우두머리 트이그인의 강습에 의해서 서쪽으로 더 멀리 떠나 베르흐네빌류이스크 울루스와 순타르스크 울루스에 자신들의 마을을 만들었다(АЯНЦ 2: Ед. хр. 3. Д. 76, Л. 19~19об).

호로인의 전설과 학술 자료에서는 다음의 본질적인 관점이 잘 통합되고 있다. 고대 아시아인들의 계통에서 서쪽의 시초(시베리아 대륙 지역들)와 남쪽의 시초(남아무르 강 지역과 연해주 지역)가 중요한 역할을 했다(멜레친스키 1979: 13; 코랴크인들의 역사 1993: 13, 16). 고대 아시아인의 민족 계통에 남쪽 지역의 요소들이 첨가되었던 부분에 대해서는, 인류학적 내용들과 아무르 강 하류에서 발견된 암석 조각에 까마귀의 그림이 있었던 것, 그리고 이 신화적 페르소나가 토착 주민들의 민속 전통들에 보존되고 있는 점들이 말해 주고 있다(멜레친스키 1979: 194).

남부 고대 아시아인들의 족보에는 그 지류로 호로인도 들어갔을 것이다. 이 가정에 따른다면 내 생각에는 현대 하바롭스크의 남쪽과 우수리 강 하류에는 호로인의 먼 선조들의 거주지로 보이는 '호르'라는 곳이 존재할 것이다. 이것에 대해서는 초기 차이나과 한국 사료집이 포함하고 있는 내용인, '차이나 영토의 북동쪽에 이르는 위치에 있는 '야만인 국가'에 대한 막연한 기록들이 증명하고 있다고 볼 수 있다. 그 차이나 영토들의 이름 중 하나가 바로 '코리'였다(좌르일가시노바 1972: 62, 89~96). 이 코리는 아마도 전설들에 따르면 레나 강 중류로 이주하기 전에 호로인이 살았던 곳인 호로 시레 바로 그 나라인 것 같다(АЯНЦ 1: Ед. хр.1. Д.20, Л. 254~256). 이와 관련되어 다음의 내용을 반드시 언급해야 한다. 홋카이도에 최종적으로 정착하기 전에 사할린, 쿠릴 해, 연해주, 아무르 강 근접 지역의 남쪽에서 거주했었던 아이누 사람들의 언어에 단어 '시리'(나라, 땅)가 존재하고 있다(타크사미, 코사레프 1990: 3, 239). 아이누인으로부터 이 단어를 호로인이 차용했고 그것을 레나 강 중류 지역으로 가져왔다. 그곳에서 그 단어는 완전히 야쿠트어로 들어갔다고 볼 수 있다.

한국 역사학계에서는 한국인의 민족계통 중 고대 북아시아인들의 요소가 들어가 있다는 의견은 널리 알려져 있다(좌르일가시노바: 1972, 176; 바로비예프 1994: 158~166). 한국인의 선조들 중 한 명인 동명은 사료 속에서 '코리'라고 불리는 지역에서 나와서 부여에 다다른 후 하나의 이름을 가지는 민족의 창시자가 되었다고 여겨진다. 그의 사업은 주몽이 이어갔다. 주몽은 부여를 버린 후 한반도의 중앙으로 떠나면서 부여로부터 분열된 고구려 민족의 최초 선조가 되었다. 이 영웅들에 대한 신화는 가까운 친족 관계인 부여와 고구려 민족의 역사에 두 단계로 반영되고 있다고 볼 수 있다. 그 신화 속에는 그들 선조들이 북쪽에서 남쪽 지역으로 이주한 것에 대한 기억이 형상화되어 있다(좌르일가시노바 1972: 92).

학자들에 의해 주몽이 부여로부터 남쪽으로 이주한 몇 개의 날짜가 제시되고 있다. 그것들 중 가장 현실적인 것은 N. Y. 비추린이 『위서』에 근거하여 제시한 것이다. 그는 다음과 같이 썼다.

"주몽은 고구려 왕국을 300년 중반에 세웠다(비추린 19506: 50)."

사료들은 주몽이 고구려에 혼자 도착한 것이 아니라 '오인'과 '오비'라 불렸던 두 명의 친구들과 함께 도착했다고 알려 주고 있다. 『위서』에는 주몽의 친구 이름을 전달하는 과정에서 첫 번째 음절에 상형문자 '오(烏)'(차이나어로는 '우')가 쓰였는데, 이는 '까마귀'라는 의미를 가지고 있다는 점이 주목할 만하다(좌르일가시노바 1972: 96). 내 생각에 이 사실은 주몽의 동행자들의 이름이 주몽과 한 핏줄인 선구자 동명으로서, 까마귀를 숭배하는 코리로부터 부여로, 그리고 더 나아가서 고구려로 갔던 고대 아시아인들의 세분화된 민족들의 의인화, 인격화인 것으로 보인다. 이 점을 지적하면서 고구려에서 고대 아시아인들의 중요한 신인 까마귀의 형상이 잊히지 않았을 뿐만 아니라, 중요한 추가적 기능들을 얻으면서 더욱더 발전되었다는 사실에 주목해야 한다.

고구려인에게 있어서 특별한 숭배의 대상이었던 태양은 고구려 고분의 그림 속에서 세 개의 다리를 가진 까마귀로 그려져 있다(앞의 책: 165). 이 모든 자료들을 고려하면 한국인의 구성원으로 주몽과 동명의 집단이던 고대 아시아인들이 들어갔는데, 그들은 코리 지역의 아무르 강 하류에 살았던 호로인 민족의 일부분일 것이다. 여기서부터 논리적으로 다른 중요한 결론이 파생되어 나온다. 만약에 한국인의 선조들인 동명과 주몽이 고대 아시아의 호로인이었다면, 그들 고향의 명칭인 '코리'가 하나의 이름의 종족을 기반으로 하는 국가로 성장을 하고 한반도에 거주하고 있는 사람들을 연합하는 과정에서 고구려(고려)라는 명칭이 계속하여 중심에 놓여 있게 된다는 것이다. 이 가설에 따르면 민족명 고구려는 고대 한국어 단어인 '쿠루'(도시, 산성), 나나이인의 단어 '골로'(소유지, 나라), 에벤키인의 단어 '카르코'(곰) 등등(앞의 책: 60~62)에서 기원했다는 것은 확신할 수가 없는 것이다.

앞에서 말한 모든 내용에 의하면 기원전 후반에 호로인의 선조들이 '호로'라 불리며 아무르 강 하류 지역에서 살았다. 그들의 일부가 한국 민족의 구성원으로 들어갔다는 것은, 한 민족문화를 이루는 구성들을 포함하는 것이므로 고대 아시아 민족이 매우 컸다는 것을 말해 주고 있다. 왜냐하면 그들은 모두 고대 아시아인들의 언어로 이야기했다. 그 언어는 현대의 추코트어, 코략어, 이텔멘어처럼 격리된 언어로 남아 있다. 이 결론을 위해서 기록 속에서 보존되고 있는 부랴트어 또는 몽골어로 된 표현들과 개별적인 단어들이 동일하다고 보는 관점은 점차적으로 설득력이 떨어지고 있다. 내 생각에는 호로인과 북동쪽의 고대 아시아인들의 언어 속에서 구조적으로 동일한 요소들을 밝혀내는 연구는 완전히 새로운 방법론에서 근본적으로 다시 진행되어야 한다고 본다. 이런 새로운 연구방법이 설득력있는 구체적인 결론을 낼 수 있을 것이다.

여기서는 스틀레로프에 의해서 발견된 호로인의 옷에 대해서 이야기해야겠다. 그의 발굴에서 발견된 의상 견본품들은 아무르 하류 지역에서 야쿠트로 이주하기 전에 호로인들이 사용했던 고대 아시아인의 옷이라고 생각된다. 재봉형이 여미는 형태로 보이는 이 의상은 언급했던 것처럼 에벤키 복식과 가장 가깝다. 이것은 놀랄 만한 일이 아니다. 왜냐하면 북유라시아의 야생 사슴을 사냥하는 고대 민족 계통에 대한 U. B. 심첸코의 균형잡힌 개념에 근거하면, 고대 아시아인의 선조의 형성 과정에 고대 퉁구스 요소들이 현저한 역할을 하였다(심첸코 1976: 39). 게다가 아무르 강에는 아주 오래전부터 퉁구스-만주 민족들이 밀집되게 거주하고 있었다. 호로인들은 거기에서 그들과 직접적인 이웃으로 살았다는 가정을 할 수 있다.

나는 무덤에 매장되어 있던 호로인들에게 장례식때 옷들이 입혀졌을 가능성이 있다고 생각한다. 이 옷들은 특별하게 정해진 기능으로, 18세기 중반까지 그렇게 오랜 시간 호로인들의 민족 문화의 구조를 이해하기 위해 보존되었다고 볼 수 있다는 것이다. 처음 이 의상은 아마도 일상복으로 사용되었던 것 같다. 그러나 호로인들이 야쿠트에 도착하고 떠나는 과정에 그들의 전통적인 평상복은 추운 기후에 맞지 않아 변하였고, 그 개별적인 요소들이 의식 및 장례의상으로 남아 있게 되었을 것이다.

아무르 강 근접 지역에서 아시아 대륙의 극북동 지역으로 이주했고 그후 추코트·꼬랴크·이텔멘 민족으로서 알려지기 시작했던 다른 고대 아시아인 그룹의 전통 의상도 최초에 그 스타일이 호로인들의 것과 같았다는 내용은 삭제되지 않았다. 오호츠크 해의 북쪽 지역에서 이주자들이 극단적인 기후 조건에 적응하고 새로운 형태의 경제활동에 참여하면서 의상은 현재 그곳에 존재하고 있는 모피 의상의 형태로 변화하게 되었다. 당연히 아무르 강 근접 지역에서 호로인은 생활습관, 문화에 있어서 많은 부분 토착민과 같은 특징을 가지고 있었다. 가장 비슷한 것은 아마도 보다 수적으로 많고 우수리부터 남쪽과 남서쪽에 다다르는 영토에 거주했었던 만주와 한국 종족들일 것이다. 부분적으로 호로인들 역시 일상생활에서 교통수단이나 짐을 실어 나르기 위해 소를 이용했고 길렀다. 이 동물은 많은 동부 아시아 민족처럼 그들의 종교적인 의식들, 예를 들어 자연 숭상과 연계된 의식들의 시스템으로 들어갔다고 가정할 수 있을 것이다. 그래서 전설 속에서 호로인들의 선조 울루우 호로가 야쿠트에 소를 타고 도착했다는 것은 놀랄 일이 아니다.

소의 신성한 의미는 호로인이 야쿠트로 이주한 후에도 얼마 동안 보존되었다. 이러한 소의 신성성은 까마귀와 함께 전설들 속에서 상기됨에 따라 발달할 수 있었을 것이다. 한 전설 속에서는 멘기스크 울루스의 좌브일스크 나슬렉에 호리인들의 부계 종족이 있었다고 이야기하고 있다. 서쪽의 호로 칸갈라스 출신의 사람이 이 옛 땅으로 이주하기로 결정했다. 부속지를 살펴보기 위해서 그는 하얀 소를 타고 레나 강을 건넜고, 강의 동쪽 측면을 돌아서 집으로 갔다. 이 여행에서 그는 타트친스크 땅에서 발이 부러졌고, 추위와 배고픔에 죽어 가며 누워 있었다. 그때 까마귀가 부싯돌을 가져다주었고 그는 부싯돌로 불을 피워 살아남게 되었다(АЯНЦ 2: Ед. хр. 3. Д. 652. Л. 10).

널리 알려진 바에 의하면, 야생 오리 사냥꾼이었던 축치인·코략인·이텔멘인의 직계 선조들이 기원후 천년 중반쯤에 오호츠크 해 북쪽 해안가 지역과 남쪽 추코트카에 출현했다고 한다(아르쮸노프, 세르세예프 1975: 195~196). 거기서 고대 동북아시아인 민족 공동체의 최종적인 형성이 이루어졌다. 그 민족 공동체의 경제 문화 유형의 근간으로 사슴 사육, 바다 동물 수렵, 어업이 이루어졌다. 시간이 지나면서 캄차트카와 추코트카에서는 고대 아시아인들의 민속학이 최종적으로 구성되었다. 이는 책략가(까마귀)에 대한 신화적 일화들이 있는 곳에서 발현되었다. 그러나 개별적으로 연해주에 위치했었던 고대 아시아인들 사이에는 아무르 강 하류 지역을 버리고 레나 강으로 이주하여 훗날 다수의 근간이 되었던 것으로 보이는 호로인에게 전해져 내려오는 까마귀 전설들은 없었다. 이 결론은 현대에 고대 아시아인들과 북아메리카 인디언들의 신화를 연구한 결과가 일치하고 있다는 점이다. 까마귀에 대한 이야기에서 다양한 구성 단계를 연구하는 전문 학자들은, 까마귀 서사시의 초기 편집본에서 까마귀는 가장 최초의 토템 선조, 문화의 영웅으로서 제시되고 있다고 정리했다. 까마귀의 신화적 협잡꾼 이미지는 까마귀에 대한 일화들이 형성되고 난 훨씬 뒤에 까마귀의 서사 구성으로 들어갔던 것이다(멜레친스키 1979: 191~192). 이런 이유로 전체 이주의 급류로 빨려 들어가지 않았던, 그리고 북동아시아에 나타나지 않았던 호로인에게는 사기꾼 까마귀에 대한 신화들이 존재하지 않는다.

호로인이 레나강 중류 지역에 도착한 시기를 정확하지는 않더라도, 근접하게 정하기 위해서는 가장자리로 이주해서 거주했던 초기 단계에 대한 야쿠트의 전설들을 기준으로 삼아야 한다. 그들 대부분은 그들의 첫 번째 거주지를 오모고이라고 부르고 있다. 야쿠트 민족의 구성이 시작되었던 바이칼로부터 레나강을 따라 아래로 출발한 때는 몽골인들이 온 후인 10~11세기에 이루어진 일이었다. 그럼에도 불구하고, 다양한 사료에 기반에 두고 몽골인들의 초기 역사를 전문적으로 다룬 연구에서는 이 장 초반에서 언급했던 것처럼 호로인들이 처음 바이칼의 서쪽 지역에 출현한 것을 8세기 초였다고 보고 있다. 이것은 기원후 1000년 말에 몽골인들의 압박으로 레나강 중류 지역으로 떠났던 야쿠트인들의 선조들이 새로운 거주지에 적응하고 있었을 때, 즉 아무르강 하류 지역에 위치해 있었던 호로 시레 나라로부터 알단·암가·탓타 강을 따라 건너서 그곳으로 갔을 때, 호로인들은 야쿠트 땅에 도착해 영원히 정착했다는 것을 보여 준다. 호로인들은 오랜 기간 동안 야쿠트 민족의 구성원으로 있으면서 완전히 동화되었다. 그들의 전통 문화 속에는 이 독창적인 민족이 지녔던 고대 아시아인들의 특징들이 그리 오랫동안 존재하지 않았다. 그래서 서술된 자료는 바이칼 근처에 살았던 호리인과 어떠한 공통점도 찾을 수 없었던 호로인의 고대 아시아 출처에 대해 어떠한 의심도 허락하지 않는다. 따라서 몽골인들의 바르구진–토쿰으로의 원정 때문에 호리인이 야쿠트로 도망갔다는 가설은 근본적이고 현실적인 근거를 가지고 있지 않다.

7

『몽골비사』에서 '부랴트'라는 단어의
수수께끼

만약에 바르구진-토쿰으로 몽골이 침입하지 않았다면, 『몽골비사』에서 이야기하고 있는 사람들은 어떤 부랴트인들일까? 이 복잡한 문제를 해결하기 위해서는 연대기 텍스트를 단어 그대로 번역해야 한다.

> "토끼의 해(1207년)에 조치는 오른팔 군대와 함께 숲의 민족들에게 보내졌다. … 누구보다도 먼저 오이라트의 후두하-베키가 복종의 표시를 하며 나왔다. 그 후 그는 조치의 안내자가 되었다. … 그리고 그는 조치를 쉬흐쉬트로 데리고 갔다. 오이라트, 부랴트, 바르훈, 우르수트, 하브하나스, 한하스, 투바스인을 종속시킨 후, 조치는 투멘-키르기즈인에게 다가갔다(코진 1941: 239)."

그런데 이 단락을 주의 깊게 보면, 조치가 자신의 군대와 쉬흐쉬트로 들어갔고, 그 다음 키르기즈, 즉 하카스-미누신스크 분지 쪽으로 다가갔다는 것이 아주 명백하고 분명하게 보인다. 다른 말로, 조치는 쉬흐쉬트강 계곡을 따라 지나갔고, 그 후에 투바의 영토를 따라가서 예니세이 중류에 이르렀다. 그 길을 가는 도중에 쉬흐쉬트와 투바에 한 번도 존재하지 않았던 부랴트인들을 제외하고, 오이라트인과 하브하나스인, 투바스인, 그리고 다른 종족들을 복종시켰다는 것이다.

여기서 우리는 『몽골비사』 속에 있는 '부랴트'라는 단어의 수수께끼에 봉착하였다. G. N. 포타닌과 군 지형학자인 P. 오를로프는 북서 몽골의 원정 탐사 기간 동안에 다음 내용을 밝혀냈다. '셀렝가강의 서부 지류로부터 예니세이 상류를 나누는 분수령 산맥에 울란-타이가 산이 위치하고 있다. 이 산에서 텔기르강이 흘러나온다. 조치가 오이라트인들을 복종시켰던 쉬흐쉬트 계곡에서 멀지 않은 곳으로부터 흐르는 이 강의 지류들 중 하나를 부랴트라고 부르고 있다(포타닌 1883a: 225~226).' 위에서 『몽골비사』의 239 단락에 포함되어 있는 이름들을 분석하는 과정에서 P. 펠리오가 제안했던 것과 내가 증명했던 것처럼, 이름들 중 몇 개의 민족명들은 지형의 명칭들로 살펴보아야 한다. 1207년에 몽골인들이 예니세이 민족들을 공격하기에 앞서, 칭기즈칸에 반대하는 그룹들 중 한 그룹이 몽골인들에 의해서 무력화되고 정복당했던 곳이 이 부랴트 강에 존재했었다는 것이 명백하게 되었다.

아마도 스스로에게도 의미 있었던 이 승리는 몽골 통치자를 위해서도 평범한 사건은 아니었던 것이다. 이러한 이유와 이미 분석했던 지역 이름인 쉬비르·케스디인과 비슷한 형태라는 이유로 조치에게 복종해서 명명된 종족들과 나란히 부랴트 강(단어의 의미는 알려져 있지 않음)이라는 이름이 『몽골비사』의 239 단락 내용 안에 포함되었다. 민족명 부루우드(буруул)를 상기시키는, 홉스골 서쪽을 흐르는 부랴트 강의 명칭은 현재 바이칼 근처에 존재하는 부랴트 민족과 어떠한 관계도 가지고 있지 않다. 이것은 출처는 다르지만 우연히 단어의 소리가 맞아떨어지는 경우로 중앙아시아에서는 자주 있는 상황이다. 민족명 부랴트는 『몽골비사』뿐만 아니라 13~14세기의 다른 사료들인 『집사』, 『원사』에도 존재하지 않는다. 때문에 이 매우 중요한 결론이 콘텍스트 상의 내용에서 명확해진다. 간단히 말하자면 그 시대에 이 단어는 없었다. 만약 그것이 존재했다면 명명했던 사료집들, 특히 『집사』에서 언급되었어야 할 것이다. 『집사』의 저자가 자신의 저서를 작성하는 과정에서 바르구진-토쿰을 포함하여 몽골에 거주하는 민족 구성원들을 밝히는 데 많은 부분을 할애하였고, 그곳에 살았던 종족들과 민족들의 계통학에 특별한 관심을 가졌었기 때문이다.

당연히 몽골인들이 숲의 민족들을 침략했던 것과 관련된 사건들은 부랴트 역사학자들에게 흥미를 유발했다. 그런데 1950~1980년대 공식적 이데올로기의 탄압 아래에서 칭기즈칸의 손에 불공평하게 고통 받았던 민족들을 보여줄 것이 요구되었다. 당시 이 문제에 대하여 연구하는 경향은 통상 『몽골비사』의 주어진 내용에만 몰두되었다. 이러한 편향된 접근법에 따른 결과, 부랴트인들에 대한 학술 자료에는 다음의 의견이 뿌리 깊게 박혀 있다.

"바르구진-토쿰은 몽골 지역에 적대적이었다. 그곳에 거주했었던 부랴트 선조들은 자신들을 몽골인 국가의 구성원으로 포함시키는 것에 반대했으며, 몽골인들과 길고 고집스러운 전쟁을 끌고 갔었다. 이로 인해 칭기즈칸의 부대들로부터 무자비한 폭력에 처해졌었다(부랴트 소비에트 자치 공화국의 역사 1954: 46~47; 루만체프 1962a: 143~144; 쯔인덴담바예프 1972: 227~228; 에구노프 1984: 254~259; 니마예프 2000: 111, 120)."

정치적 성향의 테두리에 놓여 있지 않았던 『집사』와 그와 함께 명명되었던 사료들로부터 나온 정보들은 그냥 침묵되었다. 게다가 올바르지 않게 해석되었음에도 불구하고 학문이라는 지식 계급 사회의 '권위' 때문에, 전 세계에 널리 알려진 『몽골비사』와 같은 사료집에 단어 '부랴트'가 언급된 그 사실 자체만이 중요하게 간주되었다. 그것이 부랴트 민족과 조금이라도 어떤 관계를 가지고 있는지 없는지에 대한 질문은 이미 현실성이 적었다는 것, 그리고 『집사』(『원사』는 『집사』와 비교하여 덜 알려져 있음)에 대한 몇몇의 왜곡된 생각이 존재하고 있었다는 것은 비밀이 아니다. 『집사』에 부랴트라는 이름이 존재하지 않는 것으로 인해 이 단어에 대한 다음의 다양한 의견들이 제시되었다. '이 단어는 몽골 제국의 주변에서 다른 사회 정치적인 조건들 속에서 만들어졌다.', '사료의 저자인 라시드 앗 딘은 페르시아인이기에 몽골인들의 진짜 삶을 잘 몰랐다.', '이 저서는 회교도인들의 정치적이고 문화적인 수요에 기준이 맞춰져 있으므로, 몽골학을 위해서는 『몽골비사』만큼 사료적 가치를 가지지 않는다.'

그럼에도 불구하고 전 세계 학술계에 널리 받아들여지고 있는 다른 관점이 존재한다. 그것은 『집사』가 국제적 수준의 사료에 정당하게 들어가고, 13세기와 그 이전 시대의 몽골 역사 연구를 위하여 가지고 있는 그 의미를 재평가하기는 어렵다는 것이다. 『집사』가 이란에서 몽골 칸들의 주문으로 편찬되었다는 것은 잘 알려져 있다. 이 사료는 세계의 다른 민족들을 몽골인들이 지배한다는 근거를 만들기 위한 목적으로 만들어졌다. 그 때문에 사료 속에는 몽골인들의 역사가 가장 첫 번째로 중요시되고 있다. 회교도 민족들을 포함하여 몽골 제국의 민족 구성원으로 포함되지 않았던 민족들과, 몽골 제국에 복종했던 민족들의 역사는 명백하게 부차적 위치에 놓여 있다. 이렇게 민족들을 계급화하는 것은 페르시아 역사 자료에서 보이지 않는 현상이었다. 이는 몽골의 지배층들이 역사가들에게 제시했던 정치적 구조 틀에서 비롯된 것이었다. 『집사』에 들어갔던 자료들의 특징에 대해서는 다음 사실이 무엇보다도 잘 증명하고 있다. 『집사』에서 몽골인들에 관한 분류는 몽골 역사를 잘 아는 몽골인들에 의해 쓰인 것이고, 라시드 앗 딘은 다만 그것들을 페르시아어로 번역했다. 분류의 근간에는 우리가 모르는 몽골 연대기들이 놓여 있는데, 부분적으로 '알탄 뎁테르' 기록서의 몇몇 내용들은 『집사』에서 인용하여 썼을 뿐이다. 이 기록서는 칭기스인들의 황금 종족의 역사를 가장 권위 있고 믿을 만하게 서술하고 있다. 만약 『집사』의 몽골 부분에서 알라흐를 찬양하고자 하는 목적으로 쓰인 라시드 앗 딘의 미사여구와 시적 삽입구들을 빼낸다면, 고대 몽골의 역사적 전통에 온전히 근거하는, 단지 페르시아어로 된 전형적인 몽골 기록서가 완성될 것이다(비라 1978: 131~154).

『집사』의 근간에 놓여 있는 자료들은 모두 그 시대에 『몽골비사』를 쓰는 과정에서 고려되고 이용되었다. 그래서 이 두 사료집에는 직접적으로 일치하는 자료들이 종종 나오는 것에 대해, 학자들은 단지 위의 상황으로만 설명하고 있다. 조금 앞서가서 나는 『집사』와 『몽골비사』가 13세기 초의 사건들을 해명하는 데 일치하지 않는다는 것을 언급하고 싶다. 접하는 순간 첫 눈에 두 사료집은 포함되어 있는 정보가 다르게 여겨진다. 만약에 각각의 사료로서 좀 더 깊게 텍스트를 탐구하고, 다른 서술된 사료들을 검토하여 구체화시키고자 하는 자료들의 성격으로서 동부 바이칼 지역과 서부 바이칼 지역, 그리고 인접 지역의 중세 역사에 대해 믿을 만하게 알려진 사실에 몰두한다면, 이 두 사료집 속에 존재하고 있는 정보들은 본질적으로 동일하다는 것이 판명된다. 이것은 『몽골비사』와 『집사』가 대립하고 있는 것이 아니라, 지난 전 시기에 일어났던 사건들을 올바르게 이해하고 재구성하게끔 하면서, 서로를 정확히 해주고 있다고 보는 것이 충분히 정당하다는 의미이다.

『몽골비사』에서 상당히 많은 자료를 가져다 쓴 후기 몽골 연대기 작가들에 의해서 부랴트라는 강 이름은 다른 해석을 얻게 되었다. 부랴트를 바이칼과 연관시키면서 민족 명칭으로 해석한 것이다(루브산 단잔 1973: 200; 알탄 토브치 1858: 133). 비록 루브산 단잔이 조치가 '숲의 민족'들을 복종시키기 위하여 서쪽 쉬흐쉬트의 방향으로 접근하기 시작했다고 올바르게 지적한 것도 있지만 말이다(루브산 단잔 1973: 183~184). 초기 사료들의 내용이 겹겹히 쌓여 만들어진 이 놀라운 모순은 다음의 내용에 대한 쓸데없는 증거가 되었다.

현대 연구들에서 종종 보게 되는, 조치의 원정 진로 등을 포함하는 13세기와 그 이전의 시기의 사건들을 재구성하는 과정에서 후기 연대기들을 이용하는 것은 방법론적인 관점에서 올바르지 않다. 그래서 이 모순은 부랴트학을 연구하는 학자들을 경계시켰다. 왜 『집사』에서 민족명 부랴트가 한번도 언급되지 않았는지 고심하게 만들었고, 부랴트 민족의 역사와 민족 기원의 개념을 위하여 큰 의미를 가지고 있는 문제의 본질을 해석하려는 시도를 하게끔 했다. 내 생각으로 이것은 『몽골비사』에서 부랴트라는 단어의 매혹이 학자들을 제압했고, 다른 한편으로는 소비에트 시대의 이데올로기적 장치에 의한 것이었다. 그 시대에 요구되었던 것들 중 하나가 부랴트 민족을 포함한 많은 민족들의 역사적 운명에서 극단적으로 부정적인 역할을 했던 피의 침략자로서의 칭기즈칸의 관념이었다는 것으로 설명된다고 본다.

현재 존재하고 있는 민족의 명칭인 부랴트와 전혀 관계도 가지고 있지 않은 『몽골비사』에 포함되어 있는 부랴트라는 단어의 불충분한 이해와, 연대기의 239 단락의 내용을 깊게 탐구하지도 않고 분석하여, 다른 사료들을 전체로 왜곡하는 과정에서 이 사료의 내용들을 이용한 것이다. 이것은 문제를 해결하기 위한 접근 과정에서 어떤 것인가를 기다려야만 했었기 때문이다. 그 결과 조치의 원정 진로를 바이칼 쪽으로 옮겼다. 또 서부 몽골의 지역명 부랴트를, 비록 그 존재를 증명할 그 어떤 전제들이 존재하지 않음에도 불구하고, 민족명 부랴트와 동일시 해버렸다.

바이칼 근처에 있었던 그 시대의 실제 민족 상황은 다음과 같았다. 호수의 양쪽 측면을 따라 몽골 거대민족의 구성원으로 들어갔는데, 이는 종족보다 높은 단계의 공동체로 규합되지 않고 서로 간에 관계가 적었던 민족들이 거주했었기 때문에 가능했던 것이다. 즉 서부 바이칼 지역에는 부랴트라고 명명되었던 종족의 연합은 없었다. 게다가 많은 학자들이 잘못 생각했던 것처럼 그러한 명칭을 가진 거대한 민족체 역시 없었다. 거기에 부랴트라는 이름의 독립적이고 세분화된 종족은 없었다. 왜냐하면 그 민족명 자체가 존재하지 않았기 때문이었다. 만약에 부랴트라고 불리던 종족이 13세기에 바이칼 서부 지역에 살았다면, 그 종족은 거기에 17세기에도 존재했을 것이고 오늘날 역시 존재했을 것이다.

『몽골비사』에 있는 단어 '부랴트'에 대한 검토를 끝내면서 나는 다음 내용을 언급하고 싶다. 서부 몽골의 지역명 중에 하나인 부랴트에 대한 올바르지 않은 해석으로 인하여 나타난 가장 눈에 띄는 문제는 역사 민속학 분야이다. 이 분야의 1950년대 연구자들과 그들을 추종하는 사람들에게 칭기즈칸 대군의 바르구진-토쿰의 공격에 대한 잘못된 견해가 굳어졌다는 것이다. 즉 거기에 살고 있던 부랴트인들이 몽골인들과 영웅적인 전쟁을 했고, 침략자들로부터 잔인한 탄압을 당했다는 잘못된 관념이 굳어져 있다. 이들의 이런 견해에 집착해 있는 동안에 새롭게 연구되는 결과들에서는 몽골의 원정이 바이칼 지역에서는 없었고, 민족명 부랴트와 그것에 상응하는 민족 공동체, 즉 민족체는 훨씬 후인 18세기에 바이칼 지역에서 발생했다는 사실들이 점점 드러나고 있었던 것이다. 그러므로 이 사실들을 다음장에서 살펴보아야 한다.

8
부랴트 명칭과 부랴트 민족의 형성과정

　민족의 역사를 알기 위한 가장 정확한 방법은 민족의 명칭 자체를 해석하는 것이다. 그것을 민족의식의 외형적인 것으로 보는 것이 타당할 것이다. 민족의 명칭은 민족의 가장 중요한 상징이면서, 특정 민족의 사회적 정서를 나타내고 당시 실제로 존재했던 민족 간의 관계를 반영한다. 따라서 민족의 명칭과 그 단어 자체의 의미를 정확하게 분석하는 것은 민족 간의 관계를 연구하고 분석하기 위한 가장 효과적인 방법이다. 민족 명칭과 민족 간의 관계는 그 민족 내에서 발전되면서 형성되었기 때문이다. 그 민족의 특성이 마치 역사의 증인과 같고 해당 민족의 가치와 평가가 민족 명칭에 고스란히 반영되어 있다는 사실은 민족학의 정설이다(니꼬노프 1970: 3). 이러한 견해는 부랴트 민족의 명칭에도 해당된다. 따라서 부랴트 민족의 형성 문제를 연구하기 위해 민족 명칭 자체의 연구는 매우 중요하다. 다른 민족과 마찬가지로 민족의 명칭 그 자체에 그 민족의 역사에 대한 소중한 정보가 압축적으로 담겨 있기 때문이다.

이미 앞에서 언급한 바와 같이 부랴트 민족 명칭의 어원에 대한 가설의 중요한 단점 중 하나는 이에 대한 자료가 문서로 남아 있지 않다는 점이다. 그러나 연대기와 관련된 자료는 부랴트 민족의 의미론을 풀어내는 단서가 된다. 또한 그 단서는 부랴트 민족의 생성 과정을 밝히는 데 도움이 될 것이다. 옛날부터 초원에 사는 몽골인들은 숲 지역에 사는 종족을 '숲에 사는 종족'이라 불렀다. 『집사』에 따르면, 몽골의 종족 중에 숲 근처에 천막을 치고 살았던 종족을 숲에 사는 종족이라는 뜻의 '유르겐'이라고 불렀다고 한다. 반면 초원에 사는 몽골인들은 '초원에 사는 종족'이라고 불렀다(라시드 앗 딘 1952a: 85). 또한 바야우트족에 속하는 한 민족과 관련하여 '초원에 사는 사람들을 바야우트의 게혜린이라 불렀다'고 『집사』는 전하고 있다(라시드 앗 딘 1952a: 175). 민족을 거주지에 따라 분리하는 전통은 몽골인에게만 있는 것은 아니었다. 라시드 앗 딘에 따르면 오구스키 종족 중의 하나이면서 숲의 경계 지역에 텐트를 치고 살았던 민족을 '아가치-에리'(숲에 사는 사람들이라는 의미)라고 불렀다(라시드 앗 딘 1952a: 85).

몽골에는 인근 지역에도 숲에 사는 종족이 많았다는 사실을 볼 때, 초원에 사는 몽골인들은 그들 중 가장 규모가 크고 두드러진 종족에 개별적인 명칭을 부여했다는 사실을 알 수 있다. 동부 바이칼 지역의 주요 종족에 속하는 바르구트라는 명칭도 '바르가에서 사는 사람들'(바르구진-토쿰)이라는 뜻에서 발생했다. 바르가는 '원시적 초원 지역'이라는 뜻이다(베르타가예프 1958: 173~174).

이러한 원칙은 한 지역에서 친척들과 모여 사는 특정 종족에게 널리 퍼져 있는 경우가 있고, 농업이나 전통 생활 문화 분야에서 비슷한 특징을 가지는 거의 친척에 가까운 사람들과 모여 사는 종족에게 퍼져 있는 경우도 있다. 바이칼의 서쪽 지역에 살던 종족이 그러한 경우 중 하나인데, 그들은 공통의 민족 신화를 가지고 있었고, 방목, 농사, 사냥에 능했으며, 다른 유목 민족과 달리 물질 문화와 영혼 문화가 있었다. 이들은 초원 종족이고 이들 이후에 다른 종족을 부라아드족이라 불렀다. 이 명칭은 '부라아'라는 단어의 어원에 복수어미인 '-드'가 붙어 만들어진 것이다. 몽골어에서 '부라아'는 '깊은 숲', '덤불', '무성한 숲', '산이나 초원 지역에서 집중적으로 자라는 숲'이라는 뜻이다(몽골-오로스 1957: 87; 몽골 헬니이 1966: 108; 몽골 러시아어 1894: 262). 그 민족들 모두는 서부 바이칼 지역에 속한다. 따라서 넓은 의미에서 '숲의 사람들'이라는 뜻의 부라아드는 초원의 몽골인들이 바르구진-토쿰을 포함하여 시베리아의 중남부 지역에 거주했던 종족을 '초원의 종족' 혹은 '초원의 민족'이라 불렀던 사실을 증명한다.

서부 바이칼 지역의 종족들이 초원 종족이라는 나의 가설은 1661년부터 1676년까지 토볼스크에 유배 와 있으면서 시베리아에 대해 방대한 글을 썼던 크로아티아 성직자 유리 크리좌니치의 글에서도 뒷받침된다. 크리좌니치는 자신의 글에서 서부 바이칼 지역의 주민들을 '브라티(Brati)'라고 썼다(끄리좌니치 1822: 6). 비슷한 정보가 17세기 말 차이나의 강희황제 시기에 북경에서 오래 살았고 할하로 출장을 많이 다녔던 프랑스 예수회의 줴르빌리온의 여행기에도 수록되어 있다. 특히 그는 바이칼 근처에 사는 몽골인들을 '브라트(Brattes)'라 부른다고 썼다(Du Halde 1736: 67). '브라티'나 '브라트이'라는 명칭이 '부라트'라는 이름과 같은 의미라는 점에 대해 의심할 사람은 없을 것이다.

이러한 입장에 반대하는 V. O. 돌기흐는 부랴트족의 선조는 러시아로 오면서 그들에게 예전에는 없었던 공통의 명칭을 얻게 되었다고 간주했다. 그는 러시아인들이 처음에는 그들을 브라트인이라는 이름으로 통합시켰고, 그 후에 선조와 비슷한 부랴트인이라는 이름을 썼다고 생각했다(돌기흐

1953: 62). 그렇다면 러시아들이 어떻게 '브랴트인'이나 '브랴트의 사람들'이라는 단어를 쓰게 되었을까? 서부 바이칼 지역에서 자신들의 선조들을 평화롭게 맞이하지 않은 사람들을 형제(брат[11])라고 불렀을까? 당연히 그렇지 않다. 따라서 그 민족의 이름은 러시아에 들어오기 오래 전부터 있었음이 분명하다. 또는 크리좌니치나 줴르빌리온처럼 러시아인들도 '부랴트'라는 단어를 들리는 대로 인식하고 '브랴트이'라고 적었을 가능성도 있다. 하카스인이나 투바인들도 부랴트라고 불렀는데, 단어 '프리라트'와 '브이라트'도 그와 비슷한 경우이다. 시베리아나 아시아의 다른 민족들과 달리 그들이 '부랴트'라는 단어를 몰랐을 가능성은 없다. 따라서 '부랴트'라는 단어가 하카스나 투바어로 각각 대응되는 언어인 '프이라트'와 '브이라트'로 불렸을 것이다.

1941년 R. 블레이흐쉬테이네르, V. 헤이씩, V. 운크릭은 '부랴트'라는 단어('부랴트'의 원단어)를 썼다(블레이흐쉬테이네르. 1941: 80). 애초에 이러한 표현이 정착되어 있었기 때문에 독일 학자들이 부랴트라는 단어의 뜻을 아는 것은 어려운 일이 아니다. "바이칼 지역에서 사용되고 있는 부랴트라는 명칭은 '숲의 사람들'이라는 뜻을 가진다."라고 그들은 말했다.

1966년 러시아의 유명한 V. A. 니꼬노프도 같은 결론에 도달했다. 그는 '숲의 사람들'이라는 뜻의 부랴트는 몽골의 남부 초원에 사는 부랴트인들을 칭한다고 정확하게 언급한 바 있다(니꼬노프 1966: 69). 유감스럽게도 니꼬노프가 어떤 사료를 이용했는지는 알려져 있지 않다. 그러나 그도 독일의 연구자들의 경우와 마찬가지로 '부랴트'라는 본래의 단어(내가 알고 있는 바로 '부라트')를 알고 있었을 것이다. 만약 그가 민족학적 연구에 있어서 다른 단어를 염두에 두었다면, 부랴트라는 정확한 단어를 지칭할 수 없

---

11) 러시아어 '브라트'는 '형제'라는 뜻을 가지고 있다.

을 것이기 때문이다.

　부랴트 공화국이 바이칼의 서부 지역에서 부라트라는 단어를 사용했던 것을 밝힌 유일한 연구가는 M. N. 바그다노프이다. 그에 따르면, 17세기 '부랴트'라는 단어를 들어보지 못한 러시아인들은 이 단어를 '부라트'로 발음했다. 러시아인들은 서부 바이칼 지역의 원주민에 대해서 미누신스크의 타타르인들로부터 처음 접했다. 타타르인들의 언어로 '부라트'는 '프이라트'처럼 발음되고, 그들과 교류했던 러시아인들은 '프이라트'를 그와 비슷한 러시아어인 '브라트'로 받아들였다(바그다노프 1916: 43~44).

　바그다노프는 탁월한 역사적 분석력으로 인하여 현대의 학자들 가운데서 두각을 나타내는 업적을 이루어낸 점은 분명하다. 그러나 부랴트라는 단어의 어원과 관련한 경우에 한해서는 그가 그 출처에 대해 충분히 이해하지 못했다는 사실을 밝혀 둔다. 바그다노프는 부랴트라는 단어에 대한 이해가 충분하지 못했기 때문에 이 단어가 애초에는 '부라트'라는 형태였다고 생각하지 못했다. 하카스어 '프이라트'라는 단어의 영향 하에서 '부라트'라는 단어가 러시아어로 '브라트'라고 발음된다는 점을 염두에 둘 필요가 있다. 이것은 러시아인들이 앙가라나 레나 지역의 원주민들과 간접적인 접촉을 했기 때문에 발생한 것으로 추측하는 것이 보다 논리적이다. '브라트'라는 단어가 하카스어인 '프이라트'라는 단어보다 '부라트'라는 단어와 발음이 더 비슷하다는 것을 보면 자명해진다.

　그러는 사이에 최초의 형태 '부라트'의 존재는 일련의 서문으로 기록된 사료들로 증명되고 있다. 가장 초기에 기록된 것은 16세기 우즈벡의 사료인 『마즈무 앗-타브리흐』이다. 거기에는 우즈벡인의 민족 구성원으로 부라트 명칭을 가진 종족이 존재하고 있음이 나타나있다(술타노프 1977: 165).

N. 비트센에 따르면 17세기 중반에 서부 바이칼 지역의 토착민들을 부라 트(그림 4; 지도 1)라고 불렀다(비트센 1785: 103, 606, 658, 682).

부랴트 인들의 생활

네덜란드의 학자 니마예프는 이 지역의 거주민들을 부랴트인들이라 고 부르지 않았다고 그의 러시아 번역본에 근거하며 쓰고 있다(니마예프 2000: 122).

골단 보쇼크투-한(1671~1697)의 준가르 시대에 오이라트인들은 그 시 대보다 이전과 이후의 시기에 바이칼 근처에 거주했던 종족들 또한 '부라 트'라고 불렀다. 이 민족명은 1801년~1819년 사이에 쓰인 호슈트스크 노 이온인의 전집에 기록되어 있다(바아타르 우브쉬 2006: 34, 65).

이러한 정보는 차이나의 러시아 대사관의 우두머리였던 골쉬친 이스브 란트 이데스의 저서 속에도 포함되어 있다. 17세기 말 브라츠크와 발라간스크 요새 도시를 지나면서 그는 바이칼 호수에 못 미치는 곳으로 앙가라 강에서 물을 끌어오는 이 가장자리에 '부라티(Buratti)'라고 불렸던 이교도 인들이 살았다고 언급하고 있다(Ides 1706: 32~33).

바이칼 지역 〈비트센의 시베리아 지도의 일부분〉

1718년 외교 직무를 수행하던 영국인 쫀 벨이 동부 시베리아를 지나갔다. 발라간스크 촌락에 닿은 후, 그는 자신의 일기에 그곳에 새로운 시베리아 민족이 살고 있다고 기록했다. 러시아인들은 이 사람들을 '브라츠끼'라고 부르며, 그들은 자신들을 '부라티'(벨 1763: 245, 248, 254)라고 불렀다. 벨의 전집의 러시아 번역본을 보면 니마예프와 두가로프가 생각했던 것처럼 부랴트로 불리지 않았다(니마예프 2000: 122; 두가로프 2006: 55).

서부 바이칼 지역의 종족들이 '부라트'로 불렸다는 것에 대하여 1725년 뉴른베르그에서 출판된 익명의 저서 『가장 새로운 국가 시베리아』의 작가 또한 알려 주고 있다. 책 속에 하나의 장에는 특별히 부라트인들에 관련된 내용들이 있다(Der allerneueste 1725: 175~179). 시베리아의 첫 번째 학술 원정대에 참가했던 Y. I. 린데나우는 야쿠트에 1740년대 초에 체류했는데, 그는, "야쿠트인들이 브라츠끼인들을 … 부라트라고 부르고 있다"라고 정리했다(린데나우 1983: 23). 야쿠트인들로부터 들었던 내용들은 1745년과 1746년에 증명되었다. 서부 바이칼 지역의 카축으로부터 바이칼에 이르기까지, 그리고 몇몇 다른 곳들을 여행하는 동안에 린데나우는 바로 그 브라츠끼인으로부터 그들의 이름이 '부라트'라는 것을 들었다(РГАДА 1: Ед.хр. 511, ч.1. Д. 6. Л. 1~2об., 15об., 19~20об.; Ед. Хр. 511, ч.1. Д. 7. Л. 17об., 21~24; Ед. Хр. 511, ч.1. Д. 8. Л. 10).

18세기의 삼바–함바 에세이–발쵸르의 전집에 의하면 오이라트인에게 호슌–바르구–부라트(푸바예프 1981: 220)가 존재했었다. 그 구성원은 같은 이름인 바르구–부라트족이었다고 생각된다. 바르구–부라트인은 오이라트인의 구성원으로서 행정 단위 뿐만 아니라 민족의 단위로 존재했다고 V. M. 바쿠닌이 증명했다. 외무성의 고문서 자료들과 칼므이크 울루스에 살았던 주민들, 그리고 타이샤(칼므이크인의 족장)들과 나눈 개인적인 담화들에서 취한 정보들을 근거로 『칼므이크의 민족들에 대한 묘사』(1761)라는 자신의 저서에서 그는 다음과 같이 지적하고 있다.

"16세기에 칼므이크 민족은 그들의 언어로 오이로트라고 불렀고 … 내부에서 4개의 부분들로 나누어 다음과 같이 불려졌다. 1. 호쇼우트, 2. 바르구–부라트, 3. 젠고르, 4. 토르고우트(바쿠닌 1995: 20)."

'바르구–부랴트'가 아닌 이중의 민족명 '바르구–부라트'라는 것은 니마예프가 후기 오이라트의 문자로 기록된 사료들의 번역본들에 근거하면서 독자들에게 이해시키려고 노력했던(부랴트인들 2004: 37), 바이칼과 부라트인들이 관계있다는 것을 보여 준다. 이 지점에 바쿠닌은 주목하고 있다.

> "그들 중 적지 않은 부분이 러시아 국적에 들어 있고, 현재 거주는 시베리아의 이르쿠츠크 지방에 있는데 그들 언어로 자신들을 부랴트라고 부르고, 러시아인들은 그들을 브라츠끼 칼므이크인들이라고 부른다(바쿠닌 1995: 21)."

서문으로 기록된 자료들에 추가로 다음의 내용을 지적해야 한다. 현재 내몽골의 몽골인들 쿠쿠-노르, 그리고 차이나의 신장-위구르 자치 지역의 오이라트인들, 할하의 서부 자치구의 거주자들과 몇몇 동부 자치구들의 거주자들(린첸 1979: 지도 47), 카자흐인들과 키르기즈인들은 '부랴트'를 예전처럼 그들의 옛 이름인 '부라트'로 부르고 있다.

처음에 단어 '부라트'는 단지 초원 지역의 몽골인들이 서부 바이칼 지역의 '숲의 종족'들을 부를 때 적용했던 별명이었다. 이 결론은 민족명은 민족의 다수를 대변하는 것이 아니라 그들 중 눈에 띄는 한 측면을 토대로 해서 받아들여진다는, 연구자들이 잘 알고 있는 상황과 일치한다(니마예프 1970: 13). 후에 이 별명은 민족의 의미로 채워졌고, 서부 바이칼 지역 종족들의 공통 명칭이 되었던 민족명 '부라트'로 바뀌었다.

'부라트'라는 별명이 자신의 민족 명칭 '부랴트'로 바뀌는 것은 두 가지 요인으로 구분된다. 첫 번째, 좋은 상황들의 집합이 조건이 된다. 단어 '부라트'가 민족명이 되기 이전에 충분히 많은 시간이 흘렀고, 주민들은 그 명칭에 익숙해졌다. 반대의 경우라면 별명이 민족명이 되지 않았을 것이고 사라졌을 것이다. 단어 '부라트'는 서부 바이칼 지역의 주민들에게 그들의 장점을 깎아내리거나 모욕을 주는 의미를 가지고 있지 않았기에 자기 명칭의 성격으로 받아들여졌다. 두 번째, 단어 '부랴트'가 민족명의 성격으로 굳혀지는 과정에서 바이칼 서쪽 지역에 있던 동족들이 연맹을 형성한 것이 중요한 역할을 했다. 씨족-종족의 그룹으로 들어갔던 구성원과 불라가트스크 공작 체코데이(ДАИ 1848: 21)가 전체 우두머리로서 존재한 것이 민족이 형성되는 데 역할을 했었다는 것을 고려해 본다면, 사회 정치적인 면에서의 민족 형성은 지도자 통치 시스템과 일치하고 있다.

사회 구조에 대한 연구에서 16~17세기의 경계에 바이칼 주변에 살았던 종족들은 계급사회 이전의 단계에서 계급 사회로 넘어가는 단계에 위치했다고 언급되고 있다(오클라드니코프 1937: 344~373; 잘낀드 1958: 221~272). 민족사회의 측면에서는 원시 사회가 붕괴되는 이 시기부터 민족이 결합되는 과정이 지배적이라는 것에 주목할 수 있다(전서(대전) 1986: 193). 그래서 현대의 민족학 자료에서 동족 연맹은 이웃하여 살고 하나의 언어를 쓰며 비슷한 문화 특색들을 가지고 있는 친족 관계의 종족들의 연합으로 이해된다(전서 1995: 122). 이 시기는 서부 바이칼 지역 민족의 역사에서 통합의 중요한 순간이 되었다.

위에서 나는 바이칼의 서부 지역에 거주하는 주민들의 전통 생활문화에서 몇몇의 공통 특징들을 언급했었다. 만약에 거기에 개별적인 씨족 및 종족들의 명칭이자 동시에 지도자 통치 시스템(정치명)의 이름이기도 한 공통의 명칭 '부랴트'가 존재한다는 것, 그리고 거기에 언어, 종교, 신화, 관습, 전통 등의 영역에서 주목할 만한 민족 문화의 공통점이 있다는 것 또한 추가한다면(만일 전부가 아니라면), 서부 바이칼 지역의 많은 언어를 가진 민족 그룹의 대다수를 포함한 동족 연맹 부랴트는 오랜 기간 경제적·문화적인 상호 관계에서 가까운 민족들에 근거한 완전한 하나의 구조였다고 말할 수 있을 것이다. 외적으로 하나의 명칭으로 표현된 '부라트'라는 이름 덕분에 동족 연맹의 일원들은 자신들의 통일감을 인식하였다. 동시에 다른 민족들과 자신들을 구별했다. 언급되고 있는 내용은 잘 알려진 다음의 명제가 증명한다. "후기 원시 시대에 개별적인 종족들의 총합체는 의심할 여지없이 자신들의 공통체라는 것에 대한 관념을 만들고(브로믈레이 1973: 133), 이 덕분에 계급 사회로 넘어가는 시기에 많은 수의 새로운 민족명들이 발생한다(체스노프 1970: 46)."

만약 민족 공통체들의 계급제도에서 동족 연맹의 위치에 대한 질문에 주목한다면 그것이 후기 원시사회의 근본적인 민족 단위였음을 알 수 있다(체박사로프 1967: 101; 아르쮜노프, 체박사로프 1972: 23). 또 국가 형성이라는 테두리 안에서는 민족체로서의 역할은 중지되었다는 것에 대한 수많은 예들이 증명하고 있다(전서 1995: 99). 이렇게 폭넓게 증명되고 있는 민족학적 사실은 부랴트학에서 존재하고 있는 다음 의견을 반박한다. "바이칼 근처에 러시아인들이 도착했을 쯤 종족들이 연합되는 경향은 존재하지 않았으며, 부랴트의 민족체는 사실상 아무것도 없는 빈 공간에서 발생했다(돌기흐 1953: 62; 니마예프 2000: 137~160; 파블린스카야 2008: 84, 226)." 구성된 종족들의 연합이 민족체의 출현을 준비했다는 생각은 전체적으로 새로운 것이 아니다. 이 생각은 민족의 이론을 연구하는 러시아 민족학자들의 저서 속에서도 일관되게 나타나고 있다(꼬즐로프 1962: 320~321; 싸뜨이발로프 1968: 63; 니꼬노프 1970: 9; 꼴레스니쯔끼 1978: 33~34; 브로믈레이 1987: 42). 그래서 이 생각과 관련하여 볼 때, 부랴트 선조들은 자신들의 민족 역사에서 종족의 동맹으로서 그러한 민족 사회의 작은 구멍을 그냥 지나칠 수 없었다. 그리고 자신만의 특별한 길로 갈 수 없다는 것을 완전히 확신할 수 있었다. 세계의 다른 지역처럼 부라트 동족 연맹은 부랴트의 민족체를 형성하는 데 필수 불가결한 단계였다.

부라트 동족 연맹이 형성되었던 시기를 규정하기 위해서는 비록 근접 수치일지라도 바쿠닌의 저서와 '마즈무 앗-타바리흐'가 기준으로 적용된다. 이 자료들에서는 16세기 우즈벡인들과 오이라트인들의 구성원으로 들어갔던 크지 않은 부라트인들의 그룹들이 이미 이 이름을 가지고 있었다면 그때 구성원들이 독립했던 종족의 연합은 아마도 15~16세기의 교체기에 발생했거나 극단적인 경우에 15세기 후반에 발생했을 것이라고 보고 있다. 16세기에 몽골 민족체인 할하의 형성이 시작되었다는 중요한 사실도 고려해야 한다(포즈드네예프 1883; 곤고르 1970: 130; 오치르 20036: 109). 이 민족체의 형성과 함께 할하인들이 그들 주변의 민족들과 자신을 분명하게 구별하기 시작했다. 이는 민족 공동체의 특징이 바로 중요한 지형적인 의미를 가지며, 그들의 필수적인 특징이 상호 간에 구별되었기 때문이다(브로믈레이 1981: 16). 그래서 영토의 경계선에 러시아인들이 도착하기 전에 바이칼 동부 지역의 남쪽 부분을 포함하고 있는 북부 몽골의 등장과 함께 독립적인 위치에서 독창적인 발전의 길을 갔던 서부 바이칼 지역의 종족들에서는 중앙 집중적인 경향이 발전했다. 결국 이러한 경향은 종족 연합의 필수 불가결성을 이해하게끔 하였다. 이리하여 바이칼의 서부 지역은 예전에 토막 나서 세분화되었던 민족들로 연합을 이루기 시작했다. 이 민족들은 연합의 구성으로 들어가면서 한편으로는 자신의 상대적인 자주성을 보존했고, 다른 한편으로는 보다 더 깊어진 통일감(하나됨)을 인식하게 되었다.

자신을 '부라트'로 불렀던 서부 바이칼 지역 사람들의 크지 않은 그룹들은 16세기부터 시작하여 알려지지 않은 이유로 자신의 고향을 떠났고, 다른 민족들 사이에서 정착했다. 오이라트인과 우즈벡인을 제외한 부라트인은 알타이인의 구성원으로 존재하고 있었다. 나는 그들의 이름을 따라 알타이 산악 지대의 코쉬–아가츠스크 지역 유스트이드 강의 왼쪽 지류가 '부랴트'라고 불리고 있다고 생각한다(꾸바레프 2007: 92). 차이나 내몽골 차하르인들과 몽골 코브도스크 자치구의 우랸하이인에게 있었던 종족들의 법전에 부라트의 세분화된 민족들이 기록되어 있었다. 다양한 민족의 구성원으로 '부라트'라는 이름을 가진 크지 않은 그룹이 존재한다는 것은 이 그룹이 바이칼 지역을 떠나면서 모체가 된 민족의 최초 명칭, 즉 종족 연합 브라트(그들은 이곳으로부터 떨어져 나왔다)를 '가지고 나왔음'을 가리키는 놀랄 만한 사실을 입증하고 있다. 크게 볼 때, 만약에 서문으로 기록된 사료들이 없었다면, 다른 지역에 '부라트'라는 민족 그룹이 존재하고 현재 몇몇 다른 민족들을 '부랴트'라고 부르고 있기 때문에 현대 민족명 부랴트는 무엇인가에 의해 결집된 것이 아니다. 그것은 시간이 흐르면서 변했던 것이고, 처음에는 '부라트'라고 소리냈다고 가정할 수 있을 것이다. 바로 그 부랴트에서 '부라트'라는 이름이 내적으로 발달되는 과정에서 최종 형태 그대로인 '부랴트'를 받아들였을 때, 부랴트의 경계 밖에 있는 다른 영역들에서도 최초의 형태 '부라트'가 충분히 합법적으로 보존된 것이다.

　보관되어 온 고문서들에 따르면, 러시아 사람들이 도착하기 전과 후에 동족 연맹 부라트는 서부 바이칼 지역에 실제로 존재했고 집단의 기능이 작용했던 공동체였다. 그들은 눈에 띄게 잘 조직된 힘을 보여 주고 있었다. 동족 연맹 부라트인들은 비류스, 우다, 추나, 비호레바야, 그리고 다른 지역에서 살았던 자신들과 가까운 크이쉬트임에게 조공을 받았다. 그뿐만 아니라, 예니세이 중류와 칸의 저수지에 사는 아린인, 아싼인, 꼬트인, 까마스인과 다른 종족들로부터 조공을 징수하기 위한 목적으로 군사 원정을 행하기도 했다(모음집 1828: 301). 그러나 상황은 종종 이들 종족들 중 몇몇이 키르기즈인에게도 조공을 냄으로써 복잡해지기도 했다. 그 결과 1610~

1620년대에 예니세이에서 부랴트인과 키르기즈인 사이에 복잡한 매듭이 생겼고, 이는 불가피하게 전쟁의 갈등으로 표출되었다. 1622년 아린인의 공작 타타우쉬는 출르임과 이유스에 살았던 종족들한테 '크이쉬트임'인들 3000명의 뽑아서 부랴트인들과 전쟁을 하러 가고 있다고 경고했었다. 그러나 카차와 칸 계곡을 러시아인들이 차지하고 있었던 탓에 이 충돌은 발생하지 않았다(쉐글로프 1883: 80~81).

1620년대 후반에 부랴트인들이 예니세이의 종족들을 습격하는 일은 눈에 띄게 줄어들기 시작한다. 그 이유는 다음과 같다. 이 시기에 서부 바이칼 지역 사람들 사이에 불화가 있었다. 그때 그들의 이웃인 크이쉬트임인들이 이것을 이용해서 눈에 띄는 타격을 주었다. 이때 일어났던 사건들의 몇 가지 세부 내용들을 칸의 공작인 쏘트와 뜨이막이 1629년에 러시아 카자크인들과 만나는 자리에서 묘사했었다. 그들은 다음과 같이 이야기했다.

> "브라츠끼 사람들과 단지 전쟁만 않을 뿐이고, 그들은 국가 고위층의 지배 아래 있지 않았다. 그리고 야삭(시베리아 극동 민족에게 부과한 모피, 가죽 등의 현물세)도 내지 않았다. 현재 브라츠끼 땅에는 더 많이 가진 자도 덜 가진 자도 없다. 이는 우리가 그들의 많은 공작들을 죽였고, 그들은 현재 자기들끼리 3년간 내부 전쟁을 하고 있기 때문이다. 우리는 카자크인들과 함께 준비하여 브라츠끼 사람들에게 전쟁하러 가려고 하며, 군주에게 충성하는 모든 우리 사람들과 함께 갈 것이다. 그리고 현재 우리는 카자크인 아래에서 부랴트로 가는 임무를 맡은 안내자들을 받고 있다(집사 1960: 18)."

돌기흐는 1620년대 말의 사건들을 서부 바이칼 지역을 위한 전형적인 현상으로 해석하였다. 17세기에 그 지역 종족들은 서로 간에 지속적으로 적대 관계에 있었고, 이 시기에 그들의 연합과정의 발전에 대한 이야기를 하는 것은 불가능했다고 확신했다(돌기흐 1953: 62). 내 관점으로는 오클라드니코프가 이 복잡한 상황을 가장 올바르게 평가했다고 본다. 그는 서부 몽골인들과 관련된 자료들을 인용하면서, 칸의 공작들의 정보에는 종족 내부에서 울루스(촌락)의 대중들과 공작들 사이에 몇 가지 모순들이 간접적으로 보인다고 하였다. 거기에는 '비록 아직 크지는 않지만 보이는 바에 따르면, 본질적으로 자신들의 계급 관계에서 발생된 틈에 대하여' 이야기되고 있다고 썼다. 계속해서 그는 자신의 말을 구체화시키면서 다음의 내용을 추가했다.

"여기서 진행되고 있는 이야기는 명백하게 종족들 간의 전쟁에 대한 것이 아니다. 의미상으로 1608~1609년에 중가르인들과 알트인-한과의 유목지에서 관찰되었던 전쟁 같은, 부랴트 공통체 내부에서 일어나는 전쟁에 대한 것이라는 것, 즉 '덜 가지고 있는 자(빈곤층)'와 '더 가지고 있는 자(부유층)'들 사이에서 일어난 전쟁에 대한 것이다."

서부 바이칼 지역 사람들의 개별적인 세분화된 민족들 사이의 관계에 대해서 본다면, 그들은 아마도 다른 많은 민족들처럼 그러했을 것이다. 현재 연구가들은 종족들의 연합이 서로 간에 보통 가까웠으나 그들을 합해 놓지 않았다는 것을 규명해 냈다(브로믈레이 1987: 42). 종족들 사이에 때때로 일어나는 이러저러한 문제들 때문에 불화가 발생할 수 있었지만, 이 문제들이 이미 이루어진 연합을 붕괴하지는 않았다. 그래서 만약에 부랴트인에게 종족들 간의 대립이 있었다고 하더라도, 그들은 어쨌든 바이칼 서부 지역을 통합했던 과정들의 존재를 조금도 부정하지는 않았을 것이다. 그러나 실제로 칸의 공작들에 의해서 묘사되었던 반목들은 종족들 사이에서 일어난 일이 아니라, 전체 부라트 공동체 내부에서 일어난 것이다. 이것은 그들의 말인 '부라츠끼 땅에서는 더 많이 가진 자도, 덜 가진 자도 없다'는 것을 증명하고 있다. 이는 러시아인들이 도착하기 전 시기에 서부 바이칼 지역에서 발생하여, 러시아인들이 그곳으로 도착한 후에 질적으로 새로운 발전을 가져오게 하였다. 이러한 내란들을 민족 발전 과정의 콘텍스트 상에서 검토해 보면, 비록 시간적으로 길게 지속되었지만 그들은 어떻게든 본질적인 동족 연맹의 근간을 흔들지 않게 하려는 에피소드를 만들었다는 것을 보여 주고 있다.

부라트인의 결속성은 그들의 땅에 러시아인들이 도착하고 그들과 함께 전쟁 원정을 나가면서 명백하게 드러났다. 바이칼 근접 지역이 러시아에 귀속되는 과정을 평가하면서 전체적으로 그것은 한 가지 의미로 강요된 특징을 지녔다는 것을 언급해야 한다. 러시아인은 토착민들과의 관계에서 맨 처음부터 필요한 전술을 선택하였다. 부라트인이 그들의 땅에 무기를 들고 나타난 낯선 사람들을 넓은 포옹으로 맞이하며 만났다고 생각하면 절대 안 된다. 이와 같은 정세에서 그들에게는 이방인들에 대한 저항을 조직할 만한 방법이 아무것도 남아 있지 않았다. 1628년 오카 강 하구에서 백부장 표트르 베케토프는 부라트인들과 첫 번째 접촉을 했고, 그들로부터 엄청난 포획물을 획득하여 예니세이의 요새 도시로 돌아갔다. 그 다음해에 카자흐의 부대들은 산에 비싼 모피들과 수없이 많은 고가의 철 자원이 있다는 소문에 매료되어 부라트의 땅 깊숙이까지 전진해 들어갔다. 그들은 레나 강 상류와 앙가라 강에 전체 지역을 기반으로 하는 군 요새의 기능을 갖춘 일련의 촌락(요새 도시)을 지었다.

1630년대는 서부 바이칼 지역의 역사에서 이민자들과 토착민들 사이에서 끊임없는 전쟁을 하는 시기로 기록되어 있다. 부라트인의 자원을 첫 번째로 얻을 권리를 획득하기 위하여 예니세이와 크라스너야르스크의 요새 도시들 사이에서 발생한 경쟁은 갑작스럽게 불에 기름을 부은 것처럼 타올랐다. 그러한 반전의 사건으로 두 요새 도시들이 서로 땅을 차지하려는 과정에서 그 지역은 위험한 영토로 인식되기 시작했다. 어떻게 하면 서로에게 큰 손실을 입히고 잔인한 위협을 할까 노력했다. 이 와중에 부라츠의 울루스(마을)를 파괴해 인질을 잡아갔다. 또 주민들을 포로로 데려가 일림스크와 다른 요새 도시들의 노예 시장에 살아있는 상품으로 팔았고, 다시 많은 포로들은 더 멀리 루시(고대 러시아)로 되팔려갔다. 그러한 카자흐인과 관료들의 행동은 상황을 극도로 압박하였기에, 적은 가능성임에도 불구하고 지역 주민들의 봉기와 파동을 야기하였다. 그 결과 1640년대 초 토착민의 수많은 희생이 따랐다. 긴 전쟁 후에 카자크인들은 파둔으로부터 오카 하구에 이르는 앙가라 계곡과 이 강의 하구 지역까지 오카 강 계곡의 일부를 완전히 자기 것으로 만들었다. 서부 바이칼 지역의 나머지 부분은 카자크인들이 언제 어느 때 부라츠의 종족들의 공격을 받을지 모르는 적대적인 지역으로 남게 되었다.

러시아인들은 레나 강 상류 지역으로 나가는 과정에서 고집스럽고 지속적인 저항에 부딪혔다. 베르홀렌스크족들은 몇 번이나 야삭(가죽 현물세)을 거부했었고, 야삭 수금원들과 싸우기도 했으며 요새를 포위하기도 했었다. 그러나 카자크인들은 가까운 요새들로부터 보강된 수비대의 도움을 받아 무기를 이용해 다시 부라트인에게 야삭 징수를 했었다. '그들은 퉁구스인, 부라트인, 그리고 새로운 다른 종족 사람들에게서 군검과 피를 이용하여 야삭을 취했다'고 관리들이 보고했다(꾸드랴브체프 1940: 46). 베르홀렌스크족들은 야삭 징수와 끊이지 않는 약탈과 폭력적인 압박을 견디지 못하고 많은 수가 동부 바이칼 지역으로 도망갔다. 그들은 셀렝가 강 하구와 이 강의 흐름을 따라 위쪽에 정착했다(발다예프 1961: 147). 현재 까반 부랴트 인의 구성원으로 셀렝가 강 하구 지역에 살고 있는 불라가츠크 종족인 쿠 룸치에게는 다음의 전설이 전해내려 오고 있다.

> "레나 계곡 아래로 어떤 수염 난 사람들이 무엇인지 모르는 무서운 무기를 가지고 도착했다. 이들은 하아할과 할하 형제들이었는데, 거기서 물건을 모아 나무껍질로 포장한 후 가족들을 데리고 언 바이칼 호수를 따라 건너가서 쿠다 르에 정착했다(발다예프 1970: 334)."

1640년대 중반에 베르홀렌인들은 극단적인 상황에까지 도달했다. 무장 한 봉기가 일어났다. 거기에 불라가트인, 에히리트인, 바툴린인, 아쉐바가 뜨인, 혼고도르인, 그리고 서부 바이칼 지역의 세분화된 다른 민족들이 참 여했다. 바이칼 서부에 살고 있었던 호리인 일부도 참여했다. 부랴트인의 등장은 그들이 1645년 9월에 베르홀렌스키 요새 도시로부터 하급 관료들 의 가축과 말을 쫓아내고, 1646년 1월에 요새 도시를 완전히 봉쇄하면서 부터 시작되었다. 7월에는 '전지역 브라츠끼 사람들'이 세 번이나 요새 도 시로 진격했다. 이 사건의 목격자들의 말에 따르면 요새 도시를 포위했던 사람들이 2000명이 훨씬 넘었다고 했다(ДАИ 1848: 22).

얼마의 시간이 지나서 요새 도시에 '세 명의 에히리트족 남자'가 도착했 다. 그들은 요새 도시의 통치자인 쿠르바트 이바노프에게 다음과 같이 통 보했다.

> "이 도시에 브라츠끼 사람들인 코리인과 바툴린인이 자신들의 촌락 사람들

과 함께 왔다. 그들은 이곳을 전쟁으로 밟고 지나서 꾸따 강의 하구까지 하급 관료들을 끝없이 밀어 붙이기를 원한다(앞의 책: 23)."

일림스크로부터 봉기한 사람들을 진압하기 위하여 카자크인들이 추가 병력을 투입하였다. 고문서는 다음과 같이 알리고 있다.

"브라츠끼의 많은 기마병들은 그들과 만났다. 그들은 오백 명도 훨씬 더 넘었다. … 전쟁은 오전에 시작해서 저녁까지 이어졌다. 그들 때문에 브라츠끼 사람들은 군주 하급 관리를 향한 세 번의 공격을 했다. 이 전쟁 이후에 러시아 사람들은 에히리트인들을 탄압하기 위한 목적으로 원정을 감행했다. 1646년 말에 이 원정은 아쉐바가트의 울루스(촌락)까지 진행되었다. 아쉐바가트인들은 맞닥뜨려진 상황에 당황했지만 재빨리 힘을 모으기 시작했다. 이 소식을 들은 카자크인들은 베르홀렌스크 요새로부터 철수하여 그쪽으로 떠났다. 브라츠끼 남자들은 1000명 이상의 많은 종족의 사람들을 모은 후 그쪽으로 가서 그들과 전쟁을 치렀는데, 그 전쟁은 아침부터 저녁까지 지속되었다(앞의 책: 31)."

여기에서 폭동과 봉기는 연달아 이어져 끝나지 않았다. 베르홀렌인들 다음으로 1650년대 초에 앙가라 강을 따라 살고 있었던 부라트인들이 들고 일어났다. 베르홀렌 가장자리와 올혼에 살고 있던 종족들이 그들을 지지했다. 그들을 '회유'하기 위하여 1652년 표트르 베케토프의 지휘 아래 원정대가 출발하였다. 원정대의 아따만(카자크 군대 대장)의 이야기에 따르면, 카자크인들은 9월 6일 '오까의 위쪽 지역에서 세금을 내지 않는 변절자들과 여러 번 충돌했다.' 피의 전투가 일어나고 이후에 브라트인들은 베케토프에게 협박하며 '우리는 우스츠-벨로이를 쳐부술 것이다.'라고 장담했다. 그들은 만약 우스츠-벨로이에서 카자크인들을 쳐부수지 못한다면 그들을 골로우스쁘느이 하구 지역 또는 '바다 너머에서' 베어 죽여 버릴 것이라고 협박하기도 했다. 부라트인들이 카자크인들을 만난 곳은 벨라야(흰) 강이었다. 야삭(가죽 현물세)을 지불하라는 요구를 부라트인들은 다시 거절했고, '화살을 쏘고 전투를 시작했다.' 여섯 명의 '도둑같은 브라츠끼 남성들을' 죽였던 상급 관리들을 그 전투에 데리고 갔다. 이러한 상황에도 불구하고 부라트인들은 골로우스쁘느이에서 러시아인들을 베고자 하는 의지를 꺾지 않았다. 그들은 베케토프를 9월 18일에 이 강 하구에서 만났다. 그러나 그는 전투에 말려들 것이 두려워서 '그들에게 복종의 표시를 하며 돛을 올리고 뱃길을 따라 바이칼 호수 너머로 갔다(오클라드니코프 1937: 88, 89).'

그 다음해에도 부라트인들을 조롱하고 그들의 울루스를 파괴하며 위협하는 것은 멈추지 않았다. 1658~1660년에 '브라츠끼와 발라간스크 요새 도시를 이반 포하보프가 통치했을 시기에' 그 상황은 극에 달했다. 부라트인들은 모스크바의 황제에게 보내는 청원서에서 다음과 같은 항의를 하였다.

"브라츠끼 하부 요새 도시에서 군주인 이반 포하토프는 우리에게 엄청난 모욕과 각종 폭압을 자행했다. 모든 것을 쫓아내고 압박하고 우리의 여인과 아이들을 침대로 불렀다. 야삭을 내라고 우리를 때리고, 괴롭히고, 우리의 가축들을 약탈하고 모든 끔찍한 것들로 위협하고 있으며…(모음집 1960: 213)."

1658년 겨울부터 부라트인들 사이에서 심각한 분위기가 조성되기 시작했다. 전반적인 의견에 있어서 포하보프뿐만 아니라 전체 러시아의 권력에 반대하는 '진보주의자들의 생각'이 자리를 잡았다. 공후들은 자신들의 행동들에 대한 계획을 협정하고, 급하고 중요한 소식들을 교환하기 위하여 서로 오고갔다. 이 '생각'에 앙가르뿐 아니라 베르홀렌스크와 니쥐니우진스크 부라트인들이 동참했다(오클라드니코프 1937: 122).

포하보프의 사람들에 의해 부라트인이 무자비하게 살해당한 사건이 단호한 행동을 취하는 데 촉매제 역할을 했다. 이 사건은 운가와 오사에 사는 거주자들을 들고 일어나게 했다. 후에 앙가라 강의 왼편 강가에 살았던 모든 주민들이 봉기했다. 운가와 오사의 부라트인들은 발라간스크 요새 도시 아래에서 방목했던 가축들을 포획하고, 자신들의 살림살이들을 가지고 한 명씩 '뭉갈', 즉 몽골로 도망쳤다. 이 사건 이후에 포하보프가 '야삭 조공을 내는 사람들을 모두 죽이기를 원한다'는 소문이 퍼졌다. 이것은 오까 강 부라트인들을 전면에 등장하게끔 만들었다. 1658년 6월 이전에 살던 거주지에 '마차 등등 살림살이'를 남겨 놓고 전 구성원이 역시 몽골로 도망쳤다. 그러나 약탈과 조롱은 계속되었다. 1660년에 부라트인은 야삭을 징수하러 온 사람들을 죽인 후, 가축들을 모두 데리고 몽골과 다른 장소로 새로이 도망쳤다. 발라간스크 초원 지역은 완전히 비었고, 러시아 권력을 위한 끔찍한 진짜 재앙이 시작되었다. 이는 야삭을 조공하는 많은 사람들이 도망가서 국가에 눈에 띄는 손실을 가져다주었기 때문이었다. 대귀족의 아들 야코프 포하보프(이반 포하보프와 성이 같음)는 도망간 사람들을 찾기 위해 보내졌는데, 그는 다음과 같이 이야기하고 있다.

"발라간스크에는 완전히 한 사람도 없고, 야삭 조공을 내는 사람들은 돌 넘어 몽골땅으로 모두 도망갔다(ДАИ 1851: 238)."

17세기에 몽골 자체뿐 아니라 현대의 부랴트의 남쪽 지역에 있는 셀렝가 강의 계곡 일부도 몽골로 불렸다. 그 때문에 도망친 많은 부랴트인들 종족들은 몽골인들을 방어하기 위해 그쪽으로 몰렸다. 1665년 대귀족의 첫째 아들인 사모일로프는 바이칼 너머로 '새로운 야삭 조공을 내게 할 사람들을 개척하고 불러들이기 위해' 보내졌다. 그는 군 사령관 바실리 골로흐바스토프에게 다음과 같이 썼다.

> "셀렝가에 있는 치크 강 근처에 브라츠끼와 발라간스크 요새 도시로부터 떠났던 브라츠끼 사람들이 유목하고 있었다. 몽골 사람들의 ⋯ 가옥이 치크 강 근처에 있었다(ДАИ 1853: 53)."

1660년대에 부랴트인들이 자신의 '출신, 고향' 땅인 발라간스크 마을로 돌아오기 시작했다. 이 과정은 그 후 70년대에 가속화되었다. 이때 몽골 칸들의 또 다른 아박에 괴로워하던 많은 도망자들이 다시 돌아왔다.

내가 인용한 자료는 서부 바이칼 지역에 부랴트 동족 연맹의 존재에 대하여 확실하게 증명하고 있다. 아린인들의 지도자인 타타우쉬의 정보에 따르면 17세기에 그 규모로 보아 거대한 군대가 있었다(Ʞ이쉬뜨임인들을 포함하지 않아도 3000명 정도 되는 수). 당연히 이 군대는 씨족과 종족들의 연합들로 이루어졌다고 이야기하고 있다. 쏘트와 뜨이막 공후들의 정보는 우리에게 매우 중요하다. 그 정보는 부랴트에 러시아인들이 도착하기 전에 내부적 반목과 관련된 복잡한 상황에 대한 관념을 주고 있을 뿐만 아니라 '더 많이 가진 자', 즉 다른 공후들 사이에서 중요한 사람이 존재한다는 언급 또한 포함하고 있다. 이는 부랴트인들에게 종족의 연합과 규합을 둘러싼 공통의 우두머리로서 개인이 존재했다는 직접적인 증거가 된다. 이에 대하여 부랴트의 땅에 러시아인들이 도착한 것과 다수의 토착민들이 함께 그들에 저항한 사건들이 확실하게 이야기하고 있다. 1640년대 중반에서 1650년대 초에 베르홀렌스크와 앙가라의 봉기들에 전 서부 바이칼 지역의 부랴트인들이 참여한 것, 그들에 의해 공동으로 행동을 취하기 위하여 계획을 세운 것, 그리고 2000명이 넘는 수의 연합된 군부대를 정립한 것, 이 것들은 바이칼의 서부 지역에 잘 조직된 종족들의 연합이 존재했다는 것에 대한 보그다노프와 오끌라드니꼬프의 가정을 확증하고 있다(보그다노프 1926: 9, 40, 41; 오클라드니코프 1937: 42, 89). 그러나 보그다노프는 종족들의 연합이 발생한 것이 부랴트인들의 영토에 침입한 러시아 카자흐 부대들이 부랴트인들과 전쟁을 하던 시기와 관계있다는 점은 정확히 하지 않았다. 민족명 '부랴트'와 이와 같은 형태인 '브랴트'가 널리 퍼진 것과 내가 서술한 다른 자료에는, 실제로 서부 바이칼 지역의 모든 주민들을 의미하는 브랴트족 연맹은 러시아인들이 도착하기 전 오랫동안 걸쳐 형성되었다고 가리키고 있다.

부랴트인들의 무장 저항은 타국인들로부터 받은 압제와 전횡에 대한 자연스러운 반응이었다. 이러한 상황과 관련된 민족들의 역사에서는 모든 주민들이 결속하였다. 여기에는 외부 침략자들과의 전쟁 같은 정치적 요소가 결정적인 역할을 했던 경우가 많이 있었다는 것을 강조해야 한다(꼴레스니쯔끼 1978: 40; 브로믈레이 1983: 286). 바로 그 요소는 바이칼 근처에 러시아의 무장한 부대들이 출현한 것과 함께 민족 발전 상황의 시나리오를 규정했다. 토착민에게 잔인하게 대했던 요새 도시의 지배자들과 카자흐 아따만(카자크 군대 장군)은 서부 바이칼 지역의 종족들이 더 크게 규합하도록 하는 메커니즘이 되었고 이 과정에 동부 바이칼 지역의 주민들을 관여시키도록 하는 결과로 나타났다.

1630년대에 포하보프의 압제가 정점에 달하기 시작했던 시기에 부랴트인들의 동부 바이칼 지역으로의 탈주는 종족들을 혼합시켰다. 이는 지역적으로 격리된 상태를 깼으며, 서부 바이칼 지역 주민들이 인식하는 것처럼 동부 바이칼 지역 주민들도 자신의 민족 통일성을 인식하는 결과를 가져왔다. 처음에 통일감을 가장 분명하게 발현시켰던 때가 레나강 상류 지역에서 봉기가 일어났을 때였다. 봉기에 서부 바이칼 지역과 동부 바이칼 지역에 있는 4개의 근본 종족들, 즉 불라가트, 에히리트, 혼고도르, 코리족이 참여했던 사실이 그것을 주목하게 한다. 특히 호리인들이 봉기에 참여한 것이 괄목할 만하다. 그들의 근간을 이루는 다수가 이 시기에 동부 바이칼 지역에 살았다. 몽골의 북동 지역으로부터 돌아온 지 얼마 되지 않은 때였다(호리인들이 그쪽으로 떠났던 이유와 시기는 알려져 있지 않다). 호리인의 몇몇 부분은 바이칼 서쪽 방면으로 건너갔다. 그곳에 있는 레나 강 상류 저수지에 근접한 강가 지대와 올혼 섬 역시 그들의 '원래 고향' 땅에 해당되었다.

그들이 일어난 사건들에 대해 무관심한 채로 남고 싶지 않다. 이 사실은 서부 바이칼 지역의 토착민들과 호리인 모두를 관통하고 있었던 통일감을 추가적으로 느끼게 하는 특징이었다. 17세기에 비록 서부 바이칼 지역과 동부 바이칼 지역이 나뉘어졌을지라도 거주 위치상 대부분의 종족들 전체가 동부 바이칼 종족으로 굳건하게 여기고 있었다. 후에 1650년대 초에 앙가라에서 봉기 사건이 일어났던 시기에 민족과 영토의 통일성의 개념은 더 분명해졌다. 벨라야 강과 골로우스뜨나야 강, 또는 바이칼 너머에서 러시아인들을 쳐부술 것이라는 약속과 실제로 그 약속을 실행한 것은 봉기자들에게서 '조국'이라는 개념이 개별적인 씨족과 종족들의 영토가 아니라는 것을 인식하게 하였다. 그것은 호수의 서쪽과 동쪽 지역이 연합되었다는 것을 보여주고 있다. 이 두 개의 중요한 사건(베르홀렌스크 봉기와 앙가르스크 봉기)을 서부 바이칼 지역의 역사를 시기적으로 나누는 기준으로 받아들여야 한다. 따라서 부랴트 고유 민족체가 형성된 시작점은 17세기 중반, 구체적으로 1645년이라고 결론을 내릴 수 있을 것이다.

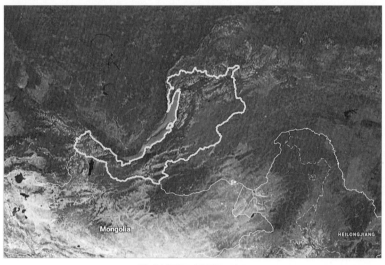

현재 부랴트 공화국 지도

남부 이웃 몽골인들에 의해서 서부 바이칼 지역 주민들에게 주어진 '부랴트'라는 명칭은 충분히 오랫동안 변하지 않은 형태로 보존되었다. 린데나우의 인용된 자료에서 보면 거의 18세기 중반까지 개별적인 각각의 장소에서 보존되었다. 그러나 18세기의 초에 그 명칭은 지역 주민들의 언어적 영향 아래 발음이 다소 개조되었다. 그 결과 1830년대에 정확하게 서술된 자료들을 따라가 보면 바이칼 서쪽 측면에 사는 주민들의 대다수에서 예전의 명칭인 '부라아드' 대신에 집요하게 새로운 이름 'бурайд(burӂːd)'(러시아어로 쓰면 '부레트')가 쓰였다. 새로운 이름은 러시아인들에게 습관처럼 만들어진 까닭에 그들은 오랫동안 '브라트이'라고 썼다. 서유럽 작가들 저서의 러시아 번역본에서 '부라트'라는 명칭은 '부레트'(팔라스 1788; 게오르기 1799)라는 형태로 재현되었다. 이 형태는 현대 연구가들의 실수로 '부랴트'로 받아들여졌다(산제예프 1983a: 107; 니마예프 2000: 123). 치덴담바예프는 게오르기 전집의 러시아 번역본에서 '부레트'를 '늑대'라는 의미의 투르크어로 잘못 받아들였다. 그는 고대 투르크 시대에 '부레트'의 어근에서 '부랴트'라는 명칭이 발생했다고 여겼던 것이다(치덴담바예프 1972: 278).

서부 바이칼 지역에서 민족명 '부라트'가 '부레트'로 변한 것에 대해서는 시베리아 학술조사단 참가자들의 저서들이 증명하고 있다. 이 조사에 참가한 연구원들은 이 광활한 지역을 1730년 중반에서 1740년 초반까지 연구하면서 바이칼 근처에서 일했다. I. G. 그멜린과 I. E. 페쉬르는 자신들의 저서에서 부라트 사람들은 자신의 명칭을 ' Burʌtten'이라 부른다고 지적했다(그멜린 1751: 396, 407, 424; 그멜린 1752: V, Ⅷ-Ⅹ, 29; 페쉬르 1768: 14, 33). G. F. 밀러는 18세기의 다른 연구자들과 달리 서부 바이칼 지역의

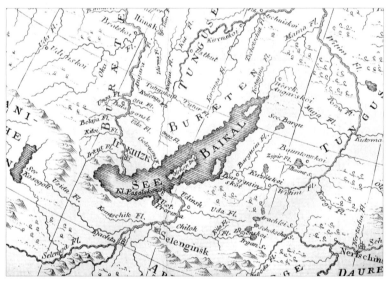

바이칼 호수의 표시도 (1768년)

토착민들의 이름을 왜곡시킨 채 두 가지, 즉 Bыrдt와 Burjдt로 기록하고 있다(РГАДА 1: Ед. xp. 529, ч. 2. Л. 11об.; Ед. xp. 526, ч. 2. Д. 9. Л. 14об., 28; Mыller 1760: 280; Mыller 1761: 138, 139, 147; Mыller 1763: 558). 그러나 이 단어들 속에서 명칭 '부레트'는 쉽게 보이지만 산제예프가 치덴담바예프의 가설을 분석하는 과정(산제예프 1983a: 107)에서 생각했던 것처럼 어떻게 해도 '부랴트'는 될 수 없다. 이 점을 니마예프는 1937년에 쓴 밀러의 『시베리아의 역사』러시아 번역본을 이용하면서 주장하고 있다(부랴트인들 2004: 37).

30년 후에 바이칼 근처에서 러시아의 남동쪽 가장자리를 연구하기 위한 목적으로 새로운 학술 원정대가 출범했다. 원정대 일원인 게오르기와 팔라스는 극지방의 토착민들은 자신들을 '부레트(Burдtten)'라고 부르고 있다고 증명했다(Georgi 1775: 58, 296~298, 503~505; Pallas 1776: 95, 177, 244). 정확하게 부레트라고 스위스인 레느예는 브라트인들의 이름을 기록했다. 그는 1760년대 말에서 1670년대 초에 7년 동안 이르쿠츠크에서 살았고 부레트인들의 주변 상황에 대한 논문을 썼다(Beitrage 1780: 119~180).

긴 세월이 흐른 후에도 서부 바이칼 지역에서 '부레트'의 형태는 바뀌지 않았다. 이것은 이 형태가 출현해서 굳어짐과 동시에 이 지역에서 통합의 과정들이 완전히 완성되었다는 것을 이야기하는 것이다. 이와 관련하여 특히 다음의 내용을 강조해야 한다. 가끔 소리 나는 대로 '바레트'(부랴트어로 '바라이드')로 받아들여지는 이름 '부레트'는 서부 부랴트인의 명칭으로 아직까지도 계속해서 그들의 윗세대의 관념적 어휘 속에 보존되고 있다. 그들은 최초의 조국은 이르쿠츠크 지역에서 살고 있다. 그들은 다양한 시기에 바이칼 너머로 이주했었다. 지금은 거대하고 치밀한 그룹들이 부랴트 공화국 서부와 북부의 자카멘스키 지역과 툰킨스키 지역, 카반스키 지역과 바르구진스키 지역에 거주하고 있다. 그들은 명칭 '부리야드'가 자신들의 말 속에서 사용되지 않았고, 그 단어가 최초에 바이칼 동부 지역에서 발생했다고 여기고 있다.

여기서 언급된 내용을 증명하면서 나는 다음을 언급하고자 한다. 1945년에 이르쿠츠크 지역의 운긴스크 부랴트인들 사이에서 민속자료를 모았던 부랴트 작가 A. A. 발부로프는 불라가트족에 해당되는 민족 소속에 대한 정보를 바줴이 좌뚜하예프의 말을 인용하여 다음과 같이 기록했다.

> "사람들이 말하기를 '부레트', 이것은 한 번 궐기한 후 도착한 사람들이다. '부랴하'는 '모든 민족들은 궐기하고 떠나야 한다'라는 의미이다. 우리 탄구트스크 부레트인들은 몽골인이 아니고 우리는 부하-노이온으로부터 퍼져나왔다(ЦВРК 3: 14, 15)."

에히리트 종족 출신의 유명한 이야기꾼 여인 세휴르 예로노바로부터 1970년에 S. S. 바르다하노바가 기록한 이르쿠츠크 지역의 꾸룸친 계곡의 부랴트인들의 이야기에는 다음과 같은 내용이 있다.

> "오래전 시대에 부레트 민족 사람들은 불, 고기, 그리고 다른 식품들을 알지 못했고 현재까지 계속 치즈만 먹었다(민속학 1999: 93~94)."

서부 바이칼 지역 출처를 가지고 있는 부랴트인들이 먼 과거와 오래지 않은 과거뿐 아니라 현재에도 자신을 '부랴아드'가 아닌, '부라이드'로 부르고 있다는 것에 대해 이야기하고 있다. 이와 유사한 예들을 많이 들 수 있을 것이다. 그래서 내가 인용한 모든 자료는 바이칼 서부 지역에 민족명 부랴트는 한 번도 알려진 적이 없었다는 것에 대해 보다 더 확실하게 증명하고 있다.

셀렝가 계곡과 그 지류의 계곡을 따라 살았던 몽골 종족들과 호리인이 속한 동부 바이칼 지역의 자치 주민들은 '부랴트'라는 단어를 전혀 몰랐다. 18세기에 부랴트 민족 구성원으로 몽골인들이 들어가기 전에 그들에게 부랴트라는 이름은 한 번도 없었다. 그래서 여기서 반드시 호리인들에 대한 이야기를 언급해야만 한다. 호리인들 연대기(1863년)에 보면, 호리인들은 동부 몽골로부터 나오다가 바이칼에 이르렀다. 그래서 바이칼 강가와 올리혼 섬에 흩어져 살았다. 가까이 살고 있었던 부랴트인들을 모방하면서 그들은 러시아 명칭(11개의 코리족의 부랴트인들)으로 부르기 시작했다(토바-이인 1935: 9). 다른 코리족 실록의 저자 바단 윰수노프(1875년)는 다음과 같이 쓰고 있다.

"호리인들은 몽골로부터 돌아와 셀렝가 강 하구와 올리혼 섬, 그리고 바이칼의 서부 강가 지역에서 그들과 친족 관계인 부랴트인들과 연합했다. 이 이유 때문에 호리인은 그들의 이름을 가져와서 호리 부랴트인들이라고 부르기 시작했다(윰수노프 1935: 60)."

시기상 후에 작성된 사료에서 나온 토보예프의 정보는 서부 바이칼 지역의 토착민들이 자신의 고유 이름인 '부랴트'를 러시아 사람들이 이 지역에 출현하기 전까지 오랫동안 가지고 있었다고 했는데, 이를 진지하게 받아들여서는 안 된다. 윰수노프의 연대기에서 나온 정보에서 다음 내용을 고려해야 한다. 셀렝가 강 하구 지역에서의 호리인의 부랴트인들, 즉 부랴트인과의 만남이 1630년대 이전엔 일어날 수 없었다. 왜냐하면 바로 이 시기에 카자흐인들의 압제 때문에 에히리트 종족들을 기본으로 부라트족들이 레나 강 상류에서 바이칼의 반대편 강가로 탈주하기 시작했기 때문이다. 이 시기에 서부 바이칼 지역의 원주민들이 '부라트'로 불렸기 때문에 호리인은 그들로부터 '부랴트'라는 이름을 받을 수가 없었다. 따라서 검토했던 기록서의 단편 역시 올바르지 않은 정보가 들어가 있었다는 것이다.

학술조사단 참가자인 린데나우는 믿을 만한 정보를 알려 주었다. 1745년에 바이칼 근접 지역의 토착민들의 출처에 대한 문제를 접하면서, 그는 호리인들이 부라트인들과 달리 자신을 자신의 종족 이름으로 부르고 있었다는 것을 지적했다. 그는 이키리트와 불라가라는 이름의 종족 창시자들이 존재하는 브라트인이 이르쿠츠 주에 살고 있고, 호리인과 아따간인은 셀렝가 지역에서 살고 있다고 썼다(РГАДА 1: Ед. хр. 511, ч. 1. Д. 6. Л. 1об.– 2). 그래서 현재 사료들을 통해 정확하게 알려진 바처럼 만약에 1740년대 전에 '부랴트'라는 명칭이 바이칼의 서쪽 지역에도 동쪽 지역에도 없었다면, 이 명칭이 의미론적으로 앙가라에 있는 지역명 '부레츠'와 관계한다고 보는 니마예프에 동의하기 어려울 것이다(니마예프 2000: 123; 부랴트인들 2004: 37). 거기에 그는 게오르기의 저서에 존재했던 민족명 '부레트'(니마예프는 '부랴트'라고 씀)를 가져와 인용했다. 그의 의견에 따르면, '부레트'와 '부랴트'는 하나의 같은 단어이며, 지역명 '부레즈'는 서부 바이칼 지역에 '부랴트'라는 이름이 오래전부터 존재했다는 증거라는 것이다. 니마예프는 서부 바이칼 지역에 '부레트'라는 명칭이 존재한다는 것에 대해 말하면서, 민족명 '부랴트'가 그곳에 존재하는 것을 부정했다. 부랴트어로 짧게 발음할 때 '부리드'도 아니고 '부레드'도 아닌 '부레츠'라는 지역명에 대해서 보면, 그 명칭은 '부랴아드'라는 형태로 받아들일 수 없고, 민족의 자기 명칭이 될 수도 없다는 것이다.

18세기에 러시아어로 번역된 유럽의 작가들의 전집에서 밀러·피쉐르·벨의 저서들은 따로 떨어져서 존재하고 있다(밀러 1750: 3, 21, 26; 피쉐르 1774: 20, 281, 556; 벨레브이 1776: 224~246). 그 저서들 속에 Burat, Вьгдт ~ Burjдt, 그리고 Burдtten라는 이름은 모든 곳에서 '부랴트'라는 단어로 대체되어 있다. 비록 피쉐르의 저서에 들어가 있는 시베리아의 지도에는 바이칼의 서쪽 지역에 거주하는 주민들을 독일어로 된 원본 책에 상응하게 러시아어로 '부레트'라고 표시되어 있었지만 말이다. 만약에 바이칼의 서부에 민족명 '부레트'가 존재하는 것에 대해 몰랐고, 단지 18세기 서유럽 작가들 전집의 러시아 번역본에만 그 민족명을 이용했다면, 그 저서들 속에 포함되어 있는 '부레트'와 '부랴트' 명칭들은 같은 한 단어이다. 따라서 '부랴트'라는 이름은 서부 바이칼 지역에서 오래된 출처를 갖고 있는 인상을 줄 수 있을 것이다. 게다가 바로 이 사상은 일관되게 치뎬담바예프·산제예프·니마예프의 저서 속에서 이어지고 있다. 서유럽 작가들의 러시아어 번역본(게다가 현대 번역본들)이 아닌 그들의 원본을 주목할 경우에 이러한 잘못된 관점을 피할 수 있을 것이다. 그 러시아의 현대 번역본 속에 '부레트'(만약 정확히 하자면 '부랴트')라는 명칭은 그의 최초의 형태인 '부랴트'처럼, 충분히 설명되고 오늘날에 발음되는 것으로 '부랴트'로 기록되었다. 피쉐르 전집의 러시아 번역본에서 '부랴트'라는 명칭은 동부 바이칼 지역의 몽골인들과 관계하여 이용되었다는 것과, 위에서 언급했던 것처럼 18세기에 동부 바이칼 지역의 몽골인들이 부랴트 민족의 구성원으로 들어가기 전에 그들에게 이 이름은 한 번도 존재하지 않았다는 것 역시 고려해야만 했었다. 그의 전집 번역본에는 1650년 동부 바이칼 지역에서 러시아 대사 E. 자볼로츠끼가 사망한 것에 대한 에피소드가 있다. 거기에는 단어

Burätten가 '부랴트'로 대체되었다. 에피소드의 내용은 다음과 같다.

> "몽골인들 일당이 불의에 자볼로츠끼를 습격했었거나, 다른 이들, 즉 부랴
> 트족이 선언했던 것처럼 카자크인들을 이용해 그와 그의 아들, 그리고 가족들
> 을 죽였다(피쉐르 1774: 556)."

벨·밀러·피쉐르 저서의 러시아어 번역본에 출현하는 '부랴트'라는 이름
은 단순하게 설명된다. 이 번역본들은 작가들이 바이칼 근처에서 거주했었
던 후에 매우 오랜 시간이 지나고 나서야 번역되었던 것이다. 이 시간 동안
이 지역의(구체적으로 동부 바이칼 지역) 민족 상황이 본질적으로 바뀔 수도
있었다는 것이다. 물론 러시아인들의 침략으로 인해 밀려난 후 그 여파가
셀렝가 강 주변에 살았던 몽골인들과 호리인들에게까지 뻗쳐 호수의 동쪽
측면으로 보다 더 퍼져 나갔었다. 그러나 만약 17세기 말 이전에 연합되는
과정이 특별히 서부 바이칼 지역에서만 제한되었다고 본다면, 18세기 초부
터 그들은 동부 바이칼 지역에서 폭넓은 발전을 이루었고, 거기서 완전한
힘을 모은 후에 동족 연맹 부라트의 변형을 가속화시켰다고 볼 수 있을 것
이다. 동족 연맹 '부라트'라는 명칭은 후에 보다 더 높은 단계의 민족체라는
민족 공동체인 '부레트'로 재구성되었다. 이 민족체는 동족 연맹과는 달리
이미 바이칼의 양쪽 강가에 있는 영토를 다 차지하고 있었다. 동부 바이칼
지역으로 이민자들이 지속적으로 몰려들었던 것은 연합을 지향하는 경향
을 더욱 강하게 하였다. 호수로 인해 이전에 나뉘어져 있었던 다양한 민족
그룹들의 대표자들은 자신들의 소속이 하나의 민족임을 확신했다. 1735년
밀러에게 제공된 가장 믿을 만한 정보들에 따르면, 셀렝가 강의 주민을 구
성하는 사람들의 상황은 다음과 같았다. "따반구트인(야삭 조공의 의무를 지

닌 사람) 707명, 아딴간인, 사르똘인, 우젠인 665명, 산 아래 사람들 103명, 불라가트인과 에히리트인 789명." 그런 식으로 야삭 조공 의무자는 몽골 출신이 1475명이었다. 또 서부 부랴트 출신과 불라가트와 에히리트인은 789명이었다. 잘킨드가 올바르게 지적했던 것처럼 이렇게 서부와 동부 부랴트 민족 통합의 과정에서 연합의 기원을 봐야 한다. 이러한 접촉과 관련된 환경에서 바이칼 근접 지역은 러시아로 병합되는 직접적인 결과가 되었다(잘킨드 1958: 156).

개별적인 경우, 특히 바이칼 너머의 정세를 확고히 하고자 하는 목적으로 서부 바이칼 지역의 종족들이 호수의 동쪽으로 이주한 것이 발기가 되어 국가가 등장했다는 사실이 주목을 끈다. 부다좌브 부다예프의 '셀렝가 연대기'(20세기 초에 편찬됨)는 다음과 같은 정보를 주고 있다. 1689년에 톰스크 주지사는 몽골인들이 이목하고 난 후 비어 있는 셀렝가 강 주변의 땅으로 사람들을 이주시키기 위하여, 불라가트와 에히리트의 6개 씨족들에게 500가구를 선정한다는 제안을 했다. 20년이 지나고 1704년부터 우딘스크와 셀렝긴스크의 요새 도시들 사이에 실제로 비어 있었던 땅을 서부 바이칼 지역의 이주자들이 차지하게 되었다(부다예프 1995: 193~194).

러시아 국가의 테두리 안에서 형성되었던 민족체의 일부분들이 연합하게 된 것은 통합의 과정들이 집약적으로 진행되는 데 직접적이고 강력한 영향을 주는 중요한 요소였다. 1727년 러시아와 차이나의 국경이 제정되자 이는 서부 바이칼 지역과 동부 바이칼 지역이 최종적으로 러시아에 병합되는 결과를 가져왔다. 이것은 예전에 지리적으로 민족들이 고립되어 있던 상황이 빠르게 붕괴되고, 양 지역이 가깝게 되는 것을 의미했다. 또한 이 국경 제정은 호리인들에 이어 동부 바이칼 지역의 남쪽에 있는 수많은 몽골 종족들이 연합되는 과정의 범위 안으로 들어오게 하는 결과를 야기했다. 이 모든 결과로 동족 연맹의 명칭 '부레트'는 동부 바이칼 지역으로 옮겨가면서 한정된 씨족-종족의 명칭이기를 멈추고 구성된 민족체의 공통 이름의 성격으로 사용되기 시작했다. 아마도 사료집에서 종종 언급하고 있는 호리인들이 처음 이 이름으로 자신들을 부르기 시작했던 것 같다. 그들 다음에 몽골인들이 '부레트' 이름을 모방했다. 그 결과 1730년대부터 시작해서 서부 바이칼 지역의 모든 영토와 후에 동부 바이칼 지역에서 공통된 하나의 민족 명칭인 '부레트'가 정착되었다. 이것은 70년대 초에 바이칼의 서부와 동부에 살았던 주민들에 대한 게오르기의 저서에 잘 나타나고 있다.

> "그들은 ('부레트', 게오르기 저서의 번역가가 단어 '부레트'를 이렇게 썼다) 남쪽의 평평하고 부분적으로 낮으며 개방된 산악 지대에서 유목하였다. 이곳이 이르쿠츠크 지사가 언급한 곳이다. 몽골과 차이나의 경계를 흐르는 예니세이 강에서 시작해서 바이칼의 남쪽 강가 주변 앙가라와 퉁구스, 그리고 레나 강 상류 지역 근처와 다우리, 셀렝가 강 근처, 앙가라 강 근처와 그 강에서 흘러나오는 작은 강들 근처이다(게오르기 1799: 24)."

'부라트' 다음에 민족명 '부레트'가 이웃 민족들에게 알려지기 시작했던 것은 충분히 자연스러운 일이었다. 야쿠트인들과 차이나 북동쪽에 훌룬-부이르스끼 자치구의 가장자리에 사는 몽골인들은 지금도 '부랴트'를 '부레트'로 부르고 있다. 이미 언급했던 것처럼 18세기 중반에 야쿠트인들은 '부라트'라는 형태를 활발하게 사용했지만 말이다. 만약에 몽골 인접 지역에 주목한다면, 이름 '부레트'가 남쪽의 동부 바이칼 지역에 가까운 중앙 자치구들에서 존재하고 있다는 것을 알 수 있다. 이 자치구는 셀레긴스크 자치구, 중앙 자치구, 우부르-한가이스크 자치구, 아라-한가이스크 자치구이다. 이와 관련하여 나는 다시 한 번 다음 내용을 상기해야 한다고 생각한다. 후기 몽골 실록들에는 『몽골비사』에서 차용된 지역명 '부랴트'가 존재하는데(실록의 작가들은 민족 명칭의 성격을 지닌 '부라트'라는 이름과 소리가 비슷하게 나는 지역명 '부랴트'를 바이칼 근처에 거주하는 사람들과 연관시키고 있었다), 이것의 존재로 중세 시대까지 이 지역에 민족명 '부랴트'가 존재했다는 환상을 만들어 내서는 안 된다. 몽골인들을 포함하여 현대의 민족들 사이에 그 단어의 초기 형태인 '부라트'와 '부레트'가 존재하고 있다는 것은 18세기 중반 이전에 '부랴트'라는 이름은 바이칼 근처에 없었다는 더욱 확실한 증거이다.

1770년대에 바이칼의 양측에 거주했던 주민들에게 통일된 하나의 이름 '부레트'가 존재했었다는 것에 대한 게오르기의 정보에 근거하여, 충분히 다음과 같은 내용을 가정할 수 있다. 이 시기에 새로운 민족체의 테두리가 구성되었다는 것이다. 하지만 이러한 확신은 '부레트'라는 이름이 차후의 발전을 견뎌내지 못했고, '부랴트'라는 형태를 받아들이지 않았을 경우에만 정당할 것이다. 상황은 이러하다. 동부 바이칼 지역의 단어 '부레트'는 바이칼의 서부 지역에 있었던 그 단어 최초의 형태인 '부라트'로, 이미 언급한 것과 같은 운명이 덮쳐서 발생했다는 것이다. 이 내용에 따르면, 1740년대에 아마도 셀렝긴스끼 몽골인들에게서 그들의 언어적 특징의 영향을 받아, '부레트'라는 명칭이 일반적으로 현재 알려진 형태인 '부랴트'를 얻게 된 것으로 보인다. '부랴트'가 결국 그들의 명칭으로 굳어졌다는 것이다. 이 가설을 팔라스의 저서가 뒷받침하여 증명하고 있다. 그의 저서에는 '부레트'와 나란히 언급되고 있는 이름 '부랴트'와, 거기서 파생된 '부랴트'라는 단어가 바로 동부 바이칼 지역과 관련되어 있다고 이야기하고 있다(팔라스 1788: 102, 235). 책에는 서부 바이칼 지역의 주민들은 변함없이 부레트인들로 명명하고 있다. 그리고 호리인들은 호리 부레트인들이나 종종 단순히 부레트인들로 명명되고 있기 때문에, 그 당시 그 책에 '부랴트'라는 이름은 아마도 동부 바이칼 지역의 몽골인들과 관련되어 사용되었던 것으로 보인다. 그런 식으로 그 이름은 언급된 민족의 환경에서 최초로 발생했다.

가장 거대한 종족인 타반구트의 대표자들이 몽골인들 사이에서 처음으로 자신들을 부랴트인이라고 부르기 시작했다는 것도 언급되고 있다. 이것은 바로 러시아인들에게 알려지기 시작했다. 왜냐하면 타반구트인들은 셀렌긴스끼 요새 도시에 직접적으로 가까운 곳에 살았기 때문이다. 게다가 그들은 이르쿠츠크와 셀렌긴스크 출신의 사람들과 지속적인 관계를 유지하고 있었던 그 '몽골 사람들'로 구성되어 있었다(잘킨드 1958: 55). 내 생각에 이 상황은 새로운 이름 '부랴트'가 공식적인 채널로 빠르고 폭넓게 퍼지게 되는 결정적인 역할을 했던 것으로 보인다. 전체적으로 '부레트'라는 명칭이 몽골 종족들 사이에서 '부랴트'로 변형된 것은, 그들이 수적으로 많았기 때문이었다. 어느 세분화된 종족들 사이에서 이 변형이 아주 빠른 템포로 진행되었다면, 또 다른 종족들 사이에서는 천천히 진행되었다. 이 과정으로부터 멀리 떨어져 있었던 개별적인 종족들도 있었다. 동부 바이칼 지역의 남쪽 가장자리 위치를 차지하고 있었던 촌골이라는 거대한 종족이 이에 해당되었다. 그 종족은 '부랴트'라는 이름을 받아들이지 않았고, 아직까지 이전의 이름인 '부레트'로 남겨져 있다(부다예프 1965: 166).

동부 바이칼 지역에서 이전의 '부레트'를 대신한 '부랴트'라는 이름이 출현하고 정착되는 과정에서 러시아 정부 기관의 활동은 이를 더욱 촉진시켰다. 러시아 기관들은 외부적 상황의 압력 때문에 셀렝가 강에 살고 있었던 몽골인들에게 그들의 태초 이름인 '몽골'을 사용하는 것을 금지시켰다. 게다가 이 금지는 매우 오랫동안 효력을 발휘했다. 이르쿠츠크 장군 주지사가 프란츠 란가스를 별도의 보고자로 위임하면서 프란츠 란가스는 그곳에서 직접적으로 정보를 제공하였는데, 그 정보를 근거로 하여 1789년에 작성되었던 문서에는 다음과 같은 내용이 언급되어 있다.

"러시아 국적을 가진 몽골인들은 서로 간에 이야기를 나눌 때 자신들을 부랴트인이라고 명명했다. 러시아인과 이야기할 때도 당연히 부랴트인이라고 명명했다. 러시아 정부에 의해 그들을 몽골인이라고 부르는 것은 오래전에 금지되었다. 실제로 그들이 부랴트인이라고 쓰는지 감시했었다(ГАКК: 109)."

이러한 러시아 정부의 금지령은 만주족의 궁정으로부터 끊임없는 항의를 유발시켰다. 고문서들이 증명하고 있는 것처럼 만주족의 궁정은 몽골 영토와 맞닿아 있는 러시아의 경계선에서 1727년 맺었던 부린스크 협정에 따라 몽골 종족들의 귀환을 요구했다. 이 사건이 확대되는 것을 피하기 위해 러시아 정부는 그들 사이에서 부랴트가 민족명으로 최대한 빨리 뿌리내리게 하는 방법으로 러시아 동부 바이칼 지역의 몽골인들을 귀속시킬 필요가 있다고 여겼다(잘킨드 1956: 35). 이를 위하여 한 편으로는 '몽골'이라는 명칭을 사용하는 것을 금지시키고 다른 한편으로는 그들 사이에서 발생한 새로운 이름 '부랴트'에 모든 민족체의 공식적인 이름이라는 격상된 지위를 주었다는 것을 특별하게 언급할 필요가 있었다. 이런 식으로 동부 바이칼 지역에 살고 있는 부랴트인들로 불리는 몽골인들이 러시아 국가의 주민이고, 그들이 몽골로 이주할 생각은 전혀 없다는 것을 만주 권력자에게 알렸다. 부랴트라는 이름이 실제로 처음 발생했을 때부터 바로 이런 목적을 위해 기능했었다는 것은 다음의 사실이 말해 주고 있다. 18세기 중반부터 거의 후반까지 '부랴트'라는 이름은 특히 공식적인 문서, 시베리아 토착민에 대한 학술 자료의 번역본, 러시아 사회를 형성하는 일부의 대표자들에 의해 러시아어로 쓴 계몽서에 등장하고 있다. 언급된 내용을 확증하는 예들 중에 『해군 함장 미하일 타타리노프에 의해 저술된 부랴트 몽골인에 대한 묘사』(1765년)라는 전집을 예로 들 수 있다. 이르쿠츠크 태생인 작가는 부랴트인들의 출처에 대한 내용을 인용하면서 다음과 같이 강조하고 있다.

> "… 현재 러시아 국가에서 부랴트인들은 스스로를 부랴트인이라고 명명하고 있다(РГДА 2 : Ед. хр. 70. Л. 2об., 3)."

자동적으로 형성된 민족체의 공식적인 명칭으로 '부랴트'라는 이름을 인정한 것은 민족 구성이 마무리되는 단계에서 민족의 정치적인 중심이 서부 바이칼 지역에서 동부 바이칼 지역으로 전위되는 결과를 가져왔다. 파블린스카야는 이 상황을 강조하였다. 그리고 이와 관련하여 18세기에서 20세기로의 일시적인 다리를 만들어 다음과 같이 지적했다.

> "소비에트 연방 공화국이 형성되는 과정에서 동부 바이칼 지역에 부랴트 자치공화국을 만들고, 서부 바이칼 지역에는 수적으로 그 당시에 거의 두 배 적은 부랴트인 자치구(108,000~179,000명 정도)를 만든 것은 우연이 아니다(파블린스카야 2006: 152)."

동부 바이칼 지역의 주민들의 언어에서 민족명 '부레트'가 '부랴트'로 바뀐 것은 1740년대 이전에 시작되었다고 할 수 없다. 왜냐하면 최초의 시베리아 학술조사단 일원들의 저서들과 다른 사료들이 증명하고 있는 것처럼, 이 시기 이전에 '부랴트'라는 명칭은 존재하고 있지 않았기 때문이다. 이 변화는 아마도 1740년대에 시작된 것으로 보인다. 1750년에 러시아어로 번역되어 출간된 밀러의 『시베리아 제국에 대한 묘사』가 그 기준이 되고 있다. 그에 의하면 바이칼 근처에 살았던 주민 전체가 새로운 명칭 '부랴트'를 이름으로 사용하고 있었다. 비록 이 지역의 동쪽에 예전의 형태인 '부레트'가 견고하게 존재하고 있었지만 말이다. 밀러의 저서가 출판되었던 시기에 '부랴트'라는 이름은 러시아 제국에 들어가는 공식적인 민족 명칭들의 목록에 존재하고 있었다. 그 때문에 러시아 학술 아카데미에서 책의 발행자들에게 이 명칭을 당연히 사용하게 하였고 다른 그 어떤 것으로도 대체할 수 없었다는 것이 알려졌다. 그 결과 이 독일 학자의 저서에서 동부 바이칼 지역 주민들뿐만 아니라, 한 번도 '부랴트'라는 명칭이 없었던 서부 바이칼 지역의 주민들조차도 이 이름을 갖게 되었다. 이 경우 미숙한 독자들을 헷갈리게 만들 수 있다. 자료를 충분히 가지고 있지 않은 독자들은 학술 원정대 구성원이었던 밀러가 그 시기에 민족명 '부랴트'가 바이칼 양쪽 지역에서 활발하게 기능적으로 사용되었다는 것을 보여 주고 있다고 생각할 수 있기 때문이었다.

이렇듯 '부랴트'라는 명칭으로 임의적으로 변환한 것은 이 지역의 민족 지도를 현저하게 왜곡된 형태로 보이게 하였다. 이는 피쉐르와 벨르의 책을 러시아어로 번역한 것에도 수용되었다. 그럼에도 불구하고 여기서 언급한 세 작가의 저서를 발행한 사람들은 동부 바이칼 지역에 대한 국가 정책 노선을 지키면서 자신의 업무를 수행했다는 것을 잊어서는 안 될 것이다. 게다가 우리가 피쉐르의 저서를 번역한 사람에게 감사해야 하는 이유는 그의 작업본에 첨가된 시베리아 민족들이 나오는 지도에 민족들의 명칭을 건드리지 않은 채로 남겨 두었기 때문이다. 거기에는 학술 원정대가 활동하던 시기에 바이칼 근처의 실제 민족 상황이(이 지역의 민족들의 명칭들이 그러한 상황을 직접적으로 반영하는 기능을 했다) 러시아어로 된 책에서 보았던 것과 다르지 않았음을 나타내고 있다.

밀러·피쉐르·벨르의 저서들과 달리, 팔라스의 저서를 발행한 이에게 불만을 제기해선 안 된다. 그의 저서는 러시아어로 번역하는 과정에서 민족의 명칭들을 독일 학자가 그 곳에 거주했을 때 바이칼 근처에 존재했었던 그 형태 그대로를 남겨 두었기 때문이다. 이 과정에서 '부레트'와 '부랴트'이 두 개의 이름 중 후자는 책에서 거의 드물게 나타나며 어느 누구도 헷갈리게 하지 않는다. 언급된 것처럼 저서에서 '부랴트'라는 이름과 거기에서 발생한 단어 '부랴트'가 언급되고 있는 것은 중요하다. 이들이 거기에 존재하는 것은 동부 바이칼 지역에서 교차되어 발전했었던 과정들을 증명하고 있다. 한편으로는 몽골인 주민과 호리인 주민들이 앞으로 먼 훗날에 통합된다는 것, 다른 한편으로는 몽골 민족 구성원들이 부랴트 민족 구성으로 이입되었다는 것이다. 팔라스의 저서는 동부 바이칼 지역에서 '부레트'라는 명칭이 '부랴트'로 바뀌는 것이 한 순간에 이루어진 것이 아니라는 것을 명백하게 보여 준다. 예전에 서부 바이칼 지역에서 일정 기간 동안 민족명 '부랴트'와 '부레트'가 동시에 기능했었던 것처럼, 이 두 형태의 존재는 평행하게 자리를 차지하고 있다. 동부 바이칼 지역의 몽골인들 사이에서는 이 상황이 복잡하게 되어 있다. 처음에 이 지역 몽골인들은 자신들의 동족들로부터 국경으로 인해 잘려져 나온 후에 정해진 삶의 상황 속에서 자신들의 태초의 이름인 '몽골'에 의지했었다. 그러나 훗날 동쪽뿐만 아니라 서쪽 지역 바이칼의 역사적 운명을 고려할 때 처음에는 자신들을 '부레트'라 부르다가 나중에 '부랴트'라 불렀다는 것을 알 수 있다. '몽골'이라는 단어와 함께 '브레트'와 '부랴트'라는 단어가 함께 등장하는 팔라스의 글에서 뒷받침 되듯이 이러한 사실은 18세기 후반 당시의 민족 통합 과정이 몽골인들과 다른 동·서 바이칼 지역 주민들을 융화시켰다는 것을 말해 준다.

'1775년 가을의 여덟 번째 날 모인 셀렌가 22개 부족에 의해 승인된 법전'은 1775년 작성된 문서 제목이 증명하듯이(ИВР 1: 18), 셀렌가 몽골인들이 자신들을 '보리아드' 즉 '부랴트'라고 칭했던 생활 규율을 알 수 있는 가장 오래된 사료이다. 이 문서가 작성된 날짜를 보면 당시 민족 통합의 과정이 거의 막바지에 이르렀음을 알 수 있다.

1780년대에 분열이 있어났다. 당시에 바이칼 동부 지역 토착민들, 특히 코리족 사이에서는 '부레트'라는 명칭을 '부랴트'라고 바꿔야 한다는 의견이 지배적이었다. 잘킨드의 말에 따르면 몽골어로 쓰인 문서에서 호리인들은 18세기뿐 아니라 19세기에도 자신들을 부랴트인이라 부르기보다 호리인이라 불렀다고 한다(잘킨드 1956: 38). 파블린스카야는 호리인들이 바이칼 지역으로 돌아오고 나서 '11개의 코리족의 부랴트인'이라는 러시아 명칭을 사용했다는 투굴투루 토보예브의 연대기를 인용했다. 파블린스카야는 '러시아의 명칭으로 부르다'라는 표현은 오랫동안 부랴트족으로부터 멀리 떨어져 지냈던 호리인들이 자신을 부랴트인으로 보지 않았고, 그 명칭을 러시아의 압력으로 인해 사용한 것이라고 간주했다. 파블린스카야에 따르면 이러한 현상은 1880년대에 발생했다(파블린스카야 2008: 223).

나는 위의 두 저자에 동의하지 않는다. 무역 활동 규제와 관련한 '중재 규칙'이 1800년대에 마련되어 있었다. 이 규칙에 서명할 때 11개의 코리족의 대표 담바-두가르 린치노는 자신들을 호리 부랴트인이라 칭했다(치비코프 1992: 124). 19세기 특정 문서에서 호리 민족이라는 표현이 등장했을 것이라는 것이 내 견해이다. 만약 호리 민족이라는 표현이 다른 부랴트 민족의 역사와 전혀 관계하지 않고 코리족의 역사에서만 쓰였다면 그러한 사실은 놀랄 일도 아니다. 그렇다면 호리인들이라는 표현 대신 툰킨 부랴트인은 스스로를 툰킨 민족이라 불렀을 것이다. 바르구진 부랴트인들은 바르구진 민족, 올혼 부랴트인들은 올혼족이라 불렀을 것이다.

18세기에 관해서는 1788년과 1789년에 쓰인 두 개의 문서를 발견했다. 그 문서에 따르면 당시 동부 바이칼 지역의 통합 움직임은 거의 마무리 단계에 접어들었다. 첫 번째 문서의 제목은 '4명의 부랴트 기사단인 체렌 바들루에프와 11개의 코리족의 두 번째 수장인 윰체렌 반치코프가 수락한 부랴트 민족의 생활규칙에 관한 입장'이다. 이것은 러시아어로 쓴 것이 아니라 셀렌가 종족인 쩨렌 바들루에브와 코리족인 윰쩨렌 반치꼬프가 몽골어로 쓴 것이라는 점에 주목할 만하다. 이 문서에는 코리족과 셀렌가 종족이 결혼하는 경우에 지켜야 할 결혼 규칙에 대한 내용이 담겨 있다(ИВР 2: 5~8). 문서를 보면 1780년대 말에 두 종족은 스스로를 부랴트족이라 칭했다. 이는 두 민족의 친선 관계가 심화되었다는 사실을 증명한다. 그뿐만 아니라 그들이 동부 바이칼과 서부 바이칼인들이 포함되는 단일 민족의 일부임을 스스로 인정하는 것이기도 하다. 코리족이 처음으로 서부 바이칼 사람들과 민족성이라는 개념을 사용한 것은 17세기 중반이다. 문서에 나타난 바와 같이 그들뿐만 아니라 서부 바이칼인들과 하나의 민족이라는 소속감을 서부 몽골인들도 가졌다.

동부 바이칼주의 국립 자료 보관소에 소장된 두 번째 사료에 따르면, 1780년대 서부 바이칼인들은 스스로를 '부랴트'라고 불렀다. '부랴트'라는 단어의 어원 연구로 '부라트'와 '부레트'라는 단어에 대한 가장 정확한 정보는 유럽 저자들의 저서를 통해서라는 것을 알 수 있다. 이러한 점을 고려하여 1780년대 말에 체류했던 유럽 전문가들의 말에 따르면, 당시 그 지역의 원주민들은 '부랴트'라는 명칭을 사용했다는 것을 알 수 있다. 네르친 공장의 프랑스인 공장장인 바르보트 데 마린은 당시 그 지역에서 살았다. 그는

1789년 6월 12일에 작성한 문서에서 지역민들을 부랴트인이라 적었다(바이칼주의 국립 자료 보관소의 자료). 페트롭스키 공장 건설 과정에서 부랴트인들 사이에서 조심히 행동해야 한다는 정부명을 따르면서, 그는 부하직원들에게 그들에게 예의 바르게 대할 것을 주문했다. 바르보트 데 마린은 자신의 보고서에서, '공장에는 엄격한 감시를 받는 이주자들이 있었다. 이들에게 친절하게 대하는 것은 불가피한 의무'라고 명시했다(ГАЗК: 50, 201~202).

러시아어로 작성된 사료를 보면 17세기 초반부터 바이칼 인근에 살던 사람들을 '브라트'라고 칭하였다. 이는 '부랴트'가 러시아어로 발음되면서 나온 형태이다. 그 이후에는 사료에 '부레트'라는 단어가 더 이상 등장하지 않았다. 이는 러시아인들이 이 명칭을 그들에게 익숙한 단어인 '브라트'로 바꿔서 썼기 때문일 것이다. 이러한 이유로 '부레트'라고 쓰인 고문서가 발견되지 않았던 것이다. V. A. 투골루코프는 V. N. 쉐르스토보에프를 인용하여 브라트 교도소 행정부가 러시아 과학아카데미에 대한 답신에서 브라트 민족을 '부레트(부레트)'라고 불렀다고 썼다(투골로프 1986: 149). 그러나 그 서한에 잘못된 철자가 있었다. 쉐르스토보예브에 따르면 당시 서한에는 '부랴트'라고 적혀 있었다고 했다(쉐르스토보예브 1957: 460).

동부 바이칼 몽골인들과 호리인들이 공통의 민족의식을 가졌던 시기인 18세기 말부터 러시아인들은 서부 바이칼인을 부랴트인이라 불렀다. 이러한 명칭은 공식 문서, 학술, 학술 교육 자료뿐만 아니라 일상생활에서도 널리 사용되었다. 결국 '브라트'라는 단어의 사용은 줄어들게 되었다. 18세기에서 19세기로 넘어가는 즈음에 오랫동안 사용되었던 '브라트'라는 단어는 러시아인들에게서 점차 잊혀지게 되었다.

'부레트'를 대체한 '부랴트'라는 단어의 사용은 1780년대 서부 바이칼 지역에서 그랬던 것처럼 통합의 과정이 마무리 단계에 이르렀음을 말해 준다. 전 지역 차원에서 민족의 안정성은 새로운 민족성의 발생을 예고했다. 그러한 특징이 이미 나타나고 있었다. 마침내 지역적 통합이 이루어졌고 경제 활동, 언어, 문화, 심리적 부분에서 공통적 기반이 마련되었다. 지역 통치 기반을 통일하고, 종족 위주의 기구를 약화시켰던 행정 개혁은 민족 간의 화합을 위해 중요한 역할을 했다(잘킨드 1958: 151~164). 그러나 더욱 중요한 것은 서부뿐만 아니라 동부 바이칼 지역민들에게 단일 민족 의식이 형성되었다는 것이다. 그 덕분에 민족 통합에 대한 기반이 공고화될 수 있었다. 동부와 서부 바이칼 주민을 지칭하는 상이한 발음을 가지고 '부레트'와 '부랴트'라는 단어가 존재하는 상황에서, '부랴트'라는 단어를 공식 명칭으로 사용한 것은 두 민족을 통합시키는 요소가 됐다. 이 공식 명칭은 1780년대 모든 원주민들에게 공통의 민족의식을 부여하였고, 동시에 러시아의 동쪽 국경에 부랴트 민족 탄생의 과정이 종료되었다는 것을 말해 준다. 이는 정확한 민족의식이 발현되는 순간 민족 발생의 과정이 마무리되는 것이라는 민족학의 일반적인 견해와 일치하는 것이다(크류코프 1978 등: 7, 29; 브로믈레이 1983: 281).

민족 형성 과정에서 부랴트 민족의 구성에 서부와 동부 바이칼의 여러 지역(춘강, 우드 강, 비호레바 강, 투투르 강, 쿨렌가 강과 첼렘빈스크, 이르겐스크, 네르친스크 요새 도시들)에 살았다는 퉁구스족들이 포함되었다. 그러나 나중에는 오래된 거주 지역에서 거의 혹은 완전히 그들을 찾아볼 수 없었다. 퉁구스인들이 부랴트족에 포함되게 된 것은 민족 융화 과정의 결과인데, 이 주제는 또 다른 연구 주제로 다루어져야 되는 것으로 현재의 연구 결과에 만족해서는 안 될 것이다.

제 IV 장
맺음말

중세 몽골어를 사용하는 사람들에 대한 민족학 연구는 동호(東胡)로 거슬러 올라간다. 기원전 209년 그들은 흉노에 완전히 패배했는데, 그 결과 북으로 도망간 동호족의 일부가 선비족이 되었다. 중앙아시아 역사상 선비족의 역할은 매우 컸는데, 이는 몽골어를 구사하는 민족 형성의 전 과정에 선비족이 관련되어 있기 때문이다. 이와 관련해서, 몽골어를 구사하는 유연과 선비족의 하나인 '톱'의 기원에 대한 차이나 사료는 큰 의미를 가진다. 이것은 선비, 유연, 그리고 유연 이후에 자체적인 종족으로 형성된 현재의 몽골인들은 동호의 직계 후손이라는 사실을 뒷받침해 준다. 당 왕조 전까지 중앙아시아에서는 몽골인이라 칭하는 종족이 없었다. 몽골 민족에 대한 연구는 세계 몽골학에서 학술적으로 가장 중요한 의미를 가지는 에르구네-쿤 문제 연구로 귀결된다.

저자가 진행하고 있는 차이나 아르구니(에르구네)의 연구를 보면, 칠류헤 강이 아르구니로 유입된 지역은 비교적 크지 않았고, 『집사』에 묘사된 에르구네-쿤의 모습과 비슷하다는 사실을 알 수 있다. 그곳의 높은 평지와 가파른 산에는 두 개의 작은 도시가 있었다. 차이나 전문가들이 밝혀낸 특징에 따르면 이 도시들은 당 왕조 시기에 형성되었고 이전 몽골인에게 속한 것이었다. 또한 일치된 여러 가지 사실들에 따르면, '쿤'이라는 단어는 고대 몽골어에서 경사가 가파른 산을 지칭했다. 아르구니 연안에 있던 평지와 산은 지대가 높았는데, 외지의 사람들은 그곳에 살면서 주변을 경계했다. 지형이 산과 같고 짙은 숲으로 우거진 아르구니의 오른쪽 지역은 현재까지도 고대의 명칭인 '실위'를 간직하고 있다. 당 왕조 시대의 차이나 연대기를 보면, 처음으로 '몽골'이라는 단어를 연상시키는 단어는 '메누 실위' 형태로 나타나 있다. 차이나인들이 그 명칭을 바꾸기 전까지 아르구니 칠류헤는 '망구'라는 퉁구스 명칭을 썼다. 이 명칭에 복수어미인 '-ㄹ'을 붙여서 '몽골'('망구 강 유역에 사는 사람들'이라는 뜻)이라는 종족의 이름을 탄생시켰다. 그 이름은 13세기에 현재의 '몽골'이라는 형태를 띠게 되었다.

여러 가지 사실 관계를 볼 때, 아르구니 연안의 오른쪽 지역이 에르구네-쿤이었다. 기원후 1000년의 후반기 초에 투르크족이 그곳을 파괴한 이후 몽골인의 조상이 피신했던 곳일 것이다. 그곳에서 최초로 유연 부족의 기반이 되고, 실위족과 이웃하여 몽골인의 민족적 기반이 형성되었다. 이렇게 몽골인들이 에르구네-쿤으로 와서 오논 강 상류로 이주할 때까지의 시기는 몽골인들의 민족 역사에서 가장 중요하다. 현대 몽골 민족 형성에 있어서 가장 중요한 시기임을 감안하여 이 시기를 중세 몽골 역사의 에르군데-쿤 시기로 지칭하기로 하겠다.

10세기 중반 몽골 민족의 다를료킨족이 형성되고, 12세기 초 니룬족이 형성되었다. 사료에 따르면 이들을 삼강의 몽골인이라 부른다. 보르지긴의 니룬족의 선조는 보돈차르라는 의견이 일반적이다. 그러나 『몽골비사』에 나타난 'Borjigin oboqtan'이라는 단어를 분석해 보면, 니룬족은 보돈차르 이전부터 존재했다는 사실을 알 수 있다. 이러한 견해는 연대기 자료와도 일치하는데, 연대기에도 보르테-치노 이후에 제2의 신화적 선조인 칭기즈칸의 가계도에 보르지기다이-메르겐이라 명시되어 있다. 몽골의 사상을 고려할 때, 보르지긴의 출신이 신성하다는 것과 칭기즈칸 권력의 정당성을 만들어내야 했기 때문에 새로운 신화가 필요했을 것이다. 그리고 그 신화에 따라 신성한 출신이라는 증거가 몽골 정부의 실제 선조와 시간적으로 근접해야 했을 것이다. 이러한 공식적인 입장은 보르지긴의 조상으로 간주되는 보돈차르를 낳았던 알란-고아의 신화에 반영되어 있었다.

연구 자료에 따르면 12세기 삼강에는 하불-칸의 세 번째 후손이면서 칭키즈의 선조에 의해 세워진 'Qamuq Mohgyol Ulus'라는 정부가 존재했다.

그러나 몽골인에게는 에르군데-쿤에서 생성된 몽골이라는 하나의 종족만이 존재했다. 그들은 민족의 명칭으로 사용되었던 하막 몽골이라는 단어를 사용하지 않았다. 게다가 하불-칸이 만들고 그 이후 테무진이 받아들였던 정치의 특성을 분석해 보면, 그것은 정부라기보다 지도자 통치 시스템에 가깝다.

1206년 칭기즈칸은 몽골 삼강의 사회정치적 조직을 기반으로 국가 건설에 나섰고, 그것을 '대몽골국(Yeke Mongyol Ulus)'이라 불렀다. 그 주변의 국경 지역에서는 사회, 경제, 문화, 언어적으로 하나의 거대 민족이라 할 수 있는 민족 기관을 설립하려는 경향이 지배적이었다. 거대 민족이 존재할 수 있었던 이유는 '몽골'이라는 명칭을 형성하는 중요한 요소인 공통적인 심리와 정신, 문화적 전통인 몽골의 샤머니즘 때문이었다. 몽골은 다양한 민족이 어우러져 있는 국가인데, 이러한 요소를 공고히 하는 데에는 몽골을 지배하는 심리 중 하나인 칭기즈칸의 '위대한 야사'가 큰 역할을 했다. '야사'는 몽골의 민족적 철학을 유지 및 전파시키고, 국민들에게 민족적 지배의 불가침성에 대한 견해, 즉 위대한 칸에 대한 충성, 보르테-치노와 보론차르가 신성한 하늘의 출신이라는 사실에 대한 믿음을 주입시키면서 거대 민족을 통합하는 강력한 수단으로 작용했다.

1207년 몽골인은 영토의 경계인 예니세이 너머로 군사적 행보를 시작했다. 몽골의 북서 지역인 쉬크쉬트 계곡에서 자신들의 오랜 적인 오이라트인을 종속시켰다. 예니세이에서는 크르그즈인을 종속시킴으로써 자동적으로 사얀-알타이 영토의 제국에 포함되었다. '몽골인의 비밀 역사'에서 '부랴트'라는 단어는 몽골의 북서 지역을 일컫는 것이고, 몽골인들에 의해서 복속되었던 종족들의 이름과 함께 수록되었다. 몽골 연대기의 후반부를 집필했던 작가들은 부랴트를 민족으로 보았다. 그리고 몽골인들이 진출하지 않았던 지역인 바이칼 근접 지역으로 갔다고 잘못된 해석을 했다. 이러한 나의 입장은, 차후 바르구진-토쿰 지역에 대한 발견과 야쿠트인에 속하는 호로족의 발생에 대한 사실이 증명해 준다. 밝혀진 바에 따르면 바르구진-토쿰 지역에서 호로족이 몽골인에 대항하여 반란을 일으켰다. 그리고 투빈의 투마트인과 야쿠티야의 호로인은 몽골인이 바이칼 인근을 파괴한 뒤, 레나 중부로 피신했던 호로인이라 간주하지 않고 전혀 다른 아무르의 아래쪽인 목초 지역 출신으로 간주했다.

원제국의 쇠퇴와 몽골의 대 민족적 공통성이 붕괴되면서 부랴트 민족과 관련이 깊은 새로운 종족이 탄생되었다. 이것은 두 가지 단계로 구분되는데, 이는 역사적 사료에 잘 나타나 있다. 첫 번째 단계는(15·16세기~17세기 중반) 서부 바이칼 지역에서 발생되었다. 그곳에서 불라가트, 에히리트, 혼고도르와 장차 새로운 민족의 기반이 되는 종족이 합류하여 통합이 이루어졌다. 이러한 새로운 종족의 통합은 러시아의 침입과 그들에 대한 부랴트인의 대대적인 저항이 도화선이 되어 이루어졌다. 17세기 중반에는 서부 바이칼의 부랴트족뿐만 아니라 동부 바이칼의 부랴트족까지 저항에 합류하였다. 그리하여 1645년은 부랴트 민족 탄생의 해이고, 동시에 부랴트인들의 민족성이 형성되었던 두 번째 단계의 시작이라 볼 수 있다.

18세기 초에는 '부랴트'라는 명칭이 '부레트'라는 형태를 띠었고, 통합의 흐름이 바이칼 동부 지역까지 퍼져갔다. 그곳에는 코리족과 몽골의 셀렌가 지역의 사람들이 인구의 주를 이루면서 민족성 형성을 촉진시켰다. 러시아와 차이나의 국경을 나누는 과정은 통합에 커다란 역할을 했다. 또한 이는 서부 바이칼과 동부 바이칼이 러시아로 통합되는 데 결정적인 역할을 했다. 그 결과 코리족뿐만 아니라 셀렌가 지역에 사는 몽골어를 구사하는 몽골족 계열들도 이러한 과정에 동참하게 되었다. 1740년대에 동부 바이칼 지역에서 널리 사용되었던 '부레트'라는 단어는 '부랴트'라는 형태를 띠고 있었다. 이것은 바이칼 지역에 이전에는 없었던 형태이다. '부랴트'라는 새로운 명칭은 러시아의 동쪽 경계 지역의 정치적 상황의 필요성에 따라 빠르고 널리 사용되었다. 그 명칭이 생기자마자 공식적으로 민족을 지칭하는 명칭으로 자리 잡았다. '부레트'와 '부랴트'라는 단어는 발음상으로는 다르지만, 결국 '숲의 사람들'이라는 같은 의미를 가진다.

1780년대에 '부랴트'는 동부 바이칼에 사는 대다수의 사람들을 지칭하게 되었다. 서부 바이칼 출신의 사람들이 밀집되어 있던 바이칼의 서부와 일부 동부 지역에서는 오늘날까지 '부레트'라는 단어가 활발하게 사용되고 있다. 이것은 이 지역에서 통합의 과정이 마무리 단계에 이르렀음을 의미한다. 이러한 민족적 특징이 반영된 새로운 부랴트의 민족성이 형성되었다. 그 중에서도 부랴트 민족의 공식적인 명칭의 가장 중요한 요소로 간주되는 민족의식에 주목할 필요가 있다. 바로 그 민족의식 덕분에 바이칼의 서부와 동부에 살던 사람들이 부랴트 민족이라는 소속감을 인식하고, 동시에 다른 민족과 자신을 구분할 수 있었다. 1780년대에 새로운 민족을 통합시켰던 단일 민족의식이 형성되었으므로 바로 이 시기를 부랴트 민족성 형성과정의 마무리 시기라고 간주할 수 있다.

참고 문헌

Архивные источники

1. АЯНЦ 1- Архив Якутского научного центра СО РАН. Ф. 4. Ед. Хр. 14. Д. 35; Ед. Хр. 1. Д. 20; Ед. Хр. 1. Д. 54; Ед. Хр. 1. Д. 69.
2. АЯНЦ 1- Архив Якутского научного центра СО РАН. Ф. 5. Ед. Хр. 3. Д. 76; Ед. Хр. 3. Д. 652.
3. ГАЗК- Государственный архив Забайкальского края. Ф. 70. Ед. хр. 2. Д. 2.
4. ГАКК- Государственный архив Красноярского края. Ф. 805. Ед. хр. 1. Д. 78.
5. ДАИ 1848- Дополнения к актам историческим, собранные и изданные археографической комиссией. Т. 3. СПб., 1848.
6. ДАИ 1851- Дополнения к актам историческим, собранные и изданные археографической комиссией. Т. 4. СПб., 1851.
7. ДАИ 1853- Дополнения к актам историческим, собранные и изданные археографической комиссией. Т. 5. СПб., 1853.
8. ИВР 1- Институт восточных рукописей РАН. Е 1.
9. ИВР 2- Институт восточных рукописей РАН. Ms G84, 2.
10. РГАДА 1- Российский государственный архив древних актов. Ф. 199. Ед. хр. 511, ч. 1. Д. 6; Ед. хр. 511, ч. 1. Д. 7; Ед. хр. 511. ч. 1. Д. 8; Ед. хр. 529, ч. 2; Ед. хр. 526, ч. 2. Д. 9; Ед. хр. 6. Д. 11; Ед. хр. 347. Д. 12.
11. РГАДА 2- Российский государственный архив древних актов. Ф. 24. Ед. хр. 70
12. РГАДА 3- Российский государственный архив древних актов. Ф. 1121. Иркутская приказная изба. Оп. 1. Д. 18; Оп. 1. Д. 23.
13. РГАДА 4- Российский государственный архив древних актов. Ф. 208. Портфели Юни. Д. 3.
14. РГАДА 5- Российский государственный архив древних актов. Ф. 214. Сибирский приказ. СТ. 1659, ч. II.
15. РО ХНИИЯЛИ- Рукописный отдел Хакасского научно-исследовательско го института языка, литературы и истории. Ф. 404.
16. Сборник 1960- Сборник документов по истории Бурятии. XVII век. Сост. Г.Н. Румянцев и С.Б. Окунь. Улан-Удэ, 1960.
17. Собрание 1828- Собрание государственных грамот и договоров, хранящихся в государственной коллегии иностранных дел. Ч. III. М., 1828.
18. ЦВРК 1- Центр восточных рукописей и ксилографов ИМБТ СО РАН. Цэжиб Цэрэн-у. Баргужин-у бурийад зон-у тэүке-йин тобчи бичиг

хабсургалта луг-а сэлтэ орошибай. Инв. №М-1-377.

19. ЦВРК 2- Центр восточных рукописей и ксилографов ИМБТ СО РАН. Полевые записи Цыдендамбаева Ц.Б. Общий фонд. №3444(1).

20. ЦВРК 3- Центр восточных рукописей и ксилографов ИМБТ СО РАН. Уигинский фольклор. Запись А.А. Бальбурова, 1938-1945 гг. Инв. №1041.

Полевые материалы автора(ПМА)

21. ПМА 1- Экспедиция в Курумканский р-н Республики Бурятия, июль-август 1978 г., июль 1979 г. Информаторы: Дашинима Будаев(р.1898); Цыдып Цыренов(р.1887), с. Элэсун.

22. ПМА 2- Экспедиция в Баргузинский и Курумканский р-ны Республики Бурятия, июль-август 1978 г., июль 1979 г. Информаторы: Цырма Батаева(р.1893), с. Баянгол; Вера Санжиева(р.1920), с. Барагхан.

23. ПМА 3- Экспедиция в Закаменский р-н Республики Бурятия, август 1979 г. Информатор: И.Ш. Цыренов(р.1908), с. Утатуй.

24. ПМА 4- Экспедиция в Усть-Алданский р-н Республики Саха(Якутия), сентябрь 1987 г. Информаторы: Н.Д. Бурцев(р.1917), М.В. Пухова(р.1926), с. Борогонцы.

25. ПМА 5- Экспедиция в Республику Хакасия, август 1988 г. Информаторы: А.И. Павлутов(р.1910), А.В. Курбыжекова(р.1913), Дом для престарелых и инвалидов, г. Абахан.

26. ПМА 6- Экспедиция в Автономный район Внутренняя Монголия КНР, сентябрь 1998 г., август 2001 г., июль 2005 г., июль 2007 г. Информаторы: Бодонгуд Абида(р.1915), Хөх-Мөрөн(р.1941), г. Хайлар; Содцэцэн(р.1922), Шилин-Гольский аймак; Ялалт(р.1950), г. Хух-хот.

27. ПМА 7- Экспедиция в Хэнтэйский аймак Монголии, август 2001 г. Информатор: Зондийн Жамба(р.1923), Норовлин сум.

28. ПМА 8- Экспедиция в Хулун-Буирский аймак АРВМ КНР, сентябрь 2001 г. Информаторы: Дандар(р.1936), г. Маньчжурия; Дугаржаб(р.1910), г. Хайлар.

29. ПМА 9- Экспедиция в Ольхонский и Качугский р-ны Иркутской обл., сентябрь 2002 г. Информаторы: А.А. Тыхеев(р.1924), с. Еланцы; С.А. Хамарханова(р.1932), с. Магдан.

30. ПМА 10- Экспедиция в Хубсугульский аймак Монголии, сентябрь 2006 г., июль 2008 г. Информаторы: Сэнгэдорж(р.1932), сомон Улаан Уул; Жигжии(р.1937), Баатар(р.1934), сомон Ренчинлхумбо; Дуужэй(р.1956), Даримаа(р.1958), Батсурен(р.1935), сомон Хаттал.

31. ПМА 11-Экспедиция в Тибетский автономный район КНР, сентябрь 2007 г. Информаторы: Тубден(р.1946); Чжуе Го(р.1959), г. Лхаса.

Литература

На русском языке

32. Абаев 1949- Абаев В.Н. Осетинский язык и фольклор. М.-Л., 1949.

33. Абдыкалыков 1963- Абдыкалыков А. О термине «буруты» // Сов. этнография. 1963, №1.

34. Абрамзон 1971- Абрамзон С.М. Киргизы и их этногенетические и историко-культурные связи. Л., 1971.

35. Абулгачи- Абулгачи-баядур-хан. Родословная история о татарах. Т. 1. Императорская Академия наук.

36. Авляев 2002- Авляев Г.О. Происхождение калмыцкого народа. Элиста, 2002.

37. Алексеев 1985- Алексеев В.П. Человек. Эволюция и таксономия. Некоторые теоретические вопросы. М., 1985.

38. Алтайцы 2005- Алтайцы(Материалы по этнической истории). Горно-Алтайск, 2005.

39. Алтан тобчи 1858- Алтан тобчи. Монгольская летопись в подлинном тексте и переводе с приложением калмыцкого текста истории Убаши-хунтайджия и его войны с ойратами. Перевод ламы Галсана Гомбоева // Труды Восточного отделения Императорского археологического общества. Ч. 6. СПб., 1894.

40. Аристов 1894- Аристов Н. Опыт выяснения этнического состава киргиз-казаков Большой орды и кара-киргизов // Живая старина. Вып. 3-4. СПб., 1984.

41. Аристов 1896- Аристов Н.А. Заметки об этническом составе тюркских племен и народностей и сведения об их численности // Живая старина. Вып. 3-4. СПб., 1896.

42. Артамонов 1971- Артамонов М.И. Скифо-сибирское искусство звериного стиля(основные этапы и направления). Проблемы скифской археологии. М., 1971.

43. Арутюнов, Сергеев 1975- Арутюнов С.А., Сергеев Д.А. Проблемы этнической истории Берингоморья. Эквенский могильник. М., 1975.

44. Арутюнов, Чебоксаров 1972- Арутюнов С.А., Чебоксаров Н.Н. Передача информации как механизм существования этносоциальных и биологических групп человечества // Расы и народы. Вып. 6. М., 1972.

45. Асеев 1980- Асеев И.В. Прибайкалье в средние века. Новосиб., 1980.

46. Бабуев 1993- Бабуев С.Д. Из родословных закаменских бурят. Закаменск, 1993.

47. Багдарыын 2004- Багдарыын Сюлбэ. Топонимика Якутии. Якутск, 2004.

48. Бадмаева 1987- Бадмаева Л.Б. Формы множественности в языке летописи Вандана Юмсунова. Грамматическое своеобразие бурятского языка. Улан-Удэ, 1987.

49. Базарова 1995- Базарова Б.З. О русских переводах названия "Юань-чао миши" // "Тайная история монголов": источниковедение, история, филология. Новосиб., 1995.

50. Бакунин 1995- Бакунин В.М. Описание калмыцких народов, а особливо из них торгоутского, и поступков их ханов и владельцев. Сочинение 1761 года. 2-е изд. Элиста, 1995.

51. Балдаев 1959- Балдаев С.П. Бурятские свадебные обряды. Улан-Удэ, 1959.

52. Балдаев 1961- Балдаев С.П. Избранное. Улан-Удэ, 1961.

53. Балдаев 1970- Балдаев С.П. Родословные легенды и предания бурят. Улан-Удэ, 1970.

54. Балданжапов 1970- Балданжапов П.Б. Алтан тобчи. Монгольская летопись XVIII в. Улан-Удэ, 1970.

55. Банзаров 1955- Банзаров Д. Объяснение монгольской надписи на памятнике князя Исунке, племянника Чингис-хана // Банзаров Д. Собрание сочинений. М., 1955.

56. Банзаров 1955- Банзаров Д. О названии Эргэнэ- хон // Банзаров Д. Собрание сочинений. М., 1955.

57. Банзаров 1955- Банзаров Д. О происхождении имени "Монгол" // Банзаров Д. Собрание сочинений. М., 1955.

58. Банзаров 1955- Банзаров Д. Об ойратах и уйгурах // Банзаров Д. Собрание сочинений. М., 1955.

59. Барадин 1927- Барадин Б.Б. Бурят-монголы. Краткий исторический очерк оформления бурят-монгольской народности // Бурятиеведение. 1927, #3-4.

60. Баранов 1907- Материалы по Маньчжурии и Монголии. Словарь монгольских терминов. Составил Заамурского округа ротмистр Баранов. Харбин, 1907.

61. Бартольд 1963- Бартольд В.В. Чингиз-хан и монголы // Бартольд В.В. Сочинения. Т. 1. М., 1963.

62. Баторов 1927- Баторов П.П. Культ орла у северобайкальских бурят // Бурятиеведение. 1927. #3-4.

63. Белевы 1776- Белевы путешествия чрез Россию в разные асиятские земли;

а именно: в Испаган, в Пекин, в Дербент и Константинополь. Пер. с франц. Михайло Попов. Часть первая. СПб., 1776.

64. Берент 2000- Берент М. Безгосударственный полис: раннее государство и древнегреческое общество // Альтерьнативные пути к цивилизации. М., 2000.

65. Бертагаев 1958- Бертагаев Т.А. Об этимологии слов баргуджин, баргут и туркум // Филология и история монгольских народов. М., 1958.

66. Бертагаев 1958- Бертагаев Т.А. Об этнонимах бурят и курикан // Этнонимы. М., 1970.

67. Билэгт 1993- Билэгт Л. Гипотеза о времени ухода монголов в Эргунэ-кун // Этническая история народов Южной Сибири и Центральной Азии. Новосиб., 1993.

68. Билэгт 1995а- Билэгт Л. К вопросу о достоверности родословной Чингис-хана // Археологийн судлал. Т. XV, fasc. 1-11. Улаанбаатар, 1995.

69. Билэгт 1995б- Билэгт Л. К вопросу уточнения местоположения Эргунэ-куна // Туухийн судлал. Т. XXVII-XXVIII, fasc. 9. Улаанбаатар, 1995.

70. Билэгт 1997- Билэгт Л. О происхождениях этнонима , "монгол" // Угсаатны судлал. Studia Ethnologica. Т. XI, fasc. 1-17. Улаанбаатар, 1997.

71. Билэгт 1999- Билэгт Л. Род и племя в устной истории монголов. Археологийн судлал. Т. XIX, fasc. 1-16. Улаанбаатар, 1999.

72. Бира 1978- Бира Ш. Монгольская историография(XIII-XVII вв.). М., 1978.

73. Бичурин 1950а- Бичурин Н.Я.(Иакинф). Собрание сведений о народах, обитавших в Средней Азии в древние времена. Т. 1. М.-Л., 1950.

74. Бичурин 1950б- Бичурин Н.Я.(Иакинф). Собрание сведений о народах, обитавших в Средней Азии в древние времена. Т. 2. М.-Л., 1950.

75. Богданов 1916- Богданов М.Н. Из истории бурят(Историко-этнографический очерк) // Записки Западно-Сибирского Отдела Императорского Русского географического общества. Т. XXXVIII. Посвящается Григорию Николаевичу Потанину по случаю 80-летия его жизни. Омск, 1916.

76. Богданов 1926- Богданов М.Н. Очерки истории бурят-монгольского народа. Верхнеудинск, 1926.

77. Богораз 1934- Богораз В.Г. Чукчи. Ч. I. Л., 1934.

78. Боло 1938- Боло С.И. Прошлое якутов до прихода русских на Лену(по преданиям якутов бывшего Якутского округа) // Сборник трудов научно-исследовательского института языка и культуры при СНК СССР. Вып. 4. Москва-Якутск, 1938.

79. Болхосоев 2006- Болхосоев С.Б. К проблеме этимологии этнонима "бурят" // Актуальные проблемы монголоведения. Санжеевские чтения-6. Улан-Удэ,

2006.

80. Боржимский 1915- Боржимский Ф. Краткое историко-географическое и статистическое описание Хулунбуирской области // Известия Восточно-Сибирского отдела Императорского Русского Географического Общество. Т. 44. Иркутск, 1915.

81. Боялиева 1972- Боялиева Т.Д. Доисламские верования и их пережитки у киргизов. Фрунзе, 1972.

82. Бромлей 1973- Бромлей Ю.В. Этнос и этнография. М., 1973.

83. Бромлей 1981- Бромлей Ю.В. Современные проблемы этнографии. М., 1981.

84. Бромлей 1983- Бромлей Ю.В. Очерки теории этноса. М., 1983.

85. Бромлей 1987- Бромлей Ю.В. Этносоциальные процессы: теория, история, современность.

86. Будаев 1995- Будаев Будажаб. История возникновения шести Селенгинского родов // Бурятские летописи. Улан-Удэ, 1995.

87. Будаев 1965- Будаев Ц.Б. Цонгольский говор // Исследование бурятских говоров. Вып. 1. Улан-Удэ, 1965.

88. Буряты 2004- Буряты. Серия "Народы и культуры". М., 2004.

89. Бутанаев 1986- Бутанаев В.Я. Почитание тесей у хакасов // Традиционная культура народов Центральной Азии. Новосиб., 1986.

90. Бутанаев 1990- Бутанаев В.Я. Этническая история хакасов XVII-XIX вв. Материалы к сер. "Народы Советского Союза". Вып. 3. Хакасы. М., 1990.

91. Бутанаев, Бутанаева 2001- Бутанаев В.Я., Бутанаева И.И. Хакасский исторический фольклор. Абакан, 2001.

92. Вайнштейн 1972 - Вайнштейн С.И. Историческая этнография тувинцев. М., 1972.

93. Вайнштейн 1980- Вайнштейн С.И. Происхождение саянских оленеводов(проблемы этногенеза тувинцев-тоджинцев) // Этногенез народов Севера. М., 1980.

94. Валиханов 1958- Валиханов Ч.Ч. Избранные произведения. Алма-Ата, 1958.

95. Варламова 2004- Варламова(Кэптукэ) Г.И. Мировоззрение эвенков. Отражение в фольклоре. Новосиб., 2004.

96. Васильев 1859- Васильев В.П. История и древности восточной части Средней Азии от X до XIII века с приложением перевода китайских известий о киданях, джурджитах и монголо-татарах // Труды Восточного отделения императорского Русского археологического общества. Ч. IV. СПб., 1859.

97. Васильев 1890- Васильев В.П. К хронологии Чингис-хана и его преемников // Записки Восточного отделения Русского археологического

общества. Т. IV. СПб., 1890.

98. Васильев 1980- Васильев Л.С. Становление политической администрации(от локальной группы охотников и собирателей к протогосударству-чифдом) // Народы Азии и Африки. 1980. # 1.

99. Васильев 2006- Васильев Ю.М. Погребальный обряд покровской культуры(IX-XIII вв. н.э.). Владивосток, 2006.

100. Венгеров и др. 1984- Венгеров А.Б., Куббель Л.Е., Першиц А.И. Этнография и науки о государстве и праве. Вестник Академии наук СССР. # 10. М., 1984.

101. Викторова 1980- Викторова Л.Л. Монголы. Происхождение народа истоки культуры. М., 1980.

102. Владимирцов 1934- Владимирцов Б.Я. Общественный строй монголов. Монгольский кочевой феодализм. Л., 1934.

103. Воробьев 1975- Воробьев М.В. Чжурчжэни и государство Цзинь. М., 1975.

104. Воробьев 1994- Воробьев М.В. Маньчжурия и Восточная Внутренняя Монголия(с древнейших времен до IX в.). Владивосток, 1994.

105. Востров, Муканов 1968- Востров В.В., Муканов М.С. Родоплеменной состав и расселение казахов. Алма-Ата, 1968.

106. Вяткина 1960- Вяткина К.В. Монголы Монгольской Народной Республики // Восточно-Азиатский этнограф. сборник. Тр. института этнографии. Новая серия. Т. 60. М.-Л., 1960.

107. Галданова 1981- Галданова Г.Р. Почитание животных у бурят // Буддизм и традиционные верования народов Центральной Азии. Новосиб., 1981.

108. Галданова 1987- Галданова Г.Р. Доламаистские верования бурят. Новосиб., 1987.

109. Галданова 1992- Галданова Г.Р. Закаменские буряты. Историко-этнографические очерки:(Вторая половина XIX - первая половина XX в.). Новосиб., 1992.

110. Галданова 1996- Галданова Г.Р. Хонгодоры - хонгирады? // Монголо-бурятские этнонимы. Улан-Удэ, 1996.

111. Георги 1799- Георги И. Описание всех обитающих в Российском государстве народов. Часть четвертая. СПб., 1799.

112. Герасимова 1969- Герасимова К.М. Культ обо как дополнительный источник для изучения этнических процессов в Бурятии // Этнографический сборник. Вып. 5. Улан-Удэ, 1969.

113. Гоголев 1993- Гоголев А.И. Якуты. Проблемы этногенеза и формирования культуры. Якутск, 1993.

114. Голстунский 1894- Голстунский К.Ф. Монголо-русский словарь,

составленный проф. Санкт-Петербургского ун-та К.Ф. Голстунским. Т. 2. СПб., 1894.

115. Граков 1971- Граков Б.Н. Скифы. М., 1971.

116. Грумм-Гржимайло 1926- Грумм-Гржимайло Г.Е. Западная Монголия и Урянхайский край. Т. 2. Л., 1926.

117. Груссе 2000- Груссе Р. Чингисхан - покоритель Вселенной. М., 2000.

118. Гумилев 1970- Гумилев Л.Н. Поиски вымышленного царства(Легенды о "государстве пресвитера Иоанна"). М., 1970.

119. Гумилев 1997- Гумилев Л.Н. Древняя Русь и Великая Степь. Кн. I. М., 1997.

120. Гумилев 2004- Гумилев Л.Н. Этносфера. История людей и история природы. М., 2004.

121. Дашибалов 2005- Дашибалов Б.Б. На монголо-тюркском пограничье(этнокультурные процессы в Юго-Восточной Сибири в средние века). Улан-Удэ, 2005.

122. Джарылгасинова 1972- Джарылгасинова Р.Ш. Древние когурёсцы(к этнической истории корейцев). М., 1972.

123. Долгих 1953- Долгих Б.О. Некоторые данные к истории образования бурятского народа // Советская этнография. 1953, # 1.

124. Долгих 1954- Долгих Б.О. Некоторые ошибочные положения в вопросе об образовании бурятского народа // Сов. этнография. 1954, # 1.

125. Долгих 1960- Долгих Б.О. Родовой и племенной состав народов Сибири в XVII в. М., 1960.

126. Дондуков 1990- Дондуков У.-Ж.Ш. Этимологические разыскания названий топонимов и гидронимов Тугнуйской долины, связанных с историей аборигенов края // Исследования по ономастике Прибайкалья. Улан-Удэ, 1990.

127. Дугаров 199- Дугаров Д.С. К проблеме происхождения хонгородов // Этническая история народов Южной Сибири и Центральной Азии. Новосиб., 1993.

128. Дугаров 2006- Дугаров Д.С. Этимология этнонима "бурят"(к проблеме происхождения бурятского народа) // Актуальные проблемы монголоведения. Санжеевские чтения-6. Улан-Удэ, 2006.

129. Дюби 1991- Дюби Ж. Развитие исторических исследований во Франции после 1950 г. // Одиссей. Человек в истории. Культурно-антропологическая история сегодня. М., 1991.

130. Д'Оссон 1937- Д'Оссон К. История монголов от Чингиз-хана до Тамерлана. Чингиз-хан. Т. 1 / Пер. и предисл. проф. Н. Козьмина. Иркутск, 1937.

131. Е Лун-ли 1979- Е Лун-ли. История государства киданей(Цидань го чжи) / Пер. с кит., введ., коммент. и прил. В.С. Таскана. М., 1979.

132. Егунов 1984- Егунов Н.П. Прибайкалье в древности и проблема происхождения бурятского народа. Ч. I. Улан-Удэ, 1984.

133. Еремеев 1970- Еремеев Д.Е. К семантике тюркской этнонимии // Этнонимы. М., 1970.

134. Есбергенов 2000- Есбергенов X. Обряды и верования каракалпаков, относящиеся к юрте // Кочевое жилище народов Средней Азии и Казахстана. М., 2000.

135. Жуковская 1988- Жуковская Н.Л. Категории и символика традиционной культуры монголов. М., 1988.

136. Жуковская 1990- Жуковская Н.Л. Судьба кочевой культуры. Рассказы о Монголии и монголах. М., 1990.

137. Залкинд 1956- Залкинд Е.М. К вопросу об образовании бурят-монгольской народности // Записки Бурят-Монгольского научно-исследовательского института культура. Т. XXII. Улан-Удэ, 1956.

138. Залкинд 1958- Залкинд Е.М. Присоединение Бурятии к России. Улан-Удэ, 1958.

139. Зеленин 1936- Зеленин Д.К. Культ онгонов в Сибири. М.-Л., 1936.

140. Зориктуев 1989- Зориктуев Б.Р. Этническая ситуация в Прибайкалье во второй половине I тыс. - первой половине II тыс. н.э. // Материалы по средневековой археологии Дальнего Востока и Забайкалья. Владивосток, 1989.

141. Зориктуев 1993- Зориктуев Б.Р. О возникновении производящего хозяйства в Прибайкалье // Из истории хозяйства и материальной культуры тюрко-монгольских народов. Новосиб., 1993.

142. Зориктуев 2002- Зориктуев Б.Р. Ещё раз о семантике имен Бортэ-Чино и Хоай-Марал // Төв Азийн нүүдэлчдийн угсаатны түүхийн асуудал. Улаанбаатар, 2002.

143. Зориктуев 2005- Зориктуев Б.Р. О протомонгольской и прототюркской общностях в Центральной Азии(по материалам письменных источниковедения) // Древние кочевники Центральной Азии(история, культура, наследие). Материалы международной научной конференции. Улан-Удэ, 2005.

144. Зуев 1970- Зуев Ю.А. Киргизы-буруты(к вопросу о тотемизме и принципах этнонимообразования) // Советская этнография. 1970, # 4.

145. Идес, Бранд 1967- Избрант Идес, Адам Бранд. Записки о русском

посольстве в Китай(1692-1695). Вступ. статья, пер. и коммент. М.И. Казанина. М., 1967.

146. Ионов 1913- Ионов В.М. Орел по воззрениям якутом // Сборник музея антропологии и этнографии. Вып. 16. СПб., 1913.

147. Историко-этнографический атлас 1961- Историко-этнографический атлас Сибири. М.-Л., 1961.

148. Историческая энциклопедия 2009- Историческая энциклопедия России. К-Р. Новосиб., 2009.

149. История БМАССР 1954- История Бурят-Монгольской АССР. 2-е изд. Т. 1. Улан-Удэ, 1954.

150. История Востока 2000- История Востока. Восток в средние века. Т. II. М., 2000.

151. История Восточного Забайкалья 2001- История Восточного Забайкалья. Читинская область. Иркутск, 2001.

152. История коряков 1993- История и культура коряков. СПб., 1993.

153. История ментальностей 1996- История ментальностей, историческая антропология. Зарубежные исследования в обзорах и рефератах. М., 1996.

154. История МНР 1983- История Монгольской Народной Республики. М., 1983.

155. История первобытного 1988- История первобытного общества. Эпоха классообразования. М., 1988.

156. История РА 2002- История Республики Алтай. Древность и средневековье. Т. 1. Горно-Алтайск, 2002.

157. История Сибири 1968- История Сибири. Т. 1. Л., 1968.

158. История Тувы 1964- История Тувы. Т. 1. М., 1964.

159. История Тувы 2001- История Тувы. Т. 1. Изд-е второе, переработанное и дополненное. Новосиб., 2001.

160. История ЯАССР 1955- История Якутской АССР. Т. 1. М.-Л., 1955.

161. Ишжамц 1975- Ишжамц Н. Обычаи и нравы монголов XII-XIV вв. // Studia Mongolica. Tom. II. Fasc 1-17. Ulan-Bator, 1975.

162. Карнейро 2000- Карнейро Р. Процесс или стадии: ложная дихотомия в исследовании истории возникновения государства // Альтернативные пути к цивилизации. М., 2000.

163. Карпини, Рубрук 1911- Иоанн де Плано Карпини. История Монгалов. Вильгельм де Рубрук. Путешествие в восточные страны. Введ., пер. и прим. А.И. Малеина. СПб., 1911.

164. Керейтов 1999- Керейтов Р.Х. Этническая история ногайцев(к проблеме

этногенетических связей ногайцев). Ставрополь, 1999.

165. Кляшторный 1965- Кляшторный С.Г. Проблемы ранней истории племени Турк(Ашина) // Материалы и исследования по археологии СССР. 1965, # 130.

166. Кляшторный, Султанов 2000- Кляшторный С.Г., Султанов Т.И. Государства и народы Евразийских степей. Древность и средневековье. СПб., 2000.

167. Ковалевский 1846- Ковалевский О. Монгольско-русско-французский словарь, составленный проф. О. Ковалевским. Т. 2. Казань, 1846.

168. Ковычев 1984- Ковычев Е.В. История Забайкалья. I - сер. II тыс. н.э. Иркутск, 1984.

169. Ковычев, Яремчук 2003- Ковычев Е.В., Яремчук О.А. Древние монголы и проблема Эргунэ-куна // Чингисхан и судьбы народов Евразии. Материалы международной научной конференции. Улан-Удэ, 2003.

170. Козин 1941- Козин С.А. Сокровенное сказание. Монгольская хроника 1240 г. Введение в изучение памятника, перевод, тексты, глоссарии. М.-Л., 1941.

171. Козлов 1962- Козлов В.И. Динамика численности народов. М., 1962.

172. Козьмин 1934- Козьмин Н.Н. К вопросу о турецко-монгольском феодализме. Москва-Иркутск, 1934.

173. Колесницкий 1978- Колесницкий Н.Ф. Донациональные этнические общности(по материалам средневековой Германии) // Расы и народы. М., 1978.

174. Коновалов 1999- Коновалов П.Б. Этнические аспекты истории Центральной Азии(древность и средневековье). Улан-Удэ, 1999.

175. Коротаев 2000- Коротаев А.В. Племя как форма социально-политической организации сложных непервобытных обществ(в основном по материалам Северо-Восточного Йемена) // Альтернативные пути к цивилизации. М., 2000.

176. Крадин 1992- Крадин Н.Н. Кочевые общества(проблемы формационной характеристики). Владивосток, 1992.

177. Крадин 1995- Крадин Н.Н. Вождество: современное состояние и проблемы изучения // Ранние формы политической организации: от первобытности к государственности. М., 1995.

178. Крадин 1995б- Крадин Н.Н. Трансформация политической системы от вождества к государству: монгольский пример, 1180(?)-1206. Альтернативные пути к ранней государственности. Владивосток, 1995.

179. Крашенинников 1949- Крашенинников С.П. Описание земли Камчатки. Изд. З. М., 1949.

180. Крижанич 1822- Крижанич Юрий. Повествование о Сибири. Латинская рукопись XVII столетия, изданная с российским переводом и примечаниями Григорием Спасским. СПб., 1822.

181. Крюков и др. 1978- Крюков М.В., Сафонов М.В., Чебоксаров Н.Н. Древние китайцы: проблемы этногенеза. М., 1978.

182. Ксенофонтов 1937- Ксенофонтов Г.В. Ураангхай-сахалар. Очерки по древней истории якутов. Т. 1. Иркутск, 1937.

183. Ксенофонтов 1977- Ксенофонтов Г.В. Эллэйада. Материалы по мифологии и легендарной истории якутов. М., 1977.

184. Кубарев 2007- Кубарев В.Д. Случайная находка в логу Бураты(Восточный Алтай) // Nota Bene. Вып. 1 Случайная находка. Сб. науч. трудов. Новосиб., 2007.

185. Кудрявцев 1940- Кудрявцев Ф.А. История бурят-монгольского народа(от XVII в. до 60-х гг. XIX в.). М., 1940.

186. Кызласов 1975- Кызласов Л.Р. Ранние монголы(к проблеме истоков средневековой культуры) // Сибирь, Центральная и Восточная Азия в средние века. Новосиб., 1975.

187. Кызласов 1984- Кызласов Л.Р. История Южной Сибири в средние века. М., 1984.

188. Кычанов 1980- Кычанов Е.И. Монголы в VI - первой половине XII в. // Дальний Восток и соседние территории в средние века. История и культура востока Азии. Новосиб., 1980.

189. Кюнер 1961- Кюнер Н.В. Китайские известия о народах Южной Сибири, Центральной Азии и Дальнего Востока. М., 1961.

190. Линденау 1983- Линденау Я.И. Описание народов Сибири(первая половина XVIII в.). Магадан, 1983.

191. Линь Кюн-и, Мункуев 1960- Линь Кюн-и, Мункуев Н.Ц. Краткие сведения о черных татарах // Проблемы востоковедения. 1960, # 5.

192. Лубсан Данзан 1973- Лубсан Данзан. Алтан тобчи("Золотые сказание"). Пер. с монг., введ., коммент. и прилож. Н.П. Шастиной. М., 1973.

193. Лувсанвандан 1983- Лучсанвандан Д. Концепция красоты человека в одном монгольском трактате // Искусство и культура Монголии и Центральной Азии. Докл. и сообщ. Всесоюз. науч. конф. М., 1983.

194. Лурье 1998- Лурье С.В. Историческая этнология. Уч. пособие для вузов. М., 1998.

195. Майдар 1981- Майдар Д. Памятники истории и культуры Монголии. Вып. VIII. М., 1981.

196. Малзурова 2006- Малзурова Л.Ц. Легенды и предания хонгодоров. Улан-Удэ, 2006.

197. Малявкин 1974- Малявкин А.Г. Материалы по истории уйгуров в IX-XII

вв. Новосиб., 1974.

198. Малявкин 1981– Малявкин А.Г. Историческая география Центральной Азии(материалы и исследования). Новосиб., 1981.

199. Манжигеев 1978– Манжигеев И.А. Бурятские шаманистические и дошаманистические термины. Опыт атеистической интерпретации. Новосиб., 1978.

200. Медведев 1984– Медведев В.Е. К вопросу о средневековой народности мэнгу// Археология юга Сибири и Дальнего Востока. Новосиб., 1984.

201. Мелетинский 1979– Мелетинский Е.М. Палеоазиатский мифологический эпос. Цикл Ворона. М., 1979.

202. Мельхеев 1969а– Мельхеев М.Н. Географические названия Восточной Сибири, Иркутской и Читинской областей. Иркутск, 1969.

203. Мельхеев 1969б– Мельхеев М.Н. Топонимика Бурятии. Улан-Удэ, 1969.

204. Миллер 1750– Миллер Г.Ф. Описание Сибирского царства и всех произшедших в нем дел, от начала а особливо от покорения его Российской державе по сии времена. Книга первая. СПб., 1750.

205. Миллер 1937– Миллер Г.Ф. История Сибири. Т. 1. М.-Л., 1937.

206. Митрошкина 1987– Митрошкина А.Т. Бурятская антропонимия. Новосиб., 1987.

207. Михайлов 1983– Михайлов Г.И. Мифы в исторических сочинениях XIII-XIX вв. монгольских народов // Фольклор и историческая этнография. М., 1983.

208. Михайлов 1976– Михайлов Т.М. Заметки о топонимах Усть-Ордынского национального округа // Ономастика Бурятии. Улан-Удэ, 1976.

209. Михайлов 1980– Михайлов Т.М. Из истории бурятского шаманизма(с древнейших времен по XVIII в.). Новосиб., 1980.

210. Михайлов 1987 Михайлов Т.М. Бурятия накануне присоединения к России // Актуальные проблемы истории Бурятии. Улан-Удэ, 1987.

211. Михайлов 1990 Михайлов Т.М. Бурятия в период создания единого Монгольского государства // Актуальные проблемы истории Бурятии. Улан-Удэ, 1990.

212. Мифологический словарь 1991– Мифологических словарь / Гл. ред. Е.М. Мелетинский. М., 1991.

213. Молдабаев 1989– Молдабаев И.Б. Этническая и культурная общность киргизов с народами Саяно-Алтая // Вопросы этнической истории киргизского народа. Фрунзе, 1989.

214. Молдабаев 1993– Молдабаев И.Б. Устные рассказы о кыргызах у народов Сибири(к вопросу об этногенезе киргизов) // Этническая история народов

Южной Сибири и Центральной Азии. Новосиб., 1993.

215. Молдабаев 2006- Молдабаев И.Б. Монгольские компоненты в этническом составе кыргызов // Тов Азийн ннудэлчийн угсаа-соёл, амьдралын хэв маяг. Улаанбаатар, 2006.

216. Монгольско-русский 1894- Монгольско-русский словарь, составленный профессором Санкт-Петербургского университета К.Ф. Голстунским. Т. 2. СПб., 1894.

217. Мункуев 1970- Мункуев Н.Ц. Некоторые проблемы истории монголов XIII в. по новым материалам. Исследование южносунских источников. Автореф. докт. дисс. М., 1970.

218. Мункуев 1977- Мункуев Н.Ц. Заметки о древних монголах. Татаро-монголы в Азии и Европе. М., 1977.

219. Мунхцэцэг 2006- Мунхцэцэг М. Психологический портрет Чингис-хана // Mongolica. An International Annual of Mongol Studies. Vol. 18(39), 2006. A Special Issue Containing the Papers of the 9th International Congress of Mongolists Convened under the Patronage of N. Enkhbayar, President of Mongolia(8-12 August, 2006, Ulaanbaatar). Ulaanbaatar, 2006.

220. Мэн-гу-ю-му-цзи 1895- Мэн-гу-ю-му-цзи("Записки о монгольских кочевьях"). Пер. с кит. П.С. Попова. СПб., 1895.

221. Мэн-да бэй-лу 1975- Мэн-да бэй-лу("Полное описание монголо-татар"). Факс. ксилографа. Пер. с кит. введ., коммент. и прилож. Н.Ц. Мункуева. М., 1975.

222. Нанзатов 2005- Нанзатов Б.З. Этногенез западных бурят(VI-XIX вв.). Иркутск, 2005.

223. Народы 1965- Народы Восточной Азии. Серия "Народы мира". Этнографические очерки. М.-Л., 1965.

224. Нестеров 1998- Нестеров С.П. Народы Приамурья в эпоху раннего средневековья. Новосиб., 1998.

225. Никонов 1966- Никонов В.А. Краткий топонимический словарь. М., 1966.

226. Никонов 1970- Никонов В.А. Этнонимия // Этнонимы. М., 1970.

227. Нимаев 1988- Нимаев Д.Д. Проблемы этногенеза бурят. Новосиб., 1988.

228. Нимаев 1990- Нимаев Д.Д. Об интерпретации некоторых сюжетов из "Сокровенного сказания" // Актуальные проблемы истории Бурятии. Улан-Удэ, 1990.

229. Нимаев 1993- Нимаев Д.Д. О средневековых хори и баргутах // Этническая история народов Южной Сибири и Центральной Азии. Новосиб., 1993.

230. Нимаев 2000-Нимаев Д.Д. Буряты: этногенез и этническая история. Улан-

Удэ., 2000.

231. Номинханов 1962- Номинзанов Ц.Д. Монгольские элементы в этнонимике и топонимике Узбекской ССР // Записки Калмыцкого НИИЯЛИ. Вып. 2. Элиста, 1962.

232. Окладников 1937- Окладников А.П. Очерки из истории западных бурят-монголов(XVII-XVIII вв.). Л., 1937.

233. Окладников 1958- Окладников А.П. Археологические данные о появлении первых монголов в Прибайкалье // Филология и история монгольских народов. М., 1958.

234. Окладников 1960- Окладников А.П. Бурхотуйская культура железного века в Юго-Западном Забайкалье // Труды Бурятского комплексного научно-исследовательского института. Сер. востоковедная. Вып. 3. Улан-Удэ, 1960.

235. Окладников, Медведев 1974- Окладников А.П., Медведев В.Е. Чжурчжэни Приамурья по данным археологии // Проблемы Дальнего Востока. 1974. №4.

236. Очерки 2008 - Очерки истории Хакасии(с древнейших времен до современности.

237. Павлинская 2006 - Павлинская Л.Р. К проблеме изучения этногенетических процессов на территории Юго-Восточной Сибири // Этнографическое обозрение. 2006, # 6.

238. Павлинская 2008 - Павлинская Л.Р. Буряты. Очерки этнической истории(XVII-XIX вв.). СПб., 2008.

239. Павлов 2006 - Павло Е.В. К этимологии этнонимов уруснут, хонгоодор и саган // Ономастическое пространство и национальная культура. Улан-Удэ, 2006.

240. Павлов 2007- Павлов Е.В. Культ "хозяина" истока Ангары Ама Саган ноёна: к проблемам ареальной вариативности, семантики и генезиса // В мире традиционной культуры бурят. Вып. 2. Улан-Удэ, 2007.

241. Паллас 1788- Паллас Петр Симон. Путешествие по разным провинциям Российского государства. Часть третья, половина первая. 1772 и 1773 годов. Перевел Василий Зуев. СПб., 1788.

242. Панкратов 1962- Панкратов Б.И. Юань-Чао Би-Ши(Секретная история монголов). Текст. Изд. текста и пред. Б.И. Панкратова. Т. 1. М., 1962.

243. Пекарский 1909- Пекарский Э.И. Словарь якутского языка. Вып. 2. СПб., 1909.

244. Подробности 1891- Подробности о сибирской жизни и последних днях Дорджи Банзарова. Письмо И.С. Сельского к П.С. Савельеву // Черная вера или шаманство у монголов и другие статьи Д. Банзарова. СПб., 1891.

245. Позднеев 1880- Позднеев А.М. Образцы народной литературы монгольских племен. Вып. 1. СПб., 1880.

246. Позднеев 1883- Позднеев А.М. Монгольская летопись "Эрдэнийн эрихэ" с пояснениями, заключающими в себе материалы по истории Халхи с 1636 г. по 1736 г. СПб., 1883.

247. Попов 1986- Попов Г.В. Слова "неизвестного происхождения" якутского языка(сравнительно-историческое исследование). Якутск, 1986.

248. Потанин 1881- Потанин Г.Н. Очерки Северо-Западной Монголии. Вып. II. СПб., 1881.

249. Потанин 1883- Потанин Г.Н. Очерки Северо-Западной Монголии. Вып. III. СПб., 1883.

250. Потанин 1883а- Потанин Г.Н. Очерки Северо-Западной Монголии. Вып. IV. СПб., 1883.

251. Потапов 1935- Потапов Л.П. Следы тотемистических представлений у алтайцев // Советская этнография. 1935, # 4.

252. Потапов 1953- Потапов Л.П. Очерки по истории алтайцев. М.-Л., 1953.

253. Потапов 1959- Потапов Л.П. Из истории ранних форм семьи и религиозных представлений // Советская этнография. 1959, # 2.

254. Потапов 1966- Потапов Л.П. Этноним "теле" и алтайцы // Тюркологический сборник. М., 1966.

255. Потапов 1969- Потапов Л.П. Этнический состав и происхождение алтайцев. Л., 1969.

256. Пубаев 1974- Пубаев Р.Е. Материалы по истории монголов в труде "Пагсам-Чжонсан" Ешей Балчжора // Исследования и материалы по Монголии. Улан-Удэ, 1974.

257. Пубаев 1981- Пубаев Р.Е. "Пагсам-чжонсан" - памятник тибетской историографии XVIII века. Новосиб., 1981.

258. Путешествие 1882- Путешествие через Сибирь от Тобольска до Нерчинска и границ Китая Русского посланника Николая Спафария в 1675 г. Дорожный дневник Спафария с введ. и прим. Ю.В. Арсеньева. СПб., 1882.

259. Радлов 1907- Радлов В.В. Образцы народной литературы тюркских племен. Ч. IX. СПб., 1907.

260. Рашид-ад-дин 1952а- Рашид-ад-дин. Сборник летописей. Т. 1. кн. 1. М.-Л., 1952.

261. Рашид-ад-дин 1952б- Рашид-ад-дин. Сборник летописей. Т. 1. кн. 2. М.-Л., 1952.

262. Россаби 2009 - Россаби М. Золотой век империи монголов. Жизнь и эпоха.

СПб., 2009.

263. Ру 2009- Ру Ж.-П. История империи монголов. Улан-Удэ, 2006.

264. Румянцев 1953 - Румянцев Г.Н. К вопросу о происхождении бурят-монгольского народа // Зап. Бурят-Монгольского научно-исследовательского института культуры. Вып. XVII. Улан-Удэ, 1953.

265. Румянцев 1956 - Румянцев Г.Н. Баргузинские летописи. Улан-Удэ, 1956.

266. Румянцев 1961 - Румянцев Г.Н. Предания о происхождении аларских бурят // Этнографический сборник. Вып. 2. Улан-Удэ, 1961.

267. Румянцев 1962а - Румянцев Г.Н. Происхождение хоринских бурят. Улан-Удэ, 1962.

268. Румянцев 1962б - Румянцев Г.Н. Селенгинские буряты // Материалы по истории и филологии Центральной Азии. Вып. 2. Улан-Удэ, 1962.

269. Румянцев, Викторова 1968 - Румянцев Г.Н., Викторова Л.Л. Буряты // История Сибири. Л., 1968.

270. Рыкин 2002- Рыкин П.О. Создание монгольской идентичности: термин "монгол" в эпоху Чингис-хана // Вестник Евразии. Независимый научный журнал. М., 2002, # 1(16).

271. Савинов 1973- Савинов Д.Г. К вопросу этногеографии севера Центральной Азии в предмонгольское время // Проблемы отечественной и всеобщей истории. Вып. 2. Л., 1973.

272. Савинов 1984- Савинов Д.Г. Народы Южной Сибири в древнетюркскую эпоху. Л., 1984.

273. Савинов 1989- Савинов Д.Г. Археологические данные о связях енисейских и тянь-шаньских кыргызов в конце I - начале II тыс. н.э. // Вопросы этнической истории киргизского народа. Фрунзе, 1989.

274. Савинов 1995- Савинов Д.Г. О циклическом характере распространения традиций в средневековых культурах Саяно-Алтайского нагорья // Культурные традиции народов Сибири и Америки: преемственность и экология(горизонты комплексного изучения). Чита, 30 июня - 6 июля 1994 г. Материалы - Abstracts. Чита, 1995.

275. Савинов, Длужневская 2008- Савинов Д.Г., Длужневская Г.В. Экология и культура раннесредневековых обществ Центральной Азии и Южной Сибири. СПб., 2008.

276. Садохин 2002- Садохин А.П. Этнология. Уч. словарь. М., 2002.

277. Сайшиял 2006 Сайшиял. Сказание о Чингисхане. Пер. со старомонг. Норпола Очирова. Улан-Удэ, 2006.

278. Сандаг 1977- Сандаг Ш. Образование единого монгольского государства и

Чингисхан // Татаро-монголы в Азии и Европе. М., 1977.

279. Санжеев 1929- Санжеев Г.Д. Песнопения аларских бурят // Зап. Коллегии востоковедов. Вып. 2. Ч. 3. Л., 1929.

280. Санжеев 1953- Санжеев Г.Д. Сравнительная грамматика монгольских языков. Л., 1953.

281. Санжеев 1983а- Санжеев Г.Д. Заметки по этнической истории бурят // Современность и традиционная культура бурят. Улан-Удэ, 1983.

282. Санжеев 1983б- Санжеев Г.Д. Некоторые вопросы этнонимики в древней истории монгольских народов // Этнические и историко-культурные связи монгольских народов. Улан-Удэ, 1983.

283. Санчиров 1990- Санчиров В.П. "Илэтхэл шастир " как источник по истории ойратов. М., 1990.

284. Сатыбалов 1968- Сатыбалов А.А. Методологические вопросы классификации типов этнических(национальных) общностей // Методологические вопросы общественных наук. Л., 1968.

285. Сборник летописей 1858- Сборник летописей. История монголов. Сочинение Рашид-Эддина. Введение; о турецких и монгольских племенах. Перевод с персидского, я введением и примечаниями И.Н. Березина // Труды Восточного отделения Императорского археологического общества. Ч. 5. СПб., 1858.

286. Сборник летописей 1868- Сборник летописей. История монголов. Сочинение Рашид-Эддина. История Чингиз-хана до восшествия его на престол. Персидский текст с предисловием И.Н. Березина // Труды Восточного отделения Императорского археологического общества. Ч. 13. СПб., 1868.

287. Свод 1986- Свод этнографических понятий и терминов. Социально-экономические отношения социолога личная культура. М., 1986.

288. Свод 1993- Свод этнографических понятий и терминов. Религиозные верования. Вып. 3. М., 1993.

289. Свод 1995- Свод этнографических понятий и терминов. Этнические и этносоциальные категории . Вып. 6. М., 1995.

290. Седякина 1964- Седякина Е.Ф. Курыканы // Древняя Сибирь(макет I тома "Истории Сибири"). Улан-Удэ, 1964.

291. Семенов 1952- Рашид-ад-дин. Сборник летописей. Т. 1. Кн. 1. М.-Л., 1952. С. 77, примеч. 10.

292. Сердобов 1970- Сердобов Н.А. Современное расселение носителей тувинских этнонимов // Уч. записки Тувинского научно-исследовательского института языка, литературы и истории. Вып. XVI. Кызыл, 1970.

293. Симченко 1976- Симченко Ю.Б. Культура охотников на оленей Северной Евразии. Этнографическая реконструкция. М., 1976.

294. Словцов 1886- Словцов П.А. Историческое обозрение Сибири. Кн. 1. СПб., 1886.

295. Содномпилова 2005- Содномпилова М.М. Семантика жилища в традиционной культуре бурят. Иркутск, 2005.

296. Спенсер 2000 - Спенсер Ч. Политическая экономия становления первичного государства // Альтернативные пути к цивилизации. М., 2000.

297. Сравнительный словарь 1975- Сравнительный словарь тунгусо-маньчжурских языков. Материалы к этимологическому словарю. Т. 1. Л., 1975.

298. Старинное китайское сказание 1887- Старинное китайское сказание о Чингисхане. Пер. с кит., с прим. архимандрите Палладия // Восточный сборник. Т. 1. СПб., 1877.

299. Старинное монгольское сказание 1866 - Кафаров 1866 - Кафаров Палладий. Старинное монгольское сказание о Чингис-хане // Труды членов Российской духовной миссии в Пекине. Т. IV. СПб., 1866.

300. Стефаненко 2003- Стефаненко Т.Г. Этнопсихология. 3-е издание, исправленное и дополненное. М., 2003.

301. Стрелов 1936- Стрелов Е.Д. Одежда и украшения якутки в половине XVIII в.(По археологическим материалам) // Советская этнография. 1936, # 2-3.

302. Султанов 1977- Султанов Т.И. Опыт анализа традиционных списков 92 "племен илатийа" // Средняя Азия в древности и средневековье(история и культура). М., 1977.

303. Сухбаатар 1996 - Сухбаатар Г. Монгольские этнонимы дочингисовой эпохи // Монголо-бурятские этнонимы. Улан-Удэ, 1996.

304. Т.С. 1925- Т.С. Байкал // Сибирь. Художественно-литературный и научно-популярный иллюстративный журнал. Новониколаевск, 1925, # 4.

305. Тавадов 2009- Тавадов Г.Т. Этнология. Современный словарь-справочник. М., 2009.

306. Таксами, Косарев 1990- Таксами Ч.М., Косарев В.Д. Кто вы, айны? Очерк истории и культуры. М., 1990.

307. Таскин 1984- Материалы по истории древних кочевых народов группы дунху / Введ., пер. и комм. В.С. Таскина. М., 1984.

308. Токарев 1939- Токарев С.А. Расселение бурятских племен в XVII в. // Зап. Бурят-Монгольского научно-исследовательского института языка, литературы и истории. Вып. 1. Улан-Удэ, 1939.

309. Токарев 1953- Токарев С.А. О происхождении бурятского народа //

Советская этнография. 1953, # 2.

310. Толеубаев 2000- Толеубаев А. Юрта в представлениях, верованиях и обрядах казахов // Кочевое жилище народов Средней Азии и Казахстана. М., 2000.

311. Трощанский 1902- Трощанский В.Ф. Эволюция чёрной веры(шаманства) у якутов // Уч. записки императорского Казанского университета. Кн. 4. Казань, 1902.

312. Туголуков 1986- Туголуков В.А. Межэтнические связи и культура приангарских эвенков в XVII-XVIII вв. // Проблемы этногенеза и этнической истории аборигенов Сибири. Сб. научных трудов. Кемерово, 1986.

313. Урбанаева 1992- Урбанаева И.С. Монгольский мир: человеческое лицо истории. Улан-Удэ, 1992.

314. Уэзэрфорд 2008- Уэзэрфорд Д. Чингисхан и рождение современного мира. Москва-Владимир, 2008.

315. Филлипс 2004- Филлипс Э.Д. Монголы. Основатели империи Великих ханов. М., 2004.

316. Фишер 1774- Фишер И.Е. Сибирская история с самого открытия Сибири до завоевания сей земли российским оружием. СПб., 1774.

317. Фольклор 1999- Фольклор Курумчинской долины. Улан-Удэ, 1999.

318. Хазанов 2002- Хазанов А.М. Кочевники и внешний мир. Алматы, 2002.

319. Хангалов 1958- Хангалов М.Н. Новые материалы о шаманстве у бурят // Хангалов М.Н. Собрание сочинений. Т. 1. Улан-Удэ, 1958.

320. Хангалов 1960- Хангалов М.Н. Хоредой-мэргэн // Хангалов М.Н. Собрание сочинений. Т. III. Улан-Удэ, 1960.

321. Ханхараев 2000- Ханхараев В.С. Буряты в XVII-XVIII вв. Демографическая история и этнические процессы. Улан-Удэ, 2000.

322. Хоанг 1997- Хоанг М. Чингисхан. Ростов-на-Дону, 1997.

323. Храпачевский 2004- Храпачевский Р.П. Военная держава Чингис-хана. М., 2004.

324. Цибиков 1992- Цибиков Б.Д. Обычное право хоринских бурят. Улан-Удэ, 1992.

325. Цыдендамбаев 1972- Цыдендамбаев Ц.Б. Бурятские исторические хроники и родословные. Улан-Удэ, 1972.

326. Цыдендамбаев 1979- Цыдендамбаев Ц.Б. Этническое прошлое закаменских бурят по данным их исторических легенд // Краеведение Бурятии. Улан-Удэ, 1979.

327. Чагдуров 1999- Чагдуров С.Ш. Прародина монголов. Улан-Удэ, 1990.

328. Чебоксаров 1967- Чебоксаров Н.Н. Проблемы типологии этнических общностей в трудах советских ученых // Советская этнография. 1967, # 4.

329. Чернецов 1959- Чернецов В.Н. Представление о душе у обских угров // Тр. Института этнографии АН СССР. Нов. серия. Т. 51. Исследования и материалы по вопросам первобытных религиозных верований. М., 1959.

330. Чеснов 1970- Чеснов Я.Б. О социальной мотивированности древних этнонимов // Этнонимы. М., 1970.

331. Чжэн Индэ 1994- Чжэн Индэ. Новые исследования географии шивэй // Медиевистские исследования на Дальнем Востоке России. Владивосток, 1994.

332. Чингисиана 2009- Чингисиана. Свод свидетельств современников. М., 2009.

333. Членова 1967- Членова Н.Л. Происхождение и ранняя история племен тагарской культуры. М., 1967.

334. Шавкунов 1987- Шавкунов Э.В. Еще раз об этимологии этнонима монгол // Древний и средневековый Восток. М., 1987.

335. Шавкунов, Васильев 1989- Шавкунов Э.В., Васильев Ю.М. Покровская культура Приамурья: проблемы датировки и этнической интерпретации // Материалы по средневековой археологии Дальнего Востока и Забайкалья. Владивосток, 1989.

336. Шерстобоев 1957- Шерстобоев В.Н. Илимская пашня. Т. 2. Илимский край во II–IV четвертях XVIII века. Иркутск, 1957.

337. Шмидт 1835- Шмидт Я. Монгольско-немецко-российский словарь, составленный Я. Шмидтом. СПб., 1835.

338. Штернберг 1936- Штернберг Л.Я. Культ орла у сибирских народов. Первобытная религия в свете этнографии. Л., 1936.

339. Шулунова 1990- Шулунова Л.В. Онимические форманты ойконимов Прибайкалья // Исследования по ономастике Прибайкалья. Улан-Удэ, 1990.

340. Шулунова, Жамсаранова 2003- Шулунова Л.В., Жамсаранова Р.Г. Топонимика Восточного Забайкалья. Чита, 2003.

341. Щеглов 1883- Щеглов Н.В. Хронологический перечень важнейших данных из истории Сибири. 1032-1882 гг. Иркутск, 1883.

342. Щербак 1961- Щербак А.М. Названия домашних и диких животных. Историческое развитие лексики тюркских языков. М., 1961.

343. Эргис 1960- Эргис Г.У. Исторические предания и рассказы якутов. Ч. 1. М.-Л., 1960.

344. Эргис 1974- Эргис Г.У. Очерки по якутскому фольклору. М., 1974.

345. Эрдниев 1980 - Эрдниев У.К. Калмыки. Историко-этнографические

очерки. Элиста, 1980.\

346. Яковлев 1900- Яковлев Е.К. Этнографический обзор инородческого
населения долины Южного Енисея. Минусинск, 1900.

На бурятском языке

347. Тоба-йин 1863- Тоба-йин Тэгүлтүр. Хори хигэд агуйин бурийад-нар-ун
урида-дэгэн бологсан ану // Тр. Института востоковедения АН СССР. Т. 9.
Летописи хоринских бурят. Вып. 1. Хроники Тугултур Тобоева и Вандана
Юмсунова. Текст издал Н.Н. Поппе. М.-Л., 1935.

348. Хубиту-йин 1887- Хобиту-йин Шиирабнинбува. Рос-ун гүрүн-ү зэгүн
Сибиири-йин дотора агчи бурийд хэмэхү йасутан зон-у тэригүн дотора-ача
хори 11 эчигэ-йин бурийад зон-у тэгүхэ эгүни Шиирабнинбува Хубиту-йин
эблэгүлэн бичигсэн булуга //Тр. Института востоковедения АН СССР. Т. 9.
Летописи хоринских бурят. Хроника Шираб Нимбо Хобитуева. М.-Л., 1935.

349. Юмсүн-үн 1875- Юмсүн-үн Вандан. Хори йин арбан нигэн эчигэ-йин
зон-у уг изагур-ун тугужи // Тр. Института востоковедения АН СССР. Т. 9.
Летописи хоринских бурят. Вып. 1. Хроники Тугултур Тобоева и Вандана
Юмсунова. Текст издал Н.Н. Поппе. М.-Л., 1935.

На монгольском языке

350. Алтаноргил 1995- Монголжин Алтаноргил. "Дүчин түмэн монгол улус"
хэмэхү нэрэйидүл-үн судунул. Хөхэхота, 1995.

351. Амар 1984 - Амар А. Монголын товч түүх. Улаанбаатар, 1984.

352. Баатар увш 2006- Баатар увш туурвисан "Дөрвөн ойрадын түүх оршив".
Латин галиг, үгийн цэс үйлдэж кирилл бичгээр хөрвүүлэн удиртгал,
тайлбар бичсэн Б. Түвшинтөгс, На. Сүхбаатар. Улаанбаатар, 2006.

353. Бүгд Найрамдах 1966- Бүгд Найрамдах Монгол Ард Улсын түүх. Тэргүүн
боть. Нэн эртнээс XVII зуун. Улаанбаатар, 1966.

354. Гонгор 1978- Гонгор Д. Халх товчоон. I боть. Халх монголчуудын өвөг
дээдэс ба халхын хаант улс. VIII-XII зуун. Улаанбаатар, 1978.

355. Далай 1996- Далай Ч. Хамаг Монгол улс(1101-1206). Улаанбаатар, 1996.

356. Дугаржаб 1995- Хуасай Дугаржаб. Баргу хөбөгэтү шир-а хушигун-у
ойилалг-а. 1734-1948. Хайлар, 1995.

357. Жун Чан 1981- Жун Чан. Түмэд-үн хубисчу ирэгсэн тэүкэ. Хөхэхота, 1981.

358. Монгол-орос 1957- Монгол-орос толь. Ерөнхийлөн редакторласан А.
Лувсан-дэндэв. М., 1957.

359. Монгол Улсын 2003- Монгол улсын түүх. Дэд боть.(XII-XIV зууны дунд үе).

360. Монгол хэлний 1966- Монгол хэлний товч тайлбар толь. Зохиосон Я. Цэвэл. Улаанбаатар, 1966.

361. Очир 1993- Очир А. Монголын ойрадуудын түүхийн товч. Улаанбаатар, 1993.

362. Очир 2002- Очир А. Халхын арын долоон оттийнхны угсаатны бүрэлдэхүүн, гарал, тархац // Төв Азийн нүүдэлчдийн угсаатны түүхийн асуудал. Улаанбаатар, 2002ю

363. Очир 2003а- Очир А. Засагт хан аймгийн оршин суугчдын овгийн бүрэлдэхүүн, гарвал // Очир А., Гэрэлбадрах Ж. Халхын засагт хан аймгийн түүх. Улаанбаатар, 2,003.

364. Очир 2003б- Очир А. Халх хэмээх угсаатны нэрийг хэрэглэдэг болсон он цагийн асуудалд // Түүхийн сэтгүүл. Том. IV, fasc. 16. Улаанбаатар, 2003.

365. Очир 2008- Очир А. Монголчуудын гарал, нэршил. Улаанбаатар, 2008.

366. Пэрлээ 1969- Пэрлээ Х. Гурван мөрний монголчуудын аман түүхийн мөрийг мөшгөсөн нь // Studia historica. T. fasc. 6. Ulan-Bator, 1969.

367. Ринчен 1979- Ринчен Б. Монгол ард улсын угсаатны судлал. Хэлний шинжлэлийн атлас. Улаанбаатар, 1979.

368. Sagan Secen 1961- Sagan Secen. Erdeni-yin tobci(Драгоченное сказание). Monumenta historica. Tom. 1. fasc. 1. Ulanbator, 1961.

369. Сүхбаатар 1971- Сүхбаатар Г. Сяньби. 1971.

370. Сүхбаатар 1980- Сүхбаатар Г. Хунну нарын аж ахуй, нигмийн байгуулал, соел, угсаа гарвал(мэө IV - мэ II зуун). Улаанбатар, 1980.

371. Тигри газар-ун 1912- Тигри газар-ун ангха тогтогсан-эцэ хагад-ун эзэлегсэн хөхэ дэбтэр хэмэхү шастир орошибай. СПб., 1912.

372. Хандсүрэн 1994- Хандсүрэн Ц. Жужаны хаант улс. Улаанбаатар, 1994.

373. Хасдорж 1959- Хасдорж Ч. Монгол гэдэг нэрийн тухай. Улаанбаатар, 1959.

374. Цэвэл 1966- Цэвэл Я. Монгол хэлний товч тайлбар толь. Зохиосог Я. Цэвэл. Улаанбаатар, 1966.

375. Цэцэнмөнх 2002- Цэцэнмөнх. Монгол гэдэг нэрийн "гол" хэмээх үгийн гарал үүсэл // The 8-th International Congress of Mongolists Being Convened under the Patronage of N. Bagabandi, President of Mongolia. Summaries of Congress Papers(5-11 August 2002, Ulaanbaatar).

376. Чиндамуни 1986- Чиндамуни. Монгол-ун эбүгэ дэгэдүс-үн уг нутуг // Үбүр монгол-ун багши-йин йеке сургагули. Эрдэм шинжилэгэн-ү сэтгүл. №2. Хөхэхота, 1986.

377. Элдендей, Ардажаб 1986- Элдендей, Ардажаб. "Монгол-ун нигуча тобчийан" сэйирэгүлүл, тайилбури. Хөхэхота, 1986.

378. Эрденабат 1997- Эрденабат Уламбаярын. "Монголын нууц товчооны"-ны Алан-гоа эхийн домгийн учир. Улаанбаатар, 1997.

На китайском языке

379. Бао Ши 1999- Бао Ши. Мэнгу синь ши(Новая история Монголии). Хайлар, 1999.
380. Бэй ши 1973- Бэй ши(История Северных династий). Пекин, 1973.
381. Вэй шу 1974- Вэй шу(История династии Вэй). Пекин, 1974.
382. Ли Дунфан 2003- Ли Дунфан. Ши шу Юань чао(Подробно изложенная история династии Юань). Шанхай, 2003.
383. Ми Вэньпин 2000- Ми Вэньпин. Сяньби, шивэй цзумин шии(Происхождение названий сяньби и шивэй) // Хулунбэйэр вэньу(нэйбу каньу). 2000. №5.
384. Суй шу 1973 - Суй шу(История династии Суй). Пекин, 1973.
385. Цзю Тан шу 1959 - Цзю Тан шу(Старая история династии Тан). Пекин, 1959.
386. Чжао Юэ 2000 - Чжао Юэ. Цзинянь сяньби шиши фасянь эрши чжоунянь(Записи к 20-летию обнаружения каменного дома сяньби) // Хулуньбэйэр вэньу(нэйбу каньу). 2000, №5.
387. Чжао Юэ 2003 - Чжао Юэ. Кай у со тан(Сокровенный разговор). Хайлар, 2003.
388. Чжунго 1982 - Чжунго лиши диту чжи(Исторический атлас Китая [периодов Суй, Тан, Удай шиго]). Т. 5. Пекин, 1982.

На западноевроаейский языках

389. Bell 1763- Bell John. Travels from State Petersburg in Russia tp Diverse Parts of Asia. Vol. 1-2. Glasgow, 1763.
390. Beitrage 1780- Beitrage zur Erweiterung der Geschichskunde, hrsg von Johann Georg Meusel. Th. 1. Augsburg, 1780.
391. Bleichsteiner et al. 1941- Bleichsteiner R., Heissig W., Unkrig W. Wцrterbuch der hentigen mongolischen Sprache. Wien, 1941.
392. Cleaves 1956- Cleaves F.W. Qabqanas~Qamqanas // Harvard Journal of Asiatic Studies. 1956, vol. 19, №3-4.
393. Der allerneueste 1725- Der allerneueste Staat von Sibirien, eines grossen und zuvor wenig bekannten Moscowitischen Provinz in Asian etc. Nцrnberg, 1725.
394. Du Halde 1736- Du Halde. Description geographique, historique, chronologique, politique et physique de L Empire de la Chine et de la Tartarie Chinoise. La Haye, 1736.
395. Fischer 1768- Fischer J.E. Sibirische Geschichte von der Entdeckung Sibiriens bis

auf die Eroberung dieses Landes durch die russische Waffen. St. Petersburg, 1768.

396. Georgi 1775 - Georgi Joh. Gottl. Bemerkungen einer Reise im Russischen Reich. St.-Petersburg, 1775.

397. Gmelin 1751 - Gmelin I.G. Reise durch Sibirien von dem Jahr 1733 bis 1743. Th. 3. Guttingen, 1751.

398. Gmelin 1752 - Gmelin I.G. Reise durch Sibirien von dem Tahr 1738 bis su Gnbe 1740. Th. 3. Guttingen, 1752.

399. Hambis 1956 - Hambis L. Notes sьr Кдm not de L'Yenissei superieur // Journal Asiatique. P. 1956, vol. 244.

400. Ides 1706 - Ides Evert Ysbrantszoon. Three Years Travels from Moscow overland to China. L., 1706.

401. Jochelson 1903 - Jochelson W. The Koryak // The Jesup North Pacific Expedition. Memoir of the American Museum of Natural Histori. Vol. VI. Leiden-New York, 1908.

402. Mьller 1760 - Mьller G.F. Sammlung Russische Geschichte. Bd. 4. St. Petersburg, 1760.

403. Mьller 1761 - Mьller G.F. Sammlung Russische Geschichte. Bd. 6. St. Petersburg, 1761.

404. Mьller 1763 - Mьller G.F. Sammlung Russische Geschichte. Bd. 8. St. Petersburg, 1763.

405. Pallas 1776 - Pallas P.S. Reise durch verschiedene Provinzen des Russischen Reichs.

406. Pelliot 1928 - Pelliot P. L'edition collective des oeuvres de Wang Kouo-wei // T'ung Pao. 1928.

407. Pelliot 1960 - Pelliot P. Notes critiques d'histoire Kalmouke. Texte, tableaux genealogiques(Oeuvres posthumes de Paul Pelliot. VI.). P., 1960.

408. Pelliot, Hambis 1951 - Pelliot P., Hambis L. Histoire des campagnes de Gengis Khan. Chen-wu ts intcheng lou. Traduit et annote par Paul Pelliot et Louis Hambis. T. 1. Leiden, 1951.

409. Ratchnevsky 1966 - Ratchnevsky P. Les Che-wei etaient-ils des Mongols? // Melanges de Sinologue. I. P., 1966.

410. Rachewitz 1971 - Rachewitz I. The Secret History of the Mongols // Papers on Far Eastern history. IV. Canberra, 1971.

411. Rachewitz 1997 - Rachewitz I. A Note on the Word Buрte in the Secret History of the Mongols // East Asian History. 13/14. Canberra, 1997.

412. Witsen 1785 - Witsen Nicolas. Noord en oost Tartaryen. Deel. 1-2. Amsnerdam, 1785.